교육철학잡기 3

2021-2

어느 은둔 교육철학자의 사색과 탐구 에세이 ③

신창호

박영story

나의 아내 유희재 박사(1959~2021)를 그리며

머리말

『교육철학잡기』 세 번째, 제3권이다.

이번부터는 본격적으로 교육철학의 심도를 높여가는 학술의 영역을 다루었다. 특히, 기독교(基督敎)와 불교(佛敎), 그리고 유교(儒敎)의 사유를 탐색했다.

그 첫 단추는 기독교의 『바이블』로 열어본다. 이유는 아주 단순하다. 기독교 문명이 인류 역사에 미친 영향력을 고려해서다. 가톨릭과 개신교를 비롯하여 기독교 인구는 2000년대 초반인 현재, 한국의 경우에는 대략 1300만 명이다. 세계적으로는 25억 명 정도가 기독교를 신봉하고 있다. 이는 전체 인구의 30% 이상이다. 다시 말하면, 전 세계 인구의 1/3이 『바이블』을 중심으로 신앙생활을 하며, 인생을 구축해 나간다.

다음으로는 기독교와 대비되는 상징성을 지닌 불교와 유교를 살펴보았다. 불교는 『화엄경(華嚴經)』을 음미했고, 유교는 한(漢)나라의 『논어』로 평가받는 양웅의 『법언(法言)』을 탐색했다. 『화엄경』은 만발(滿發)한 꽃의 엄격(嚴格)만큼이나 세상에 관한 인식의 지평을 넓혀주었다. 『법언』은 정돈(整頓)한 윤리의 규격(規格)만큼이나 세계에 관한 행위의 체험을 단단하게 만들었다.

이런 인류의 지적 유산을 다시 마주할 수 있어 행복했다.

무엇보다도, 위대한 경전에 녹아 있는 교육철학이 인간 사회를 지탱하는 동력이었다는 생각에, 학문의 즐거움과 지성의 흥분이 가라앉지 않았다.

다시 실천이, 우뚝, 앞에 선다. 끊임없이 눈앞에 아른거린다. 아무리 훌륭한 종교의 원리일지라도, 철학 사상일지라도, 행위로 이어지지 않으면, 쓸모없는 관념의 덩어리에 불과하다!

교육은 철학의 구체적 실천이라는 점을 새롭게 상기(想起)해 본다.

2022. 1 소한(小寒) 절기에

청옹정사(淸瓮精舍)에서 신창호

차례

****

7월

Composition Florale Aux Dahlias
Henri Lebasque (French, 1865-1937)

1. 『구약성서』(舊約聖書: *The Old Testament*): 오경(五經)①창세기-세계의 시작

2021. 7. 1. 6:24

2021년 7월 1일이다. 1년을 12개월로 나누어 보면, 한 해 후반부의 시작 날이다. 오늘부터 『교육철학잡기』 3권의 첫 단추를 연다. 여러 자료를 두고 고민하다가 『바이블(*Bible*)』을 집어 들었다. 이유는 간단하다. 아무리 생각해봐도, 바이블은 인류의 삶과 사유를 형성하는 데, 그 어떤 철학보다도 교육적 영향력을 발휘하고 있다고 판단했기 때문이다.

바이블의 앞부분에는 다섯 가지의 경서, 이른 바 '오경(五經)'이 자리한다. 다섯 가지 경서는 「창세기」「출애굽기」「레위기」「민수기」「신명기」다. 하나님(God)을 중심으로 모세(Moses)의 이야기가 기록되어 있기에 <모세 오경>이라고도 한다. 오경은 유대인의 율법서(律法書)이자 토라(Torah: 가르침)다. 단순하게 율법만을 다루는 저술이 아니다. 천지만물의 창조에서 하나님의 선택하신 민족인 이스라엘 사람의 생활, 그들을 인도한 모세의 인생이 담겼다. 바이블의 앞부분에 자리하고 있다고 해서, 기독교 성경의 시작으로만 보아서는 곤란하다. 시작 이전에, 성경의 기초이자 근본이다. 이스라엘 공동체, 즉 그것에 근거한 인류의 존립에 관련되는 문제들을 다룬다. 종교, 도덕, 정치, 경제, 사회, 문화, 이 모든 것을 지속적으로 전개해 나갈 수 있는 교육을 고려한다.

『구약성서』의 「창세기(創世記)」 1장 1절은 다음과 같이 시작한다.

"태초(太初)에 하나님께서 천지(天地)를 창조(創造)하셨다. 땅은 형체가 없었고 비어 있었다. 어둠이 심연(深淵) 위에 깔려 있었다. 하나님의 령(靈)이 수면(水面) 위를 떠다니고 있었다!"
(「창세기」 1:1)

'태초-하나님-천지-땅-빔-어둠-심연-령-수면'으로 이어지는, 이 시공(時空)의 연결 고리가 창조의 틀에서 고요하다. 그리고 역동적으로 6일 동안의 창조가 이어진다. 이른바 '천지창조(天地倉造: the Creation)'다.

『구약성서』, 그 바이블의 첫 페이지는 세상의 시작과 탄생에 관한 선언이다. 제네시스(Genesis)! 천지창조는 인류 역사의 기원이자 족보(族譜)를 의미하는 고대 그리스어(헬라어: 希臘語) '게네세오스(Geneseos)'에서 유래했다. 이 세계창조에 관한 기록은 지금부터 3,430여 년 전인 B.C. 1459~B.C. 1410 무렵, 모세가 지었다고 전한다.

「창세기」는 크게 두 가지 사안을 뼈대로 구성하고 있다. 하나는 모든 존재의 '시작'에 관한 일이고, 다른 하나는 존재들 사이의 '관계'에 관한 서술이다. 존재의 시작과 그 존재 시작의 관계에서 생성되는 세계에 관한 역사다.

존재의 시작은 하늘과 땅, 빛과 어둠, 해와 달과 별, 식물과 동물, 바다, 인류, 혼인, 가족, 사회공동체, 문화, 죄와 구원에 관한 내용이 핵심이다. 관계는 하나님과 모든 피조물(被造物: creature), 하나님과 인간, 사람과 사람 사이에 관한 중심이다. 동일하지는 않지만, 유학의 '천자문(千字文)'이나 '태극론(太極論)'을 보는 듯하다.

"천지현황(天地玄黄) 우주홍황(宇宙洪荒)!……"

"무극이태극(無極而太極)……"

하지만 기독교 바이블은 완벽하게 확정한다. 이 모든 존재를 다스리는 주체는 오직 한 분, 바로 '유일신(唯一神: the One and Only God)' '하나님'뿐이다. 이것이 『구약성서』「창세기」의 첫 장면이다. 여기에서는 아주 '명확한 교육철학'이 제시될 수밖에 없다. 다른 어떤 사유나 철학도 개입할 수 없다. 아니, 절대 개입해서는 안 된다. 그 진실과 순수성이 침해되어 훼손되기 때문이다.

이제 교육은 천지창조와 유일신의 지도아래 이념이 설정되고, 모든 과정이 진행될 뿐이다. 그것이 기독교 교육철학의 탄생이다.

「창세기」에는 시간을 확인할 수 없는 저 아득한 시기의 천지창조로부터 B.C. 1,806년에 일어난 요셉의 죽음에 이르기까지, 시대가 함축되어 있다. 메소포타미아(Mesopotamia)와 약속의 땅 가나안(Canaan), 그리고 이집트(Egypt)에 이르는 지리적 배경. 최초의 인간 남녀인 아담(Adam)과 이브(Eve), 홍수에서 인류를 구원한 노아(Noah), 하나님에게 선택받은 민족의 조상 아브라함(Abraham)과 그의 아들 이삭(Isaac), 그리고 그 자손인 야곱(Jacob)과 요셉(Joseph)으로 이어지는 히브리족의 계보가 살아 움직인다. 이 가운데 육하원칙(六何原則: 5W1H: Who, When, Where, Why, What, How)의 교육을 탐구하라!

흔히 말하는 서구 문명, 아니 어찌 보면 인류 문명의 상당 부분을 지배하는, 이 사유의 힘은 무엇일까? 그것이 인류에게 희망을 던지는 메시지의 전부일까? 삶의 절대적 지침일까? 교육철학의 기저(基底)일까?

세상은 창조(創造)되었을까? 진화(進化)하고 있을까? 창조된 이후에 진화하는가? 아니면 창조되지도 진화하지도 않는, '그냥' 있는 그대로의 자연(自然: self-so)일까? 우주 천지에 관한 '창조설'과 '진화설'은 여전히 심각하게 맞서고 있다. 기독교와 자연과학에서 빚어지는, 이 웃기는 세계인식이 교육철학에 미치는 영향이 막대할 뿐이다. 어떤 해답도 없이, 평행선을 달린다. 그것이 인간이라는 존재의 삶이고, 그 삶의 원현상(原現象)인 교육을 형성해 나간다. 이념과 목적은 분명히 있다. 그러나 세상은 그 어디에서도 그것을 확정할 수 없는 불가사의(不可思議)로 가득하다. 혼돈(混沌)일까? 아니다. 정체(整體)일까? 아니다. 오직 복잡(複雜)과 다중(多重)으로 얽힌 신비(神秘)를 경험한다. 요지경(瑤池鏡)이다. 고도의 추상(抽象) 가운데 구체적인 삶을 살아간다고 구상(具象)하는 인간의 움직임이 보일 뿐이다.

이런 가운데, 바이블의 교육철학은 하나님과 천지창조라는 인식에 근거하여 진행할 수밖에 없다! 그것이 바이블의 숙명인 동시에 운명이다!

2. 『구약성서』(舊約聖書: *The Old Testament*): 오경(五經)②출애굽기-계명의 본질

2021. 7. 2. 9:33

엑소도스(Exodus)! 최후의 합창가(合唱歌: stasimon)를 수반하는 연극의 마지막 퇴장 장면! 이 엄정하고 웅장한 코러스(chorus) 광경을 어떻게 독해할 것인가? 엑소도스는 '엑시트(exit)' 또는 '디파쳐(departure)'의 뜻을 담고 있다. '출발'이자 '벗어남'이다. 특히, 『구약성서』의 제2서, 「출애굽기(出埃及記: Book of Exodus)」는 출발과 벗어남을 녹여 넣은 탈출에 관한 이야기다.

'애굽'은 이집트(Egypt)를 한자로 옮긴 말이다. 그러니까 「출애굽기」는 이스라엘 백성이 이집트로부터 탈출하는 장면을 둘러싼 삶의 기록이다. 이집트 탈출을 통해 하나님의 이름, 하나님의 속성, 구원 및 예배 등 기독교 신학의 기초를 다룬다. 기독교 윤리와 도덕의 기초가 되는 원리와 십계명 및 언약이 율법에 포함되어 있다.

B.C. 1876년 무렵, 이스라엘 백성은 기근(饑饉)으로 인해 이집트로 이주했다. 그로부터 430여 년의 세월이 흘러 B.C. 1445년경에는 이집트인보다 이스라엘인의 수가 많고 세력도 강대해졌다. 이에 위협을 느낀 이집트 지배자들은 이스라엘 백성을 학대하기 시작했다. 그러자 하나님께서 모세를 불러 이들을 이집트에서 인도해 낸다. 이것이 「출애굽기」의 시대배경이다. 이집트를 탈출한 이스라엘 백성은 약 2개월 후, '시나이[시내] 산(Mount Sinai)' 광야(廣野)에 도착한다. 그리고 약 10개월간 시나이 산에 체류한다. 이 1년간 무슨 일이 벌어졌을까?

이스라엘 백성을 해방시킨, 모세, 모세의 후계자인 여호수아, 모세의 누이이자 여 선지자인 미리암, 미디안의 목자이자 모세의 장인인 이드로, 이스라엘의 첫 번째 제사장이자 모세의 형인 아론, 애굽의 왕인 바로와 그의 딸이 주요 인물로 등장하는 이 드라마틱한 삶의 마당은, 가슴 절절한 교육철학을 담아낸다.

그 하이라이트는 '십계명(十誡命: Ten Commandments)'이다. 십계명은 하나님이 시나이 산에서 모세를 통해 이스라엘 백성에게 주었다는 열 가지 계명이다. 「출애굽기」 20장 1-17절의 말씀은 세상에서 가장 강력한 울림으로 기독교인들의 가슴에 새겨진다. 다시 독해하며 성찰해 본다.

> "나는 여호와[야훼]다. 나는 너를 이집트 땅-네가 지배당하던 집-에서 이끌어낸, 네 하나님 여호와다. 너는 나 이외에 다른 어떤 신(神)들을 가져서는 안 된다. 너는 너를 위해 위로 하늘에 있는 것이나 아래로 땅에 있는 것이나 땅 밑의 물에 있는 것이나, 어떤 형태이건 우상(偶像)을 만들어서는 안 된다. 너는 우상들에게 절하거나 그것들에게 경배(敬拜)해서도 안 된다. 네 하나님 여호와는 질투(嫉妬)하는 하나님이다. 하나님을 미워하는 자들에 대해서는 대대로 아버지의 죄를 자녀들에게 물을 것이다. 그러나 하나님을 사랑하고 하나님 계명(誡命)을 지키는 사람들에게는 영원히 사랑을 베풀 것이다. 너는 네 하나님 여호와의 이름을 헛되게 불러서는 안 된다. 여호와께서는 이름을 헛되이 부르는 사람을 죄(罪)가 없다 하지 아니할 것이다. 너는 안식일(安息日)을 기억하여 거룩하게 지켜라. 너는 6일 동안 노동(勞動)을 하고, 네 모든 일을 실천해야 한다. 일곱째 날은 네 하나님 여호와의 안식일이므로, 너나 네 자식

들, 네 하인들, 네 가축들이나 네 집을 찾아온 나그네들까지, 어떤 일도 해서는 안 된다. 여호와께서 6일 동안 하늘과 땅과 바다, 그리고 이 안에 있는 모든 존재를 만들고, 일곱째 날에는 쉬었기 때문이다. 그러므로 여호와께서 안식일을 축복하고 거룩하게 했다. 네 부모(父母)를 공경하라. 그러면 네 하나님 여호와께서 네게 준 땅에서 너는 오래 살 것이다. 너는 살인(殺人)해서는 안 된다. 너는 간음(奸淫: 姦淫)해서는 안 된다. 너는 도둑질해서는 안 된다. 너는 네 이웃에 대해 위증(僞證)해서는 안 된다. 너는 네 이웃의 집을 탐내서는 안 된다. 너는 네 이웃의 아내나 그의 하인들이나 그의 소나 나귀 등, 그 어떤 존재라도 네 이웃의 소유를 탐내서는 안 된다."(「출애굽기」 20:1-17)

다시 요약하면, 십계명은 '① 여호와 이외의 다른 신을 섬기지 말라. ② 우상을 섬기지 말라. ③ 하나님의 이름을 망령되이 부르지 말라. ④ 안식일을 거룩히 지키라. ⑤ 부모를 공경하라. ⑥ 살인하지 말라. ⑦ 간음하지 말라. ⑧ 도둑질하지 말라. ⑨ 이웃에 대해 거짓 증언하지 말라. ⑩ 네 이웃의 아내나 재물을 탐내지 말라.'의 열 가지 도덕규범이다.

기독교 교육철학은 이 십계명의 인식과 실천에 다름 아니다. 십계명의 본질을 사실 그대로 정확히 이해하면, 삶의 질서와 의미가 뚜렷하게 다가온다. 본질을 왜곡하면, 인생은 그야말로 혼란이다. 사이비(似而非: pseudo)가 횡행하고, 삶의 기준이 갈피를 잡지 못한다. '신-우상-이름-안식-부모-살인-간음-도둑질-위증-재물'로 엉킨 삶의 세계를 똑바로 인식하자. 그것이 교육철학의 핵심 과제다.

다시 열 가지로 자문(自問)해 본다. 이 가운데 푹 젖어들어, 교육의 마당을 새롭게 펼쳐보는 작업이 앞에 가로놓인다. '당신은 신을 생각하는가? 당신은 우상을 두는가? 당신은 존재의 이름을 부르는가? 안식이 있는가? 부모를 공경하는가? 살인을 저지르는가? 간음하는가? 도둑질은 어떤가? 이웃을 모함하는가? 재물을 탐내는가?'

3. 『구약성서(舊約聖書: *The Old Testament*)』: 오경(五經)②출애굽기-제단의 검약성

2021. 7. 3. 9:01

<십계명>이 제시된 다음, 「출애굽기」 20장 22-26절에는 의미심장한, 제단에 관한 양식이 기록되어 있다. 나는 이런 모습을 '검소(儉素: simplicity)'와 '검약(儉約: frugality)'으로 표현해 왔다. 이 언표는 어떤 진실을 담고 있을까? 교육의 원초적 모습도 이런 양상을 빌려 실천하려고 고심하지는 않았을까?

> "내가 하늘로부터 너희에게 말하는 것을 너희가 스스로 보았다. 너희는 은(銀)으로 된 어떤 신들도 만들지 마라. 너희는 또 너희들을 위해 금(金)으로 된 어떤 신들도 만들어서는 안 된다. 너희는 나를 위해 오직 흙으로 제단을 만들고, 그 위에 네 양과 소로 번제(燔祭: Burnt Offering)와 화목제(和睦祭, Peace Offering)를 드려라. 내가 내 이름을 기억나게 하는 곳에서는 어디든지 내가 너희에게로 가서 너희를 축복할 것이다. 네가 나를 위해 돌로 제단을 만드는 경우에는 다듬어진 돌로 만들지 마라. 이는 네가 돌에 연장을 사용하게 되면, 네가 그 돌을 더럽히는 것이 되기 때문이다. 층계로 내 제단에 올라와서도 안 된다. 그렇게 함으로써 네가 그 위에서 벌거벗겨지는 일이 없도록 하여라."(「출애굽기」20:22-26)

바이블을 읽기 시작했던, 40여 년 전 고등학교 시절부터, 나는 이 구절을 눈여겨 보았다. '스스로 확인하고, 있는 그대로의 재료로 흙 제단을 만들고, 제사를 올리고, 축복 받고, 다듬지 않은 거친 돌로 제단을 만들어, 자신을 성찰하는.' 이 검약의 모습에서 인생을 펼치고 싶었다.

그래서 완전무결하게 순수하지는 않더라도, 순수에 가까운 사실과 진실의 일치를 고민하려고, 내 인생 전반에서, 그렇게 노력해 왔다. 삶이 그러하다 보니, 때로는 촌스럽기도 하고, 때로는 바보스럽기도 하고, 사람들이 이해하지 못하는 측면이나 차원이 수시로 드러나기도 한다. 지금도 그러하다. 좀 멍청하다고나 할까?

아직도 개인적으로 온전하게 이해하지 못하는 부분이 있다. 예배당의 단상은 왜 그렇게 금은보화가 빛나는 것처럼 화려해야 할까? 하나님[예수님]이 그 무엇보다도 숭고하고 거룩한 존재인 것은 분명하다. 그렇다고 그런 번쩍이는 치장이 하나님을 진정으로 모시는 성스러운 행위일까? 아주 오래 전, 교회에서 예배를 할 때마다 바라보았던 그곳, 제단에 비유할 수 있는, 아름다운 꽃으로 장식된 화려한 단상! 바이블에는 이렇게 흙이나 다듬지 않은 돌로 만든 제단을 제시했는데, 언제부터, 어디에서부터, 누가, 왜, 이렇게 세련된 제단으로 꾸몄을까? 지금까지도 이 수수께끼를 풀지 못했다. 의문이다. 내가 바이블을 본질을 잘 몰라서 그럴 것이다. 분명, 성경의 구절과 다르게 바뀐 충분한 이유가 있으리라.

4. 『구약성서』(舊約聖書: *The Old Testament*): 오경(五經)③레위기-제사의 엄격함

2021. 7. 3. 10:04

바이블의 앞부분에 기록되어 있는 다섯 가지 기록-「창세기」「출애굽기」「레위기」「민수기」「신명기」-은 앞에서 언급했듯이, <모세 오경>으로 불린다. <모세 오경>은 당시에 살았던 인간이 어떤 양식으로 살아야 하는지, 삶의 기준에 해당하는 사안의 대부분을 담고 있다. 다시 말하면, 3,500여 년 전에 유대인들은 공동체 생활에 필요한 기초, 즉 사람들이 지켜야 할 율법과 도덕 기준을 정의와 문명의 이름으로 제도화했다. 그 엄숙한 역사 기록이 <모세 오경>이다.

<모세 오경> 가운데 세 번째가 「레위기(Leviticus)」다. 「레위기」는 말 그대로 '레위 사람들에 관한' 기록이다. 하나님이 모세를 통해 이스라엘 백성이 어떻게 하나님의 백성으로 살아야 하는지를 보여주기 위해 쓰여졌다. 제사에 관한 율법에서 속죄, 성결, 십일조, 도덕상의 율법 문제 등이 교육의 골자를 이루고 있다.

특히, 제단[성막]에 관한 제사(祭祀: Sacrifice or Offerings) 기록은 <모세오경> 전체 분량의 1/3을 차지한다. 하지만 그것이 실행되었던 시기, 즉 시간적으로 볼 때는 상당히 짧다. 약 1년에 걸친 시나이 산 체류 가운데 초반 1개월 사이에 일어난 이야기다. 앞부분의 다섯 가지 제사-번제, 곡물제, 화목제, 속죄제, 속건제-에 관한 율법은 매우 중요하다. 제사를 드리는 이유는 간단하지만 엄격하다. 하나님에 대한 감사, 하나님과의 화평 및 죄에 대한 용서를 받기 위해서다. 제사는 '의

무적' 제사와 '자발적' 제사로 나뉜다.

번제(燔祭: Burnt Offering)는 제물을 제단 위에서 완전히 태운다. 그것이 특징이다. 죄를 용서받기 위해, 하나님에 대한 온전한 헌신을 위해 드리는 자발적 제사다. 곡물제(穀物祭: Grain Offering)는 모든 번제 및 화목제 등과 함께, 피가 없는 곡물을 바친다. 하나님에 대한 감사의 표시로 드리는 자발적 제사다. 화목제(和睦祭: Peace Offering)는 하나님과 사람 사이의 분쟁을 끝내고 화평과 친교와 연합이 이루어졌음을 감사하여 드린다. 하나님의 축복에 대한 감사의 표시로 지내는 자발적 제사다. 속죄제(贖罪祭: Sin Offering)는 죄를 면제받기 위해 하나님께 드린다. 잠재해 있는 죄의 오염을 없애는 의식이다. 실수로 하나님의 계명을 어겼을 경우, 용서를 구하기 위해 또는 올바르지 않은 사안을 올바르게 만들기 위해 드리는 의무적 제사다. 속건제(贖愆祭: Guilt Offering)는 배상을 통해 관계를 개선하거나 허물에 대한 속죄의 의미를 갖는다. 하나님께 바친 제물이나 성물에 대해 율법을 알지 못하거나 실수로 죄를 범했을 경우, 또는 인간관계에서 상대방에게 해를 끼쳤을 때 드리는 의무적 제사다.

나는 생각한다. 살아가는 동안, 제사를 드려야 하는 상당한 이유가 있다면, 그 엄중함을 진지하게 고려하라! 단순하게 권력이나 금력으로 재물을 채우는 것만이 능사가 아니다. 마음이 중요하다. '감사'와 '화평'과 '용서'! 다시 생각해 보라. '감사(感謝)'의 실천이 어디 쉬운 일인가? 일상에서 수시로 말로만 '감사합니다!'로 일관하지는 않았는가? '화평(和平)'과 '용서(容恕)'는 어떤가? 화해하고 용서했다고 하나 마음은 여전히 닫혀 있지 않은가? 많은 사람들은 일상에 대해, 무미건조하고 재미없고 만만치 않은 팍팍함을 느낀다. 그것이 사실이고 실제일 수도 있다! 감사가 아니라 무관심과 당연함으로, 화평이 아니라 불평과 갈등으로, 용서가 아니라 배척과 공격으로, 인생을 팽개친다.

이런 점에서 감사-화평-용서, 이 세 개념을 교육철학의 화두로 삼아, 도덕 실천으로 드러나게 가꾸어 간다면, 아주 고상한 삶이 펼쳐지리라.

5. 『구약성서』(舊約聖書: *The Old Testament*): 오경(五經)④민수기-시련과 고통의 의미

2021. 7. 4. 10:09

인구수(人口數)는 인간의 삶을 형성하는 데 매우 중요한 요인이다. 어떤 측면에서는 삶 그 자체를 가늠하는 잣대다. 인구의 변동은 출생이나 결혼, 이주, 죽음을 통해 삶의 이정표를 제시한다.

폴 몰런드(Paul Morland)의 『인구의 힘』은 인구에 관한 의미 있는 저술이다. 인구와 국가 경제력·군사력 등 힘의 역동성을 보여준다. 그 가운데 다음과 같은 진단이 돋보인다.

> "인구 물결이 없었다면 역사적 사건 가운데 상당수는 일어나지 않았을 것이다. 물론 이 모든 것은 역사적 가정에 불과하다. 그러나 19세기 인구 폭발이 일어나지 않았다면, 영국은 호주를 비롯하여 세계 곳곳의 광활한 영토에 식민지를 세울 수 없었을 것이다. 아울러 영어의 세계적 통용이나 자유무역의 일반화 같은 '세계화' 현상도 출현하지 않았으리라. 또한 20세기 초 러시아의 영아 사망률이 크게 하락하지 않았다면, 히틀러의 군대가 끝도 없이 밀려드는 러시아 군과 맞서 싸우다 패배하는 일없이 1941년에 모스크바를 점령하고도 남았을 것이다. 미국이 해마다 수백만 명씩 이민자들을 끌어들이지 못하고 1950년대 이후에 인구를 2배로 늘리지 못했다면, 이미 중국에게 경제적으로 잠식당했을지도 모른다. 일본이 20세기에 접어들면서 반세기 넘게 출생률 감소를 경험하지 않았다면, 25년씩이나 장기 침체를 겪는 일도 없었을 것이다. 시리아의

평균 연령이 예멘이 아니라 스위스와 비슷했다면, 내전으로 무너지지 않았을 가능성이 크다. 레바논이 지난 40년 동안 급속도로 인구 고령화를 겪지 않았더라면, 내전에 빠져들었을 것이다."

'역사적 가정'이기는 하지만, 인구수의 변동이 세상을 바꾸는데 결정적으로 기여하는 것은 사실이다. 『구약성서』에서 보여주는 인류의 삶도 이와 다르지 않다. <모세오경>의 제4서 「민수기(民數記, The Book of Numbers)」가 이를 증명한다.

「민수기」는 말 그대로 '백성의 숫자에 관한 기록'이다. 인구가 얼마나 중요했으면, 신중하게 조사를 진행하여 기록으로 남겼을까? 출산율 저하로 고심하고 있는 2000년대 초반 대한민국의 상황에 시사점이 크다.

「민수기」의 히브리어 명칭은 '미드바르(midbâr)'다. 미드바르는 '광야'나 '사막', '빈들', '들판' 등으로 번역된다. '미드바르'는 원래 '다바르'라는 말에서 유래했다. '디바르'는 '말하다'는 뜻이다. 그러니까 말을 할 때, '입처럼 열린 공간'을 의미한다. 그 열린 공간이 바로 광야다. 부정적으로 본다면, 버려진 땅인 황야(荒野, wilderness)이고, 긍정적으로 본다면, 소나 양 떼를 몰고 나가 목축을 하는 노지(露地)를 뜻한다. 사막이냐? 초원이냐? 바이블에서 광야는 엄청난 교육철학적 의미를 부여한다. '『구약성서』「이사야」(35:1-10)'에는 그 황야를 이렇게 그리고 있다.

"광야와 메마른 땅이 기뻐하며, 사막이 장미꽃 같이 피어 즐

> 거워할 것이다. 사막은 꽃이 무성하게 피어, 크게 기뻐하며, 즐겁게 소리칠 것이다. 레바논의 영광, 갈멜과 샤론의 영화를 받을 것이다. 사람들이 여호와의 영광을 보며, 우리 하나님의 영화를 볼 것이다. 약한 손을 강하게 하고, 떨리는 무릎을 굳세게 하여라. …… 그때에 눈먼 사람의 눈이 밝아지고, 귀먹은 사람의 귀가 열릴 것이다. 그때에 다리를 저는 사람이 사슴처럼 뛰고, 벙어리가 혀가 기뻐 소리칠 것이다. 광야에서 물이 솟을 것이며, 사막에서 시내가 흐를 것이다. 뜨거운 사막이 변하여 연못이 될 것이고, 목마른 땅은 원천수가 될 것이다."
> (「이사야」 35:1-10)

또한 『신약성경』「마태복음」(11:7-10)은 요한에 대한 예수의 말씀을 전하면서, 광야에 관한 엄격성을 드러낸다.

> "너희는 무엇을 보기 위해 광야에 나갔더냐? 바람에 흔들리는 갈대냐? 아니라면 너희는 무엇을 보려고 나갔더냐? 부드러운 옷을 입은 사람이냐? 부드러운 옷을 입은 사람은 왕궁에 있다. 그렇다면 너희가 무엇을 보러 나갔느냐? 선지자냐? 그렇다! ……"(「마태복음」 11:7-10)

「민수기」는 이스라엘 백성의 인구조사를 비롯하여, 그들이 시나이산을 떠나 모압 평야에 이르기까지 약 40년간의 사건을 다루고 있다. 가나안 땅 맞은편의 모압에 정착할 때까지, 광야를 방황하면서, 그들은 무엇을 느꼈을까? 출애굽을 했던 1세대 백성은 모두 광야에서 생을 마감했다! 10일이면 충분히 도착할 수 있는 그 땅을, 하나님에 대한 불순종으로 40년이나 걸렸다! 이 무슨 의미일까? 하나님께서 약속하신, 가나안 땅을 차지하여 살게 될 것이라는 언약은 이루어지는가? 그 준비와 조바심이 드라마틱하게 담겼다. 그리하여 그들은 요단강 건너편 모압 평원, 그 땅에 정착했다. 그러자 여호와는 말씀하신다. 너희가 사는 땅을 더럽히지 마라!

> "너희는 너희가 사는 땅을 오염시켜서는 안 된다. 왜냐하면 피는 땅을 오염시키며, 피로 오염된 땅은 땅에 피를 흘린 사람의 피가 속죄를 받을 수 없기 때문이다. 너희가 살고, 또한 내가 사는 땅을 더럽히지 마라. 이는 내가 이스라엘 자손들 가운데 살고 있기 때문이다."(「민수기」35:33-34)

마찬가지로 내가 살고 있는 땅을 더럽히지 말자! 공간으로 본다면, 넓게는 지구촌이자 대한민국이다. 좁게는 지역사회이자 직장이다. 사람으로 본다면, 넓게는 인류 공동체이자 대한민국 국민이다. 좁게는 지역사회의 이웃이자 내 주변의 친구들, 나의 제자들과 함께 하는 학문공동체다. 이렇게 내가 살 땅에 정착하기가 쉽지 않다! 그래서 40년으로 상징되는, 시련과 고통이 스며든 경험적 교훈은, 의미가 남다르다.

6. 『구약성서』(舊約聖書: *The Old Testament*): 오경(五經)⑤신명기-희망의 교육, 자기구제책

2021. 7. 5. 7:29

「신명기(申命記, Deuteronomy)」는 <모세 오경>의 마지막 제5서다. 히브리어 『구약성서』는 '엘레 하드바림(eleh hadbarim)'이라 하였다. 엘레 하드바림은 '계명을 밝혀서 설명하는 책'이란 뜻이고, '이는 …… 말씀이니라'는 의미다. 엘레 하드바림을 헬라어로는 '듀테로노미온(Deuteronomium)'이라 하였다. 듀테로노미온은 '두 번째 율법' 또는 '율법의 반복'이다.

여기에는 모세의 마지막 경고와 당부가 담겨 있다. 이스라엘 백성은 출애굽 이후 40년간의 '광야' 시기를 거쳤다. 그들은 모압 평야에서 가나안 땅 진입을 준비하고 있었다. 40년에 이르는 광야 생활은 그들에게 무엇이었을까? 벌써 120세에 이른 모세는 걱정이었다. 황야에서 40년이라! 그 사이에 태어난 신세대 이스라엘 백성은 어떻게 살아나가야 할까? 이 지도자는 마지막으로 당부에 당부를 거듭한다. 광야 생활을 회고하며 약속의 땅 가나안에서 지켜야 할 하나님의 율법을 세 차례의 긴 설교를 통해 상기시킨다. 40년 전 시나이 산에서 하나님에게 받은 계명을 재해석하고 재조명한다. 이스라엘 백성이 가나안 땅에 들어가 세울 공동체의 종교 및 율법의 기초가 되게 하였다. 그런 만큼 유대인들은 바이블 가운데 이 기록을 가장 중시한다.

모세는 첫 번째 연설에서 역사적 사건을 일일이 회고한다. 두 번째 연설에서는 언약과 율법의 일반 규정들을 다시 강조하며 권고한다.

특히, 십계명을 재수록하면서 더욱 강조한다(5:1-22). 세 번째 연설에서는 언약의 갱신과 존엄성이 생명의 길로 인도함을 당부한다. 그리고 율법은 성문화 과정을 거치고, 모세는 세상을 떠난다.

교육철학적으로 볼 때, 동기부여나 희망의 교육을 노래하고 싶을 때, 모세의 연설 가운데 광야에서의 시련을 기억할 필요가 있다고 생각된다. 「신명기」8장에 시련의 이유가 적시되어 있다. 교육은 인생의 시련(試鍊)을 성찰하기 위한 진지한 장치다. 왜냐? 시련을 극복할 수 있는 지혜를 일깨우기 때문이다. 모세는 나지막하게, 그러나 그 어느 때보다 간절하게 말한다.

> "하나님 여호와께서 40년 동안 광야의 길에서 너희를 어떻게 인도하셨는지를 기억하라. 이는 여호와께서 너희를 낮추시며, 또 너희를 시험하여 너희가 품고 있는 것이 무엇인지, 곧 너희가 그분의 명령을 지킬 것인지 지키지 아니할 것인지를 알기 위한 것이다."(「신명기」8:2)

'낮춤-시험-품음-사명', 이 네 가지 개념에서 우러나오는 깨우침을 다시 상기하면, 교육의 생명력이 번득인다. 자신을 낮추어라! 끊임없이 시험하라! 마음에 품어라! 사명을 인식하라! 그리스도교에서 그 내용과 대상과 방법의 축(軸)은 하나님이다. 이 종교적 차원을 넘어, 일반 교육의 세계에서 자신의 삶을 올바로 구축하기 위해 원용(援用)해보라. 각성의 폭과 깊이와 달라진다.

> "여호와께서 너희를 낮추시고, 굶주리게 하신 후에, 너희와 너희 조상들이 알지 못했던 만나를 너희에게 먹이신 것은, 사람

이 빵만으로 사는 것이 아니고, 여호와의 입에서 나오는 모든 말씀으로 산다는 것을 너희에게 가르쳐주기 위한 것이다."(「신명기」8:3)

다시 '낮춤'! 나아가 '굶주림'이 강조된다. 나는 어릴 때부터 굶주림이 어떤 것인지 형언하기 힘들 정도로 체험했다. 정말 많이. 진짜 먹을 양식이 없었다. 양식을 담아 두던 독에 바닥이 보일 때, 읽고 싶은 책을 사 볼 수 없을 때, 그 안타까움과 애타는 심정은 침묵으로 누적될 수밖에 없었다. 그런 날이 최소한 40년은 된 듯하다. 특히, 어린 시절의 20여 년 간의 굶주림은 갈증(渴症)과 갈망(渴望)을 더욱 부풀렸다. 나이 마흔이 넘어, 어른이 되었을 때, 그것은 열정(熱情)을 돋우는 기저로 작용했다. 나는 아버지의 당부, 그리고 엄마의 입을 통해 한 번 더 강조되던, 그 음성을 늘 기억했다. '눈물 젖을 빵!' 그리고 '구멍 뚫린 인간 진리!' 지금도 이 의미심장한 교훈으로 허기를 달랜다.

무엇보다도, 광야에서 굶주릴 때 하나님이 주신 만나(manna)! 이 신비로운 양식은 무엇을 상징할까? '사람은 빵으로만 사는 것이 아니다! 모든 말씀으로 산다!' 이 언표를 곡해(曲解)해서는 곤란하다. '말씀이 빵에 앞선다!'라는 식으로. 특히, 양식이 없어 굶어 본 사람에게 그런 말은 금물이다. 내가 직접 느껴보아서 잘 안다. 어쩌면 '물질은 의식을 결정한다!'는 마르크스주의적 사유가 훨씬 현실적일 수 있다.

그렇다면, 빵과 말씀으로 대변되는 물질과 정신의 두 축을 어떻게 붙잡아야 할까? 균형의 추를 잘 맞추어야 한다. 그 감각을 익히는 작업이 교육은 아닐까?

모세의 당부는 희망 가득하다. 교육의 결과를 예견하는 듯하다. 40

년 동안 너희 의복은 닳아 없어지지 않았다! 너희 발이 부르트지 않았다! 보통 사람이 그 자식을 징계(懲戒)하는 것 같이 하나님 여호와께서 너희를 훈계(訓戒)하신다는 것을, 너희는 마음으로 알아라. 왜냐하면 너희를 아름다운 땅, 골짜기와 산지에서 시냇물과 샘물과 분천수가 흘러나오는 땅으로 인도하실 것이기 때문이다. 밀과 보리, 포도와 무화과, 석류와 감람나무와 꿀의 산지에서 말이다. 빵을 부족함 없이 먹을 수 있는 곳, 어떤 것도 부족함이 없는 곳! 철과 구리를 캐낼 수 있는 땅. 너희가 먹고 배부를 때면, 너희 하나님 여호와를 찬양하여라. 아름다운 땅을 주셨으니까.

어떤 시련도 '의복'과 '발'로 상징되는 것처럼, 인간 자체를 망가뜨릴 수는 없다! 적어도 하나님과 모세의 인식은 그렇게 보인다. 나도 그렇다고 생각한다. 때문에 '징계'와 '훈계'로 대변되는 인간 교육은 필수적이면서 영원한 자기구제책으로 남는다.

「창세기」에서 시작된 <모세 오경>은 「신명기」에서 마무리된다. 「신명기」에는 120세를 헌신적으로 살다가 떠나가는 모세의 마지막 당부, 그 격려와 희망의 교육학이 담겼다. 그것은 한 사회의 지혜를 집대성한 원로의 간절한 메시지다.

7. 『구약성서』(舊約聖書: *The Old Testament*): 역사(歷史)①여호수아-삶의 여건, 그 숙명과 운명

2021. 7. 6. 10:05

오늘부터는 <모세 오경> 이후, 약 1,000년의 이스라엘 역사를 다룬 기록을 살펴본다. 「여호수아」에서 「에스더」에 이르는 12권의 바이블이 그것이다. 성서를 기록한 기간은 모세의 뒤를 이어 가나안 땅을 정복한 여호수아(B.C. 1406년)로부터 바벨론으로 잡혀간 유대인 포로의 예루살렘 귀환(B.C. 433년)에 이르기까지다. 1,000년이라는 그 긴 세월 동안, 이스라엘 백성은 어떻게 살았을까? 흥망성쇠(興亡盛衰)와 희로애락(喜怒哀樂)의 능선에서, 종국적으로는 하나님을 배반하고 멸망했다. 하지만 하나님께서는 항상 그 백성 가운데 계셨고, 심판하시고 구원하셨다. 이 무엇을 의미하는가?

역사서의 첫 번째에 자리한 「여호수아(Joshua)」는 기록의 주인공인 '여호수아(Yehoshua)'의 이름에서 유래했다. '여호수아'는 '여호와는 구원하신다!', '신이 구원한다!'라는 의미다. 여호수아는 모세의 뒤를 이어 이스라엘 백성의 지도자가 되었고, 가나안 땅을 정복했다. 이집트를 떠나 40년간의 광야 생활을 거쳐 요단강 동쪽의 모압에 도착하여 거처한 것이 B.C. 1407년이었다. 1년 후 모세가 사망하자, 여호수아는 7년에 걸쳐 요단강 서쪽의 가나안 땅을 전복했다. 그리고 이스라엘 각 지파에 땅을 나누어 주고 세상을 떠났다. 「여호수아」는 B.C. 1375년까지, 그 32년간 여호수아가 행한 업적의 기록이다.

나는 「여호수아」의 역사 가운데, 하나의 화두(話頭)를 발견했다. 가나안에 정착하기까지 회고하는 장면에서다. 「여호수아」 24장 11-13장은 의미심장한 숙제를 제기한다.

"너희들은 요단강을 건너 여리고에 도착했다. 여리고의 주민들과 아모리, 브리스, 가나안, 헷, 기르가스, 히위, 여부스 부족이 너희와 싸웠다. 그러나 나는 그들을 너희 손에 넘겨주었다. 나는 너희보다 앞서 그들에게 재앙을 보냈다. 그것은 너희 앞에서 그들을 쫓아냈다. 아모리의 두 왕도 쫓아냈다. 이는 너희의 칼이나 활로 쫓아낸 것이 아니다. 나는 또 너희가 수고하지 않은 땅은 너희에게 주었다. 너희가 건설하지 않은 성읍들도 주었다. 너희는 거기에 살면서 너희가 심지 않은 포도원과 올리브 밭에서 나는 산물을 먹고 있다!"(「여호수아」 24:11-13)

하나님은 인간이 살아갈 여건을 마련해 주었다. 그 상징적 실제는, '요단강을 건넌 이후 여러 부족을 넘겨주고, 재앙을 보내 그들을 쫓아내고, 수고하지 않았음에도 불구하고 거처할 땅과 양식을 확보할 농장의 부여'로 드러난다.

이는 인류가 태어나는 순간 부여받는 숙명(宿命)이다. 거룩한 축복(祝福)이다. 살아갈 수 있는 기초를 마련해 주었다는 이 사실이, 최고의 선물(膳物: present, gift)이다. 그 축복과 선물을 바탕으로, 인간은 운명(運命)을 개척해 나가야 한다. 운명을 개척하고 가꾸어나가야 한다는 이 사실이 또한 인류의 숙명이다. 이 하나님이 마련한 여건 가운데, 이미 던져진 인간. 우리는 절대적으로 부여(賦與)된 숙명을 인식하고, 상대적으로 발현(發現)할 운명을 실천해야 한다. 그것이 인생이다.

교육은 이 인생의 준비와 구현을 조직화하는 작업이다. 지식과 행위는 교육의 중심에 놓인다. 지식은 숙명을 인식하는 능력(能力)이다. 행위는 운명을 실천하는 동력(動力)이다. 지식은 지혜로 전변하며 지성을 낳는다. 행위는 습관으로 강화하며 인격을 형성한다. 그런 만큼 진지한 철학을 담아내야, 교육이 보다 성공할 수 있다.

8. 『구약성서』(舊約聖書: *The Old Testament*) 역사(歷史)②사사기-구원을 부르는 소리, 제 각각의 시선들

2021. 7. 7. 10:22

「사사기(士師記: Judges)」는 한자로 '사(士)'와 '사(師)'라는 글자를 사용하여 번역했다. 그러니까 두 글자를 조합한, '사사(士師)'라는 관직명을 차용한 것이다. 사사는 중국 고대 사회에서 법령과 형벌을 담당했던 '재판관'이다. 정치적으로 보면 일종의 통치자다. 교육적으로 보면 스승[선생]이다. 종교적으로는 구원이나 해방을 담당한 사람이다.

「사사기」는 여호수아가 사망한 후(B.C. 1375년), 사울이 왕이 되기까지(B.C. 1043년), 이스라엘을 다스렸던 사사(士師)들에 관한 기록이다. 기간은 330여 년이다. 사사는 왕이 아니었다. 이 시기에는 이스라엘 전체를 통할(統轄)하는 왕이 없었다. 특정한 사사가 이스라엘 전역을 다스리는 것도 아니었다. 몇몇 사사들이 자신에게 주어진 지역을 다스렸다. 지방 또는 부족 중심의 자치제 비슷하게 말이다.

당시 이스라엘 백성은 하나님의 명령을 어기고, 가나안 땅도 완전히 정복하지 못한 상태였다. 가나안의 여러 족속들과 싸우면서 바알신을 섬기기도 했다. 전체를 지배하고 다스리는 왕이 없었기에, 사람들은 저마다 자신이 생각하는 대로, 눈에 비치는 대로 행동했다. 그런만큼 유대 역사에서 암흑기(暗黑期)로 인식된다. 하나님은 사사를 통해 이스라엘 백성을 다스리고, 심판하고 구원하셨다.

유명한 옷니엘을 비롯한 여러 사사, 그리고 사사인 '삼손(Samson)'과 그의 애인 '들릴라(Delilah)'가 주요 인물로 등장한다. 이스라엘 백성은 왜 하나님을 배반했을까? 거듭하여 불순종했을까? 그것은 인간 역사가 그러하다는 사실을 적나라하게 보여준다. 여호수아의 죽음과 여호와를 알지 못하는 차세대 백성을 원망할 수만은 없다. 인간은 망각과 재생을 반복하며, 인생을 다듬어 나간다. 「사사기」는 기록한다.

> "여호수아가 백성을 보내자, 이스라엘 사람은 각자의 기업으로 돌아가 땅을 차지했다. 여호수아가 세상을 떠난 후에도 여호수아와 함께 했던 장로들이 살아 있는 동안에는 여호와를 섬겼다. 이 장로들은 이전에 여호와께서 이스라엘을 위해 행하신 모든 큰일을 본 사람들이었다. …… 그 세대의 사람들이 죽어 그들의 조상에게로 돌아간 후, 그들의 뒤를 이은 세대들은 여호와를 알지 못했다. 여호와께서 이스라엘을 위해 행한 일도 알지 못했다."(「사사기」 2:6-10)

당연하다. 세대가 바뀌면 이전 세대의 역사적 사실을 잊어버리기 쉽다. 시대가 변화했다. 그런 만큼 사유에 전환이 일어난다. 생활양식도 달라진다. 그러니까 여호와의 존재나 그분이 행하신 일에 관심을 두지 않은 것은, 후속 세대들이 살아가는 현실적 양식이자 이치다. 이런 이치를 어떻게 거스를 수 있는가! 그래서 그들만을 탓할 수는 없다. 아니 탓해서는 안 된다. 신앙이나 율법, 도덕의 차원에서 전통을 고려해야 한다면, 어떻게 할 것인가? 이런 고민이 보다 중요하다.

아무리 착한 출발도, 시간과 공간, 삶이 양상이 변화면서, 악한 결말로 이어지게 마련이다. 그것이 국가의 흥망성쇠다. 하나님이 선택한, 하나님에게 선택받은, 이스라엘 백성이라고 예외는 아니다. 인간 사회의 모든 역사는, 그것이 개인이건 공동체건, 부침(浮沈)의 결을 따라 순환할 뿐이다. 교육도 그러하다. 교육의 부침은 '시간-공간-인간'이라는 삼간(三間)을 따라 생멸(生滅)의 문을 드나든다. 진여(眞如)는 그 가운데 녹아들뿐이다.

사사가 다스리던 기간 동안, 하나님은 배반과 불순종에 이른 이스라엘 백성에게 벌을 내린다. 아준 단순한 세속의 삶 가운데, 백성이 회개하면 사사들을 세워 그들을 구원한다. 때문에 「사사기」는 불순종과 배반, 그리고 회개와 구원이 주요 내용을 이룬다. 이스라엘 백성은 사사가 바뀔 때마다 악을 행했다. 불순종했다. 하나님께서는 불순종과 배반의 마디마다 이웃 나라를 불러 그들을 징계했다. 백성이 울부짖으며 구원해달라고 호소하고 간구하면 구원해 주셨다. 불순종(不順從)·배반(背叛)-징계(懲戒)-탄원(歎願)-구원(救援)! 이 악순환의 고리가 「사사기」를 장식한다. 인간의 역사가 그러하다. 특히, 인간의 오만(傲慢)이 커질수록 불순종과 배반은 더욱 자란다. 그것은 종교적 타락과 도덕적 해이, 인간 사회의 파멸을 재촉한다. 이 지점에서 교육의 필요성이 강화된다. 「사사기」의 마지막 구절이 귓전에 맴돈다.

> "그때는 이스라엘에 왕이 없었다. 사람마다 각기 눈에 옳은 대로 행하였다!"(「사사기」21:25)

내가 보기에, 이 마지막 외침은 현대 민주주의 교육이 가장 경계해야 할, 진지하게 성찰할 필요가 있는, 교육적 자료다. 민주주의 교육은, 말 그대로, '민주(民主)'를 지향한다. 자유와 평등이라는 원리도, 민주주의를 형성한 어떤 이론적 장치도, 국민이 시민이 주인임을 강화한다. 국민이, 시민이 주체다! 중심이다! 때문에 주관적 시선이 중시된다. 객체나 객관, 대상화보다 자신이 중앙이고 중심이고 행위의 운영자다. 주체와 객체, 주관과 객관, 이 존재와 존재의 사이 세계에서 균형미를 발휘하려는 노력이 없지는 않다.

하지만 논리 자체로 볼 때, '민주'라는 의미는 주체나 주인 밖의 대상 세계를 뒷전으로 밀어내기 십상이다. '민주'라는 의미가 왜곡될 경우, 무서운 현상이 발생한다. 자기주장, 자기시선, 자기고집 등 사람마다 자신의 관점에서, 자기가 하고 싶은 대로, 이른바 '제 멋대로' 행동하기 쉽다! 그것은 민주를 가장한 강력한 전제나 독재를 야기한다. 존재에 대한 어떤 고려도 없다! 경계하라!

그렇다면, 하나님의 대리자 '사사(士師)'란 무엇일까? 어떤 존재여야 할까? 민주주의 교육에 원용할 수 있을까? 있다면, 스승이란?

9. 『구약성서』(舊約聖書: *The Old Testament*) 역사(歷史)③룻기-일에 대한 열정과 실천, 그 복 짓는 소리

2021. 7. 10. 8:46

7월 8-9일 이틀간, 대학원 석·박사과정 지도학생들과의 교육답사 세미나를 마치고, 다시 바이블의 교육철학을 이어간다. 지난 이틀 동안의 사제동행(師弟同行)은 또 다른 의미로 다가왔다. 수시로 다니던 기행(紀行)이었지만, 여러 사정으로 한동안 함께 하지 못했던 제자들과의 교육기행 경험은 새로운 열정을 가져다주었다. 삶의 동기부여가 생기를 돋운다.

「룻기(Ruth)」는 아주 짧은 이야기로 구성되어 있다. 유대인 과부 나오미와 모압 출신 며느리인 룻, 그리고 친척인 보아스 사이에 발생한 이야기다. 이 가운데 룻(Ruth)의 이름을 따서 붙인 명칭이다. 시어머니와 며느리, 친척 사이에 친절과 자비, 구원의 역사가 삶을 장식한다.

시어머니와 며느리 사이의 사랑은 어떤 범위까지 허용될까? 더구나 낯선 땅의 이방인 며느리에 대해, 친아들 혈육으로 형성된 친친(親親)의 끈을 이해하는 방식은 어디까지일까? 이 짧은 기록은 예수의 먼 조상에 관한 사랑이야기인 동시에 족보이야기다. 아주 간단하고 별일 아닌듯한 일상으로 보이지만, 의미심장하다. 베들레헴의 낯선 땅까지 따라온 나오미의 며느리 룻은 결국 보아스와 혼인한다. 나오미와 룻과 보아스의, 삶에 관한 눈물겨운 이야기를 끌어안는 순간, 세상은 자비(慈悲)로 가득 찬다.

사사(士師)들이 다스리던 어느 시기에, 그 땅에 흉년이 들었다. 이

때 유대 베들레헴에 살던 엘리멜렉이 그의 아내 나오미와 모압으로 와서 살았다. 이들에게는 두 아들이 있었다. 그러나 엘리멜렉과 두 아들은 기근(饑饉)으로 인해 모압에서 죽었다. 나오미와 두 며느리는 졸지에 과부가 되었다.

남편과 두 아들, 가족을 모두를 잃었다. 어떻게 살아야 하는가? 어디로 가야 하나? 나오미는 일반적인 길을 택한다. 아는 곳, 갈 곳은 고향뿐! 나오미는 며느리들을 자신의 고향으로 돌려보내려 했다. 그러나 그녀는 시어머니와의 동행을 택했다. 나오미는 할 수 없이 며느리와 함께 베들레헴으로 돌아온다. 그리고 먹고 살기 위해 친척인 보아스를 찾아간다. 보아스는 친절했다. 자비로왔다. 발에서 보리이삭을 주우며 일할 수 있도록 배려했다. 나오미는 며느리 룻의 삶에 안식을 찾아준 셈이다. 이 과정에서 보아스는 룻과 혼인하고, 아기를 낳는다. 그 아기는 나오미가 양육한다. 그 아이의 이름은 오벳이다. 오벳은 다윗의 할아버지다. 여기에서 다윗의 계보가 드러난다. '베레스-헤스론-람-암미나답-나손-살몬-보아스-오벳-이새-다윗'으로 이어진다.

바이블 가운데 너무나도 짧은 이 기록에, 가슴 사무치는 인생이 조용하게 버티고 있다. 핵심은 '일'이다. 일에 대한 열정과, 실천, 그리고 그에 대한 당연한 보상으로 주어지는 은혜, 「룻기」는 그 자비와 구원의 이야기를 은은하게 간직한다.

"추수하는 사람들을 책임지고 있는 하인이 대답했다. 이 여인은 젊은 모압 여인으로 모압에서 나오미와 함께 왔습니다. 그 여자의 말이 '추수하는 사람들의 뒤를 따라 이삭을 줍도록 해 주십시오'라고 했습니다. 그녀는 잠깐 집에서 쉬었을 뿐, 아침부터 저녁까지 계속 부지런히 이삭을 줍고 있습니다. 그러자 보이스가 룻에게 말했다. 내 딸아, 들어라. 이삭을 줍기 위해 다른 밭으로 가지 마라. 여기서 떠나지도 마라. 내 소녀들 옆에 가까이 있어라. 그들이 베는 밭을 네 눈으로 잘 보고, 그들의 뒤를 따라 가거라. 내가 그 젊은 사람들에게 네게 손대지 말라고 명령하지 아니했더냐? 그리고 네가 목이 마를 때는, 물통으로 가서 그 젊은 사람들이 길러 놓은 물을 마셔라. 그래서 룻이 엎드려 얼굴을 땅에 대고 절하며 그에게 말했다. 나는 이방 여자입니다. 당신은 어찌하여 내게 은혜를 베푸십니까? 당신께서는 나를 알아보십니까? 보아스가 그녀에게 대답했다. 네 남편이 죽은 후, 네가 시어머니에게 행한 모든 일과 또 어떻게 네가 네 부모와 네가 태어난 곳을 떠나 전에 네가 알지 못했던 백성에게로 온 것을 내가 잘 알고 있다. 여호와께서 네가 행한 일에 대해 갚아주실 것이다. 이스라엘의 하나님 여호와에게서 네게 온전한 보상이 주어질 것이다."(「룻기」2:6-11)

이방인 룻은 착하다. 남편이 죽었음에도 불구하고 자기 고향 모압에 남지 않았다. 친정으로 돌아가지 않았다. 시어머니를 모시고 베들레헴으로 왔다. 이 무엇을 의미하는가? 사랑의 실천이 보여주는 배려의 힘일까?

사랑을 뜻하는 한자 '애(愛)'는 여러 의미를 품고 있다. 글자 그대로 보면, '손톱[爫]+ 덮다[冖]+마음[心]+천천히 걷다[夊]'가 결합한 모습이다. 하지만, 금문(金文)에 새겨진 애(愛)는 아주 단순하다. '기(旡)'와 '심(心)'이 결합한 형태다. 이는 '가슴 부위에 심장을 그렸다'라고도 하고 '고개를 돌려 다른 사람을 보는 모습'이라고도 한다. 달리 말하면, 사람의 가슴에 심장이 들어가 있는 모양, 또는 다른 사람에게 관심을 갖고 배려하는 마음이란다. '사랑' '사랑하다'라는 거룩한 상징은, 남녀 사이의 얄팍하고 단순한 감정에서 우러나오는, 육감적 차원이 아니다. 심오한 삶을 담은 인생 역정을 가득 담아야 한다. 사랑을 가장한 존재와 진정한 사랑을 품은 사람의 차이가 이 지점에서 보인다.

시어머니를 향한 룻의 마음, 그것은 사랑을 머금었다. 이미 자비로 뭉쳐져 있었다. 시어머니의 소개로 찾아간 일터에서, 룻은 다시 강력한 삶의 의지를 드러낸다. 부지런히 일했다. 열정을 보이고 실천했다. 친척 보아스가 그녀를 알아보았다. 그리고 배려했다.

배려하는 사람만이 배려의 진정한 의미를 알아본다!

그것이 다름 아닌 하나님의 마음 아닐까? '하늘은 스스로 돕는 자를 돕는다(Heaven helps those who help themselves.)'라고 했다. 인생에 대한 의지를 스스로 가꾸고 다듬고 빚어나가는, 신성한 '지도(志道)!' 학문의 길, 교육의 길도 마찬가지다.

부여된 임무, 그 사명(使命)을 따라, 열심히 일하자! 그 가운데 하나님의 영혼이 역동적으로 생기를 불어 넣는다. 별도의 하나님 여호와가 아니다. 나는 그렇게 생각한다. 내 삶의 진실성이 하나님을 부른다. 그래서 하나님의 구원, 하나님으로부터 받는 은총, 그 복(福)은 일방적으로 주고받는 것이 아니다. 절대, 가만히 앉아서, 복을 받을 수는 없다. 설사 그런 상황이 발생하더라도, 그런 복은 받아서는 안 된다! 복은 하나님의 가호(加護) 아래, 내가 '직접 지어 나가야 하는' 거룩한 일이다. 내가 내 삶에서 구현해야 하는 당당한 힘이다. 그저 그것뿐이다. 나는 그렇게 「룻기」를 읽었다.

10. 『구약성서』(舊約聖書: *The Old Testament*) 역사(歷史)④사무엘서(상)-기독교 왕정의 탄생, 순종

2021. 7. 11. 10:05

「사무엘(Samuel)」은 특별한 의미가 부여된 바이블의 명칭은 아니다. 「사무엘」(상)의 1장에 나오는 선지자 사무엘의 이름에서 따 왔다. 『논어』에서 장의 첫 번째 글자를 따서 붙인 것과 유사하다. 그래도 사무엘이라는 이름에는 의미가 부여되어 있다. '하나님이 듣다' 또는 '하나님의 이름'이라는 히브리어에서 유래했다.

사무엘은 사사(士師)이자 선지자(先知者)였다. 이스라엘의 첫 번째 왕인 사울과 두 번째 왕인 다윗을 지도자로 세우는 데 결정적 역할을 했다. 일종의 킹 메이커였다. 사무엘은 사사 시대가 끝나기 전인 B.C. 1100년에 태어나 활동했다. 엄밀하게 말하면, 사사시대는 정치적으로 불안한 시기였다. 왕이 통치를 하기까지, 왕권시대로 전환되는 과도기다. 「사무엘」기는 사무엘의 탄생으로부터 다윗 왕의 통치 말기에 걸친 이스라엘의 역사를 다루고 있다. 「사무엘」상편은 사무엘의 탄생에서 사울 왕의 사망에 이르기까지(B.C. 1100-B.C. 1010), 90년의 역사다. 「사무엘」하편은 사울 왕의 죽음 이후 다윗 왕의 통치기간(B.C. 1010-B.C. 970)인, 40년의 역사다.

선지자 사무엘을 비롯하여 이스라엘의 첫 번째 왕 사울, 두 번째 왕 다윗, 사무엘의 어머니 한나, 사울의 아들이자 다윗의 가장 친한 친구인 요나단, 다윗의 아들 압살롬, 다윗의 최고 참모인 선지자 나단 등 주요한 인물들이 등장한다. 다루는 주제는 간단하다. '하나님께서는 어떻게 다윗을 위해 이스라엘에 왕국을 세우고, 성전 건축의 장소로 예루살렘을 선택했는가?', '하나님 말씀에 순종하라! 그것이 왕이 될 수 있는 첫 번째 조건이다. 불순종은 재앙을 초래할 뿐이다!'

「사무엘」상은 왕정의 탄생 과정과 첫 번째 왕 사울의 활약을 자세하게 일러준다. 왕정의 탄생은 복종을 선택하는 교육철학적 메시지를 날카롭게 던진다. 비수(匕首)같은 백성의 요청은 희극과 비극의 중첩을 예고한다.

> "사무엘이 왕을 요구하는 백성에게 여호와의 모든 말씀을 일러주었다. 너희를 다스리게 할 왕의 제도는 다음과 같다. 사무엘이 말했다. 왕의 너희 아들들을 데려다가 그의 병거(兵車)를 위해 일하게 하고 또 기병(騎兵)으로 지정할 것이다. 또 왕을 위해 천부장과 오십부장을 임명할 것이다. 어떤 사람은 왕의 밭을 갈고 왕의 추수를 할 것이다. 또 왕의 무기와 장비를 만들게 할 것이다. 왕은 또 너희 딸들을 데려다가 향료를 만들고 요리를 하고 빵을 굽는 자로 삼을 것이다. 왕은 너희 밭과 포도원과 감람원에서 제일 좋은 것을 가져가 왕의 신하들에게 줄 것이다. 왕은 또 너희 곡식과 포도원에서 나는 물건을 십일조로 거두어 관리와 신하에게 줄 것이다. 왕은 또 너희 노비 가운데 가장 아름다운 소년과 나귀들을 끌고 가서 왕의 일을 시킬 것이다. 왕은 너희 양 떼의 십분의 일을 거두어 갈 것이며, 너희는 왕의 종이 될 것이다. 그날에 너희는 너희가 스스로 선택한 왕으로 말미암아 부르짖을 것이다. 그러나 여호와께서는 그날에 너희에게 응답하지 아니하실 것이다. 하지만 백성은 사무엘의 말을 듣지 않고 말했다. 아닙니다. 우리도 우리 왕이 있어야 합니다. 우리도 다른 나라들 같이 되어 우

리의 왕이 우리를 다스려야 합니다. 우리 앞에 나가서 우리의 싸움을 싸워야 할 것입니다."(「사무엘서(상)8:10-20)

기독교 역사에서 왕정(王政)은 이렇게 탄생했다. 사무엘은 왕정의 단점을 자세하게 설명했다. 그러나 백성은 왕을 원했다. 그 이유는 너무나 간단하면서도 간절하다. '우리를 다스려 주어야 한다! 우리 앞에 나가서 싸워야 한다!' 이 두 마디는 백성이 요구하는 왕의 자질인 동시에 임무이자 역할이다. 지배를 통해 백성을 다스리는 동시에 앞장서서 백성을 지킬 수 있는 지도자!

사무엘의 설득에도 불구하고, 백성은 너무나 간곡하게 요청한다. 삶을 풍요롭게 만들 수 있는, 민생을 살피는, 안전을 책임질 수 있는 사람을 지도자로 모시자! 경제적 물질적 보장과 방위력의 확보는 지도자가 펼쳐야 할 최대의 정치 행위다. 백성에 대한 지배와 섬김! 이를 동시에 이행해야 하는, 양날의 검과 같은, 이 속성을 어찌 받아 안을 것인가? 종(從)으로, 노비(奴婢)로, 모든 사안에 대해, 왕을 위해 헌신해야 하는 존재의 선택이다. 그렇게 '살아가기'인 듯한, 실제로는 '살아지기'의 세월, 그 왕정의 시공간이 3,000년을 버텼다. 그리고 철옹성(鐵甕城)처럼, 난공불락(難攻不落)의 요새(要塞)같이, 기독교 교육 철학을 굳혀왔다.

나도 그 끝자락에 서서, 현실 교육을 돌아보고 있을 뿐이다. 사유가 굳은 만큼, 껍질은 벗기기 힘들다!

11. 『구약성서』(舊約聖書: *The Old Testament*) 역사(歷史)⑤사무엘서(하)-기근, 전쟁, 역병! 이 고통과 구원

2021. 7. 12. 8:48

「사무엘서」(하)편에서는 사울 왕의 시대를 마감하고 다윗 왕의 이야기가 전개된다. 다윗이 유대의 왕이자 온 이스라엘의 왕이 되어, 영토를 확장하고 정치를 행하면서 발생하는 여러 사건에 관한 기록이다. 다음과 같은 몇몇 구절이 교육철학적 사고의 의미를 깊게 만든다.

먼저, 여호와께서 다윗을 모든 원수들과 사울의 손에서 구원하시던 날에 부른 노래! 다윗이 부르는 구원과 승리의 노래에서다.

> "여호와는 나의 반석, 나의 요새, 나의 구원자이십니다. 나의 하나님은 내가 피난처를 구하는 내 반석이십니다. 그분은 나의 방패, 내 구원의 절정, 나의 높은 망대, 나의 피난처, 나의 구원자이십니다. 당신께서 나를 폭력에서 구원하셨습니다. …… 여호와께서는 내 정의(正義: 의로움)에 따라 내게 보상하셨습니다. 내 손의 정결(淨潔: 깨끗함)에 따라 내게 갚으셨습니다. 이는 여호와의 길을 지켰고, 불의(不義)로 나의 하나님을 떠나지 아니했기 때문입니다. …… 나는 그 분 앞에서 정직했습니다. 내 죄에서 나 자신을 지켰습니다."(「사무엘서(하)」22장)

'의로움'과 '깨끗함', 그 '정직'한 행위는 인간을 지키는 기본 덕목이다. 바이블의 철학은 정의와 정결과 정직을, 구원으로 다가가는 교육의 내용임을 일러준다. 정의로운 행위, 정결한 마음, 정직한 일상, 그것은 무엇이며 어떠해야 하는가? 다윗의 노래는 왕이 지녀야 할 덕목으로 이어진다.

다윗의 노래 다음에 보이는 교육적 의미는 왕의 자질과 역할의 강조다. 최고지도자로서 왕은 정의로운 존재로 철저히 거듭나야 한다! 그것이 왕을 기르는 자질 함양 교육의 전부다.

> "사람을 다스리는 자는 정의로워야 한다. 하나님을 경외하며 사람을 다스려야 한다. 그는 해가 뜰 때의 아침 빛 같아야 한다. 구름 없는 아침 같아야 한다. 비온 후에 밝은 햇살을 받고 땅에서 솟아나는 연한 풀과 같아야 한다."(「사무엘서(하)」 23:3-4)

사람을 향해 정의로운 정치, 또는 올바른 교육을 펼치려는 존재는 정의를 몸으로 체득해야 한다. '정의구현사(正義具現師)'로서 자격을 갖춰야 한다. 교육자가 교사자격증을 갖추기 위해, 교원양성기관에서 교직과정을 이수하며 수련하듯이 말이다. 이럴 때 정의(正義)는 경외(敬畏)로 이어진다. 인간 사회에서 정중하게 예의를 차리는 동시에 존재에 대한 두려움을 갖추게 되는 것이다. 그것이 하나님을 믿고 자신을 사랑할 때 발생하는 거룩함이다.

'아침 해-구름 없는 맑은 날-비온 후 초목의 싹'으로 이어지는, 이 정결한 빛은 희망의 찬가다. 순수한 열망 그대로, 인생의 시작 단계에서 갈구하는 기도다. 하지만 그 염원은 온갖 시련을 극복해 나가는 삶의 세계, '고통(苦痛)'으로 순환한다. 그것은 다윗의 죄를 심판하는 장면에서 뚜렷하게 보인다. 여호와의 말씀은 선지자 갓을 통해 전달된다.

> “가서 다윗에게 이렇게 일러라. 이것은 여호와의 말씀이다. 곧 내가 너에게 세 가지를 제의하니, 너는 그 가운데 한 가지를 택하여라. 그러면 내가 그것을 너에게 행하겠다. 갓이 다윗에게 가서 말했다. 왕의 땅에서 7년의 기근이 오게 하시겠습니까? 아니면, 적들이 왕을 추격해 오는 동안 3개월을 적 앞에서 도망가시겠습니까? 아니면, 왕의 땅에 3일간의 전염병이 오게 하시겠습니까? 깊이 생각하십시오. 나를 보내신 분에게 내가 어떤 답을 가져가야 할 것인지 살펴 주십시오.”(「사무엘서(하)」 24:12-13)

다윗은 3일간의 전염병을 택했다. 7만 명의 백성이 죽었다. 예루살렘도 파괴 직전에 이르렀다. 다윗은 여호와의 제단을 쌓기 위해 타작마당을 산다. 그가 저지른 죄 값이다. 다윗은 죄 값을 치르지 않고서는 여호와께 번제를 드리지 않겠다고 단언한다. 그 단호함을 넘어 화목제를 올리자, 여호와는 다윗의 간청을 들어 주었고, 재앙도 그쳤다.

기근-전쟁-역병! 이 상징적인 인간 사회의 고통을 직시할 필요가 있다. 굶어 죽는 것은 공동체의 질서가 무너지고 개인적 게으름이 난무할 때 발생한다. 전쟁은 국가 간의 갈등과 투쟁의 산물이다. 역병은 알 수 없는 바이러스의 침투다. 이 모두는 인간의 자초한 대재앙이다. 교육은 그 반대를 가정하여 예비하는 작업이다. 흉년이 들지 않도록 부지런히 생산하라! 전쟁이 일어나지 않도록 안보를 튼튼히 하라! 전염병이 창궐하지 않도록 위생에 신경 쓰라!

코비드(COVID)-19 바이러스가 팬데믹(pandemic) 현상으로 진행되는 시점에서, 이 무슨 시사점을 줄 수 있을까? 하나님이 계시다면, 3일간의 전염병을 선택한 다윗의 간구에 응답했듯, 이 땅에서도 재앙을 그치게 하소서! 간절한 기도 소리가 교육 곳곳에 배어들기를 소망하며, 「사무엘기」를 접는다.

12. 『구약성서』(舊約聖書: *The Old Testament*) 역사⑥열왕기(상)-솔로몬, 그 '정의'와 '지혜'의 형성

2021. 7. 13. 7:25

「열왕기(列王記, the book of the kings)」는 말 그대로 '왕들의 행적을 기록한 책'이다. 이스라엘 왕조에 관한 이야기다. 조선시대 왕들의 기록인 『조선왕조실록』처럼, 왕들의 통치 행위의 요점이 서려 있다. 하지만 왕들에 관한 단순한 역사 기록만은 아니다. 각종 사건을 선별하여 설명하고 비판하면서 교훈을 부여한다. 기독교의 논리 그대로, 하나님에게 순종하는 왕에게는 축복을, 불순종하는 왕에게는 유배와 심판, 그리고 벌이 주어졌다. 이 인과응보(因果應報)의 명확성에서 교육철학의 면모가 확연히 드러난다. 어디까지나 준거는 하나님이다.

「열왕기」(상)은 다윗 왕의 말년(B.C. 970년)에서 북이스라엘의 왕 아하시야의 통치가 끝날 때(B.C. 852년)까지, 118년간의 역사다. 그 유명한 솔로몬(Solomon)의 통치와 이스라엘 왕국의 분열 및 그 사이의 관계를 다룬다. 무엇보다도 선지자 엘리야와 엘리사의 활약이 돋보인다. 그들은 북이스라엘이 하나님에 대한 배신행위를 중단하고 하나님의 언약에 충실하도록 온갖 노력을 한다. 그것은 이스라엘 통치자와 백성이 하나님과의 언약에 얼마나 충실했는가에 관한 충성심의 확인과 평가다. 충성(忠誠)은 축복을 주고 불충(不忠)은 벌을 내린다!

「열왕기」는 뒤이어 등장하는 「역대기」(하)와 동시대의 이야기다. 하지만 세상을 인식하는 관점이 다르다. 앗시리아나 바벨론 같은 외세의 압력과 침략, 그리고 내부의 갈등으로 인해 왕들은 안정된 통치를 실천하지 못했다. 그 결과 B.C. 930년 무렵, 이스라엘 왕국은 분열이 일어났다. 이로부터 B.C. 721년 멸망에 이르기까지 210년 동안 20명의 왕이 다스렸다. 유다에서도 20명의 왕이 분단으로부터 예루살렘 함락 때까지 345년을 다스렸다. 이 20명의 왕조 교체 과정의 희비극을 담았다.

이스라엘의 두 번째 왕 다윗, 다윗과 밧세바 사이에 태어난 그 아들 솔로몬, 솔로몬의 아들이자 악을 행하여 왕국이 갈라지도록 하고 남쪽의 유다왕국의 왕이 된 르호보암, 북이스라엘의 열한 지파의 왕으로서 우상을 만들고 레위 인이 아닌 사람을 제사장으로 내세워 악을 행한 여로보암 등이 주요 등장인물이다.

앞부분에 기록되어 있는 '솔로몬의 꿈'은 삶과 교육의 기준이 무엇인지를 강력하게 시사한다. 흔히 말하는 '솔로몬의 지혜'가 어떻게 발생하는지 그 초석을 보여준다.

"솔로몬 왕은 기브온으로 가서 제사를 올렸다. 그곳이 주된 산신당(山神堂)이었기 때문이다. 솔로몬은 그 제단에서 1,000번이나 번제를 올렸다. 밤에 여호와께서 솔로몬의 꿈에 나타나셨다. 하나님께서 말씀하셨다. '구하여라! 내가 네게 무엇을 주어야 하겠느냐?' 솔로몬이 말했다. '당신께서는 당신의 종인 나의 아버지 다윗에게 큰 은혜를 베푸셨습니다. 이는 다름 아닌 진실(眞實)과 공의(公義)와 정직(正直)한 마음으로 당신 앞에서 실천했기 때문입니다. 그리고 당신께서는 그를 위해 이 큰 은혜를 지키시고, 오늘과 같이 그의 왕좌에 앉을 아들을 그에게 주셨습니다. 이제 나의 하나님 여호와여! 당신께서는 당신의 종을 내 아버지 다윗을 대신하여 왕으로 삼으셨습니다. 그러나 나는 작은 아이에 불과합니다. 나는 어떻게 나가고 어떻게 들어오는지를 알지 못합니다. 당신의 종은 당신께서 택한 백성 가운데 있습니다. 그들은 큰 백성이라 그 수가 많아서 셀 수도 없고 헤아릴 수도 없습니다. 그러므로 당신의 종에게 당신의 백성을 재판하기 위한 깨달음의 마음을 주셔서 선과 악을 분별할 수 있게 하십시오. 그렇지 아니하면 누가 당신의 이 큰 백성을 재판할 수 있겠습니까?' 솔로몬이 요구한 것에 대해 여호와께서 기뻐하셨다. 하나님이 그에게 말씀하셨다. '너는 이것을 요구했다. 너를 위한 장수(長壽)나 부귀(富貴)나 네 원수의 생명을 구하지 않았다. 오직 정의(正義)를 분별할 수 있는 지혜를(智慧) 구했다. 때문에 내가 너의 말대로 행한다. 내가 너에게 현명하고 분별하는 마음을 주었다. 그러므로 너와 같은 사람은 너 이전에 없었다. 너 이후에도 쉽게 나타나지 않을 것이다. 나는 네가 구하지 않은 것, 곧 부귀와 영광도 줄 것이다. 그리하여 너의 일평생 왕 생활 가운데 너와 같은 자가 없을 것이다. 그리고 네가 아버지 다윗이 실천했던 것 같이 내 길로 행하고, 내 법도와 명령을 지키면, 내가 너의 날을 길게 할 것이다.' 그때 솔로몬이 잠에서 깨어났다. 그것은 꿈이었다. 그는 당장 예루살렘으로 달려갔다. 여호와의 언약궤(言約櫃) 앞에 섰다. 번제와 감사의 제물을 올렸다. 그리고 모든 신하를 위해 잔치를 베풀었다."(「열왕기」(상)3:4-15)

정말, 지혜의 탄생은 단순한 권모술수(權謀術數)나 꾀가 아니라는 사실이 적나라하게 드러난다. 솔로몬의 지혜는 어떻게 형성되었는가? 그 최초의 모습이 번뜩이는 장면이다. 너무나 큰 가르침이 등장한다. 어쩌면 바이블이 던지는 가장 강력한 삶의 기준일지도 모른다. 그것은 세 가지에 근거한다. '진실', '공의', '정직'! 그리고 자신을 낮춘다.

나는 '작은 아이'에 불과하다! 이 겸손(謙遜: humility)의 미덕이 교육철학의 지향점을 지시한다.

이 작은 사람은 수많은 사람들 가운데 들어가 있다. 이미 던져져 있다. 그런데 그 사람들은 너무나 큰 존재들이라 이루 헤아릴 수가 없다! 어떻게 해야 하는가? 깨달음의 힘을 주시라! 무엇이 선이고 무엇이 악인지, 분별하고 판단할 수 있는 능력을 주시라! 그것은 결코 일신(一身)의 영달(榮達)을 위한 장수나 부귀나 원수의 목숨이 아니다! 그것은 법도와 명령을 지키며 실천할 때 자연스럽게 얻어진다. 진짜 인간의 생명은, 오직 '정의(正義)'를 분별할 수 있는 지혜(智慧)뿐이다! 사리에 밝은 현명(賢明)함! 선과 악, 옳고 그름을 분별(分别)하는 마음!

'정의'와 '지혜'! 이 올바름을 화두로 지혜를 구가하려는 솔로몬은 기독교 최고의 교육철학자다. 정의에 기초한 지혜의 화신이다. 이 지점에서 정의와 지혜의 교육철학, 그 싹이 연하게 돋아나는 모습이 보인다.

13. 『구약성서』(舊約聖書: *The Old Testament*) 역사⑦열왕기 (하)-멸망으로 달리는 열차 속의 빛, 정직

2021. 7. 14. 9:08

「열왕기」(하)는 분단 왕국, 즉 이스라엘과 유다의 역사이자 예언서다. 북쪽의 이스라엘 왕 아하시야와 남쪽의 유다 왕 여호사밧의 이야기에 이어, 두 왕국의 운명에 관한 기록이다. 북이스라엘은 B.C. 721년 앗시리아에 의해 멸망한다. 남유다는 B.C. 586년 바벨론에 의해 멸망한다. 이 시기의 주요 사건들, 즉 아하시야의 죽음(B.C. 852)으로부터 유다 왕국의 멸망(B.C. 586)에 이르는 4세기에 걸친 역사다.

선지자 엘리야와 엘리사, 수넴 여인, 나아만 시리아 군사령관, 바벨론의 왕 느부갓네살, 니스라엘 왕 예후, 유다왕 시드기야와 여호야김, 요시야, 므낫세 등이 주요 등장인물이다. 이 역사의 교훈은 준엄하다. 하나님의 사람은 하나님의 말씀에 맞게 행동해야 한다. 그리하여 그분께서 기뻐하는 일을 해야 한다. 분단 왕국의 왕들은 어떠했을까? 기준에 따라 실천했을까? 엄정한 평가를 보라. 대부분의 왕들은 악한 행동을 일삼았다. 일부 왕들은 여호와께서 기뻐하시도록 행동했다. 어떤 역사건 정의와 부정이 교차한다. 이 지점에서 교훈을 읽어라. 무엇보다도 요시아의 선정(善政) 기록이 돋보인다.

> "요시아가 왕이 되었을 때 나이가 8세였다. 그는 예루살렘에서 31년간 다스렸다. 요시아는 하나님께서 기뻐하는 일을 행했다. 그의 조상 다윗 왕이 행했던 길을 좇았다. 그는 왼쪽이

나 오른쪽으로 치우치지 않았다. 왕이 된 지 18년에 서기관 사반을 여호와의 성전으로 보내며 말했다. 너는 대제사장 힐기야에게 가서 왕궁 문지기가 백성으로부터 받아 여호와의 성전에 보관 중인 은(銀)을 세어보도록 하여라. 그리고 그것을 여호와의 성전을 관리하고 있는 감독관들에게 넘겨주라. 감독관들은 다시 이것을 여호와의 성전 안에 있는 일꾼들에게 성전의 보수를 위해 지불하게 하여라. 곧 목수들과 일꾼들과 미장이들에게 지불하라. 성전 보수를 위한 목재와 다듬은 돌을 사기 위해 지불하여라. 그러나 감독관들에게 넘겨진 은에 대해서는 회계 감사를 할 필요가 없다. 왜냐하면 그들은 정직하게 일을 처리하기 때문이다."(「열왕기」(하)22:1-7)

정직에 터한 요시아 왕의 개혁은 지속된다. 율법 책을 발견하고, 그것에 기록된 언약을 지켰다. 우상을 섬기는 제사장들을 몰아내고, 산신당을 없애버리는 종교의 대수술을 감행했다. 그 개혁은 사마리아로 파급되었고, 언약에 기록된 대로, 하나님 여호와를 위해 유월절도 지켰다. 이런 대대적 개혁에 대한 평가는 다음과 같이 요약되어 있다.

"사사(士師)들이 이스라엘을 통치했던 시대와 이스라엘 및 유다의 왕들이 다스리던 시대에는 그렇게 유월절이 지켜진 일이 없었다. 오직 요시아 왕 18년, 예루살렘에서, 여호와 앞에서 유월절이 지켜졌다. 요시야는 신을 접한 사람들과 무당들, 그리고 집안의 신들과 우상들, 즉 유다와 예루살렘에 있는 모든 가증스러운 것을 제거했다. 제사장 힐기야가 여호와의 성전에서 찾아낸 그 책에 기록된 율법의 말씀을 이행했다. 요시아 왕 이전에는 그와 같이 모세의 율법을 온전하게 일치되도록 자신의 마음을 다하고, 뜻을 다하며, 힘을 다하여, 여호와께 돌아온 왕이 없었다. 요시아와 같은 왕은 그 후에도 없었다."
(「열왕기」(하)23:22-25)

요시아 왕의 개혁에서 볼 때, 하나의 교육적 화두에 세 가지 실천 양상에 제기된다. 화두는 '정직(正直: honesty)'이다. 요시아 왕은 자신의 조상인 다윗 왕의 선정을 상기했다. 그 길을 따라 좌우에 치우치지 않고, 공평하게 일을 처리했다. 가장 중요한 것은 신뢰(信賴)다. 그는 서기관과 감독관을 믿었다. 정직하게 일처리를 하는 사람이기 때문에 별도의 회계감사를 하지도 않았다.

개혁은 이처럼 정직한 일처리로부터 시작한다. 꼼수나 술수가 아니다. 더구나 좌우에 치우친, 자기편의 이익 추구는 철저한 금물이다. 여기에 실천이 더해진다. 마음을 다하고, 뜻을 다하고, 힘을 다한다.

'정직'이라는 화두에 기초하라! '정직'을 움켜쥐어라! 아니, 금강석처럼 단단하게 가슴에 품어라! 그리고 실천하라! 그러기 위한 기준을 세워라.

첫째, 마음을 다하라! 진심(盡心)하라. 온 정성을 기울여라.

둘째, 뜻을 다하라! 의지(意志)에서 입지(立志)로 수련(修練)하라. 온몸으로 단련(鍛鍊)하라.

셋째, 힘을 다하라! 역행(力行)하라. 용맹정진(勇猛精進)하라.

이 절차탁마(切磋琢磨)의 과정에 사람의 길이 그려진다. 그 종착지점은 '사랑'이다. 바이블이 그리는 교육철학은, 하나님의 가호 아래, '정직'을 화두로 순환하며, 실천을 권유한다.

14. 『구약성서』(舊約聖書: *The Old Testament*) 역사⑧역대기(상·하)-솔로몬의 기도, 용서(容恕)를 위한 간구(懇求)

2021. 7. 15. 7:40

'역대(歷代: Books of Chronicles)'는 말 그대로 왕조(王朝) 시대의 이야기를 다룬다. 이스라엘 백성은 70여 년간의 바벨론 포로생활(B.C. 605-B.C. 538)을 마치고 유다로 돌아왔다. 「역대기」는 그 백성에게 과거 조상들의 영적 유산이 무엇인지 정확하게 깨닫고, 고국의 재건에 참여하여 하나님께 진정으로 순종할 수 있도록 기원한다. 이런 차원에서 이스라엘 백성을 위한 역사 교과서 역할을 한다.

「열왕기」와 중복되는 이야기도 있고 비슷한 측면도 많다. 「열왕기」는 바벨론으로 잡혀가 포로로 머물고 있는 유다 백성을 위한 이스라엘의 역사책이다. 반면 「역대기」는 바벨론 포로에서 유다로 돌아온 백성에게 유대인 공동체가 나아갈 길을 제시하기 위한 역사책이다. 「열왕기」는 과거 이스라엘 백성의 잘못과 죄를 고발하는 데 중점을 두고 있다. 하지만 「역대기」는 바벨론 유배에서 돌아온 백성을 위로하고 다윗 왕과 솔로몬 왕의 치적을 높이 평가하며, 이스라엘의 재건과 지속성, 다윗 왕가의 회복과 성전 재건의 중요성을 강조한다.

여러 이야기 가운데 솔로몬의 간절한 기도가 눈에 띈다. 솔로몬은 자신을 위해 이렇게 기도했다.

> "이스라엘의 하나님 여호와여, 세상에 당신과 같은 하나님은 없습니다. 당신께서는 그들의 온 마음을 다하여 당신의 길을

가는 당신의 종들에게 하신 언약을 지키시고, 또 그들에게 은혜를 베풉니다. 당신께서는 또 당신의 종 내 아버지 다윗에게 하신 약속을 지키셨습니다. 당신께서는 오늘 보시는 것과 같이 당신의 입으로 약속하시고 당신의 손으로 그것을 이루셨습니다. 그러므로 이스라엘의 하나님 여호와여, 당신께서 당신의 종 내 아버지 다윗에게 '네 자손이 네가 행한 것 같이 내 앞에서 모든 것을 율법대로 행하기만 하면, 너는 내 앞에서 이스라엘의 왕좌에 앉을 자손을 갖지 못할 일이 없을 것이다.'라고 말씀하신 그 약속을 지키십시오. 그리고 이스라엘의 하나님 여호와여, 당신께서 당신의 종 다윗에게 하신 그 말씀이 이루어지게 하십시오."(「역대기」(하)6:14-17)

이 기도 가운데 정말 진지하게 살펴야 할 언표가 등장한다. '언약(言約)'과 '약속(約束)', 그리고 '은혜(恩惠)'다. '언약'은 '말로 약속한 것'이다. 그 말은 행위의 기준이자 근거가 된다. '약속'은 앞으로 '어떻게 일을 진행해 나갈지를 정해두는 작업'이다. 인간은 그 약속에 따라 적극적으로 삶을 실천한다. 그래서 인생의 기준과 근거가 되는, 지침이 되는, 언약과 약속은 중요하다. 바이블에서 하나님의 언약과 약속은 의미 있는 행위를 담보하는 절대적 표준이다. 그만큼 성스럽고 거룩하다. 교육은 이런 차원의 표준을 제시하는 인간의 자기구제 장치다. 교육철학은 그 방향과 지향에 생명력을 불어 넣는다.

솔로몬이 백성을 위해 올리는 기도는 더욱 현실적이고 간절하다.

"당신의 종과 당신의 백성 이스라엘이 이 성전을 향하여 기도할 때, 그들의 간구를 들으십시오. 당신께서 계시는 곳, 하늘에서 들으십시오. 당신께서 들을 때는 용서하십시오. 누구든지 그의 이웃에게 죄를 짓고, 성전으로 와서 당신의 제단 앞에서 무죄를 맹세할 수 있습니다. 그때는 하늘에서 들으시고 행하십시오. 그리고 당신의 종들을 심판하십시오. 악한 자에게는 그 행위를 그의 머리에 올려서 그의 죄를 갚으십시오. 정의로운 사람에게는 그 정의에 따라 그에게 갚으십시오. …… 누구든지, 어떤 개인이나 당신의 온 백성 이스라엘이 그들의 고통과 슬픔을 깨닫고 이 성전을 향하여 그들의 손을 뻗어 어떤 기도라도 하고, 어떤 간구라도 할 것입니다. 그때는 당신의 거처이신 하늘에서 들으시고 용서하시며 또 당신께서는 그들 각자의 마음을 아시기 때문에 각자의 행위대로 갚으십시오. …… 나의 하나님이여, 내가 기도드립니다. 당신의 눈을 뜨시고 당신의 귀로 이곳에서 드리는 기도를 들으십시오, 오, 여호와 하나님이여, 이제 일어나셔서 당신의 안식처로 오소서. 당신과 당신의 능력의 궤와 함께. 오, 여호와 하나님이여, 당신의 제사장들이 구원으로 옷을 입게 하시고, 당신의 성도들이 당신의 선함 가운데서 기뻐하게 하소서. 오, 여호와 하나님이여, 당신의 기름부음을 받은 자의 얼굴을 외면하지 마소서. 당신의 종 다윗에게 베푸신 사랑을 기억하소서."(「역대기」(하)6:21-42)

하나님이 어떤 분인가? 어디에 계신가? 하늘로 상징되는 여호와 하나님의 거처는 저 공활(空豁)한 허공과 같다. 잡히지도 보이지도 들리지도 않는다. 그러나 솔로몬이 꿈에서 하나님을 영접하고 지혜를 받았듯이, 하나님은 인간의 간절한 기도를 실제로 듣고 있다. 언제 어디서나 빠짐없이 말이다. 때문에 무의식에 내재해 있을 수도 있는 인간의 요청은 하나님의 응답만큼이나 현실로 드러날 수 있다.

처절하게 기억하라! 하나님은 하늘에서 인간의 기도를 듣고 있다!

백성의 간구(懇求)를, 하나님의 언약과 약속이라는 기준을 통해, 각자의 행위에 따라 심판한다. 회개(悔改)하는 자에게는 용서를 통해 새로움 삶을 고민하게 만든다. 그들에게 공의(公義)와 정의(正義)를 불들어 주고, 범죄를 저지른 인간을 '용서'한다.

용서(容恕)의 용(容)은 '그릇에 담다'라는 의미다. 서(恕)는 '헤아리다', '분명하게 알다'라는 뜻이다. 내 마음처럼 다른 사람을 돌아보고 살펴보며 깨닫는 작업이다. 그러므로 용서는 존재에 대한 배려, 그 마음을 온몸에 품는 행위다. 이 얼마나 거룩하고 위대한가!

'용서'는 인간이 지상에서 베풀 수 있는 가장 위대한 은혜다. 바이블 최고의 교육철학이다. 어쩌면 교육은 '용서하는 법'을 일러주는 내용으로 가득한지도 모른다. 지식을 획득하는 이유가 무엇일까? 지식 자체를 아는 것일까? 앎이라는 사실을 넘어, 그것을 도구로, 인간을 용서하는 방법이나 수단을 지향하는 작업은 아닐까? 도덕성이나 윤리를 실천할 수 있는 능력의 확보는 무엇을 뜻할까? 용서하는 방식을 알고 그것을 실천하는 것 자체가 도덕 윤리가 아닐까?

용서의 의미를 진지하게 인식하고 실천하자! 단, 조건은 엄중하다. 단순히 시간이 지나고 세월이 흘렀다고 해서, '이제 과거는 잊어버리고, 용서하자!'라는 식의 무관심과 무책임이어서는 안 된다. 그건 용서가 아니라 포기이자 회피다. 진솔하게 잘못을 뉘우치고 바로 잡으려고 애쓰는 사람! '회개하는 인간'에 대해서만 적용되어야 한다. 용서를 위한 이 규칙은 그 무엇보다 신성하게 준수되어야 한다. 진정한 용서를 갈구(渴求)하자! 교육이 용서하는 능력을 기르지 못한다면, 인생의 희망을 그만큼 줄어든다.

15. 『구약성서』(舊約聖書: *The Old Testament*) 역사⑨에스라/느헤미아/에스더-기도, 고난의 교육적 깨달음

2021. 7. 16. 8:29

상대적으로 짧은 세 바이블, 「에스라」「느헤미아」「에스더」를 묶어서 정돈해 본다. 이 세 바이블의 명칭은 기록한 사람의 이름을 따서 붙였다. 「에스라」는 「역대기」에 이어 바벨론으로부터 포로의 귀환과 다윗 왕국의 회복 등을 실현하려는 열정에 관한 이야기다. 페르시아 왕인 고레스와 다리우스 1세, 선지자 학개와 스가랴 등의 활동이 돋보인다. 「느헤미아」는 페르시아 왕이 바벨론으로 잡혀간 유대인들의 귀환을 허락함에 따라 유대인들이 유다로 돌아오기 시작했을 무렵의 이야기다. 「에스더」는 바벨론 포로 귀환 후에도 유다로 돌아오지 않고 페르시아에 남아, 페르시아 아하수에로 왕의 왕비가 되어 위기에 처한 유대인을 구한 이야기다. 모두가 바벨론의 포로 시기와 유다로의 귀환을 전후한 시기의 기록이다. 내용의 핵심은 이스라엘 백성에 대한 하나님의 보호와 예배, 율법을 둘러싸고 벌어지는 순종과 배반의 교훈이 어떠한지를 지시한다.

긴 역사를 회고하며 현재의 고난을 고백하는 레위 사람들의 기도가 인상 깊다. 「창세기」로부터 시작되는 그 기나긴 역사에 대한 회고는, 과거를 통해 그들이 살아온 인생에 대한 자부심을 확인하며 현재를 성찰하는 기준이 된다.

"당신만이 여호와이십니다. 당신께서는 하늘과 땅의 하늘을 만들었고, 일월성신(日月星辰)과 땅과 땅위의 모든 존재와 바다와 그 안에 있는 모든 사물을 만들었습니다. …… 당신께서 아브람을 선택하여 그를 바벨론 우르에서 인도하여 내시고, 그 이름을 아브라함이라 하셨습니다. …… 아브라함의 마음이 당신 앞에서 충성스러운 것을 보고, 그와 언약을 맺으시고 …… 당신께서는 의로운 분이시기 때문에 그 약속을 지키셨습니다. …… 당신께서는 낮에는 구름 기둥으로, 밤에는 불기둥으로 그들을 인도하시어, 그들이 가야할 길을 빛으로 비추셨습니다. …… 그들이 굶주렸을 때 당신께서는 하늘에서 양식을 내려 그들에게 주셨으며, 그들이 목마를 때 반석에서 물을 내어 주셨습니다. …… 그러나 그들, 곧 우리의 조상은 교만하게 행동하고 목을 뻣뻣하게 세워 당신의 계명에 순종하지 않았습니다. …… 그래도 당신께서는 용서하시는 하나님이시고, 은혜로우시며, 긍휼이 많으시며, 성내기를 더디게 하시며, 자비가 풍성하신 분이시기에, 그들을 버리시지 않았습니다."(「느헤미야」 9:6-31)

기도 속에는, 하나님 여호와의 천지창조로부터 언약과 약속, 빛, 양식, 음료에 이르기까지, 삶의 조건을 마련해 준 데 대한 감사가 진지하게 깃들어 있다. 그러나 조상들은 배반했다. 배반의 징표는 교만과 건방진 자세로 드러난다. 그래도 하나님 여호와는 용서(容恕)와 은혜(恩惠)와 긍휼(矜恤)과 성내기를 더디게 하며, 자비(慈悲)를 베풀어 인간을 보듬는다.

이 지점에서 거룩한 교육적 언약이 암시된다. 바이블은 하나님 여호와의 절대적 교육철학을 지적한다. 용서, 은혜, 긍휼, 자비, 그리고 화를 내지 않는 것은 아니지만, 그것을 더디게 참아낸다. 용서를 통해 덮어 주고, 은혜를 통해 베풀어 주며, 긍휼을 통해 돌보아 주고, 자비를 통해 가엾게 여기며, 성내기를 지연하며 인내한다. 덮음, 베풂, 돌봄, 화의 지연, 가엾게 여김! 이 다섯 가지 하나님 여호와의 특성은 삶의 지침이자 교육의 존재이유를 상기시킨다.

이 하나님과 인간이 엮어낸 역사를 바탕으로, 그 역사는 지속적으로 뒷 페이지를 장식한다. 현재, 또는 현실이라는 장르의 펼침은 고난과 고통으로 점철된다. 그러나 인간에게는 기도라는 강력한 전략적 삶의 무기가 마련되어 있다. 기도는 현재 고난을 성찰하는 교육적 깨달음이다. 그래서 끊임없이 간구(干求)하고 회개(悔改)하고 갈구(渴求)한다. 이 기도의 공식화가 현실 교육의 마당이다. 그 현재의 고난에 대해, 레위 사람들은 다음과 같은 기도의 마당을 이어나간다.

> "우리 하나님, 크고, 능숙하며, 두렵고, 언약과 인자하심을 지키시는 하나님이여! 앗시리아 왕 때부터 오늘날까지 우리들과 우리의 왕들과 우리의 지도자들과 우리의 제사장들과 우리의 선지자들과 우리의 조상들과 당신의 모든 백성에게 닥쳐온, 이 모든 고통을 가볍게 여기지 마십시오. 당신은 우리에게 닥쳐온 모든 일에 대해 의로운 분이십니다. 당신께서는 진실하게 행했고, 우리는 악하게 행했기 때문입니다. 우리의 왕들과 우리의 지도자들과 우리의 제사장들과 우리의 조상들은 당신의 율법을 지키지 않았습니다. 당신께서 그들에게 준 명령과 경고를 듣지 않았습니다. 그들은 그들의 나라에서도, 당신께서 주신 큰 선하심 가운데서도, 당신을 섬기지 않았습니다. 또 당신께서 그들 앞에 펼친 크고 비옥한 땅에서도 그들은 그들의 악한 일에서 돌이키지 않았습니다. 보십시오. 오늘날 우리는 종입니다. 당신께서 우리 조상에게 땅을 주었고, 그 땅의 열매와 좋은 것을 먹게 한 그 땅에서 우리는 종입니다. 그 땅이

우리의 죄로 말미암아 당신께서 우리 위에 세우신 이방의 왕들에게 많은 산물을 더해 주고 있습니다. 그들은 우리 몸과 가축을 마음대로 지배합니다. 우리는 큰 절망에 빠져 있습니다."(「느헤미야」 9:6-31)

율법을 어기고, 명령을 듣지 않고, 경고를 무시한 결과가 어떠한가? 잔인(殘忍)하다. 혹독(酷毒)하다. 크고 능숙하고 두렵고 언약과 인자함을 지키는 하나님의 품을, 이 활짝 열린 교육의 세계를 떠나버린 자들에게 내리는 대가는 정말 엄중하다. 저 비옥한 땅을 경작하지 않고, 악을 움켜쥔 자들의 최후는 절망일 뿐이다.

교육은 절망으로부터의 탈출을 꿈꾼다! 절망의 해체!

인간 교육의 문제로 환원하면, 하나님이 인간에게 부여한 수많은 재능(才能)은 선(善)한 정령(精靈)이다. 인간에게 생명력을 부여하는 정신이다. 비옥한 경작지(耕作地)다. 절대, 척박(瘠薄)한 것은 없다. 재능(才能)에서 '재(才)'는 '싹'을 뜻한다. 씨앗에서 움터 나온 싹이 무엇이던가? 시작 아니던가? 그것은 하나의 사물로 나아가는 가능성의 덩어리다. 그것은 어떤 사업일지라도 할 수 있는 '능(能)'함을 바탕으로 자라서 익혀나가는 '숙(熟)'이다. 완성을 지향하기에는 한없이 크다! 그러기에 두려움을 느끼게 만든다. 그 언약이 원초적으로 계약되어 있다. 약속된 만큼 구현해야 하는 당위성이 주어진다. 바이블의 교육세계가 이런 체계를 엮어 놓았다. 그것은 교육적 언약이자 약속이다.

사람들아, 저 착한, 저 비옥한, 그대의 재능을 펼치시라!

교육은 절망이 아니라 희망이다. 희망은 가능성을 현실화 한다. 희망의 재건! 교육은 그것을 실현하려는 의지를 담는다.

16. 『구약성서』(舊約聖書: *The Old Testament*) 지혜①욥기-지혜를 어디서 찾아야 하는가?

2021. 7. 17. 8:31

오늘부터는 '지혜(智慧)'와 '시가(詩歌)'에 관한 문제를 다룬다. 바이블에서 「욥기」「잠언」「전도서」 세 편은 실제 삶에 필요한 지혜와 충고, 공동체에서 인간관계 등, 생활의 지혜를 다룬다. 그래서 지혜서(智慧書)라고 한다. 「시편」「아가」 두 편은 모두 시와 노래의 형식을 취하고 있어 시가서(詩歌書)라고 한다. 이 다섯 편을 합쳐서 '지혜·시가서'라고도 한다.

지혜에 관한 바이블 첫 번째는 「욥기(Book of Job)」다. 「욥기」는 이 책의 주인공 '욥(Job)'에서 유래한 명칭이다. 욥은 B.C. 2,000년쯤 팔레스타인의 우스 지방에 살았던 사람으로 추측된다. 하나님도 인정한 의로운 사람이었다. 하지만 갑자기 닥친 재앙으로 엄청난 고통을 겪는다. 욥기는 인간의 현실적 고통을 화두로 제기한다. 인간의 현실은 정말 고통의 세계로 점철되는가? 불교(佛敎)에서 모든 근원이나 본질이 고(苦: 괴로움)의 세계로 인식하는 것과 동일한 신관은 아니지만, 삶의 세계에서 '현실적 고통'이라는 고통 지점은 유사한 것 같다.

「욥기」는 하나님을 경외하고, 선량하고, 의로운 사람이, 도대체 왜 고난을 당해야 하는가? 이런 문제를 둘러싸고 벌어지는 일종의 논쟁을 기록하고 있다. 죄 없는 사람에게 닥치는 고난을 어떻게 이해하는 것이 바람직한가? 「욥기」에서 논의하는 문제 제기식 글을 보면, 「욥기」의 저자는 문학과 철학, 예술, 자연학 등 다방면에 능통한 지식인으로 보인다.

우스 지방에 살았을 것으로 추정되는 욥에게는 세 친구가 있었다. 데만 사람인 '엘리바스', 수아 사람인 '빌닷', 나아마 사람인 '소발'이 그들이다. 이 세 친구 사이의 대화에 논평을 더하는 엘리후는 람 부족으로 부스 사람이다. 이들의 논의는 단순하게 이해하면, 착하고 경건하며 잘못이 없는 인간이, 하나님이 주시는 고통을 담담하게 겪어나가는 과정처럼 느껴진다. 하지만 조금만 지성을 발동하여 이해하면, 새로운 영역이 보인다. 다시 강조하지만, '죄 없는 인간이 왜 고통을 당해야 하는가?' 이에 관한 심각한 문제 제기다.

욥의 친구들은 말한다. 모든 고통은 죄악으로 인한 것이다! 욥이 고통을 받는 것도 마찬가지다. 그의 죄악 때문이다. 그러니까 욥이 죄악을 회개하면, 하나님께서 모든 것을 되돌려 주실 것이다! 그러나 욥은 다른 시선으로 접근한다. 나는 죄악을 저지르지 않았다! 그러므로 고통을 받을 이유가 없다. 내가 저지르지 않은 일에 대해, 내가 왜 회개해야 하는가!

욥과 세 친구들의 인간적인 대화는 무언가를 놓치고 있다. 바로 여호와 하나님이다. 하나님을 기준으로 보면, 그들의 대화는 어긋나 있다. 절대자이신 하나님께서 죄 없는 사람을 벌할 수 있는가? 복을 내려도 시원치 않을 텐데, 어찌 그럴 수 있는가? 하나님은 불의한 일을 행하는 분이신가? 의로운 하나님이신데 어찌 그럴 수 있는가? 이것이 근본 문제다.

대부분의 인간들을 상징적으로 대변한다고 볼 수 있는 욥과 친구들은 이 문제 제기에 명쾌한 답을 원할 수도 있다. 하지만 욥기는 어떤 정답도 주지 않는다. 어쩌면, 「욥기」에 기록된 질문 자체가 해답인

지도 모른다. 마지막 부분에서 여호와 하나님이 답변을 한다. 그러나 우리 인간이 쉽게 이해할 수 있는, 삶의 기준이나 지침이 되는 구체적인, 명쾌한 답변은 아니다. 그렇다면, 이 무엇일까? 이 대목이 교육철학을 고민하게 만든다.

어디에서 지혜를 찾을 수 있을까? 아무리 찾아도, 구해도, 얻지 못하는 지혜! 사람이 찾을 수 없는 지혜! 욥은 말한다.

> "은(銀)은 광산에 있고, 금(金)은 제련하는 곳이 있다네. 철(鐵)은 땅에서 캐내고, 동(銅)은 돌에서 녹여 얻는다네. 사람은 어둠을 뚫고, 어둠 속 죽음의 그늘 속에 있는 광석(鑛石)을 찾아 깊숙한 곳을 뒤진다네. …… 사람이 굳은 바위에 손을 대고, 산들은 그 뿌리째로 뒤엎는다네. 그는 바위에 수로(水路)를 내고, 그의 눈은 모든 보물을 본다네. 그는 시냇물을 막아 넘쳐 흐르지 못하게 하며, 감추어져 있는 것을 빛으로 이끌어낸다네. 그러나 지혜는 어디서 찾을 것인가? 현명하고 총명함이 있는 곳은 어디인가? 사람이 지혜의 가치를 알지 못하며, 지혜는 사람이 사는 땅에서 찾을 수 없다네. 깊은 물은 말한다네. '지혜는 내 속에 있지 아니합니다.' 바다는 말한다네. '지혜는 나와 함께 있지 아니합니다.' 지혜는 금으로 살 수 없고 은으로도 그 값을 매길 수 없다네. …… 그것은 모든 살아 있는 존재의 눈에는 보이지 않고, 공중의 새들에게도 가려져 있다네. 멸망과 사망은 '우리가 지혜에 관한 명성을 귀로 들었다'라고 말한다네. 하나님은 지혜의 길과 지혜가 있는 곳을 아신다네. …… 하나님은 사람들에게 이렇게 말씀하셨네. '보라, 주(主)를 경외하는 일, 그것이 지혜이다. 죄악에서 벗어나는 것이 현명함과 총명함이다.'"(28:1-28)

광석에서 보물을 찾아내듯이, 인간은 문명의 이기를 창출한다. 거친돌덩어리에서 옥석(玉石)을 구분한다. 어둠을 빛으로 전환한다. 그러나 지혜는 인간 세계에서 찾을 수 없다! 이 심오한 인식은 무엇을 의미하는가? 인간 세계에서 지혜를 찾을 수 없다고? 그럼 어디에서 발견해야 하는가? 인간의 현실 문명 세계가 아니라, 저 피안(彼岸)에서 탐색해야 한단 말인가? 살아 있는 모든 존재의 시선으로는 볼 수 없다! 숨겨져 있다. 결론은 하나님만이 아신다!

그렇다면, 인간이 가꾸어온 이 문명의 세계가 지혜의 산물이 아니란 말인가? 교육으로 다듬어온 지혜조차도 진정한 지혜가 아니란 말인가? 인격 수양을 위한 다양한 장치들, 삶의 수단을 만드는 수많은 실용적 도구들, 이 모든 교육적 산물은 지혜와 무관하다는 것인가? 어렵다. 대신, 하나님의 말씀이 새로운 교육철학적 영감을 제기한다. '주(主)를 경외(敬畏)하는 일, 그것이 지혜이다. 죄악에서 벗어나는 것이 현명함과 총명함이다.'

주(主)는 무엇일까? 기독교 신학으로 말하면, 당연히 여호와 하나님이다. 그런데 교육적으로 이야기 하면, 다른 관점을 제기할 수 있다. 주(主)는 '주종(主從)'관계에서는 주체이자 주인이다. 종속이나 하인이 아니다. 왕정 사회에서는 임금이다. 신하나 백성이 아니다. 사물로 보면 '주요한 것'이다. '기본이 되는 사안'이다. '중심' 또는 '핵심'이다.

이렇게 본다면, 지혜는, 기본이 되는, 주요한, 중심이나 핵심이 되는 내용을, 정중하게 예의를 갖추어 파악하면서 두려움을 느끼며 깨달아 나가는 작업이다. 그리하여 현실적인 죄악에서 벗어나, 그것을 멀리할 때, 그 행위가 총명함이자 현명함으로 연결된다.

교육에서 기본이 무엇일까? 기독교 신학의 차원에서는 여호와 하나님이 주님이다. 이는 절대주권이다. 영원불변의 진리다. 그러기는 힘들지만, 종교적·신학적 교리를 잠시 접고 세속 교육을 고려한다면, 민주주의 시대에, 하나님은 무엇을 주(主)로 경외할 수 있을까?

하나님은 욥에게 해답을 제시하며, 세속을 향해 도전한다. 세속적 지혜를 고려한다. 첫째, 우주자연을 이해하라! 둘째, 정의와 권능을 이해하라!

이 지점에서 하늘을 올려보고 땅을 내려 보았다. 세속적 바이블의 교육철학이 융합될 가능성이 보인다.

17. 『구약성서』(舊約聖書: *The Old Testament*) 지혜②잠언-지혜를 부르는 소리, 그 용기와 갈망

2021. 7. 18. 9:48

「잠언(箴言: Proverbs)」은 '교훈(敎訓)을 주고 경계(警戒)가 되는 짧은 말'이다. 히브리 성경 명칭은 미슬레(Mishlei)인데, 이는 '노래', '선탁(宣託)', '비유', '가르치는 말'이라는 뜻을 지니고 있다. 따라서 잠언은 일반적인 수준의 격언(格言)보다 넓은 차원이다.

1장 1절에 "이것은 다윗의 아들, 이스라엘 왕 솔로몬의 잠언이다."라고 되어 있다. 하지만, 내용을 살펴보면, 솔로몬의 잠언 기록이나 단순한 격언을 넘어 선다. 고대 이스라엘 사회의 일상생활 전반에 전해오던 교훈이나 경계를 풍부하게 담았다.

주제는 아주 간단하다. 한 마디로 말하면, '윤리적 교훈', 즉 '도덕훈(道德訓)'이다. 경건(敬虔)과 정의(正義), 겸손(謙遜)과 신뢰(信賴), 건전한 인간관계의 지속, 공동체 생활을 위한 소통방법 등 삶의 지혜가 무엇인지를 아름답게 지시한다. '지혜롭게 행동하라! 그리하여 성공적이고 행복한 생활을 하시라!' 행복한 삶으로 인도하는 것이 목적이다.

지혜의 시작은 '여호와 하나님 경외'다. 때문에 하나님의 율법은 행복한 삶으로 인도하는 길잡이가 된다.

'삶의 지혜는 이미, 우리 인간에게 주어져 있다. 그 지혜를 인식(認識)하라. 파악(把握)하라. 장악(掌握)하라!'

이런 하나님의 조용한 음성이 세상에 울려 퍼지는 듯하다. 이른바 '복음(福音)'으로 말이다. 「잠언」의 말씀을 따르느냐 마느냐의 실천 여부는 전적으로 인간 각자의 선택 문제다. 자유의지(自由意志: free will)다. 교육은 어디에 있는가? 「잠언」의 첫 머리는 의미심장하다.

> "이 잠언은 지혜와 계율을 배우며, 현명한 말씀을 이해하게 만든다. 지혜와 정의와 판단과 공정에 관한 가르침을 준다. 단순한 사람에게는 분별력을 주고, 청년에게는 지식과 판단력을 주기 위한 것이다. 지혜 있는 사람은 듣고서 지식을 더하고, 이해력 있는 사람은 현명한 충고를 얻는다. 그리하여 지혜 있는 사람의 잠언·비유·말·수수께끼를 이해하게 될 것이다. 여호와를 경외하는 것이 지식의 시작이다. 그러나 미련한 자는 지혜와 훈계를 멸시한다."(「잠언」1:2-7)

누구나 알기 쉬운, 지혜를 부르는 기본 원리다. 어찌 보면, 마지막 구절에 적시한, '미련한 자'로부터의 탈출이 관건(關鍵)이다. 미련한 자는 지혜와 훈계를 멸시한다! "여름에 내리는 눈과 추수 때 내리는 비와 같이, 명예는 미련한 자에게 어울리지 않는다!"(「잠언」26:1). 교육에서 가장 힘든 인간도 다름 아닌 '미련한 자'다. 비속어(卑俗語)로 표현하면, '미련 곰탱이들!'

미련(未練)이라는 말 자체가 이미 심각하다. 일반적으로 미련은 '깨끗하게 잊지 못하고 끌리는 곳이 남아 있는 마음'을 의미한다. 각도를 달리하여, 한자 자체를 풀어보면, 교육적 성향이 더욱 뚜렷하다. '련(練)'은 '익히다' '단련하다' '경험하다'와 같은 의미를 담은 글자다. 그러기에 미련(未練)은 아직 '덜 익혔거나 단련이나 수련이 안 되었거나 경험이 적다'는 뜻이다. 즉 '공부가 안 되었다!' 또는 '덜 되었다!', '아직 멀었다!'는 소리다.

다시 상기하자, 교육은 '미련으로부터의 탈출'이다. 미련한 자로부터 벗어나는 인간 지향이다. 「잠언」에서 호소하는 언표는 현재의 시각으로 보면 도덕적 상식에 불과하다. 하나님은 인간을 지혜의 세계로 초청한다. 11회에 걸쳐, 호소한다. '부당한 이득을 탐하는 자를 따르지 말라/지혜의 소리를 들어라/지혜를 탐구하라/여호와를 경외하라/지혜 안에서 온전하게 행하라/지혜를 사랑하고 죄악을 미워하라/바른 길로 가고 악인의 길로 가지 말라/지혜의 마음을 가져라/아내를 지켜라/빚보증이나 게으름이나 분란을 조심하라/간음은 사람을 죽인다/음탕한 여인을 경계하라!'

이런 호소가 아주 새로운, 하나님만이 유일하게 말씀하실 수 있는, 그런 격언인가? 바이블의 말씀으로는 그러하다. 하지만 세속에서도 이미 많은 사람에게 상식인, 흔한 말 아닌가? 교육적으로 이해하면, 도덕교육의 핵심 주제이다. 그런데 왜 또 강조되는가? 아니 강조되어야 하는가? 시대정신을 돌아보라! 그러면 지혜가 다시 문틈으로 머리를 내민다.

18. 『구약성서』(舊約聖書: *The Old Testament*) 지혜②+잠언-솔로몬의 당부, 겸손과 신의의 힘

2021. 7. 18. 10:57

「잠언」의 언표는, 정말 주옥같다. 모두가 진리처럼 다가온다. 민족이나 지역, 시대 특성이 현재 우리와 맞지 않다고 생각되는 부분도 꽤 있지만, 상당수의 가르침은 현재도 삶의 지침으로 삼기에 충분하다.

예전에 읽었을 때도 그랬지만, 나의 인생관과 상통해서 그런지, 개인적-사회적 차원의 교육철학적 요소가 동시에 담겨서 그런지, 솔로몬의 '겸손(謙遜)'과 '신의(信義)'에 관한 말씀이 다시 새롭게 느껴진다. 두고두고 보아도 삶의 지침으로 정말 의미심장(意味深長)하다. 완미(玩味)에 완미를 거듭해야 겨우 맛이 우러나는 듯하다. 「잠언」 25장 전체가 한상 가득 차려진 삶의 지혜다.

> "하나님의 신비한 일을 숨기는 것은 하나님의 영광이다. 그 일을 찾아내는 것은 왕의 영광이다. 하늘이 높고 땅이 깊은 것처럼, 왕들의 마음은 쉽게 헤아릴 수 없다. 은에서 불순물을 제거하라. 그러면 은장이가 그것으로 은그릇을 만들 수 있다. 악한 자를 왕의 면전에서 물리쳐라. 그러면 왕좌가 정의(正義) 가운데 세워질 것이다. 왕의 면전에서 너 자신을 함부로 높이지 마라. 높은 사람들의 자리에 멋대로 서지 마라. 네가 직접 본 높은 사람들의 면전에서 네가 낮은 사람이 되는 것보다는 그가 너에게 '이리로 오라'라고 말하도록 하는 것이 낫기 때문이다. 성급하게 법정으로 가지 마라. 네 이웃이 너에게 창피를

주었을 때, 네가 마지막에 무엇을 할 것이냐? 네 이웃과의 관계에서는 너의 기본 권리만 변론하고 다른 사람의 비밀은 누설하지 말라. 그리하여 그것을 듣는 사람이 너를 비난하지 않도록 하고, 너에 대한 평판이 손상되지 않도록 하라. 상황에 맞게 한 말은 은쟁반에 담긴 금사과와 같다. 지혜 있는 사람이 책망(責望)하는 말은 그것을 받아들이는 사람의 귀에는 금반지나 금장신구와 같다. 충성스러운 심부름꾼은 추수 때의 차가운 눈(雪)과 같다. 그가 그를 보낸 사람의 영혼을 시원하게 만들기 때문이다. 선물을 한다고 자랑하면서 진정으로 주지 않는 사람은, 비를 몰고 올 구름과 바람은 있지만 비를 내리지 않는 것과 같다. 오래 동안 인내(忍耐)하면 어떤 지배(支配)도 설득할 수 있다. 점잖은 말은 뼈도 부러뜨릴 수 있다. 꿀을 보면 네가 필요한 만큼만 먹어라. 그렇지 않으면 과식하여 토할 수 있다. 네 이웃을 자주 방문하지 말라. 그렇지 않으면 이웃은 너에게 싫증을 내고 너를 미워할 것이다. 이웃에 대해 거짓 증언하는 사람은 방망이나 칼이나 뾰족한 화살과 같다. 고난의 시기에 불성실한 인간을 신뢰하는 것은 흔들리는 치아(齒牙)와 같고, 휘청거리는 다리와 같다. 마음이 상한 사람에게 노래를 부르는 것은 추운 날에 옷을 벗기는 것과 같고, 소다에 식초를 붓는 것과 같다. 네 원수가 배고파하면 먹을 빵을 주고, 목말라하면 마실 물을 주어라. 북풍은 비를 몰아오고, 뒤에서 험담하며 비난하는 말은 사람의 얼굴에 분노를 일으킨다. 지붕 모퉁이의 조그만 방 한 칸에 사는 것이 다투기를 좋아하는 여인과 넓은 집에서 사는 것보다 낫다. 먼 곳에서 날라 온 좋은 소식은 목마른 사람에게 냉수와 같다. 악인(惡人) 앞에서 무릎을 꿇은 의인(義人)은 흙탕물이 된 샘과 같고, 더러워진 우물과 같다. 꿀을 많이 먹는다고 좋은 것이 아니고, 자기 자신만의 영광을 구하는 것도 좋은 일이 아니다./자기 마음을 통제하지 못하는 사람은 성벽(城壁) 없이 사방에 트인 성읍과 같다."(「잠언」25:1-28)

더 이상 설명이나 해설이 없어도 누구나 알 수 있는 명언이다. '하늘은 높고 땅이 깊다'와 같이, 『주역』의 '천존지비(天尊地卑; 하늘은 높고 땅은 낮다)'의 사유를 닮은 언표도 있다. '높은 사람들의 자리에 멋대로 서지 마라'처럼, 『논어』의 '부재기위 불모기정(不在其位 不謀其政: 그 자리에 있지 않으면 그 자리의 정사를 도모하지 않는다)'에 비유할 만한 표현도 있다. '오랫동안 인내(忍耐)하면 어떤 지배(支配)도 설득할 수 있다. 점잖은 말은 뼈도 부러뜨릴 수 있다.'와 같이, 『노자도덕경』의 '유지승강 약지승강(柔之勝剛 弱之勝强: 부드러운 것이 굳센 것을 이기고, 약한 것이 강한 것을 이긴다)'의 지혜와 유사한 생각도 있다. 완벽하게 동일하지는 않지만, 이처럼 동서고금을 막론하고, 인간의 사유나 지혜의 보편성을 확인할 수 있는 대목이기도 하다.

『구약성서』의 절반쯤 정돈했다. 그런데 이 무슨 두려움인가. 바이블 독해를 진행하면 할수록, 그 교육철학이 심오해지고, 요약하여 정리하기가 쉽지 않다는 생각이 엄습한다.

19. 『구약성서』(舊約聖書: *The Old Testament*) 지혜③전도서-하늘아래, 헛되고 헛된 일에 숨긴 뜻

2021. 7. 19. 8:29

「전도서(傳道書: Ecclesiastes)」는 '전도하는 사람의 말씀'이란 뜻이다. 히브리어 성경은 전도서를 '코헬렛(Koheleth)'이라 했다. 코헬렛은 '공동체[교회]를 이끄는 사람', '지도자', 또는 '설교하는 사람'이라는 의미다. 이를 희랍어로 번역한 것이 '회중의 소집자'라는 뜻을 지닌 '엑클레시아스테스'다. 영어 전도서의 명칭도 여기서 유래했다. 때문에 전도서는 코헬렛의 말을 모아 놓은 바이블이 된다. 전도하는 사람의 인생과 부귀영화, 인간 존재의 근본적 문제에 대한 생각을 격언이나 비유, 풍유의 형식을 빌려 사려 깊게 표현하고 있다.

어떤 사람은, 첫 구절인 "다윗의 아들, 예수살렘의 왕인 전도자의 말이다."(「전도서」1:1)를 보고, 코헬렛이 솔로몬을 시사한다고도 했다. 하지만 구체적 근거는 없다. 전도자는 전반적으로 고심한다. 세상에는 어찌하여 왜곡된 현상과 불공평이 만연하는가? 인간 행동의 무상함, 제한적 지혜의 발휘, 정의와 공정, 삶에 대한 다차원적 관찰, 인생에 관한 전 방위적 명상. 삶 가운데, 전도자는 고통과 혼란을 겪으며, 그 의미를 찾으려고 발버둥 친다.

> "헛되고 헛되다! 헛되고 헛되다! 모든 것이 헛되다! 사람이 해[하늘] 아래에서 수고하며 일하지만, 거기에서 무슨 이득을 얻겠는가?"(1:2)

이 '헛되다'는 표현으로 말미암아, 「전도서」는 부정적이고 냉소적인 내용을 담은 것처럼 보인다. '헛되다'라는 언표가 30여회 이상 반복되다보니, 염세주의(厭世主義)와 무신론(無神論)으로 가득한 사유를 던지는 바이블로 오해한다. 이런 인식에만 젖어 있으면, 현실의 인생을 제대로 파악하지 못한다. 「전도서」는 여호와 하나님이라는 존재를 배제한 인생에 관한 이야기다. '해 아래'서 살아가는 인생의 현주소를 분명하게 보여 준다. 가치 있고 행복하며 영원한 복락을 누릴 수 있는 비결은 '하나님을 경외하고 그 분의 명령을 지키는 일'이다(「전도서」 12:13). 하나님이라는 존재를 표준으로, 인생을 어떻게 펼쳐야, '헛되지 않은지'를 일러주는 충고와 격려의 기록이다. 그만큼 인간이 삶의 뜻을 찾는 데 초점이 맞춰져 있다.

'왜, 사람은 일을 해야 하는가?', '인생의 진정한 행복은 어디에 있는가?' 정말 깊게 생각하도록 만든다. 때문에 전도서는 '인생이란 무엇인가?'에 관한 최고의 성찰이다.

'모든 것이 헛되다!'라는 주제 아래, 헛된 것의 첫 번째 목록은 다음과 같이 나열된다.

'모든 일은 유전하므로 헛되다/지혜와 지식도 헛되다/쾌락도 소유도 성공도 헛되다/지혜로운 자와 어리석은 자의 운명이 동일하다./수고도 헛되다.'

정말 그럴까? 이런 인식에만 사로잡힌다면, 세상에 헛되지 않은 일은 없다! 그러나 그 함축된 의미를 되씹어보라. 강렬한 역설이 엿보인다. 결코, 세상의 모든 일이 헛된 것은 아니다! '헛되다'라는 간절한 전도는 세상의 부귀영화만을 추구하는 자들, 개인의 욕심만을 채우려는 자들, 욕망의 늪에서 허우적거리는 자들을 향한, 강력한 경고(警告)의 메시지다. 나지막하게 전하는 철학적 충고를 통해, 우주 자연과 사회 인간의 의미를 반성하도록 촉구하는, 세계 인식일 따름이다. 헛된 것의 두 번째 목록이 그것을 구체적으로 지시한다.

'죽을 수밖에 없는 생명/수고와 성공의 시기/홀로 있는 것/명성/불의/탐욕과 만족/권력자 앞에서의 처신/지식의 한계/삶은 예측 불가와 죽음의 확실/삶의 즐거움과 허무'

목록의 대강을 보면, 인간사회의 현실적 희로애락(喜怒哀樂)을 정확하게 파악하여 엮어 놓았다. 이것이 어찌 '헛된 일'이란 말인가? 인생은 원래 그러하다. 일방적 기쁨이나 일방적 슬픔만이 존재하는 세상은 없다. 희비(喜悲)가 엇갈리며, 바람결이 스치듯, 물결이 춤추듯, 있는 그대로의 결을 따라 운행할 뿐이다. 이치에 따라. 인간사회의 본질이 그렇다. 여기에 무슨 '헛된' 사안이 개입하겠는가? 헛된 일은, 오직 지나친 욕망, 그 부귀영화의 수레바퀴를 굴려갈 때, 전개된다.

이 욕망의 차단을 위한 근거가 여호와 하나님이다. 종교와 신학의 차원을 벗어나, 교육철학적으로 이해하면, 세상은 절대, 헛된 일을 하는 시공간이 아니다. 오히려 욕망이라는 전차의 속도를 조절하며, 현실을 아름답게 가꾸려는 의미 부여의 시공간이다. 그것이 어떤 시대건 다시 교육을 되새김질해야 하는 이유다.

20. 『구약성서』(舊約聖書: *The Old Testament*) 지혜③.a전도서-삶은 예측 불가하고 죽음은 확실하다!

2021. 7. 19. 9:16

「전도서」의 여러 기록 가운데 삶과 죽음에 관한 세심한 격려가 나를 이끈다. 다시 생각해 본다. 현실의 자기충실과 타자배려가 정말 헛된 일인가? 아니다. 그것은 하나님의 말씀과 동일하다. 충실하고 배려하는 만큼 희망은 살아난다. 절망은 사라진다. 삶으로 향하는 생명력은 충만하다. 「전도서」가 던지는 역설을 진지하게 성찰하자.

> "의인(義人)들도, 지혜로운 사람도, 그들의 일도, 모두 여호와 하나님의 손 안에 있다. 사람들은 그들 앞에 있는 어떤 것으로부터 사랑도 미움도 알지 못한다. 모든 일이 똑같이 사람들에게 온다. 한 가지 일이, 의인(義人)과 악인(惡人)에게도, 깨끗한 사람과 깨끗하지 않은 사람에게도 일어난다. 선한 사람이나 악한 사람이 같다. 이는 해[하늘] 아래 일어나는 모든 일 가운데 악한 것이다. 한 가지 일이 모든 사람에게 일어난다. 또한 사람의 마음이 악(惡)으로 충만해 있다. 그들이 살아 있는 동안, 그들의 마음에는 광기(光氣)가 서려있다. 그 후에 그들은 죽은 사람들에게로 간다. 그러나 살아 있는 사람들 가운데 있는 사람에게는 희망(希望)이 있다. 이는 살아 있는 개가 죽은 사자보다 낫기 때문이다. 살아 있는 사람은 그들이 죽을 것이라는 사실을 안다. 그러나 죽은 자는 아무 것도 알지 못한다. 그들에게는 아무런 보상도 없다. 죽은 자들에 대한 기억이 잊혀지기 때문이다. 그들의 사랑도 미움도 질투도 지금은

모두 사라졌다. 이제는 더 이상, 하늘 아래에서 행해지는 어떤 것에 대해서도, 그들은 어떠한 몫도 가지지 못할 것이다. 가서 기쁨으로 너의 빵을 먹고, 즐거운 마음으로 너의 포도주를 마셔라. 이는 하나님께서 이미 너의 일을 받아들였기 때문이다. 옷을 항상 깨끗하게 입고 머리를 단정하게 하라. 하나님께서 네게 주신 삶의 모든 헛된 날들 동안 사랑하는 아내와 함께 즐겁게 살아라. 이는 삶에서 네가 받는 몫이다. 해[하늘] 아래에서 행하는 수고를 통해 받는 너의 몫이다. 너의 손이 찾아서 할 수 있는 것은 무엇이든지 힘을 다해 실천하라. 네가 가는 무덤에는 일도 없고, 계획도 없고, 지식도 없고, 지혜도 없다."(「전도서」9:1-10)

나는 이 대목에서 강렬한 바이블의 교육철학을 읽는다. 여호와 하나님의 손 안에 있는 모든 존재들! 그들에게는 모든 일이 똑같이 주어진다. 무엇을 할 것인가? 이제 실천의 문제다. 사람의 마음이 악(惡)으로 충만하고, 광기(光氣) 서린 마음이라면, 어떻게 해야 하는가? 악과 광기는 필연적으로 죽음을 부른다. 악과 광기를 제어하기 위해 교육이 필요하다. 그리하여 살아 있는 사람들 가운데, 함께 살아간다면, 인간 사회는 희망(希望)이 자리한다. 그래서 교육은 '희망을 부르는 천사(天使)'다!

반대로 교육을 무시하거나 받지 않는 자는 절망(絶望)을 자초한다. 죽음의 세계로 전락한다. 죽은 자에게는 어떠한 몫도 주어지지 않는다. 그러므로 현실을 직시하라! 하나님의 존재로 인해 생명력이 부여되는 교육의 세계에 충실하라.

교육은 기쁨과 즐거움을 부르는 일에 관한 깨달음이다. 하나님은 내가 하는 일을 충분히 인정하고 받아들인다. 그것은 '사명(使命)'이라는 이름으로 모든 사람 앞에 나타난다. 삶에서 내가 받은 몫! 현실에서 노력을 통해 받는 나의 재산목록 1호! 이 현실의 삶을 위해, 나는 내가 할 일을 찾아, 할 수 있는 일은 무엇이건, 힘을 다해 실천해야 한다. 그렇지 않고 자신의 삶에 위해(危害)를 가하는 자는, 자기 무덤을 스스로 파고 있을 뿐이다. 그 무덤에는 삶을 위한 어떤 일도 존재하지 않는다.

모든 사람에게, 일은 똑같이 다가온다! 그 일이 '희망'이냐 '절망'이냐는, 삶의 세계로 생명력을 부여하는 자기충실과 타자배려의 노력에 달렸다. 죽음의 세계에 저항하라! 교육은 그저 그것일 뿐이다!

21. 『구약성서』(舊約聖書: *The Old Testament*) 시가①시편-의인(義人)을 향한 열정

2021. 7. 20. 10:49

「시편(詩篇: Psalms)」은 히브리어 성경에는 '찬양(讚揚)'을 의미하는 '테힐림(Tehillim)'이다. 찬양은 송가(頌歌)나 찬가(讚歌)이고, 한 마디로 말하면 '노래'를 뜻한다. 한국어 바이블의 명칭이 시편이 된 것은 내용이 시의 형식을 취하고 있고, 그것을 편집한 저술이므로 그렇게 이름 붙인 것으로 추측된다.

「시편」은 시가로 이루어져 있지만, 전체 바이블 가운데 가장 긴 책이다. 150개의 노래로 연결된 내용은 기독교 신앙이 추구하는 대부분을 내용을 담고 있다. 하나님 여호와 찬양을 비롯하여, 인생의 절망과 희망, 간구와 호소, 고백, 탄원, 감사, 복수 등 인간이 상상할 수 있는 상당수의 감정을 포함하고 있다. 마르틴 루터는 「시편」을 '바이블의 축소판'이라고도 했다. 「시편」의 절반가량인 70여 편은 다윗이 썼고, 나머지는 솔로몬과 모세 등 여러 사람이 썼다고 전한다.

인간사회에서 시(詩)란 무엇일까? 교육에서 어떤 역할을 할까? 동아시아 고대사회에서 시(詩)의 교육적 기능과 관련하여, 공자는 유명한 말을 남겼다. '사무사(思無邪)!' 사악함이 없다! 이 구절은 시를 통해 인간의 마음을 사악하게 이르지 않으려는 단말마와도 같은 경계의 언표다. 주자의 해석에 의하면, 시는 사람의 착한 마음을 펼치고, 일탈된 뜻을 징계(懲戒)하는 데 기여하여, 성정(性情)을 바로 잡아주는 역할을 한다.

그렇다면, 바이블의 「시편」은 인류에게 어떤 메시지를 던지고 있는 걸까? 「시편」의 교육적 특징을 무엇으로 규정할 수 있을까? 내가 읽으며 경험한 것은 두 가지다. 하나는 절망 가운데 울부짖는 인류의 몸부림이다. 다른 하나는 여호와 하나님에 대한 찬양이다. 그 찬양 속에는 영혼의 고백이 녹아들고, 그것을 통해 살아오는 인생의 기쁨과 즐거움이 보인다.

시편의 첫 번째 노래는 '의인(義人)'의 길과 '악인(惡人)'의 길에 대한 명확한 규정이다.

> "행복하다! 그 사람은 악인의 꾀를 좇아 걷지 않는다. 죄인의 길에 서지 않는다. 남을 경멸하는 자의 자리에 앉지 않는다. 그의 기쁨은 여호와의 율법 안에 있다. 그는 여호와의 율법을 밤낮으로 묵상(默想)하는 사람이다. 그는 계절에 맞게 열매를 맺고 그 잎사귀가 마르지 않는 시냇가에 심은 나무와 같다. 하는 일은 무엇이든지 다 번창한다. 악인은 그렇지 않다. 그들은 바람이 날려 보내는 겨와 같다. 그러므로 악인은 심판에 서지 못하고, 죄인은 의인의 모임에 들지 못한다. 이와 같이 여호와께서는 의인의 길을 안다. 악인의 길은 결국은 멸망할 것이다!"(「시편」 1:1-6)

'행복하다!' 이 한 마디가 사람을 압도한다. 저렇게 단언할 수 있을까? 「시편」을 시작하는 노래는, 어떤 차원에서는, 처절(凄切)하게 느껴진다. '행복하다!'라는 첫 마디가 참 슬프고 씁쓸하다. 저 '행복'은 '현실'일까? '이상'일까? 현실이라면 반갑다. 이상이라면 극복할 현실이 도사리고 있다. 의인과 악인 사이에서. 아니, 모든 인간이 행복한 의인으로 묘사되면 안 되는가? 안 되는가보다! 그렇게 안 되는 것이 인간사회의 실제 정황이기에 씁쓸함을 삼키며, '의인(義人)/악인(惡人)'이라는 단순한 삶의 구도(構圖)를 제시했으리라.

여호와 하나님이 인간에게 기대하는 교육적 인간상은 간단하다. 올바른 사람인 의인과 그른 사람인 악인을 비교하고, 정의(正義)에 대한 믿음을 지닌 사람을 칭찬한다. 결국, 의인은 축복 받고, 악인은 멸망에 이른다는 논리다. 당연히 그렇게 되기를 기대하는 것이 교육하는 이유다. 하지만, 실제 세상은 그렇지 않은 경우도 많다! 얼핏 보기에 그와 반대인 경우도 허다하다. 그런 현상과 작태가 교육의 존재이유를 무색하게 만든다. 악인이 부귀영화(富貴榮華)를 누리고, 의인은 빈천간난(貧賤艱難)에 처해 있다. 사람을 기른다는 교육이 왜 이러한가? 아무리 교육을 통해 정의를 인식하고 구현하려고 발버둥 친들, 무슨 효과가 있겠는가? 그래도 이상을 먹고 사는 인간은 의식하고 지향한다. 의인의 길을. 그 정의를 갈구하는 기도가 다음과 같은 노래로 드러난다. 보살핌과 구원의 기도다.

> "오! 여호와여, 나를 지키소서! 나는 내 온전함으로 행동해 왔습니다. 또한 여호와를 신뢰했습니다. 그러므로 나는 미끄러져 넘어지지 않을 것입니다. 나를 조사하고 검증하소서! 내 마음과 내 심장을 시험하소서. 당신의 인자하심이 내 목전에 있고, 나는 당신의 주신 진리의 길을 걸어왔습니다. 나는 헛된 사람들과 자리를 함께 하지 않았고, 위선자들과 섞이지 않을 것입니다. 나는 악을 행한 자의 집회를 미워했고, 악인들과 사귀지 않을 것입니다. 나는 무죄를 통해 나의 손을 씻을 것입니다. 그래서 당신의 제단 주위를 다닐 것입니다. 감사의 목소리를

높이고, 당신의 놀라운 일들을 말할 것입니다. 나는 당신께서 사는 집, 곧 당신의 영광의 거처를 사랑합니다. 나를 죄인들과 함께 쓸어버리지 마시고, 내 생명을 살인자들과 함께 쓸어버리지도 마소서. 그들의 손에는 사악한 꾀가 있고, 오른손은 뇌물로 가득합니다. 그러나 나는 내 온전함으로 실천할 것입니다. 나를 죄에서 풀어 은혜를 베풀어주소서! 내 발은 평탄한 땅에 서 있습니다. 내가 사람들 가운데 들어가 여호와를 찬양할 것입니다."(「시편」26:1-12)

정의를 갈구하며 자신을 죄인과 차별해 줄 것을 갈망하는 다윗의 기도 소리에는 엄중한 교육적 실천이 두드러진다. 앞부분과 뒷부분에 나오는 '나의 온전함으로 실천'하는 작업이다. 이 부분이 나의 뇌리(腦裏)를 스칠 때, 상당한 충격이 왔다. 인간 자신의 '온전함'이란 무엇일까? 물론, 바이블의 논리대로라면, 여호와 하나님에 대한 믿음과 율법적 생활 속의 자기실현이다. 그러나 세속적 교육의 차원이라면, 그 온전함이란 어떻게 이해할 수 있을까? '자질[소질]'일까? '재능[재주]'일까? 어쨌건 정의로운 사람의 길로 가기 위한 자기실현 노력과 상통하는 것은 분명하다.

자기실현을 위한 절망과 희망의 변주에 살아 움직이면서, 「시편」의 기도소리는 노래로 승화한다. 그 울림이 귓전을 맴돌 때, 망설임 없이 받아들이는 용기가 절실하다. 「시편」이라는 바이블의 교육철학은 의인을 추구한다. 의인이라는 교육적 인간상을 적시한다.

22. 『구약성서』(舊約聖書: *The Old Testament*) 시가②아가-사랑의 노래, 그 포옹의 화음

2021. 7. 21. 8:01

「아가(雅歌: Song of Songs)」는 '노래 가운데 노래' 또는 '가장 아름답고 멋진 노래'라는 의미다. 솔로몬이 부른 노래다. 1장1절에 그렇게 선언되어 있다. "이것은 노래 중의 노래, 솔로몬의 노래이다!"

솔로몬은 레바논 산맥 아래 갈릴리 북쪽 지역의 바알 하몬이라는 마을의 포도원을 방문한다. 여기에서 인근 마을 술람미 출신의 한 시골 처녀를 만났다. 이들은 곧 사랑에 빠진다. 「아가서」는 솔로몬과 술람미 여인이 나누는 남녀의 사랑이야기다. 서정적인 사랑의 노래가 전원 곳곳에 울려 퍼진다. 남녀의 사랑이야기여서 그런지, 하나님에 대한 직접적 언급이 아예 드러나지 않는다! 아니 없다! 그렇다 하더라도 기독교 신앙의 차원에서, 이 남녀 관계는 '하나님과 이스라엘 백성', 또는 '하나님과 그리스도 교회'에 비유한다. 유대 전통에 의하면, 하나님의 이스라엘에 대한 사랑의 노래라고도 하고, 기독교 전통에서는 예수님의 교회에 대한 사랑의 노래라고도 한다.

솔로몬 왕이 사랑하는 술람미 여인! 술람미 여인의 애인인 솔로몬 왕! 이 남녀 이성 사이의 아름다운 사랑은, 우리 인간에게 무엇을 일러주고 있을까? 서로를 그리워하는 애틋함은 더할 나위 없다. 사랑 고백과 기쁨, 흠모(欽慕)로 연속되는, 사랑하는 사람에 대한 찬미는, 그들 삶의 전부다. 이 그리움의 다리를, 사랑의 마음이 말라버린 존재들은 읽어내기가 쉽지 않다. 사랑하는 사람은 서로를 바라보는 시선이 남다르다. 그리움 가득한 눈망울은 애틋하고 간절하다. 사랑의 기본적인 자세는 서로에 대한 '칭찬'이다. 그것은 상대를 끌어당겨 '포옹(抱擁)'으로 안내한다. 단순한 만남이나 상호이해가 아니다. 이를 훨씬 넘어선, 초월의 세계다.

"내가 사랑하는 사람은 내게는 몰약(沒藥)의 주머니입니다. 그는 밤새 내 가슴 사이에 누울 것입니다. 내가 사랑하는 사람은 내게는 오아시스[엔게디 포도원]의 장미꽃 향기[헤나의 꽃송이]입니다. 아, 당신은 아름답습니다. 내 사랑하는 사람이여! 아, 당신은 아름답습니다. 당신의 눈망울은 비둘기의 눈과 같습니다. 나의 사랑하는 사람이여! 당신은 미남자입니다. 쾌활하십니다. 우리의 침상은 푸른색입니다. 우리 집 들보는 백향나무이고, 서까래는 잣나무입니다."(「아가서」 1:13-17)

"나는 샤론의 수선화요, 골짜기에 핀 백합화입니다. 나의 사랑하는 사람은 가시나무 가운데 백합화 같습니다. 여인들 가운데 백합화입니다. 숲 속 나무들 가운데 사과나무 한 그루입니다. 남자들 가운데 한 그루 사과나무입니다. 큰 기쁨으로 그 분의 그늘 아래 내가 앉았습니다. 그 분의 열매는 달콤합니다. 그 분이 나를 연회장으로 데려 갔습니다. 사랑의 깃발이 내 위에서 펄럭였습니다. 나는 사랑 때문에 병 들었습니다. 건포도 과자로 힘을 돋우어 주세요. 사과로 생기가 나게 하세요. 그 분의 왼손이 내 머리를 받치고 오른손이 나를 안았습니다. 내가 노루와 사슴을 두고 너희에게 간청합니다. 아 예루살렘의 딸들이여! 이 사랑을 깨우거나 흔들지 말아다오! 사랑이 원하기까지는! 내가 사랑하는 그 분의 소리! 보아라! 산을 뛰어넘고, 언덕을 달려, 저기 그 이가 오신다. 내가 사랑하는 이는 노루 같기도 하고, 어린 사슴 같기도 하여, 저기 우리 집 담장 뒤에 서서, 창을 통해 들여다보시며, 창살 틈으로 엿보신다. …… 내가 사랑하는 사람은 내 것이고 나는 그 분의 것입니다. 그 분은 백합화 사이에서 그의 양떼에게 풀을 먹입니다. 날이 새기 전에, 그림자가 달아나기 전에, 내 사랑하는 이여, 돌아오세요! 베데르 산 위의 노루처럼, 어린 사슴처럼 되세요."(「아가서」 2:1-17)

술람미 여인과 솔로몬은 서로를 칭찬하며 사랑을 불태운다. 그 사랑은 꽃과 나무에 비유된다. 애인은 서로 오고 가며, 숨바꼭질을 즐긴다. 이 무엇을 말하는가? 무언(無言)의 대화인가? 서로에 대한 요청(要請)인가? 일심(一心)의 화합(和合)인가? 사무적인 협력이나 배려나 화해는 아닌 듯하다. '매료(魅了)'된 마음의 주고받음인가? 이 온전한 일체감은 어디에서 오는 힘인가?

불교의 '줄탁동시(啐啄同時)'나 유교의 '교학상장(教學相長)'처럼, 사랑의 어울림은 세상에서 가장 아름다운 하모니이자 멜로디이자 리듬이다. 교육이 그런 세계를 꿈꾼다. 세상의 다양한 목소리가 화음(和音)으로 울려 퍼질 때, 존중이 존경으로 전환될 때, 교육은 사랑으로 가득하다. 서로 다른 것들이 상호 인정할 때, 그 존중 가운데 서로를 당길 때, 사랑은 싹을 틔운다.

'조우(遭遇)'를 통해 서로를 인식하고, '포용(包容)'을 통해 서로를 확인하며, '포옹(抱擁)'을 통해 하나가 된다. 우연히 만났으나 너그럽게 감싸며 받아들이고, 궁극적으로는 서로를 품에 껴안는다. 이런 점에서 '조우'는 교육의 시작 단계이고, '포용'은 중간 단계이며, '포옹'은 최종 단계다. 사람 사이의 관계가, 그 교육이 '조우'에서 그치면 시작하다 그만 둔 것과 같다. ‘포용’에서 그치면 중간 단계에서 포기한 것과 마찬가지다. ‘조우’와 ‘포용’을 넘어 ‘포옹’해야 한다. 서로를 품에 안고, 내 몸처럼 만들어야 한다. 내가 네가 되고 네가 내가 되어야 한다. 그렇지 않을 경우, ‘안타까움’과 ‘아쉬움’이 깊어진다. 진정한 사랑이라면 ‘그리움’이 몸을 감쌀 뿐이다.

교육이 ‘안타까움’에 머물면 ‘아쉬움’만 남는다. 때문에 교육은 그것을 넘어 ‘그리움’으로 승화되어야 한다. 그래서 교육은 ‘조우’에서 ‘포용’으로, 그것을 담아내는 ‘포옹’으로 나아가야 한다. ‘포옹’의 열매가 익어갈 때, 교육은 인생을 멋지게 장식한다.

23. 『구약성서』(舊約聖書: *The Old Testament*) 예언①이사야-견고한 주춧돌

2021. 7. 22. 9:30

『구약성서』 가운데 「이사야」에서 「말라기」까지 17권은 '예언(豫言)에 관한 기록'이다. 선지자(先知者)가 하나님으로부터 받은 말씀을 이스라엘 백성에게 전한 내용이 핵심이다. 약 300여 년간(B.C. 800년~B.C. 500년) 사역한 선지자들의 호소! 선지자는 이스라엘 백성이 외세 침략의 위협을 당했을 때, 하나님 대한 배반과 우상 숭배 등 타락의 길을 가고 있을 때, 회개와 순종을 경고했다. 여호와 하나님의 율법을 따르지 않을 때, 심판과 구원을 고심한. 그리스도의 재림을 비롯하여, 아직 현실적으로 일어나지 않은, 미래에 일어날 일에 관해 예언한다. 예언은 빗나갈 수도 있다. 하지만 실현될 수 있다는 점에서 매우 진지하면서도 두려운 삶의 지침이다. 바이블이 던지는 선지자의 예언을 어떻게 마주해야 하는가?

「이사야(Isaiah)」는 선지자 이사야가 기록한 바이블이다. 구약의 첫 번째 대 예언서이며 분량도 가장 많다. 앞부분은 사람들의 부도덕함에 대한 비판과 꾸짖음이 중심을 이룬다. 회개하지 않을 경우, 발생할 수 있는 사태를 경고한다. 그 가운데 하나를 발췌해 본다.

> "이사야가 누구에게 지식을 가르치려고 하는가? 그가 누구에게 전하려는 말을 이해시키려고 하는가? 젖을 뗀 아이들에게, 젖가슴에서 벗어난 아이들에게 부과하려는 것인가? 그것은 교

훈에 교훈, 교훈에 교훈을, 여기서 한 줄, 저기서 한 줄, 여기서 조금, 저기서 조금 가져온 내용이다. 이는 더듬는 입술과 다른 방언으로 여호와께서 그분의 백성에게 말씀하실 언표이다. 그분께서 백성에게 말씀하셨다. 이곳은 너희가 지친 자들에게 쉬게 할 수 있다. 상쾌한 곳이다. 그러나 그들은 들으려고 하지 않았다. 그래서 여호와께서 이렇게 말씀하실 것이다. 교훈에 교훈을, 교훈에 교훈을, 여기서 한 줄, 저기서 한 줄, 여기서 조금, 저기서 조금! 그렇게 그들은 앞으로 나아갈 것이다. 그러나 그들은 뒤로 넘어져 뼈가 부러지고 덫에 걸려 잡힐 것이다. 그러므로 예루살렘에서 백성을 다스리는 오만한 자들아, 여호와의 말씀을 들어라. 너희는 이렇게 말했다. 우리는 죽음과 언약을 맺었고, 무덤과 계약을 맺었다. 엄청난 재앙이 밀려와도 우리에게 미치지 못하리라. 우리는 거짓을 우리의 피난처로 만들었고, 배반을 은신처로 했다. 여호와께서 말씀하신다. 보아라. 내가 시온에 '하나의 돌'을 두어 기초를 삼을 것이다. 이 돌은 시험을 마친 돌이다. 귀한 모퉁이 돌이다. 견고한 주춧돌이다. 믿는 자는 서둘러 행하지 않는다. 나는 정의(正義)를 측량줄로 삼고, 공의(公義)를 저울추로 삼을 것이다. 우박이 거짓의 피난처를 쓸어갈 것이고, 홍수가 피난처를 넘치게 할 것이다. …… 침상이 너무 짧아 몸을 뻗을 수 없고, 이불이 너무 좁아 덮을 수 없다. …… 조롱하지 마라. 그러지 않으면 너희 결박이 단단해 질 것이다. …… 너희는 내 말에 귀를 기울이고 들어라. 밭을 가는 사람이 씨를 뿌리기 위해 하루 종일 밭을 갈겠는가? 계속 땅을 뒤엎고 흙덩어리를 깨기만 하겠는가? 땅을 평평하게 만들었으면, 커민을 심고, 검은 커민을 뿌리지 않겠는가! 귀리를 가장자리에 심지 않겠는가! 이는 하나님께서 가르쳐 주신 이치이며, 올바르게 가르쳐 주신 일이다. 커민은 도리깨로 타작하지 않는다. 검은 커민 위로는 타작 수레의 바퀴를 굴리지 않는다. 커민은 작대기로 털어내고, 검은 커민은 막대기로 털어낸다. 빵을 만들기 위해서는 밀을 갈아야 한다. 그러므로 그는 곡물을 무조건 끝없이 털지 않는다. 타작 수레의 바퀴로 부수지도 않는다. 그의 가축이 짓밟지도 않는다. 이 또한 여호와께서 가르치신 이치이다. 그분의 묘략은 놀랍고, 지혜는 탁월하다."(「이사야」28:9-29)

나는 생각한다. 모든 예언은 상식에 불과하다! 미래에 관한 예언이나 예측이라고 하니까, 사람들이 착각한다. 과거나 현실에 존재하지 않는, 특별한 사안으로 오해한다. 탁월한 지혜를 가진 사람만이 제시할 수 있는 것으로 두려워한다. 그러나 나는 절대 그렇게 생각하지 않는다.

예언이나 예측은 과거의 경험을, 유사한 상황에 대비하여 적용해 보는 작업에 불과하다. 선지자(先知者)는, 말 그대로, '미리 아는 사람'이다. 남보다 먼저 깨닫고, 예견하는 사람일뿐이다. 흔히 말하는 '선견지명(先見之明)'을 지녔다. 이런 사람은 경험이 풍부하다. 그래서 '어린애'가 아니라 '어른'으로 대우 받는다. 지도자이자 인도자로서 인정받는 것이다.

어찌 보면, 예언은 과거로부터 누적된 인간사회의 경험을 풍부하게 파악하고, 그것을 상황 가운데 장악하는 행위다. 예언은 경험에서 비롯되고, 그것은 굳어서 상식이 된다. 간단하게 생각해 보라. 착한 일을 많이 한 사람은 상(賞)을 받을까, 벌(罰)을 받을까? 예언자는 이렇게 말할 것이다. '장차, 언젠가는 보상을 받으리라!' 예언이나 예측은 이런 사고를 벗어나지 않는다.

그렇다고, 바이블의 언급처럼 "교훈에 교훈을, 교훈에 교훈을, 여기서 한 줄 저기서 한 줄, 여기서 조금, 저기서 조금"만 가져오는 어리석음은 경계하라. 우리에게 익숙한 용어로 말하면, '단장취의(斷章取義)' 하지 말라! 전체의 뜻을 고려하여 본질을 새기지 않고, 제멋대로 인용하여 행위의 지침으로 삼지 마라. 위험하다! 그렇게 사물과 인간사회를 마주하면, 인생을 망칠 수 있다!

대신, '하나의 견고한 주춧돌을 놓아라! 정의(正義)를 측량줄로 삼고, 공의(公義)를 저울추로 삼아라!' 이것은 예언이기도 하지만, 현실에서 강조되는 상식이기도 하다.

이 상식이 바이블의 교육철학으로 울려 퍼지며, 기독교 교육을 지시한다. 여호와 하나님의 율법에 근거하여, 기초를 탄탄하게 다져라. 이론을 성숙하게 익히며, 실천의 밑거름을 마련하라. 교육은 늘 이상을 지향한다. 올바른 길을 추구한다. 선과 악을 공평하게 판단하고 처리하려고 고심한다.

24. 『구약성서』(舊約聖書: *The Old Testament*) 예언②예레미야/ 예레미야 애가-고난 속 슬픈 노래의 축복

2021. 7. 23. 8:58

「예레미야(Jeremiah)」는 선지자 예레미야의 기록이다. 예레미야가 활동했던 40여 년(B.C. 627년~B.C. 586년)은 예루살렘의 함락과 유다의 멸망 등 유대 역사상 가장 고통스러운 시기였다고 한다. 그런 만큼 그의 사명은 유대인의 잘못을 고치는 데 집중되었다. 유대의 왕들과 백성은 우상을 숭배하고, 하나님의 언약을 파기하며, 불순종했다. 이 위기 상황에서 예레미아는 눈물로 호소한다. '죄악을 회개하고 여호와 하나님께 돌아오라!' 이 흐느끼는 선지자의 처절한 외침 속에 하나님의 심판과 구원이 예언되고 있다.

예레미야 애가(哀歌)는 말 그대로 예레미야의 슬픈 노래다. 유다가 당한 고통과 멸망에 이른 사회를 추도하는 조가(弔歌)다. 히브리어 바이블은 '에카(ekah)'라고 명명하는데, 이는 '아!'나 '어찌', 또는 '슬프다'라는 의미를 지니고 있다. 멸망한 사회를 추도하는 형식이기는 하지만, 숨겨진 뜻이 새로운 문제를 제기한다. 유대 사회의 인간들이 겪는 고통을 다루고 있지만, 그 고통을 회피하지는 않는다. 오히려 난관을 어떻게 직면하고 돌파할 것인가에 대한 도전과 열정을 진지하게 노래한다. 지난날의 영광과 영화, 황폐한 현실, 이 사이에서 우러나오는 위로와 격려, 장래 희망과 구원에 대한 염원, 이 모두는 여호와 하나님의 인애와 성실함에 대한 믿음, 그 관계를 회복하는 작업이 관건이다.

언약을 어기고, 거짓 종교와 우상을 숭배하는 존재에게 무엇이 기다리고 있을까? 길게 설명할 필요도 없다. 고통이다! 고통은 슬픔을 낳는다. 슬픔이 기쁨으로 바뀔 때까지는, 새로운 언약과 그 실천이 요구된다. 똑똑하다고 자처하는 존재는 새로운 언약을 배신하고 배반하기 마련이다. 그것은 무모한 반역으로 나타난다. 그 심판과 구원에 관한 눈물 젖은 절규와 간절한 기도가 예레미야 곳곳에 스며있다. 예레미야는 인간에게 무엇을 말하고 싶은 걸까? 교훈을 던지고 있는가? 예레미야는 여호와의 말씀을 통해 '진정한 지혜'에 관해 깨우치기를 호소한다.

> "지자(智者)는 자기의 지혜를 자랑하지 말라. 용사(勇士)는 자기의 용맹을 자랑하지 말라. 부자(富者)는 자기의 부유함을 자랑하지 말라. 자랑하는 자는 이것으로 자랑하라. 그들이 나를 이해하고 알며, 나는 여호와이다. 이 땅에 인애(仁愛)와 공평(公平)과 정직(正直)을 행하는 분이라는 것을 알고 있음을 자랑하라. 나는 이를 기뻐한다."(「예레미야」9:23-24)

자랑은 '인애(仁愛)'와 '공평(公平)'과 '정직(正直)'을 행하는 분에 한해 허용되어야 한다. 그 이외에 개인적 똑똑함이나 용감함이나 부유함에 관한 것이 아니다. 이런 점에서 바이블의 교육 기준은 '인애'와 '공평'과 '정직'에 집중된다. 때문에 여호와께서 말씀하신다.

> "묵은 땅을 경작하라! 그리고 가시덤불 속에 파종하지 말라! 너희 유대인과 예루살렘의 주민들아, 너희 스스로 할례(割禮)를 행하여라. 그리고 나 여호와에게 의존하여라. 너희 마음의 표피(表皮)를 잘라 내어라. 그렇지 아니하면 너희가 행한 죄악

(罪惡) 때문에, 나의 분노(忿怒)가 불같이 일어나 불타서, 그것을 끌 사람이 없을 것이다."(「예레미야」 4:3-4)

'묵은 땅'의 의미가 교육의 혼을 일깨운다. 그것을 개간하고 경작한다는 말은 낡은 사고, 잘못된 행동을 비판하고 성찰하는 문제다. 지나간 허물을 고치고 착하게 되려는 '개과천선(改過遷善)'을 지향한다. 교육은 묵은 땅을 갈아엎고 씨앗을 뿌리는 '인생 개조작업'이다. 그러니 가시덤불과 같은, 씨앗이 자랄 수 없는, 땅이 아닌 헛된 곳에 파종(播種)하지 말라! 교육의 첫 단추는 '묵은 땅'을 갈고, 그 곳에 씨앗을 뿌리는 일이다. '새 땅'이 아니다.

이 묵은 땅은, 달리 말하면, '전통(傳統)'이라는 경작지다. 그것을 갈고 고르고 이랑을 내고 도랑을 파면서, 수확할 곡식을 심어야 한다. 스스로 할례를 행하는 것처럼, 자신이 직접 실행해야 한다. 거짓으로 포장한 마음의 껍데기는 벗어 던져라! 철저하게 자신이 결행하라! 그래서, 가다머(Hans Georg Gadamer, 1900~2002)가 얘기했듯이, '교육은 자기 교육이다(Erziehung ist sich erziehen)!'

그러나 죄악(罪惡)의 실천은 분노(忿怒)를 유발한다. 죄악도 자신이 저지른다. 개인이 저질렀지만 그 분노의 불길은 사회적이다. 공동체의 시공으로 번진만큼 쉽게 가라앉지 않는다. 이것이 개인적 삶과 사회생활의 이치다. 그런 차원에서 교육은 인간의 일상에서 발생하는 분노를 적극적으로 다루어야 한다. 분노 조절기법을 익히는 작업이다. 분노를 억제하는 숭고한 장치다.

분노로부터 창출되는 고난을 어떻게 처리할 것인가? 그 고난의 지혜가 「예레미야 애가」 곳곳에 보인다.

“여호와는 그분을 기다리는 사람들에게 좋다. 그분을 찾는 영혼에게 좋다. 사람이 여호와의 구원을 소망하며, 조용히 기다리는 것은 좋은 일이다. 사람이 젊었을 때 멍에를 지는 것은 좋은 일이다. 그에게 홀로 앉아서 침묵을 지키게 하여라. 이는 하나님께서 그에게 멍에를 지우셨기 때문이다. 그에게 그의 입을 티끌에 대도록 하여라. 거기에 소망이 있을 것이다. 그에게 그를 때리는 사람에게 뺨을 내주도록 하고, 그에게 모욕감으로 충만하게 하여라. 이는 여호와께서 영원히 버리지 아니하실 것이기 때문이다. 그분께서 슬픔을 주실지라도 그분의 풍성한 인자하심에 따라 긍휼을 부여주실 것이다. 이는 여호와께서 진정으로 사람의 자녀를 고생시키거나 근심하는 것이 아니기 때문이다. 세상의 모든 죄수들을 사람의 발아래서 짓밟는 것과 지존하신 분의 면전에서 사람의 정의를 거부하는 것과 사람의 송사(訟事)를 그르치게 하는 것은 여호와께서 승인하신 사안이 아니다. 여호와께서 명령하지 않았는데도, 이것을 말하고 이루게 할 수 있는 사람이 누구인가? 화와 복이 오는 것은 지존(至尊)의 이름에서 오는 것이 아니다. 살아 있는 사람, 그의 죄악 때문에 벌을 받아야 할 사람이 왜 불평하는가?”(「예레미야 애가」3:25-39)

다시 기억하자! ‘여호와 하나님’이 어떤 분이시던가? ‘인애(仁愛)’와 ‘공평(公平)’과 ‘정직(正直)’을 행하는 분 아니시던가? 바이블의 교육에서 볼 때, 여호와 하나님이라는 기준은 ‘인애-공평-정직’일 뿐이다. 여호와 하나님을 이 이외에 별도의 존재로 이해한다면, 그것은 우상을 조작(造作)하는 일이다. 그분을 기다리고 찾는 작업은 ‘인애(仁愛)’와 ‘공평(公平)’과 ‘정직(正直)’의 실천을 갈망하는 일일 따름이다. 그래서 그분을 조용히 기다려야 한다. 그 기다림의 집이, 다름 아닌 교육이다.

젊었을 때는 기꺼이 '멍에'를 걸어라. 티끌을 입에 대어라. 즐겁게 뺨을 얻어맞고, 모욕을 당하라. 이 모든 경험은 교육과정에서 충당된다. 그 산전수전(山戰水戰)의 풍찬노숙(風餐露宿) 가운데, 삶은 힘을 얻는다. 예수가 그랬다. 그래서 그리스도다. 공자와 소크라테스와 무함마드와 싯다르타가 그랬다. 그래서 세계의 위인(偉人)이자 성인(聖人)으로 존경받는다.

다시 상기하자! 모든 화(禍)와 복(福)은, 자신만이 그 집을 짓는다. 살아 있는 사람이 스스로 승인하는, 자기 사업일 뿐이다.

25. 『구약성서』(舊約聖書: *The Old Testament*) 예언③에스겔-죽은 영혼, 그 마른 뼈에 불어 넣는 의(義)로운 생명력

2021. 7. 24. 12:11

「에스겔(Ezekiel)」은 선지자 에스겔의 기록이다. 에스겔은 B.C. 597년 유대왕 여호야긴과 함께 바벨론으로 포로 잡혀갔다. 때문에 예레미야가 예루살렘에서 활동했다면, 에스겔은 바빌론에서 선지자로 사역했다. 포로생활 5년째 그의 나이 30세에 하나님으로부터 선지자로서의 소명을 받고 사역을 시작하여 52세까지 20여 년을 사역했다. 유대인들이 죄를 회개하고 하나님께로 돌아올 것을 촉구했다. 장차 올 하나님의 심판과 구원에 관해 예언했다. 그 기준은 '의(義)'다. 인간으로서 지켜야할 바른 도리에 관한 인식과 실천이다.

> "사람이 의(義)로와 정의로운 일과 옳은 일을 행한다면, …… 누구도 학대하지 않고, 빚진 자에게 그의 저당물을 돌려주며, 폭력으로 물건을 빼앗지 않고, 배고픈 사람에게 빵을 주며, 벗은 사람에게 옷을 입혀주면, 이득을 취하기 위해 돈을 꾸어주지 않고, 이자를 물리지 않으며, 손을 거두어들여 악을 멀리하고, 사람과 사람 사이에서 진실하게 재판하면, 율례(律例)에 따라 행하고, 규례(規例)를 충실하게 지킨다면, 그는 의로운 사람이다. 그는 반드시 살 것이다."(「에스겔」18:5-9)

여호와의 말씀은 삼척동자(三尺童子)도 알 수 있는 기본 도덕의 간략이다. 학대하지 않는 사람으로부터 굶주리고 헐벗은 사람에게 먹을 거리와 입을 옷을 주고, 고리대금업자처럼 행동하지 않고, 법에 따라 정당하게 일을 처리하는 인간! 의로운 사람의 모습이다.

바이블이 지향하는 인간상이 '의'라면, 바이블의 교육도 '의로운 인간'을 양성하는 데 놓여진다. '의'에는 살 수 있는 '생명력(生命力)'이 부여된다. 그것이 정의가 지닌 힘이다. 교육은 이 힘을 기르는 고된 작업이다. 정의(正義)라는 이름의 올바른 도리를 터득하는 교육은 인생에서 가장 위대한 사업이다. 대사업이다. 그런 만큼, 기획과 이상은 복잡하다. 과정과 현실은 험난하다. 결과와 효과는 확정하기 어렵다.

다만, 확정할 수 있는 것은 '악한 인간도 죄악을 회개하면 살 것이다'라는 믿음이다. 여호와는 말씀하신다.

> "너희는 말한다. '왜 자식은 부모의 죄를 짊어지지 않아야 합니까?' 자식은 합법적이고 옳은 일을 했다. 때문에 그는 반드시 살 것이다. 죄악을 저지른 영혼은 죽게 마련이다. 자식은 부모의 죄악을 짊어지지 않는다. 부모도 자식의 죄악을 짊어지지 않는다. 의인(義人)의 공의(公義)는 의인 자신에게 돌아간다. 악인의 죄악은 악인 자신에게 돌아간다. 그러나 악인이 그가 저지른 모든 죄악에서 돌아서 규율을 지키며, 합법적이고 옳은 일을 행하면, 그는 반드시 산다. 죽지 않는다. 그가 범한 어떤 죄악도 그에게 불리하게 기억되지 않을 것이다. 그가 행한 공의 때문에 그는 살 것이다. 악인이 죽는다고 내가 조금이라도 기뻐하겠는가? 그가 죄악의 길에서 떠나 사는 것이 내게 기쁨 아니겠는가! 그러나 의인이 그의 공의에서 돌아서서 악을 저지르고, 악인이 행하는 모든 가증스러운 일을 행한다면, 그가 살 수 있겠는가? 그가 행한 모든 공의는 기억되지 않을 것이다. 그가 저지른 배신과 그가 지은 죄 때문에 그는

죽을 것이다."(「에스겔」 18:19-24)

죄악을 저지르는 영혼은 죽음을 재촉한다. 어떤 죄악이건, 그 죄악은 죄악을 저지른 인간의 자기 책임이다. 부모-자식 사이에도 대신 짊어질 수 없는 사안이다. 의(義)도 마찬가지다. 죄악과 공의는 죽음과 삶을 가른다. 이 지점에서 여호와는 진정한 마음을 내민다. '죄악을 저지른 사람도 회개를 통해 새롭게 살 수 있다!' 여호와는 악인의 죽음 자체를 기뻐하지 않는다. 가능한 한 살리려고 애쓴다. 악인의 길을 버리고 선인의 길로 돌아오기만 한다면.

영혼의 전향에서 가장 엄숙한 상황이 37장에서 연출된다. 하나님은 에스겔을 마른 뼈가 가득한 골짜기로 데려간다.

"여호와의 손이 내게 와서 여호와의 신령으로 나를 데리고 가서 골짜기 가운데 내려 놓으셨다. 골짜기는 뼈들로 가득 차 있었다. 그리고 여호와께서 나에게 그 뼈의 주위를 지나가게 하셨다. 그 골짜기에는 뼈가 대단히 많았으며 뼈들은 바싹 말라 있었다. 그분께서 내게 말했다. '사람의 아들아, 이 뼈들이 살 수 있겠느냐?' 그래서 내가 대답했다. '오, 주 여호와여, 당신께서 아십니다.' …… 여호와 하나님께서 이 뼈들에게 이렇게 말씀하신다. '내가 반드시 생기(生氣)를 너희에게 들어가게 할 것이다. 그러면 너희가 살 것이다. 내가 너희 위에 힘줄을 두고, 너희 위에 살을 입히고, 피부로 너희를 덮으며, 너희 속에 생기를 넣을 것이다. 그러면 너희가 살 것이다.'"(「에스겔」 37:1-6)

저 골짜기에 가득한 마른 뼈는 무엇을 의미할까? 죄악의 나락에서 죽음을 맞이한, 타락한 인간 세상은 아닐까? 그런 인생에 생기(生氣)를 불어 넣는 작업이 하나님의 역사(役事)다. 그 기준이 다름 아닌 '의(義)'다. 마른 뼈처럼 영혼이 사라져 버린 세상에, 살을 붙이고 생기를 불어 넣는, 저 험난한 공사가 다름 아닌 교육이다. 바이블은 생기를 불어넣는 교육철학이다.

'저 마른 뼈들이 살 수 있겠느냐?'라는 이 어마어마한 영적 질문에, 죽은 영혼을 되살려야 하는 대사업! 그것이 바이블의 교육이다.

26. 『구약성서』(舊約聖書: *The Old Testament*) 예언④다니엘-수치(羞恥)로 가득한 현실 인간의 얼굴

2021. 7. 24. 21:31

「다니엘(Daniel)」은 선지자 다니엘의 기록이다. 다니엘은 앞에서 언급한 「이사야」「예레미야」「에스겔」과 함께 『구약성서』의 4대 선지자이자 예언자다. B.C. 605년, 바벨론은 이스라엘을 침공했다. 이때 다니엘은 유대 백성과 함께 바벨론에 포로로 잡혀왔다. 그 후, 바벨론 왕의 조언자 역할을 하며, 4명의 왕이 통치한 70여 년에 걸쳐 사역했다.

내용은 꿈으로 가득 채워져 있다. 환상(幻想)의 기록이라 할 만하다. 핵심 주제는 하나님의 주권에 관한 것이다. 세상 나라들은 결국 망할 것이다. 하지만 하나님의 나라는 영원할 것이다. 하나님은 만물을 지배하기 때문에 그러하다. 여호와 하나님을 배반하는 사람들은 세상 끝까지 고난과 시험을 받을 것이다. 그러나 하나님께 순종하는 사람은 하나님의 나라에서 영광과 존귀, 영생 가운데 살아날 것이다.

다니엘의 기도가 인상 깊다. 다니엘은 깨달았다. 70여 년에 걸친 예루살렘의 황폐화가 곧 끝날 것이다! 그래서 간절히 기도한다. 이스라엘의 죄를 자백하고 고통을 호소하며 용서를 구한다.

> "나는 내 하나님 여호와께 기도하며 고백하였다. '오, 주님! 크고 두려운 하나님, 주를 사랑하고 주의 계명을 지키는 자에게 언약을 지키고 자비를 베푸는 하나님! 우리는 이미 죄를 지었습니다. 부정을 저질렀습니다. 죄악을 행했습니다. 반역했습니

다. 주의 법도와 규례를 떠났습니다. 우리는 또 당신의 종 선지자들이 당신의 이름으로 우리의 왕들과 우리의 고관들과 우리의 조상들과 이 땅의 온 백성에게 말한 것을 듣지 않았습니다. 주여! 공의(公義)는 당신께 속하는 사안입니다. 수치(羞恥)는 오늘날과 같이 우리 얼굴에 있습니다. 그 수치는 유대 백성에게, 예루살렘의 주민과 모든 이스라엘에게, 곧 당신께 그들이 저지른 반역 때문에 내쫓으신 모든 나라 가까이에, 또는 멀리에 있는 모든 이스라엘 백성에게 있습니다. 주여! 수치가 우리와 우리 왕들과 우리의 고관들과 우리의 조상들에게 있는 것은, 우리가 당신께 죄를 지었기 때문입니다. 우리가 당신께 반역했으나 우리 하나님은 긍휼과 용서를 하십니다. 우리가 우리 하나님 여호와의 목소리를 듣지 않고, 여호와께서 그분의 종 선지자들을 통해 우리 앞에 세운 율법을 행하지 않았습니다. …… 그러므로 여호와께서는 재앙을 마음에 품고 계시다가 이것을 우리에게 내리셨습니다. 이는 우리 하나님 여호와께서 행하시는 모든 일은 공의로우시기 때문입니다. 또 우리가 그분의 목소리에 순종하지 아니했기 때문입니다……"(「다니엘」 9:4-19)

이에 대해, 천사 가브리엘은 다니엘에게 일러준다. 70주가 지나야 하나님의 계획이 이루어질 것이다! 그것은 다니엘의 기도에 대한 응답이다. 다니엘의 기도는 현실 인간의 '수치(羞恥)'에 대한 반성이자 성찰이다. 진심어린 회개(悔改)다. 여호와 하나님의 기준은 '공의(公義)'다.

인간 세계의 수치는 하나님 나라의 공의와 맞서 있다. 수치가 공의로 전환할 수 있는가? 쉽지 않다. 수치는 현실 인간의 자만심에서 우러나온다. 죄악 형성의 근거다. 이 수치를 몰아내기 위한, 공의를 확인하는 장치가 교육은 아닐까?

수치(羞恥)는 '부끄러움'이다. 유학에서도 이와 유사한 사유를 제기한다. 맹자(孟子)가 언급한 '사단(四端)', 즉 '인의예지(仁義禮智)' 가운데 의(義)가 수치와 연관된다. '부끄러워할 줄 아는 마음'인, '수오지심(羞惡之心)'이 의(義)의 단서다. 이 의(義)가 공의(公義)와 통한다. 그렇다면, 기독교 바이블이건, 유학의 『맹자』건, 현실 인간의 모습을 보편적으로 관통하는 교육의 씨앗이 감지된다. 그것은 '정의(正義)' 또는 '공의(公義)'라는 이름의 인간 도리다.

27. 『구약성서』(舊約聖書: *The Old Testament*) 예언⑤호세아-수난(受難) 시대의 기다림

2021. 7. 27. 9:46

2021년 7월 26일 월요일 9시, 예약된 질서에 따라, 코로나 바이러스 백신을 접종했다. '화이자' 백신이다. 처음 안내는 '모더나' 백신이었는데, 접종 하루 전에 화이자로 바뀌었다. 충분히 예측 가능한 불안감은 있었지만, 그래도 이 무슨 사태일까? 설명하고 싶지 않은 장면들이, 그 음행(淫行)의 그림자가 길게, 현실을 덮고 있다.

바이블에서 「이사야」「예레미야」「예레미야 애가」「에스겔」「다니엘」이 대(大)선지자(先知者)들의 '대예언서(大豫言書)'라면, 「호세아」부터는 그 규모나 활동, 내용면에서 상대적으로 적은 소(小)선지자들의 '소예언서'라고 할 수 있다.

「호세아(Hosea)」는 선지자 호세아의 기록이다. 그는 북(北) 왕국인 이스라엘 출신의 유일한 선지자로 북 왕국에 살며 40여 년을 사역했다고 한다. 당시에 북 왕국의 왕이 6명이 교체되었는데 그 가운데 4명이 후임자에 의해 살해되는, 정말 수난의 시대였다. 호세아는 이 수난의 시기에 정치, 사회, 종교에 대해 이야기한다. 이스라엘 백성의 죄악, 심판, 벌과 구원과 희망에 관한 예언이다.

바이블의 내용이 대부분 그러하지만, 견디기 힘든 어려운 일들이 끊이지 않는 수난의 시대! 이 현실은 교육적으로 무엇을 상징할까? 하나님에 대한 불순종을 '음란한 아내'로 비유하는 호세아는 인간 삶의 어느 지점을 지시하고 있을까? 여호와는 말씀하신다.

"에브라임아, 내가 너에게 무엇을 해 주어야겠느냐? 이는 너희 사랑이 안개 같고, 쉽게 사라지는 이슬과 같기 때문이다. 그러므로 내가 선지자들을 통해 그들을 토막 내었다. 내 말로 그들을 죽였다. 내 심판은 번쩍이는 번개 불 같다. 나는 인애(仁愛)를 원하고 제사를 원하지 않는다. 번제(燔祭)보다 하나님 여호와가 누구인지 알기를 원한다."(「호세아」6:4-6)

안개 같은 사랑, 쉽게 사라지는 이슬과 같은 현실의 인생을 두고, 우리는 무엇을 해야 하는가? 안개나 이슬처럼 살지 말라! 하나님은 오직 인애를 원한다. 여호와 자신이 그 기준이라는 사실과 진실의 세계를 원한다. 형식적 제사나 존경이 아니다. 제사보다 인애! 이 경고를 관통하자!

그렇다면 인간 교육도 안개나 이슬에 비유되는 사안을 경계해야 한다. 쉽게 사라지는 사안이 아니라 영원을 지향해야 한다. 정신이나 지성의 훈련, 이성 계발과 마음공부, 진리탐구와 교양을 강조한 '영원주의[永遠主義: 恒存主義: perennialism]'교육운동처럼, 교육의 이념이 설정되어야 한다. 그렇다고, 성공(成功)으로 상징되는 저 부귀영화(富貴榮華)의 첨탑을 놓아버릴 것인가? 현실의 인간은 회개(悔改)를 거부하고 간음(奸淫)을 일삼는다. 그것에 대한 경계 장치는 쉽게 마련되지 않는다. 교육이 개입하여 완화시키고 조절하려는 노력만 보일 뿐이다. 여호와의 말씀이 다시 길게 이어진다.

"아담처럼 그들은 언약을 어겼다. 거기서 그들은 나를 배신했다. 길르앗은 죄악을 행하는 자의 마음이고 피로 더럽혀져 있다. 강도떼가 사람을 기다리는 것 같이, 제사장의 무리가 세겜으로 가는 길에서 사람을 죽인다. 그들이 사악한 죄악을 범한다. 나는 이스라엘의 집에서 끔찍한 일을 보았다. 거기서 에브라임의 음행이 있었다. 이스라엘은 더럽혀졌다. 유다여! 내가 사로잡힌 백성을 돌아오게 할 때, 너를 위해 추수할 날이 정해졌다."(「호세아」6:7-11)

배신하고, 피로 더럽혀지고, 죽이고, 죄악을 범하는, 이 끔직한, 인간의 도리에 어긋나는 음행! 현실은 이것뿐이던가? 그래도 여호와 하나님은 인간의 상상할 수 없는 사랑을 보여주며 심판과 구원을 고민한다. 바이블이 교육철학일 수밖에 없는 이유가 여기에서 도드라진다.

"내가 이스라엘을 치유하려고 할 때, 에브라임의 죄가 드러나고, 사마리아의 악이 드러난다. 그들이 거짓을 행하고, 도둑이 집안으로 들어가고, 강도떼가 밖에서 노략질하기 때문이다. 그러나 그들은 내가 그들의 모든 악을 기억하고 있음을 진정으로 알지 못하고 있다. 그들의 행실이 그들을 에워싸고 내 눈앞에 있다. 그들은 죄악으로 왕을 기쁘게 하고, 거짓말로 지도자를 기쁘게 한다. 그들은 모두 도리에 어긋나는 짓을 서슴없이 저지르는 간음하는 자들이다. 그들은 빵을 굽는 사람에게 달궈진 가마솥과 같다. 빵을 굽는 사람은 밀가루를 반죽한 후, 그 반죽이 발효될 때까지 불에 닿지 않도록 한다. 왕의 잔칫날에 지도자들은 술에 취해 병이 들고, 왕을 조롱하는 사람과 함께 악수를 한다. 그들의 마음은 바로 가마솥과 같다. 그들은 음모를 품고 왕에게 다가간다. 밤새도록 그들의 분노는 들끓는다. 아침이 되자 그 분노는 불꽃처럼 타오른다. 그들은 모두 가마솥같이 뜨겁고, 그들의 통치자들을 삼킨다. 그들의 왕은

모두 쓰러졌다. 그러나 그들 가운데 누구도 내게 부르짖는 자가 없다!”(「호세아」7:1-7)

이 수난의 시절에, 배반의 계절에, 그에 관한 여호와의 음성을 더 이상 설명할 필요는 없을 것 같다. 바이블의 기록 그대로다.

우리 현실도 이와 다르지 않은 측면이 많다. 거짓, 도둑, 강도떼의 노략질이 생의 흥행을 부른다. 그러나 사람들은 자신의 죄악조차 인식하지 못하고 있다. 제발 빵을 굽기 전에 밀가루 반죽을 숙성하는 시간을 갖자! 이 한 마디만으로도 교육의 지향점이 보인다. 그렇다고 단순한 기다림, 의미 없는 묵묵한 인내심은, 결코 아니다.

바이블을 관통하는 삶의 기준, ‘인애(仁愛)’와 ‘공의(公義)’에 관한 기다림이다.

28. 『구약성서』(舊約聖書: *The Old Testament*) 예언⑥요엘-현실 회개, 교육 공의를 위한 전쟁

2021. 7. 27. 10:33

「요엘서(Book of Joel)」는 요엘(Joel)의 기록이다. 요엘은 '여호와 하나님이다'라는 뜻이다. 바이블에는 요엘이라는 이름을 가진 사람이 12명이나 등장한다. 하지만 그들이 「요엘서」의 저자는 아니라고 한다. 엄밀히 말하면, '여호와 하나님'을 의미하는 요엘에 대해 알려진 것이 없다. 그렇다면, 요엘은 '여호와 하나님' 자체인가?

여호와는 '경고'와 '심판'과 '구원'을 통해, 이스라엘의 궁극적 회복을 도모한다. 교육을 고려한다면, 그 이전에 바이블의 기록을 신중하게 고민할 필요가 있다. '메뚜기 떼의 침입'으로 상징되는, "캄캄하고 어두운 날, 먹구름과 암흑으로 뒤덮인 날, 그 새벽이 산에 퍼지는 것처럼, 크고 강한 군대가 온다!"(「요엘서」2:2) 그 결과 어떤 세계가 펼쳐질까? 무슨 현실이 차고 넘칠까?

> "그들 앞에서는 불이 삼키고, 그들 뒤에서는 불꽃이 타오른다. 그들이 오기 전에 이 땅은 에덴동산 같았다. 하지만 그들이 지나간 뒤에는 황량한 광야가 되었다. 아무 것도 그들을 피하지 못했다. 그들은 달리는 말의 모습을 가졌다. 병마처럼 질주한다. 그들은 전차 소리를 내고, 산꼭대기에서 뛰어다니며, 타오르는 불꽃 소리를 내고, 짚을 집어 삼키며, 강한 군대처럼 전투태세를 갖춘다. 백성은 그들 앞에서 떨고, 얼굴이 창백해졌다. 그들은 용사들처럼 돌격하고, 전투병처럼 벽을 기어오른

다. 이들은 각자의 길을 지키고, 그들이 가는 길에서 벗어나지 않는다. 그들은 서로 밀치지 않고, 저마다 갈 길로 나아간다. 그들은 무기 사이를 뚫고 지나가고, 제지를 받지 않는다. 그들은 성읍으로 뛰어 들어가고, 성벽 위에서 뛰어다니며, 집 위로 올라가고, 도둑처럼 창문을 통해 안으로 들어간다"(「요엘서」 2:3-9)

황량(荒涼)한 저 광야(廣野)! 아득히 넓은 저 벌판에 초라하게 선 인간! 교육의 자리는 어디일까? 전쟁이다. 여호와는 심판을 준비한다. 전쟁을 준비한다.

"전쟁을 준비하라. 용사(勇士)를 일깨워라. 모든 병사들이 가까이 와서 올라오도록 하라. 너희 쟁기를 두들겨 칼을 만들어라. 너희 낫을 다듬어 창을 만들어라. 약한 자들도 '나는 용사다' 라고 말하게 하라. 서둘러 오라. 너희 주변의 모든 나라들아. 사방에서 다 함께 모여라!"(3:9-11)

매우 슬픈 비유지만, 교육은 전쟁이다! 투쟁이다! 정의를 위한, 인애를 향한, 공의를 추구하는 싸움이다! 용기 있는, 깨달은 존재들은 교육을 고심하라. 교육의 칼과 창을 마련하여, 교육을 실천하는 용사가 싸울 때, 교육은 승리에 비유할만한 효과를 꿈꿀 수 있다.

29. 『구약성서』(舊約聖書: *The Old Testament*) 예언⑦아모스-정의를 행한 절대 공부, 침묵

2021. 7. 28. 9:55

「아모스서」는 베들레헴 부근에 있는 '드고아'라는 촌락 출신의 아모스(Amos)가 기록한 바이블이다. 아모스는 시골에서 양을 기르고 뽕나무를 재배하며 살았다. 유대 지역 출신이었지만 북 왕국(이스라엘)의 벧엘에서 사역했다. 당시 이스라엘은 번영을 누리는 시기였다. 그 번영은 건전한 사회를 유도하기보다는 호화로운 사치 생활과 부도덕한 사회를 이끌었고, 종교적으로도 우상 숭배가 심했다. 아울러 부패와 핍박도 성행했다. 이런 사회적 배경이 아모스의 예언을 나오게 만들었다.

「아모스서」의 주요 내용은 여호와 하나님의 전우주적 '정의(正義)'에 관한 사안이다. 하나님의 정의는 단순하게 형언되는 '추상적 개념'이 아니다. 인간의 사이 세계에서 맺어지는 '관계적 개념'이다. 정의는 사람과 사람 사이에 의미 있는 '훌륭한 관계'를 만들어낸다. 삶에 생명력을 부여한다. 부정(不正)과 불의(不義)는 좋은 관계를 악화시킨다. 그만큼 분노(忿怒: 憤怒)와 적의(敵意), 나아가 폭력(暴力)을 유발한다. 그러기에 다양한 사안에 대한 하나님의 심판이 이어진다. 아모스는 회개를 촉구하며, 여호와의 축복을 예견한다. '회개하고 정의를 구하라'는 아모스의 호소와 열정은 간절하다.

"너희는 성문에서 재판하는 사람을 미워하고 진실을 말하는 사람을 싫어한다. 너희는 가난한 사람을 짓밟았다. 그들로부터 곡물세를 거두어 재산을 축적했다. 그런 돈으로 아무리 세련된 집을 마련했을지라도, 너희는 그 집에 살지 못할 것이다. 너희가 아름다운 포도원을 만들었다 해도, 그곳에서 생산하는 포도주를 마시지 못할 것이다. 이는 너희 범죄가 얼마나 많고, 너희 죄악이 얼마나 큰지를 내가 알기 때문이다. 의인을 괴롭히고, 뇌물을 받으며, 불쌍한 사람들을 성문에서 밀쳐내는 자들아! 이러한 때, 신중한 사람들은 침묵을 지킨다. 이는 때가 악하기 때문이다. 선을 구하고 악을 구하지 말라. 그러면 너희가 살 것이다. 너희가 말한 것처럼, 여호와 하나님께서 참으로 너희와 함께 할 것이다. 악을 미워하고 선을 사랑하라. 성문에서 정의를 세워라. 아마도 여호와 하나님께서 고난에서 요셉의 남은 자들[고난과 재앙에서 살아남은 사람]에게 자비를 베푸실 것이다(「아모스서」5:10-15)

'악한 세상을 만났을 때는 침묵하라!'

아모스는 강조한다. '올바른 사람을 괴롭히지 말라!', '뇌물을 받지 말라!', '불쌍한 사람을 밀어내지 말라!' 올바른 사람으로 상징되는 '도덕'과 뇌물로 표현되는 '돈'과 불쌍한 사람으로 이해할 수 있는 '인간관계'에 대해, 삼엄하게 경고한다. 이 세 가지 삶의 문제를 위반하는 작태는 범죄를 구성하고 죄악을 양산한다.

세상이 악으로 물들었다면, 죄악이 횡행한다면, 바이블의 교육은 어디에 자리할까? 성문에 정의를 세우기 위해, 어떤 처지와 치료를 감행할 수 있을까? 침묵(沈默)을 권장해야 할까? 선동(煽動)을 기획해야 할까? 정의는, 결코 함부로, 세상에 서지 않는다. 절대 멋대로, 인간에게 다가오지 않는다.

악으로 점철되는 불의(不義)의 도가니는 삶을 혼란으로 몰아붙인다. 그 혼란은 '심리적 스트레스(psychological stress)'로 이어진다. 이 스트레스는 모든 병의 근원이다. 악으로 물든 세상은 심리적 스트레스를 극도로 끌어 올린다. 이 지점에서 '마음의 평정(平靜)'이 요청된다. 침묵은 일종의 평정이다. 몸과 마음을 고요하게, 차분하게 가라앉히는, 우주적 성찰이자 공부의 방식이다. 말하지 않고 가만히 엎드리고 있는, 소극적이고 비겁한 굴종적 행위가 절대 아니다. 가장 적극적으로 대처하는 인생 공부의 정점이다.

그 교육철학의 핵심 논리는 아주 단순하다. 첫째, 여기 이때 횡행하는 악을 파악하고 장악하자. 둘째, 본분을 인식하고 사명을 확인하자. 그리고 이 세상이 나에게 부여한, 윤동주 서시의 구절처럼, '나한테 주어진 길을 가자!' 침묵이라는 평정의 실천!

30. 『구약성서』(舊約聖書: *The Old Testament*) 예언⑧오바댜-교만이 주는 경고, 멸망

2021. 7. 29. 10:01

「오바댜서」는 『구약성서』 가운데 가장 짧은 바이블이다. 1장 21절에 불과하다. 오바댜(Obadiah)의 기록이라고 전해지지만, 오바댜에 관해 알려진 것도 없다. 단지 '오바댜'는 '여호와 하나님의 종' 또는 '여호와 하나님을 경배하는 사람'이라는 뜻을 지니고 있단다.

다른 바이블에 비해 짧고 보잘것없는 듯한, 이 글이 왜 이다지도 원대하게 울리는가? 교육철학의 사명을 심연(深淵)에서 고민하지 않을 수 없다. 그것은 인간의 삶에서, 또는 교육의 과정에서 발생하는, '교만(驕慢)'의 의미 때문이다. 교만은 삶과 죽음의 사이 세계에서 배회한다. 인생의 전 과정에 침투하는 유령이다.

동일한 내용도 아니고 비유하기도 힘든 사안이지만, 마르크스가 『공산당 선언』의 첫 구절에서 "하나의 유령이 유럽을 떠돌고 있다. 공산주의라는 유령이"라고 언급한 것처럼, '떠돌고 있는 저 유령'이라는 표현을 빌리고 싶다.

교만은 인간 세계의 사치스런 유령으로 떠돌아다니고 있다! 어디에? 우리의 현시적 마음 곳곳에. 야곱의 형 에서가 세운 나라인 에돔에 대한 심판의 과정에서 여호와 하나님은 말씀하신다.

> "바위틈에 사는 너! 높은 곳에 거주하는 너! '누가 나를 땅으로 끌어 내릴 수 있겠는가?'라고 마음속으로 말하는 너! 네 마

음의 교만이 너를 속였다!”(「오바댜서」1:3)

교만은 겸손하지 않고 잘난 체하며 방자하고 버릇이 없는 행위를 말한다. 사람을 깔보고 자기를 높게 평가하기만 하고 성찰하지 않는, 제멋대로 우쭐거리는 마음이다.

바이블에서는 여호와 하나님과의 관계에서, 하나님보다 잘난 체할 때 붙이는 말이다. 겸손함도 없고 온유함도 없으며, 건방진 인간의 행동을 뜻한다. 이런 인간은 하나님을 신뢰하지 않는다. 자신이나 자신이 선택한 삶의 수단을 더욱 신뢰한다. 예를 들면, 조상의 음덕이나 사회적 지위 같은 외면을 인생 구원의 근거로 삼는다. 여호와 하나님의 인애(仁愛)와 정의(正義), 정직(正直)과 공의(公義) 등 올바른 삶의 기준을 배척한다. 한마디로 말하면, 여호와 하나님을 부정하는 자들이다.

이런 교만은 죄악이다. 교만은 자신을 객관화하지 못할 때 유발된다. 주관적으로, 아집(我執)에 빠질 경우, 교만의 씨앗이 자란다. 이 교만의 대상은 다름 아닌 자아(自我)다. ‘네 마음’이다! 그래서 네 마음의 교만은 너 자신을 속인다. 어쩌면 이 교만은 인간이 저지르는 죄악 가운데 가장 큰 것인지도 모른다.

교만은 원래 불교(佛敎)에서 유래했다. 교만(驕慢)에서 ‘만(慢)’은 산스크리트어의 ‘마나(Mana)’의 번역어다, 주지하다시피, 불교에서 중생(衆生)은 번뇌(煩惱)에 따른 행위를 일으킨다. 그 행위는 업장(業障)으로 인해 미혹(迷惑)으로 빠지게 만든다. 그러므로 불교는 번뇌를 끊고 깨달음을 얻도록 권장한다. 이 과정에서 ‘교만’을 경계하고 없애나가야 하는 용맹정진의 수도가 요청된다. 자기의 본성을 보지 못하고 헛것에 매달려 교만에 빠지는 어리석음을 독(毒)과 같이 여겨야 한다. 부처님이 보살들에게 일러준 48경계(輕戒)에도 교만에 관한 계(戒)가 둘이나 있다. 하나는 '교만한 마음을 버리고 법문을 청하라(驕慢不請法戒)'이고 다른 하나는 '교만한 생각으로 잘못 일러주지 말라(驕慢僻說戒)'이다.

신관(神觀)은 다르지만, 불교나 기독교나 교만에 대한 경계는 정말 강력하다. 그것은 교만이 삶을 파괴하는 불쏘시개 역할을 하기 때문이다. 교만에 빠진 인간에게 무엇이 닥칠까? 바이블은 일깨운다. 아니, 여호와는 심각하게 경고한다.

> "도둑이 너에게 올지라도, 강도가 밤중에 올지라도, 그들이 만족할 때까지만 도둑질하지 않겠느냐? 포도 따는 사람들이 네게 올지라도, 그들이 조금의 이삭은 남기지 않겠느냐? 그런데 너는 얼마나 철저히 파괴되었는가! 얼마나 많이 에돔이 강탈당했으며, 그의 보물이 약탈당했는가? 동맹국들이 모두 너를 국경으로 몰아낼 것이다. 너와 화친한 자들도 너를 속이고 너를 제압할 것이다. 네 빵을 먹던 사람들이 너의 발아래 함정을 팠다. 그러나 그것을 아는 사람이 없다!"(「오바댜서」1:5-7)

교만에 빠진 존재에 도둑이나 강도보다도 못한 인간으로 묘사된다. 도둑이나 강도도 모든 것을 싹 쓸어가지는 않는다. 어느 정도 만족하면 멈춘다. 조금의 여지(餘地)는 남겨둔다. 그런데 교만은 완전히, 철저히, 끝까지 파멸로 이끈다. 그 길의 끝에는 멸망이 기다리고 있다.

교육은 이런 교만에 관한 인식의 장치여야 한다. 의미 파악을 통해, 교만을 경계할 수 있는 능력 확보의 장이어야 한다. 멸망에 이르지 않도록, 파괴를 멈추는 예방약이자 치료제 역할을 해야 한다.

가장 짧은 바이블이지만, 던지는 메시지가 너무 크다. 그래서 나는 이 구절을 독해하며, 교육철학의 심연을, 그 본질의 밑바닥을 다시 돌아보았다. 교만(驕慢)의 저 건너편에서, 내 가슴에 안고 있는 가장 아름다운 교육철학, 그것은 '겸손(謙遜)' 또는 '겸허(謙虛)'의 세계를 지향한다.

8월

Courge (1896)
Maurice Pillard Verneuil (French, 1869-1942)

1. 『구약성서』(舊約聖書: *The Old Testament*) 예언⑨요나…말라기-영광의 표식, 구원

2021. 8. 1. 9:37

7월 한 달 동안, 바이블의 『구약성서』을 독해했다. 이제 마무리하면서, 『구약성서』 후반부의 몇몇 바이블을 한꺼번에 묶어 정돈해 본다. 보다 자세한 분석은 이후에 『바이블의 교육철학』을 저술로 출간할 때, 다시 정돈한다. 후반부의 예언서인 「요나서」「미가서」「나훔서」「하박국서」「스바냐서」「학개서」「스가랴서」「말라기서」는 모두 그 바이블을 기록한 선자자의 이름을 따서 붙인 명칭이다. 다양한 형태의 예언이 삶에 대한 경고와 교훈을 준다.

교육철학적 차원에서, 스승이나 교사에 해당하는, 선지자들의 모습이 심각하게 다가온다. '교육은 교사의 질을 능가하지 못한다!'라는 말이 회자될 정도로, 교사는 교육의 생명을 좌지우지할 수 있는 존재다. 그런 교사가 제 역할을 하지 못한다면, 교육은 활력을 잃는다. 타락한 선지자들, 스승이나 교사의 직분을 포기하는 자들에게 보내는, 바이블 경고가 섬뜩하다.

> "여호와께서 선지자에 대해 이렇게 말씀하신다. 내 백성을 잘못 인도하는 선지자들! 그들의 입으로 무엇인가 먹을 것을 씹고 있는 동안에만 평화를 외치는 자들! 그들의 입에 아무 것도 넣어주지 않는 사람에 대해 전쟁을 준비하는 자들! 이들을 보고 여호와께서 말씀하신다. 너희에게 어둠이 내릴 것이다.

그 어둠은 환상이 없는 밤이다. 너희에게 어두운 그림자가 드리우지만 너희는 그것을 극복할 점을 칠 수도 없다. 선지자들 위로 해가 지고, 선지자들에게는 낮조차도 어둠이 될 것이다. 선지자들은 수치를 당하고, 점치는 자들은 부끄러움을 당할 것이다. 그들 모두가 입술을 가릴 것이다. 이는 하나님에게서 응답이 없기 때문이다.(「미가서」 3:5-7)

엉뚱하게 안내하고, 먹을 것을 제공하면 평화를 외치고, 먹을 것을 주지 않으면 전쟁을 선포하는, 이런 어리석은 교육 지도자들! 그들에게 무엇을 기대할 수 있을까? 우리 교육의 현실도 예외는 아니다. 상당수의 교육자들이, 빠져 나오기 힘든, 어둠 가득한 터널 안에서, 다양한 양상으로 서성댄다. 그들에게는 교육이라는 이름을 붙일 수 있는, 어떤 출구도 보이지 않는다. 바이블은 경고한다. '수치(羞恥)'다! 부끄럽다!

수치를 극복하는 방법은 이미 오래전부터, 바이블의 언약 속에 그 실천의 싹이 담겨 있다. '생명(生命)'과 '평화(平和)'의 이름으로, 바이블 곳곳에서 간절한 기도로, 권고와 호소로, 온 세상에 울려 퍼진다. 그런데 인간은 '존재 자체가 배신'인 것처럼, 현실 공간에 서기만 하면 배반을 일삼는다.

"레위 족과 함께 세운 내 약속은 생명과 평화의 언약이다. 내가 이 언약을 그에게 준 것은 그가 나를 경외하도록 하기 위한 것이다. 그래서 그가 나를 경외했고, 내 이름 앞에서 두려워했다. 그의 입에는 진리의 법이 있었고, 불의는 그의 입술에서 찾아볼 수 없었다. 그는 나와 함께 평화롭고 바르게 걸었다. 많은 사람을 죄악에서 돌아서게 했다. 이는 제사장의 입술은 지식을 간직하고 있어야 하고, 사람들은 그의 입에서 율법을 찾아야 하기 때문이다."(「말라기」 2:5-7)

스승은 삶에 생명을 불어 넣고 평화를 지속할 수 있는 길잡이 역할을 해야 한다. 진리의 『법언(法言)』을 입에 담고, 평화의 길을 걸어야 한다. 악을 성찰하고 선으로 전환해야 한다. 그것은 지식(知識)을 담보하는 율법(律法)에서 나온다. 바이블의 율법은 기독교 교육의 기본 근거다. 근간(根幹)이다. 때문에 하나님의 사자(使者), 천사(天使)를 보내 스승 역할을 부여했다. 그들이 준비한 인생의 길은 정련(精鍊)이자 연마(鍊磨)다. 그것은 교육이 쇠를 '불리는 과정'과 유사함을 상징한다.

"보아라, 내가 사자를 보낸다. 그가 내 앞에서 길을 준비할 것이다. 그리고 너희가 찾는 주께서 홀연히 그분의 성전으로 오실 것이다. 너희가 기뻐하는 언약의 사자도 올 것이다. 보아라, 그 분이 오고 있다. 여호와 하나님의 말씀이다./그러나 그분이 오시는 날을 누가 견디어낼 수 있겠느냐? 그분이 나타나실 때, 누가 설 수 있겠느냐? 이는 그분께서 정련사(精鍊士)의 불과 같고, 세탁을 하는 잿물과 같기 때문이다./그분은 은을 정련하고 연마하는 사람처럼 앉아서 레위 족의 자손을 정결하게 하고, 그들을 금과 은처럼 깨끗하게 하실 것이다."(말라기 3:1-3)

교육은 '정련사의 불'이나 '세탁의 잿물'과 같다. 광석에서 금은을 정련하고 연마하며, 더러워진 옷을 세탁하여 깨끗하게 하는 작업이다.

그것은 정결(淨潔)을 지양한다. 그러기에 교육은 '삶의 깨끗함'을 궁극적 효과로 만들어내야 한다. 깔끔한 인생을 자아내야 한다. 그런 인간세상을 위한 바이블의 교육철학적 경고는 너무나 엄격하고 엄중하다. 냉혹하게 현실을 진단한다.

> "여호와께서 말씀하신다. 너희는 거친 말로 나를 대적해왔으면서도 이렇게 말한다. '우리가 어떻게 당신을 대적해 말했다는 것입니까?' 너희는 이렇게 말했다. '하나님을 섬기는 일은 무익하다. 우리가 그분의 명령을 지키는 것이 무슨 이득이 있는가? 우리가 하나님 여호와 앞에서 슬퍼하는 자로 걷는 것이 무슨 이득이 있는가? 그래서 지금 교만한 자를 축복받았다고 말한다. 이는 악을 행하는 자들이 번성하기 때문이다. 심지어 여호와 하나님을 시험하고도 구원을 받는다.'"(「말라기」 3:13-15)

다시 강조하지만, 바이블이 부여한 교육철학의 기준은 여호와 하나님이다. 그것은 바이블에서 일관되게 기록해 온, '공의(公義)'이다. 그것만이 진실이다. 그 진실의 다른 이름이 '정의'이고 '정직'이고 '신뢰'다. 겸손과 겸허의 손길을 통해 추구하는 행복이다. 그 열매는 교만한 자를 축복의 존재로 인식하는 죄악의 세상에서는 결코 찾을 수 없다. 여호와 하나님이라는 성스러운 표준을 믿지 않고 시험하며, 그런 가운데서 구원받는 것으로 착각하는 세계에서는 절대 자리할 수 없다.

긴 인내가 필요하다. 온유한 미소를 머금고, 오래 참아내야 한다. 배신과 배반의 세월을 고통으로 감내해야 한다. 고난의 시기만큼 성찰하여 심판을 거쳐야 한다. 회개의 눈물 속에서 꽃으로 피어나는 단련을 거쳐야 한다. 교육은 인생의 고통과 성찰과 회개와 단련을 참아내는 인생의 역사다. 깊게 파인 삶의 상처를 치유하는 과정이다. 그 영광의 표식이 구원으로 새겨진다.

2. 『신약성서』(新約聖書: *The New Testament*) 복음①마태복음-행복, 세상의 소금과 등불이 될 때

2021. 8. 1. 23:18

바이블은 엄숙(嚴肅)하다. 임박(臨迫)한 것 같으나 냉혹(冷酷)하다. 공경(恭敬)하면서 정중(鄭重)하다. 구약(舊約)과 신약(新約) 사이, 즉 구약의 기록이 끝나는 B.C. 4세기부터 예수의 탄생에 이르는 400여 년 간의, 긴 침묵이 그렇게 느껴진다. 구약에서 신약으로 이어지는 저 침묵의 다리에 무엇이 종횡으로 수놓아 있을까? 인간의 역사는 어떤 장면을 펼쳤을까? 그 교육적 의미는 어떻게 해석될 수 있을까? 페르시아, 희랍, 이집트, 시리아, 로마 등 여섯 나라의 지배를 받은 이스라엘은 무엇일까?

『신약성경』은 『구약성서』과 함께 기독교의 양대 바이블이다. 네 권의 복음서와 초대 교회의 이야기를 다루고 있는 「사도행전」, 21개의 서한, 「요한계시록」 등 27권으로 구성되어 있다. 예수의 시대를 중심으로 100여 년 동안 일어난 사건을 다룬다.

「마태복음」으로 시작하는 복음서는 예수의 삶과 사역, 말씀이 주요 내용을 이루고 있다. '「마태」「마가」「누가」「요한」'의 네 가지 바이블은 4대 복음서라고 한다. 「요한복음」을 제외한 세 가지는 '공관복음서(共觀福音書)'라고 하는데, 예수의 삶을 동일한 관점에서 기록하고 있기 때문이란다. 8월에는 첫 번째 복음서인 「마태복음」의 기록부터 『신약성경』을 교육철학적 시각으로 조명해 본다.

『마태복음(The Gospel According to Matthew)』은 마태(Matthew)가

기록했다고 전한다. 복음(福音)은 말 그대로 '복된 소리', 또는 '복을 가져오는 소리'다. 희랍어 '에우안겔리온(euangelion)'에서 유래했다. 영어로는 앵글로색슨어인 '갓스펠(godspell)'에서 비롯하여 가스펠(Gospel)이 되었다. 가스펠은 '기쁜 소식'이라는 뜻이다. '기쁜 소식'이란 하나님께서 구약에서 약속하신 구원이 예수를 통해 이루어질 것이라는 소리다. 예수를 비롯하여 예수의 부모님인 요셉과 마리아, 열두 제자, 세례자 요한, 유대 총독 본디오 빌라도, 해롯 왕, 대제사장, 죄수 바라바, 막달라 마리아 등 아주 익숙한 인물들이 등장한다. 예수님이 강론한 여러 내용이 기쁜 소식의 핵심이다. 특히, 다섯 가지 주요 강론은 바이블의 교육철학을 의미심장하게 전달된다. 어쩌면 바이블 교육철학의 최고 가치를 여는 문일지도 모른다. 천국의 삶에 관한 예수의 말씀, 그 첫 번째 강론은 '산상설교(山上說敎)'다. 흔히 말하는 산상수훈(山上垂訓)이다.

"예수께서 무리를 보고 산에 올라가 앉으셨다. 그 분이 앉자 제자들이 그에게로 나아왔다. 예수께서 입을 열어 그들을 가르치기 시작하셨다. '마음이 가난한 사람은 행복하다. 이는 천국이 그들의 것이기 때문이다. 애통하는 사람은 행복하다. 이는 그들이 위로를 받을 것이기 때문이다. 온유한 사람은 행복하다. 이는 그들이 땅을 유업으로 받을 것이기 때문이다. 정의를 위해 굶주리고 목마른 사람은 행복하다. 이는 그들이 배부를 것이기 때문이다. 자비로운 사람은 행복하다. 이는 그들에게도 자비가 베풀어질 것이기 때문이다. 마음이 순결한 사람은 행복하다. 이는 그들이 하나님을 볼 것이기 때문이다. 평화를 이루는 사람은 행복하다. 이는 그들이 하나님의 자식이라

불릴 것이기 때문이다. 정의를 위해 박해 받는 사람은 행복하다. 이는 천국이 그들의 것이기 때문이다. 나 때문에 사람들이 너희를 모욕하고 박해하며 너희를 거슬러 거짓으로 온갖 악한 말을 할 때, 너희는 행복하다. 기뻐하고 즐거워하라. 하늘에서 받을 너희의 상이 크기 때문이다. 그들은 너희 이전에 있었던 선지자들을 이같이 박해했다."(「마태복음」 5:1-12)

예수님은 여덟 가지 행복을 제기했다. 그 행복의 요건은 매우 역설적이다. '마음이 가난한 사람', '애통하는 사람', '온유한 사람', '정의를 위해 굶주리고 목마른 사람', '자비로운 사람', '마음이 순결한 사람', '평화를 이루는 사람', '정의를 위해 박해 받는 사람' 정말 이런 분들이 행복할까? 예수의 강론은 당위가 되어야 하겠지만 현실은 그렇게 녹록치 않다. 마음이 가난한 사람이 정말 행복할까? '마음이 가난하다'는 말의 의미는 무엇일까? 그것조차 구체적으로 받아 안기가 쉽지 않은 게 세상이다. 이런 상황에서 행복의 길은 요원(遙遠)하다.

하지만, 행복을 향한 교육철학은 분명하다. 세상의 '빛'과 '소금'으로 작용하면 그만이다. 예수님은 제자의 길을 제기한다. 제자[학생]는 교육철학의 두 기둥에 관한 메시지를 직접 지시 받는다. 그 첫 번째는 세상을 위한 소금이다. 두 번째는 세상을 위한 빛이다.

"너희는 세상을 위한 소금이다. 그러나 소금이 그 맛을 잃으면 어떻게 그것이 다시 짜게 되겠느냐? 더 이상 아무데도 쓸모없이 되어, 바깥에 버려져서 사람들의 발에 짓밟힐 것이다. 너희는 세상을 위한 빛이다. 산 위에 세워진 동네는 숨겨질 수 없다. 사람들이 등불을 켜서 사발로 덮지 않고 등잔대 위에 둔다. 그러면 그 빛이 집에 있는 모든 사람을 비춘다. 너희 빛을 사람에게 비추게 하라. 그리하여 그들이 너희 선행을 보고 하늘에 계신 네 아버지를 영화롭게 하도록 하라."(「마태복음」 5:13-16)

소금 본연의 짠맛을 보존하라! 등불을 켜서 빛을 비춰라!

이 지점에서 바이블이 지시하는 삶과 교육이 보인다. 쓸모 있는 교육의 특성이 감지된다. 소금이 짠 맛을 지닌 그대로 본질을 지키듯이, 모든 존재의 본성을 유지하고 지속해 나가는 작업! 교육은 '본질을 찾는 투쟁'이다. 본연의 맛을 잃지 않으려는, 정체성을 수호하여, 자기를 회복하려는 노력이다.

하지만 현실은 소금의 짠 성질을 희석시킨다. 사람들은 본래부터 지닌 짠 맛을 점점 싱겁게 만드는 데 기여한다. 정체성을 조금씩 상실하도록 외부 사물을 침투시킨다. 그 허우적대는 시간이 길어지면서, 현실은 사실과 진실을 왜곡하는 강도를 높여나간다. 이 현실을 성찰하고 재생하는 여정이 교육이다. 그 철학의 중심에 '소금'의 본질 찾기와 '등불'의 역할 수행이 자리 잡았다.

흔히 말하는 빛과 소금이다. 소금의 짠 맛에 비유되긴 했으나 모든 존재가 맛을 잃지 않고, 어둠 속이지만 빛으로 비추어 밝게 나아가려는 열정 가운데, 선행이 드러난다. 이제 바이블이 추구하는 철학은 현실로 내려온다. 교육이 지향하는 존재의 맛을 탐구하라! 그리고 본연의 맛을 회복하라! 등불로 어둠을 밝혀라! 저 어둠에서 헤매는 사람을 비춰라! 길이 보이도록……

3. 『신약성서』(新約聖書: *The New Testament*) 복음②마가복음-가장 작은 씨앗에서 맺는 둥지

2021. 8. 2. 11:11

「마가복음(The Gospel According to Mark)」은 네 복음서 가운데 가장 먼저 쓰여졌다. 1장1절에서 선포하듯이, "이것은 하나님의 아들 예수 그리스도의 복음의 시작이다!" 「마가복음」이라는 명칭도 다른 바이블과 마찬가지로 마가가 기록한 데서 유래했다. 이 마가의 본래 이름은 요한이다. 그는 일반적으로 알고 있는 예수의 제자 마가와는 다른 인물이다. 내용의 상당 부분은 제자의 도리를 안내한다. 전 인류를 향한 예수의 가르침은 제자의 도리가 어떠한지에 관해 다양한 비유로 설명한다. 이 비유가 「마가복음」 바이블의 교육철학을 지시한다.

제자의 도리는 단순하게 제자로서 윤리나 행동 규칙을 지키는 데 그치지 않는다. 핵심은 교제(交際: fellowship)다. 진정한, 깨끗한 교제(real friendship)다. 그 교제는 삶의 중핵(中核)을 형성한다. 신뢰와 고백, 가르침의 실천, 모범을 따르는 관계다. 그 교제는 고통과 고난에 동참하는 가운데 성숙을 더해 간다. 그 가운데 하나가 '씨앗을 뿌리는 비유'다.

> "씨 뿌리는 자가 씨앗을 뿌리기 위해 밖으로 나갔다. 그가 씨앗을 뿌렸는데, 어떤 씨는 길가에 떨어졌다. 그랬더니 새들이 와서 먹어 버렸다. 또 어떤 씨는 흙이 거의 없는 돌밭에 떨어졌다. 흙이 얕아 싹이 금방 돋아났다. 그러나 해가 뜨자 그 싹은 죽어버렸다. 뿌리가 내리지 못해 싹이 말라 버린 것이다.

또 다른 씨는 가시덤불에 떨어졌다. 가시가 자라면서 싹이 짓눌렸고 기운은 질식당했다. 이렇게 떨어진 싹은 열매를 맺지 못한다. 하지만 다른 씨는 좋은 땅에 떨어졌다. 싹이 트고 자라서 열매를 맺었다. 30배, 60배, 그리고 100배의 결실을 이뤘다. 예수께서 말씀하셨다. 들을 귀가 있는 자는 들어라. …… 외부에 있는 사람들에게는 모든 것이 비유로 나타난다. 그들이 보면 볼 수 있지만 알지 못하고, 그들이 들으면 들을 수 있지만 깨닫지 못한다. …… 씨를 뿌리는 사람은 말씀을 뿌리는 것이다. 이런 사람들은 말씀이 뿌려져 있는 길가에 떨어진 씨와 같은 사람들이다. 그들은 말씀을 듣는 순간, 바로 사탄이 와서 그들의 마음에 심어진 말씀을 빼앗아 간다. 이런 사람들은 돌밭에 뿌려진 씨와 같은 사람이다. 그들은 말씀을 들을 때는 즉시 기쁨으로 받아들인다. 그러나 그들에게는 뿌리가 없기 때문에 잠깐 동안 밖에 견디지 못한다. 그 후에 말씀으로 인해 환란이나 박해가 일어날 때, 그들은 바로 쓰러진다. 또 이런 사람들은 가시밭에 뿌려진 씨와 같은 사람들이며 말씀을 듣는 사람들이다. 그러나 이 세상의 염려와 재물의 속임수와 다른 일들에 대한 욕심들이 들어와 말씀을 질식시켜 아무 열매도 맺지 못하게 한다. 다른 사람들은 좋은 땅에 뿌려진 씨와 같은 사람들이다. 그들은 말씀을 듣고 받아들여 열매를 맺는다. 어떤 사람은 30배, 어떤 사람은 60배, 그리고 어떤 사람은 100배의 결실을 거둔다. …… 하나님의 나라는 사람이 씨앗을 땅에 뿌리고, 밤에는 자고 낮에는 깨어 있지만, 씨앗에서 싹이 나고 자라는데, 그 사람은 어떻게 그렇게 되는지를 모르는 것과 같다. 이는 땅이 스스로 곡식을 생산해 내기 때문이다. 처음에는 싹이고, 다음에는 이삭이고, 그 다음에는 이삭에 알곡이다. 곡식이 익으면 씨앗을 뿌린 사람은 곡식을 거두기 위해 낫을 가지고 온다. 추수 때가 되었기 때문이다. …… 하나님의 나라는 한 알의 겨자씨와 같다. 그 씨가 땅에 심어질 때는 땅 위에 있는 씨 가운데 가장 작은 씨앗이다. 그러나 그 씨가 심어진 후에는 자라서 모든 식물 가운데 가장 큰 식물이 된다. 그 가지가 커서 공중의 새가 그 그늘에 둥지를 만든다."(「마가복음」4:1-32)

교육은 식물 재배나 그 성장 과정에 비유되는 경우가 많다. 교사는 농부나 정원사에, 교육내용이나 학생은 땅이나 씨앗에 빗대어 설명되기도 한다. 이 교육의 거시적 체계의 원초적 모습이 바이블에 담겼다. 그것은 씨앗을 뿌리고 거두는, 인간의 현실과 하나님의 나라 사이에서 전반적으로 조율된다.

잘 보시라. 농부가 밭을 갈고 씨를 뿌렸다. 분명히 씨앗을 뿌렸다. 그런데 씨앗은 제각기 착지(着地)를 달리한다. 어떤 씨는 길가에 떨어졌다. 돌밭에 떨어졌다. 가시덤불에 떨어졌다. 또 다른 씨는 좋은 땅에 떨어졌다. 떨어진 지점에 따라 씨앗은 자신의 운명을 찾아간다.

새들에게 먹히기도 하고, 뿌리가 없어 말라 버리기도 하며, 숨을 쉬지 못해 질식해 버리기도 한다. 씨앗은 싹을 틔웠으나 열매를 맺지 못한다. 이 무엇을 의미하는가? '씨앗을 제대로 심으라!'는 말이다. 싹으로 돋아나 자랄 수 있는 좋은 땅에. 교육철학의 첫 단추가 이런 개념에서 움튼다. 열매를 맺어도 그 규모가 다르다. 30배, 60배, 그리고 100배로 차이가 존재한다. 그것은 교육철학의 마지막 단추를 형상화 한다.

사람은 어떤 사안에 대해서건, 인생을 보고 듣는다. 그러나 그 진정성을 알지 못하고 깨닫지 못하는 존재에게, 무슨 교육을 운운하겠는가? 인생 진리의 말씀을 공유하기가 이렇게 힘들다.

예수는 말한다. '씨를 뿌리는 사람은 말씀을 뿌리는 것이다!' 말씀을 제대로 인식하고 각성하고 파악하고 장악하라. 길가에 떨어진 씨와 같은 사람들, 돌밭에 뿌려진 씨와 같은 사람들, 가시밭에 뿌려진 씨와 같은 사람들, 이들이 무슨 열매를 맺겠는가?

교육은 그것을 수행한 만큼, 성숙과 효과와 결실을 기대한다. 그 결과가 삶의 보람이고 인생을 강화한다. 열매가 없는 화려한 꽃은 거대한 모래성과도 같다. 한 번의 파도에 흔적 없이 사라지는. 좋은 땅에 뿌려진 씨와 같은 사람들은 진리의 말씀을 듣고 받아들여 열매를 맺고, 그것을 수확한다. 사람에 따라 차이는 있으나 30배, 60배, 100배의 결실을 거둔다. 그것이 교육이 주는 가능성이고 희망이다.

하나님의 나라는 자연의 위대함을 증명한다. 인간이 씨앗을 땅에 뿌렸다. 밤낮으로 자고 깨어나지만, 씨앗은 저절로 싹을 틔우고 자랄 뿐이다. 아무 말이 없다. 관건은 씨앗이 자라날 수 있는 좋은 땅에 씨앗을 심었느냐의 여부다. 땅은 스스로 곡식을 생산해 낸다. 곡식은 자생(自生)한다. 싹을 틔우고 이삭으로 자라고 알곡으로 무르익는다. 그런 다음, 인간은 추수한다. 이 곡식 재배의 순환이 교육의 과정과 닮았다. 씨앗을 어디에 어떻게 뿌리느냐! 바이블 교육철학의 열쇠가 여기서 보인다. 그 종국적 이치는 하나님 나라에 심어지는, 한 알의 겨자씨에서 드러난다.

시작은 미소(微小)하다. 땅에 심어질 때는 가장 작은 씨앗일 뿐이었다.

중간은 장대(長大)하다. 땅위로 자라나면서 가장 큰 식물이 되었다.

종결은 평온(平穩)하다. 그 식물의 가지에 그늘이 드리우고, 새가 둥지를 튼다.

4. 『신약성서』(新約聖書: *The New Testament*) 복음③누가복음-배고픈 자의 복(福)과 배부른 자의 화(禍)

2021. 8. 3. 22:44

「누가복음(The Gospel According to Luke)」은 네 복음서 가운데 가장 길다. 다른 복음서보다 많은 비유를 담고 있다. 특히, 가난한 사람, 죄인, 병자에 대해 관심을 나타내는 내용이 많다. 「누가복음」은 누가의 이름에서 유래했다. 누가가 저자인지의 여부는 확인하기 힘들지만, 정황상 누가의 기록으로 추측할 수 있다. 누가는 그리스 사람이다. 이스라엘을 기준으로 보면 이방인이다. 그는 그리스의 문화 풍토에서 교육받은 의사(醫師)라고 한다.

예수님이 열두 제자를 택하시고, 제자들에게 가르치는 여러 모습은 심오한 바이블의 교육철학을 고심하게 만든다,

> "예수께서 눈을 들어 제자들을 보고 말씀하셨다. 너희 가난한 사람은 행복하다. 하나님의 나라가 너희 것이기 때문이다. 배고픈 사람은 행복하다. 배부르게 될 것이기 때문이다. 지금 울고 있는 사람은 복이 있다. 웃을 것이기 때문이다. 어진 사람으로 말미암아 사람들이 너희를 미워하고, 배척하며, 욕하며, 악인이라고 저주할 때, 너희는 행복하다. 그대는 즐거워하라. 뛰며 기뻐하라. 하늘에 있는 너희 상이 크다. …… 그러나 너희 부유한 자에게는 재앙이 있을 것이다. 이미 너희가 받을 위로를 받았기 때문이다. 지금 배부른 자에게는 재앙이 있을 것이다. 배고프게 될 것이기 때문이다. 지금 웃는 자에게는 재앙이

있을 것이다. 슬피 울 것이기 때문이다. 모든 사람들이 너희를 칭찬할 때, 너희에게 재앙이 있을 것이다. 조상들이 거짓 예언자들에게 그렇게 했기 때문이다. 너희들에게 내가 말한다. 네 이웃을 사랑하라. 너희를 미워하는 사람들에게 선을 행하라. 너희를 저주하는 사람들을 축복하며, 너희에게 잘못하는 사람들을 위해 기도하라. 누가 너의 한쪽 뺨을 때리면, 다른 뺨도 내 주어라. 누가 네 겉옷을 가져가면, 속옷도 거절하지 마라. 누구든지 네게 달라고 하는 자에게는 주어라. 누가 너의 소유물을 가져가면, 되돌려 달라고 하지마라. 너희는 다른 사람들이 너희에게 해주기를 바라는 대로, 너희도 다른 사람들에게 해주어라. 너희를 사랑하는 사람만을 너희가 사랑한다면, 그것이 무슨 자랑이 되겠느냐? …… 너희는 원수를 사랑하라. 선을 행하라. 돌려받을 것을 기대하지 말고 꾸어 주어라. …… 너희 아버지께서 자비로우신 것 같이 너희도 자비로운 사람이 되어라. 판단하지 마라. 그러면 너희도 판단 받지 않을 것이다. 정죄하지 말라. 그러면 너희도 정죄 받지 않을 것이다. 용서하라. 그러면 너희도 용서받을 것이다. 주어라. 그러면 너희에게도 주어질 것이다. …… 너희가 저울질하는 그 저울로 저울질하여 너희에게 돌아올 것이기 때문이다. …… 눈먼 사람이 눈먼 사람을 인도할 수 있는가? 그들이 함께 구덩이에 빠지지 않겠는가? 제자가 스승보다 뛰어나지는 못하지만, 제자도 훈련을 충분히 받으면 스승처럼 될 것이다. 그런데 너는 어찌하여 네 형제의 눈 속에 있는 티는 보고, 네 자신의 눈 속에 있는 들보는 깨닫지 못하는가? 너는 어떻게 네 자신의 눈 안에 있는 들보를 보지 못하면서. '형제여, 나에게 네 눈에 있는 티를 빼게 하라'고 그에게 말할 수 있는가? 위선자여! 먼저 네 눈에 있는 들보를 빼내어라. 그러면 네 형제의 눈 안에 있는 티를 분명히 보고 빼낼 수 있을 것이다. 좋은 나무는 나쁜 열매를 맺지 않고, 나쁜 나무는 좋은 열매를 맺지 않는다. 나무는 모두 그 열매를 보면 알 수 있다. 가시나무에서 무화과를 딸 수 없고, 찔레나무에서 포도를 딸 수 없다. 선한 사람은 마음에 쌓아놓은 착한 것에서 선함을 내놓고, 악한 사람은 마음에 쌓아놓은 나쁜 것에서 악함을 내놓는다. 사람의 입은 마음에 가득 채워져 있는 것을 말하기 때문이다. …… 땅을 깊이 파고 반석(磐石) 위에 주춧돌을 놓고 집을 지어라. 홍수가 나서 급류가 집에 들이닥쳐도 그 집을 흔들 수 없다. 이는 그 집이 반석 위에 기초가 있기 때문이다. ……"(「누가복음」 6:20-49)

가난함이나 배고픔은 행복을 예비한다. 울고 있는 사람은 복을 담보한다. 미움과 배척, 욕설과 악인의 저주조차도 행복을 가져온다. 이 위대한 역설 앞에서, 인간은 기뻐하고 즐거워할 수 있다!

부유하고 배부른 자에게는 그에 상응하는 재앙이 예고된다. 지금 웃는 자에게는 슬픔으로 가득한 울음이 기다리고 있다. 사람에게 칭찬받을 때도 그 칭찬의 그늘만큼이나 재앙이 다가온다. 이런 방식으로, 뒤이어 전개되는 여러 차례의 풍자와 비유에서, 인간이 경계해야 할 극한이 예고된다. 그것은 교육이 감수해야 할, 행복과 불행을 빚을 가능성이다. 교육철학을 제고(提高)하도록 이끄는 희망과 절망의 노래다. 바이블이 내놓은 삶의 원리다.이 교육철학의 결론은, 네 단계를 거쳐 자신의 집을 짓는 일이다.

1단계-땅을 깊이 파라.

2단계-반석을 확인하라.

3단계-그 반석 위에 주춧돌 놓아라.

4단계-그 주춧돌 위에 집을 지어라.

교육은 인생의 땅을 깊이 파고, 주춧돌 놓을 반석을 찾고, 주춧돌을 반듯하게 두고, 그 위에 삶의 집을 짓는 거대한 사업이다.

5. 『신약성서』(新約聖書: *The New Testament*) 복음④요한복음-생명의 빵 세상의 빛

2021. 8. 5. 11:46

「요한복음」은 독특하다. '마태-마가-누가'로 이어지는 세 공관복음서가 외면으로 드러난 예수의 생애를 다루고 있다면, 「요한복음」은 예수의 내면을 영적으로 다루고 있다. 예전부터 「요한복음」이 유교의 「중용(中庸)」에 비유된다는 생각을 많이 했다. 「요한복음」의 명칭도 다른 바이블과 마찬가지다. 요한의 이름에서 유래했다. 내면의 세계를 솔직하고 신성하게 드러내서 그런지, 다른 바이블에 비해 예수의 비유 말씀이 거의 없다.

예수의 본 모습과 그로부터 우러나오는 신학적 강론은 무엇을 지향할까? '생명의 빵'과 '세상의 빛[등불]'이 던지는 메시지가 주목된다. 바이블 교육철학의 두 축을 극렬하게 보여준다. 그것은 그리스도의 신성(神性; 神聖)을 전제로 한다. 때문에 「요한복음」은 다음과 같이 시작한다.

> "태초에 말씀이 있었다. 그 말씀은 하나님과 함께 있었다. 그 말씀은 하나님이었다. 그분은 태초에 하나님과 함께 계셨다. 만물이 그분을 통해 만들어졌다. 그분 없이 만들어진 것은 아무것도 없었다. 그분 안에 생명이 있었다. 그 생명은 인간의 빛이었다. 빛이 어둠을 비추었다. 하지만 어둠이 그 빛을 깨닫지 못하였다."(「요한복음」 1:1-5)

처음부터 하나님과 그분의 말씀이 있었다. 그에 따라 모든 존재가 창조되었다. 생명의 축복이 드리워졌다. 그 축복이 등불이 되었으나 어둠에 갇힌 인간은 그 빛을 깨닫지 못했다. 요한이 인간 세상을 바라보는 시선에는 동정(同情)이 가득하다. 어둠으로부터의 탈출이나 해방을 갈구(渴求)한다. 빛을 깨닫지 못하는 인간 세상! 이것은 현실이다. 나 자신이다. 바이블에서 현실은, 특히, 하나님 여호와의 가르침을 거부하는 인생은, '어둠 그대로'다. 존재 자체가 배신이자 배반이다. 멸망의 길을 재촉한다. 이런 인간에 대해, 회개하는 현실로 가꾸려는 노력! 그것이 교육으로 투영된다.

하지만, 그 현실을 견디는 힘은 빵에서 나온다. 빵으로 상징되는 '물질(物質)'의 세계는 영양(營養)을 공급한다. 그 영양은 존재의 삶을 지탱하는 보급로(補給路)다. 예수는 생명의 빵을 통해 인류에게 힘을 불어넣는다. 그 빵은 기적(奇蹟)이다. 그런데 기적으로만 머물지 않는다. 기적은 일상을 회복한다. 일상의 기적이자 기적의 일상으로 동일성을 지닌다. 예수님은 말씀하신다.

> "내가 진실로 너희에게 말한다. 너희가 나를 찾는 것은 표적을 보았기 때문이 아니다. 빵을 먹고 배가 부르기 때문이다. 썩어 없어지는 음식을 위해 일하지 말라. 영생에 이르도록 남아 있는 양식을 위해 일하라. 이 양식은 어진 사람이 너희에게 줄 것이다. …… 하나님의 빵은 하늘에서 내려와 세상에 생명을 준다. …… 나는 생명의 빵이다! 나에게 오는 사람은 결코 굶주리지 않을 것이다. 나를 믿는 사람은 결코 영원히 목마르지 않을 것이다. …… 나는 생명의 빵이다! 너희 조상들은 광야에서 만나를 먹었다. 그리고 그들은 죽었다. 그러나 여기 하늘

에서 내려오는 빵이 있다. 누구든지 이 빵을 먹으면 죽지 않을 것이다. 나는 하늘에서 내려온 살아 있는 빵이다. 누구든지 이 빵을 먹으면, 영원히 살 것이다. 내가 줄 빵은 내 살이다! 나는 세상의 생명을 위해 이 빵을 줄 것이다. …… 내가 진실로 너희에게 말한다. 어진 사람의 살을 먹지 않고 어진 사람의 피를 마시지 않으면 너희 속에 생명이 없다. 누구든지 내 살을 먹고 내 피를 마시는 사람은 영생을 가진다."(「요한복음」 6:26-58)

예수님은 분명히 육신(肉身)을 가졌다. 그분이 지닌 빵은 다름 아닌 그분의 육신이다. 그렇다고 동물적 수준의, 단순한 물리적 실체로서의, 육신은 아니다. 그것을 넘어, 생명이 꿈틀대는 빵, 그 물질로 상징되는 정신세계다. 그 영혼의 피와 살이 바로 빵이다. 그 빵은 어진 사람을 통해 보낸 인간의 길이다. 인간 세계에 마땅히 구현해야 하는 윤리다. 기독교 도덕의 세계다. 예수는 자신의 피와 살을 생명의 빵으로 정돈(整頓) 했다. 정돈된 정식(定式)은 진리다. 그 빵은 바이블 교육철학의 근원이자 기초로 자리한다. 그 위에 한 줄기 빛이 보이고, 그 빛이 차근차근 넓게 퍼져, 세상을 비춘다. 그리고 어둠은 조금씩 걷힌다. 이 논리의 길을 따라 바이블의 교육철학이 다져진다. 그 과정은 세상에 빛을 던지는 예수님의 인도에서 최고의 가치로 번득인다.

"이 여자가 간음(奸淫)하다가 현장에서 붙잡혔습니다. 모세는 율법에서 이런 여자는 '돌로 치라'고 했는데, 선생님은 뭐라고 말하겠습니까? 그들은 예수를 고소할 어떤 근거를 얻을 수 있을까 하여 그를 시험하기 위해 이런 질문을 했다. 그러나 예수께서는 몸을 굽히고 손가락으로 땅에 무언가를 썼다. 그들이 질문을 계속하자, 예수께서는 일어나 그들에게 말씀하셨다. '너희 가운데 죄 없는 자가 먼저 그 여인을 돌로 쳐라!' …… 그들이 이 말씀을 듣고 양심의 가책을 받아, 어른으로부터 마지막 사람까지 하나씩 그 자리를 빠져나갔다. 예수님은 혼자 남으셨다. 그 여인은 가운데 서 있었다. 예수께서 일어나 그 여인만 있는 것을 보고 말씀하셨다. '여인이여! 너를 고발한 자들이 어디에 있느냐? 너를 정죄(定罪)한 자가 한 사람도 없느냐?' 여자가 말했다. 주여, 없습니다. 예수께서 여자에게 말씀하셨다. 나도 너를 정죄하지 않을 것이다. 가서 다시는 죄를 짓지 말라. 예수께서 사람들에게 또 말씀하셨다. 나는 세상의 빛이다! 누구든지 나를 따르는 사람은 어둠 속에서 다니지 않을 것이다. 생명의 빛을 얻을 것이다."(「요한복음」8:1-12)

어둠의 세상에서 살아가는 존재들, 그 어둠의 자식들 가운데 죄 없는 자가 누구인가? 인간 현실의 암흑에서 죄 없는 자는 있는가? 정도의 차이일 뿐, 어두운 현실에 거주하는 모든 인간은 죄인이다.

이 위대한 예수님의 말씀, 그 깨달음은 '현실직시(現實直視)'에서 발출(拔出)한다. 그 자부심과 당당함은 어두운 세상을 밝은 세상으로 만들려는 의지로 충만하다. 그것이 교육철학의 이행이다. 교육의 운영(運營)이고 영위(營爲)다.

자신의 몸을 생명의 빵으로 삼아 세상에 빛을 던지는, 이 헌신과 사랑의 모델이 바이블 교육철학의 쌍두마차(雙頭馬車)다. 생명의 빵을 근원으로 세상의 빛이 되어 온 누리를 비추는 일, 그 일상의 교육이 자연스럽게 수행될 때, 바이블의 교육은 비틀거리지 않는다.

6. 『신약성서』(新約聖書: *The New Testament*) 사도행전-공의(公義)로 심판하라!

2021. 8. 7. 8:57

「사도행전(使徒行傳: Acts of the Apostles)」은 예수의 사도들, 즉 복음을 전하기 위해 뽑은 열두 제자들이 예루살렘을 넘어 동부 그리스와 로마에 이르기까지 복음을 전한 기록이다. 「사도행전」은 「누가복음」을 기록한 누가가 저자다. 때문에 「누가복음」의 속편이라고도 한다. 베드로, 바울, 요한, 야고보, 스데반 등 여러 사도의 행적을 자세하게 보여주고 있기에 '행전(行傳)'이라 이름 붙였다. 행전의 중심인물은 열두 제자 가운데서도 사도 바울이다. 특히, 예수의 부활과 승천(A.D.30)으로부터 바울이 로마에서 순교(A.D.62)까지 30여 년 간의 그리스도의 복음을 증언하는 활동이 주요 내용이다.

사도들의 행적을 보여주는 만큼, 그들의 설교와 증언, 성령의 능력, 교회공동체 등 여러 활동이 매우 교훈적이고 교육적이다. 교육철학의 관념이나 개념을 추상적으로 보여주기보다 구체적인 삶의 현장에서 실제 행위를 통해 토론하고 전도한다. 이런 사도들의 행적 하나하나에 담긴 증언과 전도가 회개(悔改)와 회심(回心)으로 드러나 성령(聖靈)으로 충만하는 과정이 의미심장하다. 바울이 그리스 아테네의 어느 시장에서 전도하는 모습과 아레오바고 광장에서 행한 설교가 인상 깊다.

"바울이 아테네에서 실라와 디모데를 기다리고 있었다. 그 사이에 바울은 그 도시가 우상으로 가득한 것을 보고 매우 마음이 아팠다. 그래서 그는 교회당에서는 유대인들과 하나님을 경외하는 그리스인들과 토론하고, 시장에서는 매일 그곳에 있는 사람들과 토론했다. 에피쿠로스학파의 철학자들과 스토아학파의 철학자들도 바울과 논쟁했다. 어떤 사람은 이렇게 말했다. '이 논객이 말하려는 뜻이 무엇인가?' 또 다른 사람은 이렇게 말했다. '이 사람은 이방(異邦)의 신들을 선포하는 사람인 것 같다!' 이는 바울이 그들에게 예수의 부활을 선포했기 때문이었다. 그러자 그들은 바울을 아레오바고로 데리고 가서 이렇게 물었다. '당신이 소개하고 있는 새로운 가르침이 무엇인지 우리가 알 수 있겠소? 당신은 지금 우리에게 생소한 것을 들려주고 있기 때문이오. 그래서 그 의미가 무엇인지 알고 싶소.' 이런 태도는, 당시 아테네 사람들과 거기에 사는 외국인들이 무언인가 새로운 것을 말하거나 듣는 일에 대부분의 시간을 보내고 있었기 때문이다. 그러자 바울은 아레오바고 광장 가운데 서서 말했다. '아테네 시민들이여! 내가 보니 여러분은 여러 측면에서 매우 종교적인 사람들입니다. 여러분이 예배하는 대상들을 살펴보았는데, '알지 못하는 신에게'라고 새겨진 제단을 내가 보았습니다. 그래서 여러분이 알지 못하면서 숭배하고 있는 신에 대해, 나는 여러분에게 선포합니다. 우주와 그 안에 있는 모든 것을 창조하신 하나님! 그분은 하늘과 땅의 중심이시기 때문에 사람의 손으로 만든 신전에 살지 않습니다. 그분은 그분께 무엇을 필요로 하는 것처럼, 사람의 손으로 섬김을 받지 않습니다. 그분은 모든 사람에게 생명과 호흡과 그밖에 모든 것을 주시기 때문입니다. 하나님께서는 한 피로부터 모든 민족을 만들어 온 땅 위에 살게 했고, 또 이들 각 민족이 사는 땅의 경계를 정해주셨습니다. 하나님께서 이렇게 하신 것은, 하나님이 우리들 가운데 어느 누구로부터도 멀리 계신 것은 아니지만, 사람들에게 하나님을 구하고 그분에게 손을 내 뻗으며 그분을 찾기 위해서입니다. 이는 하나님 안에서 우리가 살고 움직이고 존재하기 때문입니다. 여러분의 시인 가운데 한 사람이 말한 것처럼 '우리는 하나님이 자녀입니다!' 하나님의 자녀이기 때문에, 우리는 하나님을 금이나 은이나 또는 옥과 같이 생각해서는 안 됩니다. 이런 것들은 인간의 기술이나 상상으로 만든 형상입니다. 과거에는 하나님께서 이러한 무지의 시대를 내버려두었습니다. 하지만 지금은 어디에 있든지 모든 사람에게 회개할 것을 명령하십니다. 이는 하나님께서 세운 한 분을 통해, 세상이 공의로 심판할 날을 정해 놓았기 때문입니다. 하나님께서는 그분을 죽은 자 가운데 살리심으로써 모든 사람에게 이를 확신시켰습니다. ……"(「사도행전」 17:16-33)

서양철학사에서 볼 때, 바울이 활동하던 시기는 '헬레니즘'시대다. 이 시기의 철학은, 이전의 소크라테스나 플라톤, 아리스토텔레스의 철학적 사고와 비교하면, 상당히 퇴폐적이며 피곤한 인상을 준다. 에피쿠로스에게서 비롯되는 에피쿠로스학파의 기조는 쾌락을 최선의 선에 두었다. 쾌락이 없으면 선한 삶은 불가능하다. 쾌락에는 정신적 쾌락은 물론 육체적 쾌락도 포함된다. 정신적 쾌락은 육체적 쾌락을 관조한다. 그 어떤 것도 그 이상 중요하다고 말하기 힘들다. 그러나 인간의 정신적 삶은 어떤 방향을 지향하더라도 '자유'다. 우리는 어느 정도 관조의 대상을 선택할 수 있다. 하지만 육체적 삶은 우리에게 거의 강요된다. 이 지점에 정신적 쾌락의 장점이 발견된다. 때문에 덕성을 지닌 사람은 쾌락을 추구하는 데 신중하다.

스토아학파는 제논이 창시한 철학운동이다. 그들은 위험과 고뇌를 아랑곳하지 않는 용기와 물질적 환경에 대한 무관심을 존중했다. 인내와 초연함이다. 제논은 우주의 근원이 되는 실체를 헤라클레이토스처럼 '불'로 인식했다. 불과 횃불의 논리적 환원을 고민하면서, 스토아학파 철학자들은 세계가 운행할 때 적용되는 법칙은 역사의 모든 세밀한 부분까지 지배하는 어떤 최고의 권위에서 도출된다. 모든 사안은 어떤 목적에 따라 미리 정해진 방법으로 진행된다. 최고의 힘이나 성스러움 힘은 세계의 밖에 있지 않다. 모래에 스며드는 수분처럼 세계에 고루 스며드는 것이다. 이와 같이 신은 내재하는 힘이다. 그 일부가 인간에게, 한 사람 한 사람의 내부에 살아 있다!

바울은 발견했다. 그리고 안타까웠다. 에피쿠로스학파와 스토아학파의 사유에는 종교적·신학적 성스러움이 보이지 않았다. 인간의 온전한 삶을 성취하기에 너무나 미흡했다. 여호와 하나님에 대한 인식이 전혀 없었기 때문이다. 그는 절박한 심정으로 설교했다.

하나님은 우주만물을 창조하셨다! 천지의 중심이다. 때문에 인간이 만든 신전이나 인간에게 섬김을 받지 않는다! 오히려 인간에게, 모든 인간에게 삶을 지속할 모든 생명력을 부여한다. 어떤 사람으로부터도 멀리 있지 않다. 가까이 함께 있다. 그런 만큼 하나님을 손을 내 뻗으면 찾을 수 있다. 절대 객관적인 물질적 대상, 즉 금이나 은이나 또는 옥과 같이 생각하지 마시라! 그런 것은 인간이 만든 형상에 불과하다. 그 하나님을 상징하는 이데아가 다름 아닌 '세상의 공의(公義)'다. 공의로 심판하고, 공의가 죽은 세상에서 공의를 살리는 세상에 빛을 던진 분이 다름 아닌 예수이시다!

이 지점에서 신약의 바이블은 명확한 교육철학을 선사한다. 정말 교육을 수행하는 과정에서 가장 위대한, 선물 중의 선물이다.

'공의로 심판한다!'

공의는 하나님을 상징한다. 예수를 대변한다. 달리 설명하면, 정직(正直)이자 신뢰(信賴)이고 진실(眞實)이자 정의(正義)의 화신이다. 그러므로 교육은 현실을 직시하되 정직과 신뢰에 기반하고, 삶의 진실과 사회 정의를 추구하는 위대한 사업으로 자리매김 될 수밖에 없다. 그것이 바이블에서 간구하는 여호와 하나님의 요청이고, 예수의 부활이다. '공의로 심판하라'는 교육 방향의 제시가 바이블 교육철학의 핵심 화두다.

7. 『신약성서』(新約聖書: *The New Testament*) 서한①로마서-의인(義人)은 없다!

2021. 8. 8. 12:35

『신약성경』의 서한은 모두 21개의 바이블로 되어 있다. 서한(書翰)은 '믿음'에 관한 충고, 가르침, 권고 등 기독교 신앙의 주요 내용이 담겼다. 21개의 서한들 가운데 13개는 바울이 썼다. 나머지 8개 서한은 다른 세 사람의 저자에 의해 기록된 것이다.

그 첫 번째 서한 바이블이 「로마서(Romans)」다. 「로마서」라는 이름은 바울이 '로마에 있는 그리스도인들에게 보낸 편지(The Epistle to the Romans)'라는 의미를 따서 붙인 명칭이다. 바울의 사유가 깊이 담겨 있는 만큼, '바울의 신학'을 잘 표현한다. 핵심 내용은 여호와 하나님의 '심판(審判)'과 '구원(救援)'에 관한 사항이다. 유대인이건 이방인이건 관계없이, 모든 인류에 대한 하나님의 심판과 구원의 양식을 제시한다. 하나님은 철저히 죄악을 심판한다. 동시에 구원을 통해 한없는 자비를 베푼다. 그 구원의 계획이 「로마서」를 장식하고 있다.

심판과 구원의 과정에서 인간을 바라보는 시선은, 그 어떤 언표보다도 단호하다. 모든 인간은 불의(不義)의 화신이다! 죄인(罪人)이다! 의인(義人)은 없다!

> "우리의 불의(不義)가 하나님의 의(義)를 드러나게 한다면, 우리가 무슨 말을 하겠습니까? 우리에게 진노하시는 하나님이 불의하십니까? 결코 그렇지 않습니다. 그렇다면, 하나님께서

어떻게 세상을 심판할 수 있겠습니까? 하나님의 영광에 대한 나의 거짓말로 인해 그분의 진리가 더욱 드러난다면, 어찌하여 내가 죄인으로 심판을 받아야 합니까? 그리고 어찌하여 '악을 행하여 선이 오게 하자!'라고 말하지 않습니까? 어떤 사람은 우리가 그런 말을 한다는 이유로 우리를 비방하고 있습니다. 그들은 비난 받아야 마땅합니다. 그렇다면 어떻습니까? 우리 유대인들은 그들보다 나은 것입니까? 결코 아닙니다. 유대인이나 그리스인이나 이미 모두 죄악 아래에 있다는 판정을 받았기 때문입니다. 기록된 바와 같이 '의인은 없습니다! 한 사람도 없습니다! 깨닫는 자도 없고 하나님을 찾는 자도 없습니다. 그들은 돌아서서 모두 쓸모없게 되었습니다. 선을 행하는 자도 없습니다. 한 사람도 없습니다. 그들의 목구멍은 열린 무덤입니다. 그들은 혀로 속이는 일을 하고 있습니다. 그들의 입술에는 독사의 독이 있습니다. 그들의 입은 저주와 독설로 가득합니다. 그들의 발은 피를 흘리는 곳으로 달리고, 그들의 길에는 파멸과 비참함이 있으며, 그들은 평화의 길을 알지 못합니다. 그들의 눈빛은 하나님을 두려워함이 없습니다. 율법이 말하는 것은 무엇이든지 율법 아래에 있는 사람들에게 말하고 있다는 것을 우리는 알고 있습니다. 이는 모든 입을 침묵하게 만들고, 온 세상이 하나님 앞에서 죄악을 저지른다고 하기 위한 것입니다. 그러므로 어떤 사람도 율법의 행위로는 그분 앞에서 의롭다고 생각될 수 없습니다. 이는 율법을 통해 우리의 죄를 인식하기 때문입니다. …… 하나님의 의(義)는 예수 그리스도에 대한 믿음을 통해 모든 믿는 사람들에게 나타났습니다. 거기에는 차별이 없습니다. …… 인간은 그리스도 예수 안에서 구속(救贖)을 통해 하나님의 은혜로 값없이 의롭게 되었기 때문입니다. …… 그러면 우리가 자랑할 것이 어디에 있습

> 니까? 자랑은 끼어 들 여지가 없습니다. 어떤 율법 때문에 끼어 들 여지가 없습니까? 행동을 요구하는 율법 때문입니까? 아닙니다. 믿음의 율법 때문입니다. 그러므로 사람은 율법 행위가 아니고, 믿음으로 의롭게 됩니다. ……"(「로마서」3:5-31)

이 지점에서 다시 성찰한다. 인간의 현실은 죄(罪)가 난무(亂舞)한다. 악(惡)이 가득하다. 아니, 현실 자체가 죄악이다. 그러기에 의인은 없다? 종교나 신앙의 차원이 아닌, 세속의 입장에서 보면, 인간에 대한 일방적(?) 평가인 불의(不義)와 죄악(罪惡), 의인(義人)의 부재(不在)는 참으로 씁쓸한 표현이다. 정말 난감(難堪)하다. 의인이 없다니? 의인이 없으면 이 세상이 존재할 수 있을까? 무지한 존재가 단순하게 생각하더라도, 그나마 좋은 사람이 있기에, 이 세상은 이런 정도로 지속되면서, 살아갈 만한 곳이 아니겠는가?

그러나 바이블은 냉정하다. 냉혹한 사유의 칼날을 제시한다. 여호와 하나님이나 예수 그리스도에 대한 '믿음'이 선의 근거다! 인간의 죄악을 맑은 하천으로 만드는 샘물이다.

'의인은 없다! 한 사람도. 깨닫는 자도 없다. 쓸모없는 인간들뿐이다. 착한 일을 행하는 사람도 없다. 한 사람도.'

하나님이 판정한 인간 세계가 어찌 이 지경인가? 바이블 교육철학의 전제가 이런 현실에서 파생된다. 표현이 무섭다. '인간의 목구멍은 열린 무덤이다.' '인간의 혀는 속임수로 일관한다.' '인간의 입술에는 독이 묻어 있다.' '인간의 입은 저주와 독설로 가득하다.' '인간의 발에는 피가 흥건하고, 가는 길에는 파멸과 비참함이 늘어섰다.' '목구멍-혀-입술'로 통합된 입, 그 말과 소리의 시공간을 진지하게 성찰해 보

라. 말로 표현하는 인생의 모든 차원을 반성하라. 여호와 하나님의 충고가 무엇을 상징하는가?

목구멍은 입안 가득한 음식물을 넘겨주는 구강(口腔)이다. 그런데 열린 무덤이라니? 무덤은 죽음을 의미하는데, 그렇다면 열린 목구멍으로 들어가는 모든 음식물을 고려해야 한다. 이 무엇을 경고하고 있을까? 함부로 넘기지 말라! 혀는 움직임에 따라 말소리에 변형을 준다. 그런데 그것이 속임수로 춤추고 있다? 다른 말로는 사기(詐欺)다. 함부로 놀리지 말라! 입술은 외부와 내부 사이를 열고 닫는 문이다. 그런데 독(毒)이 묻어 있다니? 열면 안으로 독이 들어가고 닫으면 밖에서 독이 머물며 기다린다. 해독제 약으로 닦아라!

이렇게 얼룩진 죄악의 구렁텅이에서 입[口]은 저주(咀呪)와 독설(毒舌)로 가득하다? 저주가 무엇이던가? 사람에게 재앙이나 불행이 일어나도록 빌고 바라는 짓이 아닌가? 또 독설이 무엇이던가? 사람을 해치거나 비방하는 악랄한 짓이 아닌가? 입을 여는 순간, 사람은 다른 사람에게 해악(害惡)을 끼치는 발언을 하기 쉽다! 그렇다고 현실적으로 입을 닫고 살 수는 없다. 침묵으로만 일관하기는 어렵다.

어떻게 할 것인가? 그 교육철학적 해소 방안을 몇 가지 제기될 수 있다. 하나는 '은둔(隱遁: Hermit)'이다. 은둔은 은거(隱居)라고도 한다. 입을 완전히 다문 상황은 아니다. 일반적으로 세속을 떠나 수행하지만, 세속을 떠나지 않더라도 부귀영달(富貴榮達)로 상징되는 욕망의 세계를 검약(儉約)하며 생활하기도 한다. 후자가 오히려 더욱 높은 수준의 둔세(遁世)다

다음으로는 입을 닫은 체, 묵상기도(黙想祈禱)나 묵언수행(默言修行)할 수도 있다. 묵상과 묵언이 주는 힘은, 입을 다문만큼 팽팽한 긴

장으로, 조심성(操心性)을 더한다.

나는 생각한다. '자랑을 일삼지 말자!' 이 은둔과 묵상과 묵언의 심장에 '자랑'이 끼어 들 여지는 없다. 이런 점에서 바이블의 교육철학은 자랑을 개입하지 않는 데서 움튼다. 현실적으로 자랑하는 만큼, 불의가 싹트고, 의인은 사라질 수 있다. 의인을 기르는 교육은 자랑이 아니라 겸손이다. 겸손조차도 의식하지 못하는, 공의(公義)에 의한 삶의 전개다.

8. 『신약성서』(新約聖書: *The New Testament*) 서한②고린도서-깨어 있어라!

2021. 8. 9. 11:34

「고린도서」는 바울이 고린도 교회에 보낸 편지다. 바울이 2차 전도여행을 하던 시기(A.D. 50-53), 고린도는 로마와 아시아를 잇는 요지에 위치한 상업 및 교통의 중심지였다. 여러 민족이 섞여 사는 다문화 사회였고, 도덕적으로 타락한 도시였다. 바울은 그곳에서 전도를 하다 유대인들의 반대에 봉착했다. 그러자 이방인을 상대로 복음을 전하면서, 그곳에 교회를 설립했다. 고린도 교회의 상황을 중심으로 기록된, 「고린도서」는 전서와 후서로 나누어져 있다. 전서는 첫 번째 편지이고, 후서는 두 번째 편지다.

전서는 바울이 2차 전도여행 이후, 고린도를 떠나 3차 전도여행을 하는 가운데 에베소에서 고린도 교회 신자로부터 2통의 편지를 받은 데서 출발한다. 그 답변 형식의 편지가 바로 전서다. 고린도 교회의 분열, 성적 부도덕, 결혼과 이혼, 자유 등의 문제를 중점적으로 다루고 있다. 그러나 사도로 자처하던 거짓 선지자들이 바울의 경고를 거부하면서, 문제를 제대로 해결하지 못했다. 오히려 역효과를 가져왔다.

이에 바울은 두 번째 편지인 후서를 보낸다. 전서에서 충고하고 경고한 문제들에 대해, 자신을 변호하는 내용으로 다시 편지를 보냈다. 그런 만큼 「고린도후서」는 바울의 간절한 호소가 기록되어 있다. 따라서 후서는 바울의 자서전적 성격을 지니고 있으며, 가장 고뇌에 찬 서한이다.

바울은 고린도에 교회를 설립하면서, 바이블이 지향하는 인간교육의 철학을 심는다.

"형제들이여! 나는 여러분을 영(靈)에 속한 사람으로 보고 말할 수 있었던 것은 아닙니다. 여러분을 세상의 사람, 곧 세속인(世俗人)으로서 그리스도 안에 있는 어린아이로 보고 말했습니다. 나는 여러분에게 젖을 먹였습니다. 딱딱한 음식을 먹이지 아니했습니다. 여러분은 지금까지 딱딱한 음식을 먹을 수 없었고, 현재도 그것을 먹기에는 어려움이 있습니다. 왜냐하면 여러분은 아직도 육(肉)에 속한 사람이기 때문입니다. 여러분 가운데 시기질투(猜忌嫉妬)와 싸움과 분열이 있습니다. 이런 여러분은 육에 속한 사람들이 아닙니까? 그리고 인간 사회 현실의 방식대로 사는 것이 아닙니까? 어떤 사람은 '나는 바울파다'라고 말합니다. 또 어떤 사람은 '나는 아볼로파다'라고 말합니다. 이렇게 살아간다면, 여러분은 육에 속한 사람들이 아닙니까? 아볼로는 누구입니까? 바울은 누구입니까? 그들은 일꾼일 뿐입니다. 그들을 통해 여러분은 믿게 되었습니다. 주님께서 각자에게 그의 일을 맡기신 것과 같습니다. 내가 씨를 뿌리고 아볼로가 물을 주었습니다. 하지만 여호와 하나님께서 곡식을 자라게 하셨습니다. 그러므로 심는 사람도 물을 주는 사람도 아무것도 아닙니다. 자라게 하는 하나님만이 중요합니다. 씨를 뿌리는 사람과 물을 주는 사람은 하나입니다. 이들은 각자가 수고한 대로 보상받을 것입니다. 우리는 하나님의 동역자(同役者)이기 때문입니다. 여러분은 하나님의 밭이며 건물입니다. 하나님께서 내게 주신 은혜로 나는 지혜로운 건축가처럼 기초를 놓았습니다. 다른 사람이 그 위에 건물을 짓고 있습니다. 그러나 인간은 자신이 어떻게 건물을 지을 것인지에 대하여 신중해야 합니다. 누구도 이미 놓여진 기초 외에 다른 기초를 놓을 수 없기 때문입니다."(「고린도전서」 3:1-11)

'영(靈)-육(肉)'의 사이 세계를 가로지르며, 바울이 형제들에게 던진 메시지는 무엇을 지향하는가? 결론부터 말하면, 여호와 하나님과 예수 그리스도다. 바이블의 교육철학은 교사에 비유할 수 있는 사도 바울과 학생에 비유할 수 있는 형제들의 관계 속에서 형성된다. 그것은 현실에 관한 냉정한 인식이다.

현실 사회에서 유행하는 삶의 양식은 아름다운 장면도 많지만, 더러운 장면도 많다. 시기질투와 투쟁, 갈등과 분열! 이런 추한 존재가 우글거리는 곳은, 어린아이의 수준에 알맞게 젖을 먹이고 부드러운 음식을 제공했지만, 먹기 힘든 딱딱한 음식을 앞에 두고 불만 가득하다. 인간이란 세상을 올바르게 살아가려는 사회의 일꾼에 불과한데, 이 무엇인가? 일꾼은 열심히 일하는 것이 본분이다. 그뿐이다. 씨를 뿌리고 물을 주고, 가꾸라! 각자가 수고한 대로 보상받으리라. 밭은 이미 주어져 있다. 기초를 놓고 자신의 건물을 신중하게 올려라!

이 간단한 교육의 논리를 바울은 교회를 설립하면서, 진지하게 고심했다. 그러나 사람들은 처음 가졌던 입지(立志)를 망각(忘却)한다. 교육과 인생의 의미를 진지하게 성찰하지 않을수록, 그 교육철학은 실종(失踪)을 가속화 한다. 이 세상에서 '지혜'라고 생각하는 저 수많은 권모술수(權謀術數), 우상숭배(偶像崇拜)와 같은 지식, "누구든지 자기가 무엇인가를 알고 있다고 생각하면서, 알고 있어야 할 것을 아무것도 모르고 있는"(「고린도전서」8:2) 그런 존재들, 교육받지 못한 사람들의 전형이 횡행한다. 그래서 바울은 마지막으로 권고한다. “깨어 있으십시오. 믿음 안에서 굳게 서 있으십시오. 용감하고 강하십시오. 모든 일을 사랑으로 행하십시오.”(「고린도전서」 16:13-15)

‘깨어나-굳게 서서-용감하고-강하게’, 모든 일을 사랑하는, 이 복합 행위 가운데, 바이블 교육철학이 용융(熔融)된다.

세상 한가운데서 깨어나라. 자신의 자리에 굳게 서라. 지향하는 일을 용감하게 추진하라. 그리고 강력하게 세상에 적용하라. 사랑은 그 속에서 움터 자라고 꽃피우며 열매 맺는다! 그 사랑이 인생의 성장이자 교육의 과정이다.

9. 『신약성서』(新約聖書: *The New Testament*) 서한③갈라디아서-자기통제! 선을 행하는 동안 지치지 말라!

2021. 8. 10. 7:18

「갈라디아서」는 바울이 갈라디아에 있는 교회에 보낸 편지다. 갈라디아는 소아시아다. 소아시아는 현재의 터키 일대를 말한다. 지중해 연안의 북부 갈라디아, 터키 중부의 중앙 갈라디아, 안디옥이나 이그디온 등지의 남부 갈라디아로 구분하기도 한다. 바울은 1차 전도여행 때 남부 갈라디아에 교회를 세웠고, 2차 전도여행 때는 북부 갈라디아를 방문했다.

편지는 일종의 분노와 흥분이 교차한다. 갈라디아의 주민들은 바울의 가르침을 따라 복음을 받아들였다. 그러나 『구약성서』의 종교적 의식을 준수하려는 유대주의자들이 바울을 비난하면서, 사도의 권위에 도전했다. 그것은 유대주의자와 사도 바울의 신앙적·사상적 격돌이다. 바울은 격노하며 강조한다. 구원은 예수 그리스도에 대한 믿음을 통해 이루어진다!

바울이 재차 호소하는 예수 그리스도를 향한 사랑의 법칙! 그것은 신약 바이블의 교육철학으로 다시 승화한다. 핵심은 '자유(自由)'다. 여호와 하나님의 부르심을 받았다. '자유'에로. 문제는 자유의 사용과 적용과 응용이다.

> "내 형제들이여! 여러분은 하나님으로부터 '자유'를 부여 받았습니다. 그 자유를 육체를 위한 기회로 사용하지 말고, 사랑으

로 서로를 섬기십시오. 모든 율법은 한 말씀 안에서 충족됩니다. '네 이웃을 네 몸처럼 사랑하라!' 그러나 여러분이 서로 물어뜯고 잡아먹으면, 서로에 의해 멸망할 것이니 조심하십시오. 그러므로 내가 말합니다. 여러분은 성령의 인도를 따라 살아가십시오. 그러면 여러분은 육체의 욕심만을 채우지는 않을 것입니다. 육체가 욕망하는 것은 성령을 거스르고, 성령이 소망하는 것은 육체를 거스릅니다. 이 둘은 서로 반대되기 때문에, 여러분은 원하는 것을 하지 못합니다. 그러나 여러분이 성령의 인도를 받으면, 율법의 지배 아래 있지 아니합니다. 육체의 행위는 분명합니다. 그것은 음행(淫行)과 순결하지 못한 것과 호색(好色)과 우상숭배(偶像崇拜)와 주술(呪術)과 원수 맺는 것과 시기(猜忌)와 분노(忿怒)와 이기심(利己心)과 불화(不和)와 분파(分派)와 질투(嫉妬)와 술 취함과 방탕(放蕩)과 같은 것들입니다. …… 그러나 성령의 열매는 사랑, 기쁨, 화평(和平), 오래 참음, 친절(親切), 착함, 성실(誠實), 온유(溫柔), 그리고 자기통제(自己統制)입니다. 이러한 사안들을 금지하는 법은 없습니다. 그리스도에게 속한 사람들은 육체를 그 정욕(情欲)과 욕망(欲望)과 함께 십자가에 못 박았습니다. 우리가 성령 안에서 산다면, 성령의 인도를 받아 행하도록 합시다. 잘난 체 하지 맙시다. 서로 성나게 하지 맙시다. 서로 질투하지 맙시다." (「갈라디아서」 5:13-26)

인간의 현실은 육체적 욕망과 성령의 소망 사이에서 서성인다. 육체의 행위는 분명하다. 음행(淫行), 순결하지 못함, 호색(好色), 우상숭배(偶像崇拜), 주술(呪術), 원수 맺기, 시기(猜忌), 분노(忿怒), 이기심(利己心), 불화(不和), 분파(分派), 질투(嫉妬), 술 취함, 방탕(放蕩) 등 삶의 퇴폐를 부르는 행위들이다. 이런 사항은 윤리적으로 교육이 지양(止揚)해야 할 경계대상이다. 그 반대편의 성령의 열매가 반짝인다. 사랑, 기쁨, 화평(和平), 오래 참음, 친절(親切), 착함, 성실(誠實), 온유(溫柔), 자기통제(自己統制: self-control)다. 교육은 이런 행위의 실천을 지향한다. 무엇보다도 마지막에 제시된 '자기통제'가 중요하다.

자기통제는 외부의 개입이나 지시가 없는 상황에서 자신이 원하는 목표를 달성하기 위해 스스로 행동을 조절하는 작업이다. 원하는 결과를 얻기 위해, 외부의 지시나 통제가 없는 상황에서 자발적으로 인식하고 행동하는 것을 의미한다. 현재의 즉각적 보상보다 현재를 넘어 미래로 이어지는 장기적 측면에서 긍정적 결과를 추구한다. 현실적 만족을 유보하면서 지속하려는, '만족지연(滿足遲延)'의 효과를 노리는 일과도 연관된다. 우리에게 익숙한 '마시멜로우 이야기 실험'에서 증명되기도 했다. 1960년대 미국의 심리학자 월터 미셸(Walter Mischel)의 연구다. 그는 유치원 아이들에게 마시멜로우를 주고 선생님이 돌아올 때까지 먹지 말고 기다리라는 지시를 주었다. 그때, 끝까지 마시멜로우를 먹지 않고 기다린 아이들은 그렇지 않은 아이들에 비해, 대학입학시험에서 평균적으로 높은 점수를 기록하였다. 대인관계 능력도 뛰어나고, 여타의 사회문제를 일으킬 가능성도 낮았다고 한다.

칸퍼(Kanfer)는 이러한 자기통제를 3단계로 정돈한다. 첫째는 '자기점검'이고, 둘째는 '자기평가'이며, 셋째는 '자기강화'다. 자기점검은 어떤 난관에 봉착하거나 새로운 문제에 부딪혔을 때, 그동안 스스로 어떻게 대처했으며 자신이 무엇을 하고 있는지에 대해 돌아보는 단계다. 자기평가는 자기의 행동양식과 자신이 설정한 목표 수준이 일치하는지에 대해 비교하는 작업이다. 자신의 행동이 효과적인지 아닌지를 스스로 점검하고, 자기통제를 위한 노력을 기울인다. 자기강화는 수정된 행동과 결과에 대한 피드백으로 그 행동을 지속하거나 강화할 것인지 결정하는 단계다. 이런 자기통제의 과정을 습관화하려는 시도가 교육은 아닐까? 육체적 욕망 너머에서 성령적 소망은 이런 교육적 상황을 고대(苦待)한다. 그 기다림과 기대가 바이블의 교육철학에 담긴다.

이렇게 자기통제를 습관화한 인간을 '교육받은 사람(educated man)'으로 명명할 수 있겠다. 교육받은 사람은 그리스도인으로서 사랑을 실천해 나간다. 그것은 크게 두 가지다. 하나는 '다른 사람의 짐을 지는 일'이고, 다른 하나는 '모든 사람에게 선을 행하는 일'이다. 바울은 다시 간곡하게 부탁한다.

> "형제들이여! 어떤 사람이 죄에 빠졌으면, 영적(靈的)인 여러분은 이런 사람을 온유한 마음 안으로 회복시켜야 합니다. 그리고 여러분 자신을 경계(警戒)하십시오! 그렇지 않으면 여러분도 유혹(誘惑)에 빠질 수 있습니다. 여러분은 각자 다른 사람의 짐을 지십시오! 이렇게 하여 그리스도의 법을 지키십시오. 어떤 사람이건, 자신이 아무것도 아닌데도 스스로 무엇이나 된 것처럼 생각하면, 그것은 자신을 속이는 일입니다. 각 사람은 자신의 행위(行爲)를 살펴보십시오! 그러면 다른 사람이 아닌 자기 자신을 기뻐할 수 있을 것입니다. 각자는 자기 자신의 짐을 져야 합니다. 말씀을 배우는 사람은 가르치는 사람과 모든 좋은 것을 함께 나누어야 합니다. 속지 마십시오. 하나님은 업신여김을 받으실 분이 아닙니다. 사람은 무엇을 심든지 심은 대로 거둡니다. 자기의 육체를 위해 심는 사람은 육체로

부터 썩어질 것을 거두고, 성령을 위하여 심는 사람은 성령으로부터 영생을 거둘 것입니다. 선한 일을 하는 동안 지치지 않도록 하십시오! 낙담하지 않고 때가 되면 거둘 것입니다. 기회가 있는 대로 모든 사람에게, 특히 믿음의 가정에 속하는 사람에게, 선한 일을 하십시다!(「갈라디아서」6:1-10)

교육받은 사람의 철학적 모습이 몇몇 충고로 돌아온다. '자신을 경계하라! 다른 사람의 짐을 지라! 자신의 행위를 살펴라! 자기 자신의 짐을 져라! 속지 말라! 선한 일을 하는 동안 지치지 않도록 하라!'

그렇다! 바이블은 지시한다. 무엇보다도 '자신'을 중심에 두고 주위를 둘러보는 용기가 절실하다. 자기 통제의 엄격함을 근거로 타자를 향한 열정이 선으로 나아가는 통로다. 교육은 그 길을 통과하기 위한 힘의 축적이다.

10. 『신약성서』(新約聖書: *The New Testament*) 서한④에베소서 -시간을 잘 활용하라!

2021. 8. 11. 7:05

「에베소서」는 바울이 에베소에 있는 교회에 보낸 편지다. 에베소는 현재 터키 서부 지방의 가이스터 강 하구에 있는 내항으로 좁은 운하를 통해 에게 해와 연결되는 교통의 요지다. 로마의 아시아 현 수도로 정치, 종교, 무역 등, 사회 문화의 중심지였다. 그런 만큼 그리스인을 비롯하여 유대인과 동방 사람들이 혼재하여 살았다. 바울은 3차 전도여행 때 이곳을 본거지로 활동했다.

핵심 주제는 그리스도인의 행동에 관한 사항이다. 구원은 사람의 행동이 아니라 '믿음'을 통해서만 얻을 수 있다. 교회는 그리스도의 사랑으로 뭉친 공동체다. 그러기에 그리스도인은 세상의 모든 관계에서 그리스도 안에서 서로 사랑해야 한다.

엄밀하게 말하면, 바이블의 교육은 믿음에 기초한 사랑의 실천에서 종결된다. 그것은 교육적 인간상으로서 '그리스도인'의 양성이다. 그리스도인의 모습은 바이블이 지향하는 최고의 인간인 것이다. 바울은 편지에서 다음과 같이 호소하며 당부한다.

> "그러므로 내가 이것을 말합니다. 내가 진실로 주님 안에서 이것을 주장합니다. 이제는 더 이상 이방인들처럼 그들의 헛된 생각을 가지고 살지 마십시오. 그들 안에 있는 무지와 마음의 완고함 때문에 그들의 지각은 어둠 속에 가려졌습니다.

그들은 하나님의 생명에서 떠났습니다. 그들은 모든 감각을 잃어버렸습니다. 때문에 자신을 방에 내주고 온갖 부정한 짓을 탐욕스럽게 행합니다. …… 여러분은 지난날의 생활습관, 사람을 속이는 욕망으로 인해 썩어가는 옛 모습을 벗어버리십시오. 영적 마음으로 새롭게 되어 진정한 정의와 거룩함 안에서 하나님의 모습에 따라 창조된 새로운 사람으로 거듭 나십시오. 거짓을 벗고 '자기 이웃과 더불어 진실을 말하십시오.' …… 해로운 말이 여러분 입 밖으로 나오지 않게 하고, 덕을 세우는 데 필요한 좋은 말을 하십시오. …… 모든 쓰라린 마음과 격분과 분노와 난폭한 주장과 비방을 버리십시오. 서로에게 친절하고 온순한 마음을 가지며, 하나님께서 그리스도 안에서 여러분을 용서하신 것 같이, 서로를 용서하십시오. 그러므로 사랑받는 자녀같이 하나님을 본받는 사람이 되십시오. 그리고 그리스도께서 우리를 사랑하시고, 우리를 위해 자기 자신을 향기로운 예물로 하나님께 바치신 것같이, 여러분도 사랑 안에서 살아가십시오. 성적 부도덕이나 모든 더러운 일이나 탐욕은 말도 꺼내지 말아야 합니다. …… 또 음란한 말과 어리석은 말과 야비한 말도 하지 말아야 합니다. 이런 말도 합당하지 않습니다. 대신 감사의 말을 하십시오. …… 누구든지 헛된 말로 여러분을 속이지 못하도록 하십시오. …… 밖으로 드러나는 것은 모두 빛에 의해 밝혀집니다. 어떤 존재이건 보이게 하는 것은 빛이기 때문입니다. 그러므로 이렇게 말하고 있습니다. '깨어나라, 잠자는 자여! 죽은 자 가운데서 일어나라. 그리스도께서 너를 비추어 주실 것이다.' 어리석은 사람이 아니고 지혜로운 사람으로 살아가도록 주의를 기울이십시오. 시간을 잘 쓰십시오. 때가 악하기 때문입니다. 또 지각없는 사람이 되지 말고, 주님의 뜻이 무엇인지를 깨달으십시오. 술에 취하지 마십시오. 술에는 방탕이 있습니다. 대신, 항상 성령으로 충만하도록 하십시오. ……”(「에베소서」4:17-5:21)

그리스도인이 지켜야 할 덕성은 여러 가지가 있다. 핵심은 몇 가지로 정돈된다. 그 첫 번째가 ‘옛 모습을 버리고 새로운 사람으로 거듭나라!’는 조언이다. 바이블과 신(神)을 대하는 관점 자체가 다르지만, 유교(儒敎)의 기본 경전인 『대학』의 3강령에서 제기한 ‘명명덕(明明德)’-‘신민(新民)’이 떠오른다. ‘자신의 착한 본성을 깨닫고, 새로운 사람으로 쇄신(刷新)하라!’ 어쩌면 바이블의 저런 강조도 이런 자세와 유사할지 모르겠다. 그리스도 안에서 새로운 사람과 그 덕에 관한 강조는 「골로새서」 3장에서 다시 강조된다.

두 번째는 ‘진실을 말하고 성령을 슬프게 만드는 일을 하지 말라!’라는 호소다. 이 또한 유교의 ‘무자기(毋自欺)’, 즉 ‘스스로 속이지 말 것’을 경계하는 작업과 상통한다. 그리고 세 번째는 ‘사랑 안에서 살라!’는 당부이고, 네 번째는 ‘빛의 자녀를 살라!’는 깨우침이다. 그리고 마지막 다섯 번째는 ‘항상 성령으로 충만하라!’는 간곡한 부탁이다.

그것은 다음과 같은 사안들에 대해 철저하게 경계할 것을 요청한다. ‘헛된 생각, 무지, 완고함, 부정, 탐욕, 낡고 썩은 옛 습관, 거짓, 쓰라린 마음, 격분, 분노, 난폭한 주장, 비방, 성적 부도덕, 음란한 말, 어리석은 말, 야비한 말, 방탕!’

이런 요목들은 현실 사회에서 횡행하는 인간의 모습이다. 어쩌면 현실적으로 절대 제거할 수 없는, 그야말로 ‘현실 그 자체’일 수도 있다. 현실에 살아 있는 삶의 작태일 뿐이다. 일반적으로 우리는 이런 사안들을 ‘부도덕(不道德)’ 또는 ‘비윤리(非倫理)’로 치부(恥部)한다.

선(善)과 악(惡)으로 대비하면, '악(惡)의 영역'으로 범주화 한다. 정말 그럴까? 그렇다. 상식적으로 그러하다. 당연히 악의 영역에서 논의해야 한다. 이런 부도덕한 영역을 반성하고 선으로 돌려놓으려는 노력이 교육적 열망 아닌가!

바이블의 염원도 동일한 논리다. 선의 영역은 '생명, 정의, 거룩함, 창조, 새 삶, 진실, 덕, 친절, 온순한 마음, 용서, 사랑, 감사, 빛, 지혜'와 같은 도덕적 대안을 제기한다. 하지만 현실은 늘 선보다 악의 영역이 우세한 것처럼 보인다. 이 지점이 신앙을 더욱 요청하고, 교육의 필요성을 강조하는 포인트이기도 하다.

악이 선보다 우세하지 않고, 선으로 가득한 세상이라면, 신앙과 교육이라는 개념이 인간의 삶에 들어설 여지가 없을 수도 있다. 그런 만큼, 세상은, 실제로는 선이 우세할지라도, 열세에 처해 있는 악의 목소리가 선을 억누르고 있는 경우가 많다. 그러기에 악이 횡행하는 것처럼 보인다. 악으로 물든 것처럼 보일 때, 세상은 어둠 속으로 가라앉는다.

바울의 간절한 충고! '깨어나라, 잠자는 자여! 죽은 자 가운데서 일어나라. 그리스도께서 너를 비추어 주실 것이다.' 이는 어둠에 대한 인식의 전환을 요청한다. 깨어나기 위해서는 어떻게 해야 하는가? 그 바이블 교육철학의 비밀은 '지혜'와 '시간', '지각'이다.

바울의 목소리가 더욱 또렷하게 들린다. '어리석은 사람이 아니고 지혜로운 사람으로 살아가도록 주의를 기울이십시오!' 더욱 크게 울리는 격려는 '시간(時間: Time)'의 인식과 활용이다. '시간을 잘 쓰십시오! 때가 약하기 때문입니다!' '때가 약(弱)하다'라는 말은 현실에 관한 성찰이다. 현실은 언제나 '어둠'이자 '불안'이다. 퇴폐(頹廢)의 소용돌이에 휘말려 있다. 바람 앞의 등불과 같다. 그러기에 이 약한 때를 인식하고, 그에 맞는 시간의 능선을 타고 가야 한다.

현실이라는 시간의 물결에 가장 적절하게 인생의 뗏목을 띄우는 작업! 유교의 중용(中庸)이나 시중(時中)의 논리에 비유할 만한, 삶의 균형 감각을 찾아 나서라!

그 끝에 자리하는 두어 마디의 말들, '지각(知覺)'있게, 주님의 뜻이 무엇인지를 깨닫자! '술에 취하지 말라. 술에는 방탕이 도사리고 있다! 성령으로 충만하라!'

지각은 의식하고 인식하고 깨닫고 분별하는 능력이다. 실존(實存)으로서 인간이 무엇이던가? 실존주의자들의 사유를 빌리지 않더라도, 자각하고 의식하고 초월해가는 존재 아니던가? 바이블은 언제나, 깨어나서 여호와 하나님-예수 그리스도의 세계로 달려가도록 기도한다. 그런 만큼 현실에 관한, 세상에 대한 지각을 강화하라!

또한, 인간 사회에서 가장 친숙하게 접할 수 있는 음료, 일상의 흥취를 돋우는 묘약! 술이 무엇이던가? 우리 삶을 수놓고 있는 술은, 단순하게 알코올 가득한 주류만을 지칭하는 것은 아니다. 때로는 즐겁게, 때로는 슬프게 만드는, 그야말로 요지경으로 안내하는 인생의 벗이다. 그러나 술은 적당한 효능을 넘어설 때, 재미있는 부작용을 유발한다. 삶을 피폐(疲弊)하게 만든다. 때문에 술이라는 용어는 삶을 슬프게 만들고 부작용을 일으키는 것들을 상징한다. 정상을 벗어난 인간의 생각과 행위가 '술의 과도함', '술 취함'이라면, 그것은 이미 죄악이다. 술 취한 것 같은, 비틀대는 삶은 인생을 방탕(放蕩)으로 안내한다.

바이블의 교육철학은 그에 대한 최고의 경계를 지시한다. 그 교육의 궁극적 효과는 성령(聖靈)으로 대변되는 최고의 윤리적 인간, 도덕적 삶에서 해소된다. 그리스도 안에서의 사랑과 빛이 그것을 담보한다.

11. 『신약성서』(新約聖書: *The New Testament*) 서한⑤빌립보서 /골로새서-평범한 일상에 감사하라!

2021. 8. 12. 7:39

「빌립보서」는 바울이 북부 마케도니아 지역에 해당하는 빌립보의 교회에 보낸 편지이고, 「골로새서」는 에베소 동쪽 내륙에 있는 골로새의 교회에 보낸 편지다. 그리스도를 섬기는 기쁨이나 고난을 통해 일하는 모습, 거짓 겸손이나 거짓 가르침에 대한 경고, 신앙의 성장 등에 관해 기록하고 있다. 특히, 고난을 받는 특권이 인간에게 허락되어, 인생은 그리스도를 위한 투쟁이라는 바울의 권고가 간절하다. 「빌립보서」는 '겸손'을 본받고 '구원'으로 나아가는 길목에서, 바이블 교육철학의 동력이 어떠한지를 보여준다.

> "무슨 일이든지 이기적 야망이나 자만으로 하지 마십시오, 각각의 사람은 겸손한 마음으로 다른 사람을 자신보다 낫다고 생각하십시오. 여러분 각자는 자기 자신의 이익만을 돌보지 말고, 다른 사람의 이익도 돌보십시오. …… 모든 일을 불평과 시비로 하지 마십시오. 비뚤어지고 비꼬인 세대 가운데서도 허물없고 순결한 하나님의 자녀가 될 수 있도록 하십시오. 그들 가운데서 여러분은 세상의 등불처럼 빛날 것입니다."(「빌립보서」2:1-30)

바울은 '이기적 야망'이나 '자만'을 경계한다. 대신, '겸손한 마음'으로 자신을 낮출 것을 권고한다. 다른 사람을 자신보다 낫다고 생각하라! 걷는 사람 위에 뛰는 사람 있고, 뛰는 사람 위에 나는 사람 있다! 자신의 이익만을 돌보지 말라. 다른 사람의 이익도 돌보라. 유교에서 말하는 '혈구(絜矩)'의 도리처럼, 세상을 헤아리는 미덕이 돋보인다. 또한, 불평과 시비를 경계한다. 비뚤어지고 비꼬인 현실에서도 허물이 적고 순결한 인간으로 자리할 수 있기를 기원한다. 그런 삶의 실천이 세상의 어둠을 밝히는 등불이기 때문이다. 그리고는 일관된 삶을 강조한다.

> "나는 한 가지 일만을 합니다. 지나간 것은 잊어버리고 앞에 있는 것을 향하여 열심을 다하는 것입니다. …… 성숙한 우리들은 이런 마음을 가집시다. 여러분이 어떤 일이든 다르게 생각하면 하나님께서 또한 이것을 여러분에게 드러내 보일 것입니다. 오직 우리는 우리가 이미 얻은 수준에 맞도록 행동합시다."(「빌립보서」 3:12-16)

잘못된 과거, 낡은 습관, 시대정신에 어긋나는 구습(舊習)을 성찰하며, 현실을 직시하라. 율곡 이이가 『격몽요결(擊蒙要訣)』에서 강조했듯이, 구시대에 적폐를 청산하려는 자세로 '혁구습(革舊習)'하고, 현실에 직면한 사안에 열정을 다해 극복하는 마음이다. 바이블은 마땅히 '여호와 하나님-예수 그리스도'를 기준으로 열심을 다하도록 권고한다. 하지만, 세속의 교육일지라도 눈앞에 발생한 사안을 두고, 최선을 다해 처리하는 삶의 모습은 교육적 성숙을 보증한다. 그 최선은, 한결같이, 일관되게, 자신에게 주어진 길을 가는 가운데 진행된다. 단순하게 옹고집 스타일의, 사람을 돌아보지 않는, 플라톤이 염려하는 독사(doxa)에 빠진 것처럼, 한 가지 일만을 외길로 고집하는 광인(狂人)의 외침은 결코 아니다. '무엇이건 선한 것을 생각하고 실천하며' 교육적 효과를 고려하는, 철학을 양산한다.

"무엇이든지 진실한 것, 의로운 것, 순수한 것, 사랑스러운 것, 영예로운 것을 생각하십시오. 무엇이든지 덕이 되거나 칭찬할 만한 것이 있으면, 이러한 것들을 생각하십시오. 나는 세상의 어떤 형편에 처해도 만족하는 법을 배웠습니다. 비천하게 살줄도 알고 풍족하게 살줄도 압니다. 나는 배가 부르든지 고프든지, 풍족하게 살든지 궁핍하게 살든지, 어떤 상황에서도 만족하는 비밀을 배웠습니다. 내게 능력을 주시는 그분을 통해 모든 일을 할 수 있습니다."(「빌립보서」 4:8-12)

바이블이 지향하는 사고는 '진실(眞實)'과 '정의(正義)'와 '순수(純粹)'와 '사랑[愛]'과 '영예(榮譽)'다. 진실은 거짓 없는 사실이다. 정의는 진리에 맞는 바른 도리다. 개인은 물론 사회를 구성하는 공정한 도리다. 순수는 개인적 욕망이나 잘못된 사고가 없는 바탕이다. 엉뚱한 생각이 섞이지 않는 깨끗함이다. 사랑은 모든 존재에 대해 아끼는 마음이다. 세상을 소중하고 귀하게 여기는 애정이다. 영예는 본분에 대한 충실이다. 나무가 잘 자라나 꽃이 피어 무성하듯이 칭찬받는 일이다. 그런 만큼 열매를 맺으며 명예를 획득한다.

이 능력은 모자람이 없이 흐뭇해할 줄 아는 마음, 그 '만족(滿足)'에 내장되어 있다. 궁핍과 풍족 사이를 오가며, 어떤 상황에서도 만족하는 비밀! 그 비결은 '하나님-예수 그리스도'로 상징되는 공의(公義)에 자리한다. 그것은 바이블의 교육철학이 던지는 위대한 화두(話頭)이자 현실적 비밀병기(秘密兵器)다. 이 화두의 구현과 병기의 실현은

「골로새서」에서 다음과 같이 구체적으로 발현된다.

> "여러분은 하나님께서 택하신 사람, 거룩하고 사랑받는 사람으로서 긍휼과 친절과 겸손과 온유와 오래 참음으로 옷을 입으십시오. 누가 어떤 사람에게 불만이 있더라도 서로 용납하고 서로 용서하십시오. 주님께서 여러분을 용서하신 것 같이 여러분도 용서하십시오. 그리고 이 모든 것 위에 사랑을 더하십시오. 사랑은 그들을 온전하게 묶는 띠입니다. 그리스도의 평화가 여러분의 마음 안에서 다스리도록 하십시오. 여러분은 이 평화를 위해 한 몸으로 부르심을 받았습니다. 그리고 감사하는 사람이 되십시오."(「골로새서」3:12-15)

다시, 공의(公義)를 향한 바울의 부탁, 그 교육철학적 이상은 몇몇 개념을 가리킨다. 그 소망은 긍휼(矜恤)과 친절(親切)과 겸손(謙遜)과 온유(溫柔)와 인내(忍耐)다. 그렇게 사람을 용납(容納)하고 용서(容恕)하라! 긍휼은 사람을 가엾게 여겨서 돕는 일이다. 친절(親切)은 사람을 정성스럽게 대하는 자세다. 겸손은 사람에게 거만하지 않고 공손하게 자신을 낮추는 태도다. 온유는 사람에게 따스하고 부드럽게 대하는 행동이다. 인내는 오래 동안 참고 견디는 용기다. 용납(容納)은 너그러운 마음으로 사람의 말과 행위를 받아들이는 일이다. 용서(容恕)는 내 마음처럼 다른 사람도 내 몸에 담는, 영혼의 포용이다.

이런 덕목과 행위 하나하나에 '사랑'을 더하라. 왜냐하면 사랑은 이 모두를 온전하게 묶는 띠이기 때문이다. 구슬이 아무리 많아도 꿰어야 보배다! 구슬을 꿰듯이 사랑이라는 다발로 묶어라. 그런 다음에 평화(平和)가 깃든다. 세상의 모든 일에 대해 감사(感謝)하는 인생이 전개된다. 그 궁극적 교육철학이 다음과 같은 표현으로 울려 퍼진다.

'범사(凡事)에 감사하라(Give thanks in all circumstances)!'

세상의 모든 일에 감사하라! 즉 내 주변의 일상에서 벌어지는 평범한 일에 늘 감사하라!

12. 『신약성서』(新約聖書: *The New Testament*) 서한⑥데살로니가서-일하여 양식을 확보하라!

2021. 8. 13. 10:40

「데살로니가서」는 바울이 데살로니가 교회에 보낸 편지다. 데살로니가는 로마의 한 주였던 마케도니아의 수도로 무역과 학문의 중심지 역할을 했다. 핵심 주제는 그 유명한 '예수 그리스도의 재림(再臨)'에 관한 내용이다. 전서와 후서로 나누어져 있다.

그리스도인은 재림의 날을 준비하기 위해 거룩해야 한다. 삶에 흠이 없어야 한다. 재림에 앞서 인간 세상에는 반드시 반역(叛逆)의 무리와 무법자, 반(反)그리스도, 또는 적(敵)그리스도가 나타나 혼란의 정점에 도달한다. 이후 예수 재림이 이루어지면서, 반역의 통치자는 멸망하고, 핍박받던 그리스도인에게는 정의를 실현한다. 오랜 박해의 끝자락이지만, 이럴 때일수록 생계 수단으로서의 일을 놓지 않아야 한다. 이렇게 「데살로니가서」는 그리스도 재림의 엄숙함과 희열, 그 사이에서 강조되는 도덕과 노동의 신성함이 돋보이는 바이블의 교육 철학이다.

「데살로니가전서」에는 거룩한 삶을 위한 바울의 권면이 애절하게 기록되어 있다.

"여러분이 거룩하게 되는 것은 하나님의 뜻입니다. 여러분은 음행(淫行)을 피해야 합니다. 각자는 자신의 몸을 거룩하고 존귀하게 다스릴 줄 알아야 합니다. 하나님을 알지 못하는 이방인들처럼 격한 욕정(欲情)에 빠져서는 안 됩니다. 누구도 이런 일로 자기 형제에게 잘못하거나 기만하지 말아야 합니다. …… 형제들이여! 우리는 여러분이 더욱 사랑하기를 권면합니다. 우리가 여러분들에게 말한 것같이, 평화롭게 살도록 애쓰십시오. 자기 자신의 일에 신경을 쓰십시오. 여러분 자신의 손으로 일하도록 하십시오. 그러면 여러분은 외부 사람들을 마주하여 정직하게 살아갈 수 있습니다. 또한 여러분은 어떤 부분도 부족함이 없을 것입니다."(「데살로니가전서」4:3-12)

바이블의 세계는 '여호와 하나님-예수 그리스도'를 향해 활짝 열려 있는 삶의 마당이다. 인간을 거룩하게 만드는 근거다. 그런 만큼 인간은 도리에 어긋나는 일을 삼가야 한다. 그것이 음행(淫行)의 거부이자 도덕의 요청이다. 무엇보다 자신의 몸을 거룩하고 존귀하게 보호해야 한다. 이것이 자신에 대한 배려이자 자기교육의 기초다. 때문에 욕정(欲情)에 빠져서는 곤란하다. 자신을 향한 욕정은 타자를 기만하게 마련이다.

자기교육은 자기 일에 신경 쓰는 것으로부터 시작한다. 자신의 손으로 직접 일해보라. 일한 만큼의 세계가 보인다. 외부의 어떤 존재와 마주해도 정직한 인생의 길을 펼칠 수 있다. 그것이 자긍심(自矜心: pride)이자 자신감(自信感: confidence)이다. 자기 일에 관심을 두고, 그것을 자신의 손으로 직접 실천할 때, 우리는 인생을 부족함 없이 지속해 나갈 수 있다. 사랑과 평화의 세계에 뛰어들었다.

이어서 바울은 마지막으로 충고한다. 그 교육철학이 현실의 일상에 의미심장하게 파고든다.

"형제들이여! 부탁합니다. 여러분 가운데 열심히 일하고, 주님 안에서 여러분을 돌보며 권면하는 사람들을 존중하십시오. 그들의 사역을 생각하여 존경과 사랑으로 그들을 대하십시오. …… 게으른 사람에게는 경고하십시오. 마음이 약한 사람에게는 격려하십시오. 약한 자는 도우십시오. 모든 사람에게 인내하십시오. 어떤 사람이건 악(惡)을 악(惡)으로 갚지 마십시오. 항상 서로에게, 그리고 모든 사람에게 선(善)을 행하도록 노력하십시오. '항상 기뻐하십시오! 쉬지 말고 기도하십시오! 모든 일에 감사하십시오!' 이것이 예수 그리스도 안에 있는 여러분에 대한 하나님의 뜻입니다. …… 모든 존재를 분별하십시오. 선한 일을 굳게 붙드십시오. 모든 종류의 악을 피하십시오." (「데살로니가전서」5:12-28)

사람과 사람 사이에 이루어지는 교육은, 인간 세상에 대한 긍정(肯定: affirmation)을 전제로 한다. 그 긍정을 대변하는 용어는 존경과 사랑이다. 인간 사랑과 존경은 아무런 조건도 없는 그런 부류의 개념이 아니다. 분명한 행위를 통해 가늠된다.

게으른 사람의 경우, 부지런할 수 있도록 인도해야 한다. 게으름은 인간의 삶에서 큰 죄악 가운데 하나다. 조건 없이 용납해서는 곤란하다. 게으름으로 인생이 피폐해진다면, 그 무엇보다도 게으름에 대한 경고의 목소리를 높여야 한다. 이외에 마음이 약한 사람은 격려해 주고, 사회적 약자는 도움을 주어야 한다. 격려(激勵)의 핵심은 삶을 북돋아 주고, 일에 힘쓸 수 있도록 용기를 불어넣는 작업이다. 고차원적 동기부여(動機附與) 행위다. 게으름의 타파와 격려와 도움의 습관화는 인내(忍耐)를 불러온다. 현실적 어려움이나 괴로움을 참으며 극복할 수 있는 힘! 인내는 그런 것이다. 인내의 적절한 지속은 악(惡)을 초월한다. 선(善)을 곁에 둔다. 그런 일상의 경배(敬拜)는 삶으로 녹아든다.

'항상 기뻐하십시오!' '쉬지 말고 기도하십시오!' '모든 일에 감사하십시오!'

이런 생활의 진리는 세상의 모든 존재를 분별하면서 착한 일을 굳게 잡는다. 무엇보다도 악을 피한다. 바이블의 교육철학이 선사하는 일상의 교육 기행이다. 착한 일을 굳게 잡는다고 하니, 유교의 『중용』에서 강조하는 '택선고집(擇善固執)'이 떠오른다.

일상에 관한 진지한 고려 때문일까? 「데살로니가후서」의 마지막 부분에는 '게으름에 대한 경고'와 '근로의 장려' 문제가 다시 제기된다. 그것은 재림이 부르는 박해의 끝에서, 삶의 의지를 북돋아 주는 격려(激勵)의 절정이다.

> "형제들이여! 우리는 예수 그리스도의 이름으로 명령합니다. 게으른 삶을 살고, 여러분이 우리에게 받은 가르침대로 살지 않는 모든 형제를 멀리하십시오. …… 우리는 값을 치르지 않고는 누구의 음식도 먹지 않았습니다. 우리는 밤낮으로 일하고 노력하여 누구에게도 짐이 되지 않았습니다. 우리가 이렇게 한 것은 도움을 받을 권리가 우리에게 없어서가 아닙니다. 여러분이 본받아야 할 본을 보여주기 위해 그렇게 한 것입니다. …… '누구든지 일하기 싫으면, 먹지도 말아야 한다!' 이는 우리가 여러분 가운데 몇몇 사람이 게으른 삶을 살고 있다고 들었기 때문에 하는 말입니다. 열심히 일하지 않고 참견만 한다고 들었습니다. 이러한 사람들에게 우리 주 예수 그리스도

의 이름으로 명령하고 권면합니다. '정착해서 일하여 자기 자신의 양식을 버십시오!' 그리고 선한 일을 게을리 하지 마십시오. 누구든지 우리가 말한 것을 지키지 아니하면, 그와 어울리지 마십시오. 그렇게 하면 그가 부끄러움을 당할 것입니다. 그러나 그를 원수로 생각하지 말고 형제로서 그가 바뀔 수 있도록 도와주십시오."(「데살로니가후서」 3:6-15)

게으른 자나 정의롭지 않은 자들을 멀리하는 것은 일반인의 당연한 정서다. 게을러 일하지 않는 자가 어찌 제멋대로 함부로 먹을 수 있겠는가? 일상에서 열심히 일하는 당당한 생활! 바이블은 그런 인간의 권리와 의무를 엄밀하게 점검한다. 먹는 음식에 정당한 대가를 지불하고, 부지런히 일하여 다른 사람에게 짐이 되지 말라!

근면성실(勤勉誠實)하게 근로(勤勞)하여, 자기 삶의 양식은 벌어야 한다! 바이블의 교육철학은 정확하게 지시한다. 일을 통해, 자기가 먹을 양식은 자신이 확보하라! 그리고 인간 세상에 관한, 사람 관계에 관한, 최종 인식을 권고한다. 주변의 사람을 원수(怨讐)로 대적(對敵)하기보다 형제자매(兄弟姉妹)로 생각하라! 그런 사랑의 마음과 손길만이 사람을, 세상을 바꿀 수 있다. 이 변혁을 향한 의도적 노력이 바이블의 교육이다. 그것은 '거듭남(regeneration: born again)'이다.

13. 『신약성서』(新約聖書: *The New Testament*) 서한⑦디모데서 -거짓 가르침과 진정한 복음

2021. 8. 14. 10:50

「디모데서」는 바울이 디모데에게 보낸 편지로 추측된다. 전서와 후서로 나뉘어져 있다. 전서는 바울이 로마에서 첫 번째로 투옥되었다가 석방된 후에 쓴 것이고, 후서는 두 번째 투옥하여 죽기 직전 무렵에 쓴 것으로 보인다. 에베소교회에서 제기한 여러 문제에 대해 동역자인 디모데에게 충고하는 내용으로 가득하다. 거짓 선지자들에 의한 다양한 가르침, 근거 없는 억측들, 교만과 탐욕 등 인간의 부도덕에 관한 그리스도인의 생활 태도를 적시하고 있다.

디모데는 바울의 삶을 본받으며, 성실하면서도 헌신적인 사도의 자세를 보여주었다. 바울은 그만큼 디모데를 신뢰했다. 그 신뢰가 편지로 이어졌다. 바울은 죽기 직전에 디모데에게 부탁한다. '자신을 방문해줄 것', 그리고 '책과 잠옷을 가져다 줄 것!' 인생에서 최고 보배는 믿음직한 사람과의 만남이다. 책은 마음의 양식이고 잠옷은 휴식의 바탕이다. 두 사람 사이에 교차하는 신앙적 우정이 잔잔하면서도 장중하게 가슴을 울린다. 눈물겹도록 뭉클하다.

인간을 교육하는 과정에서 고려할 사항은 아주 많다. 그것이 이론이건 실천이건, 지식이건 도덕이건, 어떤 상황이건, 삶에서 조심하고 경계해야 할 일들이 다양하다. 「디모데전서」는 그 가운데 두 가지를 중요한 사안으로 지적한다. 하나는 '논쟁과 말다툼'이고 다른 하나는 '재물과 돈 다툼'이다. 어찌 보면 논쟁은 정신적 차원이고 재물은 물질적 측면이기도 하다.

"누구든지 거짓 교리로 가득한 내용을 제각기 다르게 가르치고, 온전한 말씀-심지어 우리 주 그리스도 예수의 말씀-과 경건한 가르침에 동의하지 않으면, 그는 교만해져서 아무것도 이해하지 못합니다. 그리하여 논쟁과 말다툼에 사로잡히게 됩니다. 말다툼으로부터 시기와 분쟁과 비방과 악한 의심이 생기고 마음이 부패합니다. 진리가 결핍된 사람들 사이에 쓸모없는 알력이 일어납니다. 이러한 사람들은 경건을 이득을 얻기 위한 수단으로 생각합니다. 그러나 만족하면서 지속하는 경건은 큰 이득이 있습니다. 우리가 세상에 가지고 온 것은 아무 것도 없습니다. 때문에 우리가 가지고 갈 것도 아무 것도 없습니다. 그래도 우리에게 음식과 옷이 있으면 우리는 만족할 수 있습니다. 하지만 부자가 되기를 원하는 사람은 유혹과 덫에 빠지게 됩니다. 이런 것들은 사람을 파멸과 멸망으로 빠뜨립니다. 돈에 대한 사랑은 온갖 악의 뿌리이기 때문입니다. 어떤 사람들은 돈을 탐하는 동안에 믿음을 떠나 방황하고 스스로를 많은 슬픔에 잠기게 했습니다. …… 정의와 경건과 믿음과 사랑과 인내와 온유를 추구하십시오. 믿음의 선한 싸움을 하십시오. …… 현세에서 재물을 가지고 있는 사람에 대해 그들에게 명령하십시오. 돈으로 교만해지지 말라! 덧없는 재물에 희망을 두지 말라! 우리에게 모든 것을 풍성히 주셔서 즐기게 하시는 하나님께 희망을 두도록 하라! 그들이 선을 행하도록 일깨우십시오. 그들이 선한 일을 많이 하고, 마음먹고 나누어주며, 사람들과 함께 나누어 쓰도록 하십시오. 그리고 장차 올 때를 대비하여 자신을 위해 든든한 기금을 창고에 쌓도록 하십시오. 그렇게 해야 참된 생명을 붙들 수 있습니다.

그대에게 맡겨진 본분을 지키십시오. 세속적인 잡담을 피하고, 지식이라고 잘못 알려진 논쟁적 반대를 피하십시오."(「디모데전서」6:3-21)

'논쟁과 말다툼'의 첫 단추는 '거짓 가르침'이다. 사이비 교육이다. 다양성이라는 이름의 지식을 제시하는 것, 그 자체가 나쁜 행위는 아니다. 문제는 온전한 말씀이나 진리에 대한 왜곡이다. 진정하고 경건한 가르침에 동의하지 않는, 제멋대로의 가르침이다. 그것은 지적 교만을 불러오고, '논쟁과 말다툼'에 빠진다. 다른 견해에 사로잡힌, 아집(我執: obstinacy)으로 뭉친 말다툼은 시기와 분쟁, 비방과 악한 의심을 일으키고 알력(軋轢)을 불러온다. 인간의 삶을, 사회적 관계를 삐걱거리게 만들고, 서로를 짓밟는 양태를 드러낸다. 그 결과는 사람의 착한 마음을 썩어 문드러지게 한다.

논쟁과 말다툼을 잠재울 수 있는 삶의 태도는 '경건(敬虔: godliness)'이다. 경건은 공경하는 삶의 자세다. 삼가고 조심하는 인생의 태도다. 그것은 믿음과 두려움과 경배와 사랑과 은혜와 충실을 담는다. 특히, 만족할 줄 아는 인생은 경건을 체득(體得)한다. 인생은 '공수래공수거(空手來空手去)'아닌가! 빈손으로 왔다 빈손으로 간다. 아무것도 없었는데, 의식주는 물론 인간관계와 개인의 관심과 취미가 인생을 즐겁게 만든다. 이보다 큰 만족이 어디 있는가? 그 만족 가운데 경건을 녹여 넣자! 어쩌면 모든 교육의 궁극적 지향이 이 만족 아닐까?

'재물과 돈을 다룰 때', 그 첫 단추는 부자가 되기를 원하는 과정에서의 고심(苦心)이다. 부자에게는 반드시 그에 상응하는 유혹과 덫이

놓인다. 유혹에 빠지고 덫에 걸리면 파멸과 멸망이 기다릴 뿐이다. 그만큼 돈에 대한 편애는 악의 뿌리다. 이 지점에서 오해는 없어야 한다. 어떤 사람이 '돈이 필요 없다!'라고 말했다면, 이는 100% 거짓말이다. 물질적 재부는 삶의 필수요소다. 그런데 돈이 필요 없다고? 흔히 말하는 '기초생활' 비용은 누구에게나 보장되어야 한다. 그렇지 않다면 인생은 피폐를 거듭한다. 여기서 말하는 '돈만을 추구하는 부자'는 기초생활에 관한 문제가 아니다. 쓸데없이, 필요 이상의 사치와 낭비를 일삼는 어리석은 인간 행태를 의미한다.

이들에게 대응하는 교육철학은 '정의'와 '경건'과 '믿음'과 '사랑'과 '인내'와 '온유'의 추구다. 신뢰를 향한 선한 투쟁! 현실적으로 부(富)만을 가지고, 그것을 더욱 추구하면서, 떵떵거리며 사는 인간에 대해 교육철학적 처방이 요구된다. 돈으로 교만하지 말 것! 재물에만 삶의 목적을 두지 말 것! 나눠 주고 함께 쓰는 배려의 인생을 추진할 것!

그런 인생 가운데, 자신을 위한 기금(基金)도 창고에 비축해 두어야 한다. 삶의 밑천! 세속적으로 말하면, 일종의 노후 복지자금이다. 물론 그것이 물질적 돈에 국한되지만은 않는다. 가족이나 친구, 관심이나 취미 등 삶의 동반자 모두가 이에 해당한다. 인생 전반에서 참된 생명을 지속할 수 있는 동력이다. 이 힘은 자신에 부여된 임무, 본분이나 사명을 충실하게 이행할 때, 더욱 강하게 축적된다. 교육적으로 볼 때, 가능한 한 의미 없는 일상의 세속적 잡담을 피하라. 특히, '지식'이라고 잘못 알려진 허구적 담론, 떠도는 소문들, 가짜 뉴스, 직접 탐구하지 않은 수많은 언표들을 조심하라!

디모데를 향한 바울의 교육적 우정은 「디모데후서」에서 더욱 단단하게 이어진다. 진리의 말씀을 올바르게 가르치는 양식을 다시 강조한다. 그것은 교육방법의 철학을 구체적으로 보여준다.

> “신자들에게 이것들을 기억하게 하십시오. 아무 이익도 주지 않고, 듣기만 하는 사람들을 멸망시키는 말다툼을 위해 애쓰지 않도록, 하나님 앞에서 그들에게 명령하십시오. …… 세속적이고 헛된 잡담을 피하십시오. 이러한 말은 사람들을 더욱 경건하지 않게 만들기 때문입니다. 그들의 말은 암처럼 퍼질 것입니다. …… 큰집에는 금으로 만든 그릇과 은으로 만든 그릇이 있을 뿐만 아니라 나무로 만든 그릇과 흙으로 빚은 그릇도 있습니다. 어떤 그릇은 귀하게 쓰이고 어떤 그릇은 천하게 쓰입니다. 그러므로 누구든지 이러한 그릇을 보고 자신을 깨끗이 씻으면, 그는 거룩하게 되어 주인에게 쓰임을 받게 됩니다. 좋은 일을 위해 준비된, 귀하게 쓰이는 그릇이 될 것입니다. 청춘의 욕망으로부터 도망가십시오. 그러나 깨끗한 마음으로 주님을 부르는 사람들과 함께 정의와 믿음과 사랑과 평화를 추구하십시오. 어리석고 무식한 논쟁을 물리치십시오. 이런 것들은 싸움을 일으킬 뿐입니다. 주님의 종과 싸워서는 안 됩니다. 오히려 모든 사람에게 친절하고, 잘 가르치며, 참을성이 있어야 합니다. 반대자들을 온유하게 가르쳐야 합니다. 그들이 진리를 깨달을 수 있도록, 하나님께서 그들이 회개하게 만들 것입니다. 그리고 그들이 악마에게 붙잡혀 그 뜻을 따른 후에, 정신을 차려 악마의 올가미에서 벗어나게 할 것입니다.”(「디모데후서」 2:14-26)

이 진지한 바울의 신앙적 당부는 바이블의 교육이 어떻게 진행되어야 하는지, 그 원리를 담고 있다. 세속교육의 차원에서도, 상담철학의 측면에서도, 인간을 대하는 양식을 진지하게 고민하도록 만든다.

관용과 배려, 자비와 사랑의 방식을 일러준다.

그 첫 번째는 '헛된 잡담(雜談)을 피하라'는 주문이다. 인생에서 쓸데없이 지껄이는 잡담은 암(癌)과 같은 존재다. '헛된 잡담'이 아니라 '알찬 진담'을 즐겨라. 그렇다고 모든 상황에서 진지하기만 하라는 의미가 아니다. 여러 종류의 그릇에 비유되듯이, 자신의 삶을 깨끗하게 가꾸어 나가면, 상황에 적절하게, 소중하게 쓰이는 그릇이 된다. 농담할 때는 헛된 잡담 같은 농담이 알찬 진담이다. 상황의 균형 미학! 이 또한 유교의 중용(中庸)처럼 느껴진다.

두 번째는 '청춘의 욕망'으로부터 도망가는 일이다. 청춘은 천방지축(天方地軸)인 경우가 많다. 이글거리듯, 불타오르는 듯, 방황하며 함부로 날뛴다. 어쩌면 그것은 청춘의 특권이기도 하다. 그러나 인생 전체를 청춘이 부르는 욕망으로만 일관해서는 곤란하다. 상황에 따라 그러할 수는 있겠지만, 욕망을 절제하는 깨끗한 마음으로 사람들과 함께 정의와 믿음과 사랑과 평화를 추구해야 한다.

세 번째는 '의미 없는 논쟁'을 하지 않는 것이다. 특히, 제대로 탐구되지 않은, 소설 같은 지식으로, 소모적인 논쟁을 삼가라. 해답 없는, 출구가 보이지 않는 논쟁은 허무한 말다툼일 뿐이다. 말장난으로 빚어지는 유아적 싸움을 일으킬 뿐이다.

잡담을 피하고, 욕망을 조절하며, 쓸데없는 논쟁을 넘어, 저 건너편에 있는 교육적 방법을 간구하라. 그것은 사람을 친절하게 대하는 일에서 시작한다. 친절(親切)은 정답고 고분고분하게 대하는 태도다. 얼마나 참아내야 그것이 가능할까? '참을 인(忍)자 셋이면 살인도 피한다!'라는 속담도 있듯이, 인내의 극한을 고심하면, 그 해답이 보이리라. 동시에 온유(溫柔)하게 가르쳐야 한다. 물론, 냉혹하고 강건하게 가르치는 것도 의미가 없는 일은 아니다. 하지만, 소모적 논쟁과 재부에 찌든 사람은, 그런 방면에서 이미 냉혹하고 강건하다. 그러기에 그 반대편의 방법이 오히려 유효하다. 그렇게 삶의 진정한 이치를 깨우치고 회개(悔改)하면, 교육은 대성공이다. 인생의 혹독한 시련을 퍼부은 악마의 올가미에서 벗어나기 때문이다.

14. 『신약성서』(新約聖書: *The New Testament*) 서한⑧디도서/빌레몬서-신뢰와 실천의 인생교육

2021. 8. 15. 11:39

「디도서」와 「빌레몬서」는 아주 짧은 편지다. 「디도서」는 바울이 크레타에서 사역하고 있던 디도에게 보낸 편지이고, 「빌레몬서」는 바울과 디모데가 골로새에 살고 있던 빌레몬에게 보낸 편지다. 「디도서」는 거짓 가르침을 비판하고, 그리스도인의 교육에 관한 매우 구체적인 규범을 일러준다. 「빌레몬서」는 인간의 변화와 관계 정립에 관한 기록이다. 인간의 삶을 쓸모없는 것에서 쓸모 있는 것으로, 수직적 주종 관계가 아닌 수평적 형제 관계로의 전환을 가능하게 만드는 복음의 능력을 보여준다. 다시 말하면, 빌레몬은 부자였다. 바울이 에베소에서 전도활동을 할 때 복음에 관한 소식을 듣고 신자가 되었다. 하지만 오네시모라는 하인이 그의 돈을 훔쳐 로마가 도망쳤고, 오네시모는 바울 밑에서 그리스도인이 되었다. 하지만 바울은 그를 빌레몬에게 돌려보냈다. 주인을 배반한 인간이지만, 믿음의 인간으로 거듭난 만큼, 사랑하는 형제로 받아줄 것을 부탁한다.

그리스도인의 삶을 위한 교육은 「디도서」에서 노인과 청년, 그리고 하인을 지도하는 규범으로 제시된다.

> "그대는 건전한 교훈에 합당한 규범들을 말해야 합니다. 나이 든 남자에게는 절제하고, 경건하며, 온건하도록 가르치십시오. 믿음과 사랑과 인내에서 건전하도록 가르쳐야 합니다. 나이든

여자들도 마찬가지입니다. 그들이 사는 방법이 존경스러워야 합니다. 비방하는 사람이 되지 않고, 술에 중독되지 않으며 착한 것을 가르치는 사람이 되도록 해야 합니다. 그렇게 하면 나이든 여자들은 젊은 여자들을 가르칩니다. 남편과 자녀를 사랑하고, 신중하고 순수하며, 집안일을 잘 다스리고 친절하며, 남편에게 복종할 수 있고, 하나님의 말씀이 모독 받지 않도록 할 수 있습니다. 이와 마찬가지로 젊은 남자에게는 온건한 마음을 가지도록 권고하십시오, 모든 일에 그대가 선행을 실천하여 모범을 보이십시오. 가르침에서는 위엄과 진지함을 보이고, 누구도 책망할 수 없는 건전한 말을 쓰십시오. 그렇게 하면 반대하는 사람들이 부끄러움을 당하고, 그대를 나쁘다고 말할 수 없을 것입니다. 하인들에게는 모든 사안에서 주인에게 순종하고 기쁘게 하며 거슬러 말하지 않도록 가르치십시오. 주인의 물건을 훔치지 말고 충실하도록 가르치십시오. 그렇게 하면 모든 일에서 우리의 구주(救主) 하나님의 교훈을 빛나게 할 수 있을 것입니다."(「디도서」 2:1-10)

이처럼 바이블의 교육은 구체적으로 제시된다. 고대사회에 제기한 윤리의 문제지만, 매우 보편적이다. 그리스도인의 행동규범은 현대적 의미에서도 손색이 없다. 할아버지[남성 노인]에게는 '절제(節制)'와 '경건(敬虔)', 그리고 '온건(穩健)'을 강조한다. '믿음'과 '사랑'과 '인내'에서의 건전(健全)을 주문한다. 할머니[여성 노인]에게는 '존경(尊敬)' 받는 사람으로서, '비방(誹謗)'받지 않고 술에 '중독(中毒)'되지 않으며, '선(善)한 일'을 가르치는 교사 역할을 강조한다. 현대적 의미에서 '노인교육'의 덕목을 분명하게 보여준다.

노인교육의 덕목은 중년이나 청·장년에서 전수된다. 특히, 할머니의 규범은 '아주머니[젊은 기혼 여성]교육'으로 이어진다. 남편과 자녀 사랑, 신중함과 순수함, 집안 일 처리, 친절, 복종이 미덕으로 부여된다. 할아버지의 규범은 '아저씨[젊은 남자]교육'으로 이어진다. 온건한 마음을 갖고 선행을 실천하도록 권고 받는다. '아저씨-아주머니' 교육이라는 점을 고려한다면, '부모교육'의 차원에서 이해할 수도 있다. 이 교육의 과정에서 무엇보다도, '위엄'과 '진지함', '건전한 언행'을 강조하는 차원은 바이블 교육의 엄중함을 잘 표현한다.

'하인에 대한 교육'은 매우 인상 깊다. 하인은 주종(主從)관계에서 종(從)에 해당하는 인격체인지라 현대 민주사회의 주체적 인간관계에 그대로 적용하기는 어렵다. 하지만 주인과 하인이라는 인간사회의 구도에 비유하면, 수직적 쌍무관계의 전형을 보인다. 교육 체제에서 볼 때, 교수자와 학습자, 또는 성인과 아동의 관계에서, 학습자나 아동의 수준에 자리매김할 수 있는 대상이다. 동일한 의미는 아니지만, 조직에서 '상관-부하', 가정에서 '부모-자식', 학교에서 '교사-학생' 등 다양한 인간관계를 설명하는 데 응용할 수 있다. 그것은 교육의 양식에서 보면, 노인이나 청·장년 이상의 성인교육이라기보다 청소년 이하의 아동교육으로 환원하여 이해할 수도 있다. 그 덕목은 순종(順從)과 희열(喜悅), 거역(拒逆)하지 않는 자세다. 도둑질을 경계하고 본분에 충실(忠實)하는 인간상을 지향한다.

'아동-부모-노인'으로 연속체를 형성하고 있는 바이블의 규범교육은, 어쩌면 교육받을 필요가 있는 모든 대상을 향해 던지는 복음이다. 그 결과는 "긴급하게 필요한 것을 예비하고, 열매 없는 삶을 살지 않도록 선한 일을 하는데 전념하는 것을 배워야 한다(「디도서」 3:14)"에서 절정을 이룬다.

그 교육철학적 명제는 두 가지다. 전제는 '긴급하게 필요한 사안을 직접 점검하라!'이다. 결론은 '착한 일에 전념하여 열매 맺는 삶을 살아가라!'이다.

인생을 차원이나 진보를 예측이라도 하듯이, 빌레몬에게 보내는 편지는 삶의 변화와 전환에 관한 복음을 전한다. 구원의 조용한 사례를 실증한다. 주인의 돈을 훔친 종, 오네시모에 대한 용서와 화해와 구원의 손길이다.

> "오네시모를 위해 내가 그대에게 간구합니다. 그가 전에는 그대에게 무익했습니다. 이제는 그가 나와 그대에게 유익한 사람입니다. 내가 그를 그대에게 돌려보냅니다. 그는 내 심장입니다. …… 아마도 그가 잠시나마 그대로부터 떠나 있게 된 이유는, 그렇게 함으로써 그대가 그를 영원히 그대 곁에 두려고 해서 일 것입니다. 특별히 그는 나에게, 이제는 종(從)으로서가 아니고, 사랑받는 형제입니다. 하물며 그대에게는 육신(肉身) 안에서, 그리고 주(主) 안에서 얼마나 귀한 사람입니까? 그러므로 그대가 나를 동역자로 생각한다면, 나처럼 그를 영접해 주십시오. 그러나 그가 그대에게 잘못하거나 빚진 일이 있으면 그것을 내게 계산하십시오. 내가 갚을 것입니다."(「빌레몬서」 1:10-18)

바울의 제자 사랑은, 더 이상 오를 수 없는 정점에 이르렀다. 강력한 책임의식을 발휘한다. 책무성(責務性: accountability)의 최고 단계다. 자신은 이미 오네시모가 되었기에, 그를 자신의 '심장(心臟)'으로 표현했다. 심장은 사물의 중심이다. '나의 너 되기'와 '너의 나 되기'로 일체감을 형성한다. '그의 잘못은 내가 용서를 구한다! 그가 진 빚이 있다면 내 갚는다!'라는 저 영접(迎接)의 시공(時空)을 어디에서 찾아야 할까? 뿐만 아니다. 조용히 부르짖는 역설이 돋보인다.

'인간이 잠시 떠나 있게 된 이유는, 그렇게 함으로써, 그 사람을 영원히 곁에 두려고 해서다!'

무익한 인간에서 유익한 인간으로의 전회(轉回)! 종(從)에서 주(主)로의 자리바꿈, 그 사이에 싹트는 형제애! 이 바이블의 교육철학은 사랑과 인내와 용서의 효과다.

교육철학자! 너의 자리는 어디냐?

15. 『신약성서』(新約聖書: *The New Testament*) 서한⑨히브리서 -박해(迫害) 가운데 인내(忍耐)하라!

2021. 8. 16. 10:19

「히브리서」는 히브리 사람들에게 보낸 편지다. 기독교로 개종한 히브리인에게 설교하는 것 같은 당부로 이루어져 있다. 『신약성경』 가운데 가장 세련된 문체라고 한다. 누가 기록했는지 정확하지 않다. 바울, 바나바, 누가, 아볼로 등이 저자라는 추측이 있으나 확실하지 않다. 내용의 중심은 모든 그리스도인에게 인내(忍耐)를 권고하고, 그리스도를 떠나지 말 것을 경고한다. 무엇보다도 불신(不信)을 제거하고 믿음을 버리지 말며, 박해(迫害)와 시험(試驗) 가운데서 인내하라! 그것은 예수의 구원과 믿음을 통해 그리스도 안에서 참된 안식(安息)을 가져온다.

안식의 시작은 영적 성장(靈的 成長)의 추구와 직결된다. 영적 성장은 바이블이 추구하는 교육의 기초 과정이다. 보다 높은 수준으로 성장해 나가는 최고의 교육이다.

> "여러분은 젖을 먹어야 할 필요가 있게 되었습니다. 이때 단단한 음식을 먹어서는 안 됩니다. 젖을 먹는 사람은 누구든지 아직도 어린 아이입니다. 때문에 정의의 말씀에 익숙하지 못합니다. 그러나 단단한 음식물은 장성한 사람들의 것입니다. 선과 악을 분별하기 위해 자신들의 지각을 행사하는 습관을 가진 사람들에게 해당합니다. 이런 양식을 바탕으로, 이제 그리스도의 기초적 교리에 관한 논의를 그치고 성숙으로 나아갑

시다. 그 교리의 기초를 다시 놓아서는 안 됩니다. 기초적 교리는 죽음으로 인도하는 행실에 대한 회개와 하나님에 대한 믿음, 세례에 대한 가르침, 안수, 죽은 자의 부활, 그리고 영원한 심판입니다. …… 한 번 빛을 받은 사람들, 하늘의 은사를 맛본 사람들, 성령에 참여한 사람들을 회개하게 만드는 것은 불가능합니다. 또한 하나님의 선한 말씀과 앞으로 올 세상의 능력을 맛보고, 떨어져 나간 사람들을 되돌아오게 하는 것은 불가능합니다. …… 자주 내리는 비를 마시고, 경작하는 사람들에게 유익한 농작물을 생산하는 땅은 하나님으로부터 축복을 받았습니다. 그러나 땅이 가시와 엉겅퀴를 내면, 버림을 당하고 저주를 받아, 마지막에는 불태워질 것입니다. …… 여러분 각자는 끝까지 열심히 하여 여러분의 소망이 이루기 바랍니다. 여러분이 게으르지 않고, 믿음과 오랜 참음을 통해 약속된 사안을 상속받기 바랍니다."(「히브리서」5:11-14; 6:1-12)

다시 고민한다. 영적 성장! 세속적으로 말하면 '정신적 성장'을 추구하는 교육은 어떻게 진행되어야 하는가? 그 단계적 원리는 음식물의 섭취에 비유된다. 성장의 초기 단계인 어린 아이는 부드럽게 넘길 수 있는 젖을 먹어야 한다. 젖과 같은 촉촉하고 부드러운 음식을 먹지 않고, 마르고 딱딱한 음식은 삼킬 수 없다. 억지로 먹는다 하더라도 소화시키지 못할 수 있다. 젖을 먹고 자라야 할 시기에는 젖을 먹어야 할 당연한 필요가 강조된다. 어린 아이는 아직 인간 세상에 구현해야 할 정의(正義)를 인식하기 어려울 수 있다. 정의보다는 일상의 생물학적 존속이 보다 중요할 수 있다. 그 영양의 확보와 성장이 먼저다.

그러나 인간은 어린 아이로부터 청소년, 중년으로 성장을 진행하면서, 점진적으로 단단한 음식물을 섭취한다. 그것은 자라고 가꾸는 단계에 따라 사람들에게 부여되는 양식이다. 특히, 청소년 시기를 넘어 세상을 마주하는 성인은 인간 사회의 선악(善惡)이나 시비(是非)를 분별하기 위해 노력한다. 이 분별 능력은 교육받은 사람에게 적극적으로 드러나는 특징이다. 정의에 관한 판단은 성인들의 지각 능력 수준을 보여준다. 교육받은 사람일수록, 건전한 인간으로 성숙한 사람일수록, 그 분별과 판단 능력은 습관(習慣)으로 정착한다. 그래서 교육을 '습관의 형성'이라고 한다.

성숙한 인격을 지닌 사람은, 인간의 완성은 아닐지라도, 온전한 사람으로서 존경받는다. 「히브리서」도 강조한다. '그리스도의 기초적 교리에 성숙한 사람에게 교리의 기초를 다시 놓지 말라. 회개를 통해, 영원한 심판이 끝난 사람이다. 복음의 진리를 이해한 사람은 그리스도인으로서 교육받은 사람이다!'

자연이 주는 혜택, 그 비를 마주하며, 경작하는 사람은 유익한 농작물을 생산한다. 비는 누구에게나 주어지는 환경이다. 경작(耕作)은 그 비를 받아 진행하는 교육과도 같다. 그 교육은 지상의 축복이다. 삶의 행복이다. 경작의 결과가 곡식이 아니라 먹을 수 없는 잡초라면, 인간 사회는 버려진다. 그런 비교육은 지상의 저주다. 삶의 불행이다.

교육이 기다리는 덕목은 각자가 열성을 다해 소망을 이루는 작업이다. 무엇보다도 맡은 일에 게으르지 않고, 믿음과 인내를 통해 자기와의 약속을 이행하야 한다. 이 교육의 실천에서 기억해야 할 몇 가지 사안이 있다.

"여러분은 이전에 복음의 진리를 인식하며 빛을 받은 후, 고난의 큰 싸움을 견디어 내었던 그때를 생각하십시오. 여러분은 때로는 비방과 환난을 당함으로써 사람들에게 구경거리가 되었습니다. 때로는 이러한 대접을 받는 사람들의 친구가 되었습니다. 여러분은 감옥에 갇힌 사람들을 동정했습니다. 보다 좋고 영원히 소유할 것이 하늘에 있다는 것을 여러분이 알고, 여러분의 재산을 약탈당해도 기쁘게 받아들였습니다. 그러므로 여러분의 확신을 버리지 마십시오. 그 확신이 큰 상을 얻게 할 것입니다. 이 과정에서 인내가 필요합니다. 그렇게 함으로써, 하나님의 뜻을 행한 후, 그분께서 약속하신 것을 받을 수 있을 것입니다."(「히브리서」 10:32-39)

바이블의 교육은 진지하게 인식한다. 그리고 강력하게 주문한다. 교육은 세상 고난과의 전투다. 비방과 환난의 극복이다. 감옥에 갇힌 사람을 동정하는 삶의 경험이다. 보다 의미 있는 소유가 보장되었다면, 재산을 약탈당해도 기쁘게 받아들여라.

이 교육의 과정에서 인내가 필요하다. 참고 또 참는다. 그 인내는 막연한 참음이 아니다. 목적 지향적이다. 때문에 '인내'교육은 행복을 불러내는 담보가 된다.

16. 『신약성서』(新約聖書: *The New Testament*) 서한⑩야고보서 -시험(試驗) 속에서 기쁨을 찾다.

2021. 8. 18. 11:58

「야고보서」는 이 바이블의 저자인 야고보의 이름을 따서 붙인 명칭이다. 야고보는 예수의 형제였다. 또한 예루살렘 교회의 지도자였다. 야고보는 팔레스타인을 떠나 곳곳에 흩어져 있던 유대인 가운데 그리스도인을 향해 호소했다. 박해받고 빈곤한 생활에 시달리던 그들은 세속적 삶에 빠졌다. 믿음을 실천하지 못하고 있기에 성찰과 회개를 통해 여호와 하나님의 지혜를 구하도록 권면(勸勉)했다. 사람은 자신의 믿음대로 살아야 한다! 행동하는 사람이 되어야 한다! 단순하게 수동적으로 말씀을 듣기만 하는 사람이어서는 안 된다!

「야고보서」 전편을 통해 이런 격려와 충고가 가득하다. 몇 가지 사항을 나열하며, 삶의 지혜를 고민해 본다. 그 지혜의 주머니가 교육을 강조한다. 그리스도 신앙 안에서 진행되는 교육이 진리겠지만, 그것을 넘어 모든 사람에게 호소하는 교육철학의 차원을 고려해 본다.

하나, 시험(試驗) 속에서 찾는 기쁨이다.

> "나의 형제들이여! 여러분이 온갖 시련에 빠질 때도 이를 온전한 기쁨으로 생각하십시오. 믿음에 대한 시험은 인내를 가져옵니다. 인내가 자기 할 일을 완전하게 하도록 하십시오. 여러분은 온전하고 완전하게 될 수 있습니다. 부족한 것이 없을 것입니다."(「야고보서」1:2-4)

사전적 의미의 '시험'은 '재능이나 실력 따위를 일정한 절차에 따라 검사하고 평가하는 일'이다. 그것은 세상에 존재하는 사물이나 행위에 대해 실제로 증험(證驗)해 보는 작업이다. 어떤 인간에 대해 파악하기 위해 점검하는 일이기도 하다. 이 모든 과정은 경험으로 드러난다. 따라서 시험은 경험의 무대다. 그 경험의 무대를 펼치는 제도가 교육이다. 무대는 펼칠 때마다 인내를 요청한다. 성공과 실패의 교차 지점에서, 인내한 만큼, 온전한 인간으로 성장할 수 있다. 인내한 만큼, 완전한 인간으로 성숙할 수 있다. 만족이 높아진다.

> "시험을 견뎌내는 사람은 축복을 받습니다. …… 사람은 자기 자신의 욕심에 이끌려 다니고 욕망에 빠졌을 때, 시험을 받습니다. 욕심이 잉태하면 죄악을 낳고, 죄악이 자라나 커지면 사망을 낳습니다."(「야고보서」1:12-15)

인내로 견뎌낸 온전한 인생! 그 만족은 축복으로 이어지게 마련이다. 그런데 엄중한 조건, 전제가 있다. 욕심에 이끌려 다니지 마라! 욕망에 빠지지 말라! 가혹한 시험을 받는다. 죄악을 낳는다. 궁극적으로는 사망(死亡)에 이른다! 육체적 죽음이 아니다. 정신적 죽음이다. 그런 인간은, 이제 인간이 아니라는 선고(宣告)를 받은 존재다.

하나, 공의(公義)의 말씀을 빠르게 듣고, 차분하게 말하며, 인내하는 참을성으로 화를 대하라!

> "내 사랑하는 형제들이여! 각자 듣기는 빨리하고, 말하기는 차근차근하게 하며, 성내는 것도 더디게 하십시오. 사람의 분노(憤怒)는 여호와 하나님의 정의를 이루지 못합니다. 모든 더러

운 것과 넘쳐나는 죄악을 내버리고, 마음에 심어져 있는 말씀을 온유함으로 받아들이십시오. 그 말씀이 여러분의 영혼을 구원할 수 있습니다. 그러나 말씀을 실천하는 사람이 되십시오. 듣기만 하며 자신을 속이는 자가 되지 마십시오, 말씀을 듣기만 하고 실천하는 사람이 아니라면, 그 사람은 거울 속에서 자신의 얼굴을 보는 사람과 같습니다. 그런 사람은 거울 속에 있는 자신을 보고, 그가 실제로 어떤 모습의 사람이었는지 바로 잊어버립니다. 그러나 자유를 주는 온전한 율법을 들여다보고, 그 안에 머물며 듣고, 잊어버리는 사람이 아니라 그것을 실천하는 사람은 그가 행하는 일을 통해 축복을 받을 것입니다. 누구든지, 자기 스스로 경건하다고 생각하고, 자신의 혀에 고삐를 달지 않고, 자신의 마음을 속이는 사람은, 그 신앙이 헛된 것입니다. 여호와 하나님 앞에서 정결하고 더럽혀지지 않은 경건은, 고난 가운데 있는 고아와 과부를 돌보고, 자기를 세상으로부터 지켜 더럽히지 않도록 합니다."(「야고보서」1:19-27)

듣고 말하고 참는 가운데, 의미심장한 충고가 드러난다. 그것은 분노에 대한 극단적 경계와 온유함이 주는 삶의 긍정이다. 분노는 정의의 적(敵)이다. 온유함은 영혼의 구원이다. 이런 인식 이후에는 마음에 새긴 말씀을 실천해야 한다.

'거울 속의 얼굴'을 보는 사람의 비유는 상당히 철학적이다. 우리는 거의 매일 거울을 본다. 형식적이나마 겉모습을 통해 자기를 확인한다. 그런데 거울 속의 나는 실제가 아니다. 거울 속의 얼굴을 통해 자신을 성찰한다는 명목(名目)은 확보한다. 하지만 그것이 자신의 실상(實狀; 實相)은 아니다. 내면의 실체는 보이지 않는다. 볼 수도 없다.

자기 삶의 렌즈를 통해 확인할 뿐이다. 다름 아닌, 삶의 반성이자 성찰이다.

말씀을 실천하지 않는 존재는 거울로 자신의 얼굴을 보는 사람과 같다. 이 지점에서 실천이 요청된다. 실천은 자신이 수행하는 본분으로 표출된다. 본분의 성실한 수행은 삶의 축복을 가져온다. 어떤 고난도 초월하며, 자신의 정체성을 보존하려고 노력한다. 유교적 의미의 '존덕성(尊德性)'이랄까?

17. 『신약성서』(新約聖書: *The New Testament*) 서한⑪베드로서 -거룩함! 높고 큰 일상에서.

2021. 8. 19. 12:17

「베드로서」는 사도 베드로가 쓴 편지에서 붙여진 명칭이다. 전서와 후서로 나뉘어져 있다. 전서는 로마의 네로 황제가 통치하던 62~63년 무렵에 쓴 것이고, 후서는 처형되기 전인 64~67년 무렵, 로마의 감옥에서 쓴 것으로 추측된다. 전서는 박해를 받는 가운데서도 믿음을 통해 인내하기를 소망한다. 후서는 소아시아 지역의 그리스도인들이 하나님의 은혜로 기쁜 삶을 살 수 있도록 거짓 선지자들과 싸우고 부도덕한 행위를 경계하며 참된 지식을 고무하려는 충고가 담겨 있다.

전서에서 베드로는 하나님의 구원 계획에 대해 감사와 찬송을 올린다. 그리고 구원의 목적을 명시한다. 그것은 교육적으로 환언하면, 교육의 목적이다. 그러기에 구원은 바이블이 지향하는 교육의 궁극 목적에 해당한다.

> "여러분의 마음을 가다듬고 정신을 차려, 예수께서 나타나실 때, 여러분에게 오게 될 은혜를 끝까지 바라십시오. 순종하는 자녀들처럼, 여러분이 이전에 무지(無知)로 인해 추구했던 욕망(欲望)을 쫓지 마십시오. 대신, 여러분을 부르신 분이 거룩하신 것처럼, 여러분도 행동에서 거룩하십시오. …… '내가 거룩하니 너희도 거룩하여라!' …… 여러분은 사람을 각자의 행실에 따라 편견 없이 심판하시는 분을 아버지로 부른다면, 여러분이 나그네의 삶을 사는 동안에 두려움 속에서 사십시오.

…… 여러분은 진리에 순종하여 영혼을 깨끗하게 함으로써 서로를 위해 순수한 사랑을 가지게 되었습니다. 서로를 마음으로부터 깊이 사랑하십시오. 여러분은 썩어질 씨가 아니고, 영원히 살아 있는 하나님의 말씀을 통해, 썩지 않을 씨로 다시 태어났습니다. …… '사람의 모든 육체는 풀과 같고, 모든 영광은 풀의 꽃과 같다. 풀은 시들고 꽃은 떨어지나 주님의 말씀은 영원히 지속된다!'라고 기록되어 있기 때문입니다."(「베드로전서」1:13-25)

바이블의 교육목적은 '거룩함'으로 간직된다. 그것은 여호와 하나님의 거룩함을 믿고 따를 때, 발생한다. 하나님의 삶을 본받아 현실에서 구현할 때 발휘된다. 일반적으로 보통 사람은 이르기 어려운 경지다. 그리스도처럼 성스러운 분이나 영혼이 맑은 분들을 지칭할 때, 형용하는 용어다. 정말 그렇게만 보아야 할까? 세속적 차원의, 민주교육으로 이해하면 다른 관점을 찾을 수 있다.

다시 '거룩함'이란 무엇일까? '거룩하다'는 말은 '높고 크다'라는 의미다. 뜻이 높고 큰 것을 이르기도 하고, 행위가 그렇기도 하다. 그런데 보통 사람은, 여러 측면에서 높고 크지 않은 경우가 많다. 때문에 '거룩하다'는 표현을 잘 사용하지 않는다. 일상 자체가 높지도 낮지도 않은 일반적 상황을 가정하므로, 상대적으로 그러하다는 말이다. 하지만 진지하게 확인해보자. 보통 사람들의 일상이 높지도 크지도 않은가? 나는 다르게 생각한다. 일상을 순조롭게 살아간다는 것 자체가, 인생의 위대함이다. 정치적 지위가 높거나 경제적 부가 많아, 사회적 지위나 계층으로 볼 때, 다른 사람보다 높고 큰 자리에 있을 수는 있다. 하지만 그것이 삶의 높고 큰 차원을 담보할 수는 없다. 어떤 사람은 그런 외면보다는 내면의 평온을 추구하는 사람도 많다. 일상의 삶 자체가 위대하다면, 그것만큼 높고 큰 존재는 없다!

여기에서 여호와 하나님의 거룩함도 그런 공의(公義)에 근거한다. 이런 점에서 교육은 지향한다. 나의 거룩함을! '썩지 않을 씨로부터' 자라나는 거룩한 나의 인생을! 이런 차원에서 바이블의 교육철학은 '거룩 교육'을 마음에 담는다. 이 거룩 교육은 구체적으로 다음과 같은 삶의 용기와 지속을 요청한다.

> "여러분은 모든 악의와 모든 기만과 위선과 시기와 온갖 사악한 말로부터 벗어나십시오. 갓난아기들처럼 순수한 영적인 젖을 갈망하십시오. 그리하면 여러분은 영적인 젖으로 성장하여 구원에 이를 수 있을 것입니다."(「베드로서」 2:1-4)

갓난아기의 순수함으로 돌아가라! 영적인 젖을 갈망하라! 『노자도덕경(老子道德經)』(49장)에서 강조하는 '어린 아이처럼 무지무욕(無知無欲)하게 만드는 작업'인가? 유교에서 말하는 동심(童心)의 세계 추구인가? 구원의 미학은 거룩함에서 빛난다. 그 미학의 내용은 악의와 기만으로부터 벗어난 사랑과 무욕이다.

그런 만큼 「베드로후서」는 깨끗한 인생으로 가는 길을 다시 강조한다.

> "모든 열성을 다해 여러분의 믿음에 덕을, 덕에 지식을, 지식에 자제를, 자제에 인내를, 인내에 경건을, 경건에 형제애를, 형제애에 사랑을 더하십시오."(「베드로후서」 1:5-7)

여호와 하나님의 진리에 대한 믿음을 바탕으로, '덕-지식-자제-인내-경건-형제애-사랑'으로 축적되는 교육적 삶의 강화를 주시할 필요가 있다. 무엇이 '덕'일까? 무엇이 지식인가? 어떻게 자제에서 인내로 나아가는가? 경건은 왜, 무엇을 위한 예의인가? 형제애의 특수성과 사랑의 보편성이 인류를 구제하는가?

18. 『신약성서』(新約聖書: *The New Testament*) 서한⑫요한서-신실(信實)과 합당(合當)에서 우러나오는 사랑

2021. 8. 20. 10:58

「요한서」는 요한이 쓴 편지라는 의미에서 붙여진 명칭이다. 1서와 2서, 3서로 나뉘어져 있다. 2서와 3서는 글이 매우 짧다. 요한은 4대 복음서인 「요한복음」을 기록했고, 『신약성경』의 맨 마지막에 기록되어 있는 「요한계시록」도 썼다. 그만큼 바이블에서 중요한 자리를 차지한다.

「요한1서」는 그리스도인이 갖춰야 할 삶의 세 가지 기초를 다룬다. 그것은 '참된 원리'와 '순종하는 삶', 그리고 '충실한 헌신'이다. 여호와 하나님은 빛이고 사랑이다. 때문에 그리스도를 따르는 사람은 그 반대파나 적들, 즉 악인을 극복할 수 있다. 그리스도인의 삶은 하나님의 빛 가운데 실천하고, 세상의 죄악과 결별하는 교육에서 시작한다.

"우리가 그리스도에게서 듣고 여러분에게 전하는 메시지는 다음과 같습니다. 하나님은 빛이시고, 그분 안에는 어둠이 전혀 없습니다. 그분과 사귀고 있다고 말하면서 어둠 속에 다닌다면, 그것은 거짓을 말하고 진리를 실천하는 행동이 아닙니다. 하나님께서 빛 속에 계신 것처럼 빛 속에서 살아가면, 우리는 서로 사귀게 되고, 그분의 아들 예수의 피가 우리를 모든 죄에서 깨끗이 씻어줍니다. 우리가 스스로 죄가 없다고 말한다면, 그것은 자신을 속이고, 진리가 우리 안에 없음을 드러내는 짓입니다. 우리가 죄를 자백하면, 하나님은 신실(信實)하시고 정의(正義)로우신 분이므로, 우리의 죄를 용서하고 모든 불의에서 정결케 할 것입니다. 우리가 죄를 지은 일이 없다고 말한다면, 우리는 하나님을 거짓말쟁이로 만들고, 그분의 말씀은 더 이상 우리 안에 있지 않습니다."(「요한1서」1:5-10)

하나님은 '공의(公義)'로 드러난다. 다시 강조하면, 공의는 '공정한 도의(道義)'다. 공평(公平)을 생명으로 한다. 그 기반에 '진실·정직·정의·신뢰'와 같은 다양한 덕목이 스며있다. '하나님은 빛'이라고 했으므로, '공의'는 어두운 세상을 밝히는 등불이다. 이 등불을 밝히고 어둠을 환하게 비추어라. 그리하여 사람이 정의롭게 살아가는 세상을 가꾸어 나가라! 그 애정 어린 주문이 그리스도의 메시지다. 그것이 바이블의 교육이다. 이것이 삶의 원리이고, 교육의 철학이다.

다시, 여호와 하나님의 계명, 그 공의를 확인하라. 그것을 따르며 지키는 순종(順從)이 거짓과 어둠에서 벗어나는 최고의 행동양식이다.

"누구든지 하나님의 말씀을 지키면, 하나님의 사랑이 참으로 그 사람 안에서 완성됩니다. 이로써 우리는 하나님 안에 있음을 알게 됩니다. …… 빛 가운데 있다고 주장하면서 자기 형제를 미워하는 사람은 아직도 어둠 속에 있습니다. 자기 형제를 사랑하는 사람은 빛 가운데 살고 있습니다. 그에게는 비틀거릴 여유가 없습니다. 그러나 자기 형제를 미워하는 사람은 어둠 가운데 있습니다. 어둠 속에서 행하며, 자기가 갈 곳을 알지 못합니다. 이는 어둠이 그의 눈을 볼 수 없게 막았기 때문입니다."(「요한1서」2:5-11)

하나님의 말씀이 다름 아닌 '공의(公義)'다. 이 정의의 언표가 인간

사회를 온전하게 만드는 기초다. 인간은 교육을 통해 그것을 확보할 수 있다. 물론, 교육의 양식에 따라 공의의 구현은 다르게 나타날 수 있다. 문제는 '등불을 켰느냐', '빛 가운데 자리하고 있느냐'에 관한 성찰이다. 그 기준은 '사랑'이다. 너는 형제자매를 사랑하고 있는가? 진정, 사람을 사랑하고 있는가! 그렇지 않다면 어둠 속에서 헤매고 있다! 미움은 어둠이다. 어둠 속에서 눈이 꽉 막힌, 어디로 가야 할지도 모르는 인간, 그것은 존재 자체가 죄악이다.

그러므로 바이블은 교육을 강요한다. 강제한다. 죄악으로 물든 어둠의 세상을 멀리하라! 그리스도의 적을 경계하라! 하나님의 말씀인 공의와 그리스도 안에 머물러라! 인간으로서 서로 사랑하고 의로운 삶을 전개하라!

「요한2서」는 '선택된 부인과 그 자녀들'에게 보내는 편지다. 여기서 부인은 한 사람으로서 여성을 의미하기보다 다수의 사람이나 교회를 상징한다. 주제는 사람 사이에 서로 사랑해야 한다는 '인간사랑'이다. 사랑의 법칙은 '서로 사랑하라!'이다.

> "우리는 서로 사랑해야 합니다. 사랑은 하나님으로부터 받은 계명에 따라 행하는 일입니다. 여러분이 처음 들은 것과 같이 계명을 실천해야 합니다. 왜냐하면 속이는 사람들이 세상에 많이 나와 있기 때문입니다. …… 여러분은 스스로 조심하여 우리가 일해 얻은 일들을 잃지 않도록 하고, 우리가 오직 온전한 상을 받을 수 있도록 하십시오. 누구든지 지나치게 앞서 나가 그리스도의 가르침 안에 머물러 있지 않은 사람은 하나님을 모시지 않는 사람입니다."(「요한2서」1:4-11)

사랑은 계명에 따라 실천하는 거룩한 행위다. 엄밀하게 말하면, 바이블의 십계명은 사랑 자체다. 사랑으로 담금질한 영혼의 그릇이다. 우리는 일을 통해 그것을 얻었다. 그 일의 상당 부분이 교육이다. 때문에 바이블의 교육은 사랑을 담금질하는 대장간의 숨소리와도 같다.

「요한3서」는 가이오라는 사람에게 보낸 편지다. 가이오가 어떤 사람인지는 분명하지 않다. 일반적으로 로마 사람들에게 많이 쓰인 이름이라고 한다. 장로로서 요한은 가이오를 칭찬한다.

> "사랑하는 사람이여! 그대는 형제나 나그네를 위해 무슨 일이든 신실(信實)하게 하고 있습니다. 그들이 교회 앞에서 그대의 사랑에 관해 증언했습니다. 그대가 하나님께 합당한 방법으로 그들이 가는 길을 전송하면, 이는 잘하는 일입니다. …… 악한 것을 본받지 말고 선한 것을 본받으십시오."(「요한3서」1:5-11)

「요한3서」을 완미(玩味)하면서, '가이오'라는 존재를 다시 생각해 본다. 가이오는 특정한 개인일 수도 있다. 하지만, 당시 일반적인 로마인의 이름으로 본다면, 바이블의 교육을 이해하는 방식을 달리할 수 있다. 한국식으로 비유한다면, '가이오'는 '영수'나 '수진'이와 같이 일반적으로 많이 쓰는 이름이다.

그렇다면 요한은 로마의 일반 사람으로서 그리스도인 형제자매를 향해 편지를 쓴 것이 된다. 그들의 삶을 위한 당부 가운데 몇 가지 개념이 보통 사람의 인생을 추동하는 힘이 될 수 있다. 그것은 믿음직하고 착실함을 뜻하는 '신실'한 행위에 근거한다. 그리고 공평하고 합당한 일 처리가 그것을 보증한다.

「요한2서」와 「요한3서」의 마무리 단계에서 인상 깊은 언표가 하나 있다. “내가 여러분에게 쓸 것이 많으나 종이와 먹으로 쓰기를 원하지 아니합니다! 직접 대면하여 말하고 싶습니다.” 여기서 글과 말의 교육적 특성을 고려할 필요가 있다. 물론, 편지글이 지닌 힘도 크다. 하지만 신앙이나 교육의 차원은 ‘만남’이 우선인 듯하다. 바이블의 여러 장면은 사람이 마주하여 공의를 나누는 직접성을 중시한다. 간접 지도가 아니라 직접 교육이다.

19. 『신약성서』(新約聖書: *The New Testament*) 서한⑬유다서-자신을 세우고, 지키고, 자비를 베풀어라

2021. 8. 21. 8:10

「유다서」는 유다가 쓴 편지이기 때문에 붙여진 명칭이다. 유다는 야고보의 동생이자 예수의 형제다. 편지는 유대인이나 유대 전통에 익숙한 그리스도인들에게 쓴 것으로 보인다. 1장으로 구성되어 있는 짧은 글이지만, 구원 받은 사람은 오직 한 가지 참된 믿음을 가져야 한다는 당부로 가득하다. 특히, 거짓 선지자들에게 대항하며 진리를 좇아야 한다는 교육철학을 담고 있다.

유다는 인간의 부도덕한 특성에 대해, 거짓 교사들의 왜곡된 성격과 가르침에 대해, 매우 구체적으로 지적한다.

> "사랑하는 여러분! 내가 우리의 공동의 구원에 관하여 여러분에게 편지를 쓰려고 애썼지만, 나는 성도들에게 단번에 전해진 믿음을 위해 싸울 것을 여러분에게 권고하는 편지를 쓰는 것이 필요하다는 것을 발견했습니다. 왜냐하면 어떤 사람들이 눈에 띄지 않게 여러분 가운데 들어왔기 때문입니다. …… 주님께서는 자신들의 영역을 지키지 않고 자신들의 거처를 떠난 천사들을 큰 날의 심판을 위해 어둠 속에서 영원한 사슬에 묶어 두셨습니다. 이와 같은 방식으로 소돔과 고모라와 그 주변의 마을들도 음란한 행위에 몸을 맡기고, 경건하지 못한 사람들을 뒤쫓아 다녔습니다. …… 이 꿈꾸는 거짓 선지자들도 몸을 더럽히고, 권위를 무시하며, 영광스러운 사람들을 모독합니

다. …… 그들은 여러분이 벌이는 잔치를 방해하는 존재들입니다. 잔치를 하면서 어울리지 않고 자신들만 돌봅니다. 그들은 바람에 떠밀려가는 물기 없는 구름입니다. 두 번이나 뿌리째 뽑혀 죽어가는 열매 없는 늦가을의 나무입니다. 자신의 수치를 거품처럼 뿜어 올리는 거친 바다의 물결입니다. 영원히 짙은 암흑에 갇혀 있는 떠도는 별과 갈습니다. …… 그들은 투덜대는 사람입니다. 불평하는 사람입니다. 욕심에 따라 행하는 사람입니다. 이익을 얻기 위해 사람들에게 아첨하면서 허풍 떠는 말을 합니다. …… '마지막 때에 오직 자신들의 경건하지 않은 욕망에 따라 행하는 조롱꾼들이 나타날 것이다!' 그들은 분열을 일으키고, 성령을 가지고 있지 않고, 본능대로 살아가는 사람들입니다. 사랑하는 여러분! …… 지극히 거룩한 여러분의 믿음 위에 여러분을 세워, 성령 안에서 기도하며, 영원한 생명으로 이끄는 우리 주 예수 그리스도의 자비를 기다리면서, 하나님의 사랑 안에서 여러분을 지키십시오. 의심하는 사람에게 자비롭게 대하십시오. 어떤 사람들에게는 그들을 불에서 끌어내어 구하십시오. 또 다른 사람들에게는 몸으로 더럽혀진 속옷은 미워할지라도 두려움을 가지고 자비를 보이십시오."(「유다서」 1:3-23)

바이블의 말씀을 차근차근 따라가며 음미하면, 교육철학의 내면이 보인다. 그 사유나 행위의 제일 근거는 '단번에 전해진 믿음을 위해 싸우라!'이다. '단번에 전해진 믿음'은 세상 곳곳에서 유행병처럼 번진다. 일시적으로 사람들의 구미(口味)를 당기는 솜사탕처럼, 잠깐 동안에 사람들의 눈과 귀를 사로잡으며 흥행몰이를 한다. 진리를 가장한 지식 상품은 그렇게 인간 사회에 침투한다. 유령처럼 떠돌며 건전한 사유를 마비시킨다. 신뢰해야 할 진리의 영역을 허물어뜨린다. 대부분의 사람들은 삶의 준거에 혼란을 느끼며, 자신의 믿어왔던 사상의 거처를 떠나도록 강요당한다. 인생은 스스로 칠흑 같은 어둠을 부르고, 몸은 스스로 차가운 사슬로 묶는다.

어둠과 사슬은 현실적 음란 행위를 전염병처럼 퍼지게 만든다. 경건하지 못한 존재들은 자기들만의 잔치를 펼친다. 함께 나누는 잔치가 아니라 자신만이 누리는 안락이다. 홀로 받은, 산해진미(山海珍味) 가득한 잔치 상! 비유가 재미있다. '바람에 떠밀려가는 물기 없는 구름', '열매 없는 늦가을의 나무', '수치를 뿜어 올리는 물결', '짙은 암흑에서 떠도는 별' 이런 인간 군상(群像)이야말로 교육의 적극적 대상이다. 비인간적이고 비도덕적 차원을 인간적이고 도덕적으로 되돌려 놓으려는 노력이 필요한 세계다.

교육은 투덜대고 불평하고 욕심에 따라 사는 사람들의 삶을 성찰하도록 조성해야 한다. 개인의 이익을 얻기 위해 아첨하거나 허풍 떠는 말을 제거해 나갈 수 있는 바른 소리꾼을 양성해야 한다. 경건하지 않은 존재들의 욕망은, 세상을 조롱하는 모사꾼으로 나타난다. 사람을 이간질한다. 이성이나 감성이 아니라 본능에 의지하여 내뱉을 뿐이다.

바이블의 교육은, '욕망'이라는, 브레이크 고장 난 열차를 수리하는, 특별 정비소다. 정상 궤도에 올려 운행을 재개하도록 만든다.

그 교육의 궁극적 결과는, 진리의 공의, 그 믿음 위에 인간을 세워라! 그리스도의 사랑 안에서 스스로를, 우리 모두를 지켜라! 어떤 사람이건, 조심스럽게 대하며, 자비를 보여라! 이런 점에서 바이블은 자비(慈悲)의 교육철학이다.

20. 『신약성서』(新約聖書: *The New Testament*) 요한계시록-생명수에 드리운 영원의 등불

2021. 8. 22. 8:19

지난 7월부터 50여일에 걸쳐 진행한 『구약성서』에서 『신약성경』에 이르는 바이블의 교육철학 독해를 오늘 마무리 한다. 「창세기」에서 「요한계시록」에 이르는, 상당히 긴 교육철학 여행이었다. 기독교 신앙의 차원이 아니라, 세속교육의 시각에서 바이블의 교육철학을 더듬어본 수준이다. 그 마지막 자리에서, 「요한계시록」이 교육철학적 거듭남을, 생명수처럼 선사해 주었다. 모든 일에 감사하듯이, 다시 바이블 전체를 독해하며 성찰할 수 있어, 더욱 감사하다.

「요한계시록」은 인간의 역사에 대한 여호와 하나님의 개입을 예언적으로 설명하는 책이다. 계시(啓示: revelation)지만 예언(豫言: prophets)이기도 하다. 『신약성경』의 마지막편이다. 요한이 본 계시라는 의미를 따서 명칭을 붙였다. 저자는 당연히 요한이다.

바이블에서 계시는 숨겨져 있는 하늘의 일들, 장래에 일어날 일에 대해, 하나님께서 드러내는 작업을 말한다. 환상(幻像: vision)으로 받은 계시는 그것을 받은 사람이 기록하여 다른 사람에게 전한다. 예언은 예언자들이 하나님의 말씀을 듣고서 직접 다른 사람에게 전한다. 전수 양식에 차이는 있으나 하나님의 말씀을 전도하는 차원에서는 동일하다. 특히, 환상적 계시는 심상(心像)이나 비유(比喩)를 통해 전하는 경우가 많다. 직유(直喩)나 은유(隱喩)와 같은 시적 표현도 상당하다.

「요한계시록」은 아시아에 있는 로마의 주, 현재 터키의 서부 지역에 있었던 일곱 교회에 보내졌다. 무엇보다도, 그리스도의 재림 기간 중에 교회가 겪는 시험과 유혹 뒤에 숨어 있는 영적 현실을 드러낸다. 고난을 참아내고 현재 세계 질서의 수많은 유혹에서 기독교의 순수함을 지키려는 헌신이 돋보인다.

『신약성경』의 마지막에 배치한 바이블의 오메가(Ω)답게, 바이블의 교육철학을 선명하게 정돈한다. 그것은 '생명수의 강물'로 표현된다. 그 생명수에 드리운 영원의 등불이 초롱초롱 빛난다.

> "그 후, 그 천사는 수정같이 맑은 생명수의 강을 내게 보여주었습니다. 강은 하나님과 어린 양의 보좌로부터 흘러나와, 그 도성의 큰길 가운데로 흘렀습니다. 강의 양쪽에는 생명의 나무가 있었습니다. 이 나무는 1년에 12개의 열매를 맺었는데, 매달 열매를 맺었습니다. 생명의 나무 잎은 민족을 치료하기 위해 쓰입니다. 그리고 다시는 저주가 없을 것입니다. 하나님과 어린 양의 보좌가 성 안에 있을 것입니다. 그분의 종들이 하나님을 섬길 것입니다. 종들이 하나님의 얼굴을 볼 것입니다. 그분의 이름이 그들의 이마에 있을 것입니다. 거기에는 밤이 없을 것입니다. 그들은 등불도 햇빛도 필요 없을 것입니다. 왜냐하면 주 하나님이 그들을 비출 것이기 때문입니다. 또 그들은 영원무궁토록 다스릴 것입니다."(「요한계시록」22:1-5)

「요한계시록」의 기록은, 당연히 기독교 신앙에 의거한 종교적 차원에서 독해해야 한다. 세속적 시각에서 인식하거나 해석할 수 있는 문제가 전혀 아니다. 여호와 하나님과 예수 그리스도의 진리 기준에 근거하여 그리스도인의 삶을 위해 쓰여야 한다. 하지만, 바이블 교육의 차원에서, 세속의 현실교육에 비유하여 이해한다면, 「요한계시록」은 교육의 완성 단계에 해당한다. 그러기에 생명수의 강을 보고 열매를 보고, 영원무궁한 다스림의 세계가 온 누리에 펼쳐진다.

'생명수의 강물'은 세상을 살리는 기초다. 그 기초를 바탕으로 나무가 자란다. 나무는 영양을 받은 만큼 결실을 맺는다. 나무 잎은 인간의 치료를 위해 쓰인다. 열매는 아닐지라도 헌신과 봉사에 기여한다. 사람이 사는 이런 땅에 저주는 들어설 수 없다. 섬김의 세월이 지속된다. 어둠이 없다. 이미 밝아진 세상만이 존재한다. 환하다. 그것도 영원무궁하게.

생명수를 먹고 자라는 나무, 그 잎의 역할과 열매의 기능, 재앙과 불행이 사라지고 존중과 존경으로 일관하는 세상! 이 밝은 지상낙원이 교육의 결실이다. 그 논리와 현실은 다시 성찰을 거친다.

> "자신의 겉옷을 빠는 사람은 행복합니다. 그들은 겉옷을 빠는 행위를 통해 생명의 나무에 이르는 권리를 갖게 될 것입니다. 또 도성의 문 안으로 들어갈 수 있을 것입니다. 그러나 성 밖에는 거짓 선지자들과 점술가들과 음행하는 자들과 살인자들과 우상숭배자들 같은 거짓을 사랑하고 실천하는 자들이 있습니다."(「요한계시록」22:14-15)

현재 내가 입고 있는 겉옷을 세탁하라! 단순하게 옷을 빨아내는 빨래의 문제가 아니다. 궁극적으로는 '인간세탁'이자 '사회세탁'이다. 물론, 신앙의 차원에서 보면, 겉옷을 세탁하는 작업은 예수 그리스도의 피로 옷을 빨아서 희게 만드는 일이다. 그리스도를 믿음으로서 자신을 깨끗이 하고, 그분을 충실하게 따르는 거룩한 행위다.

하지만 세속에서의 정화작용이나 교육의 차원에서 이해하면, 그것은 비교육적 상황을 털어내는 진실한 교육 행위다. 겉옷에 묻은 삶의 오류나 비도덕성을 씻어내는, '결백(潔白)'의 요청이다. 그래야 아름다운 세상의 상징인 도성(都城)으로 들어갈 수 있다. 공의(公義)가 살아 숨 쉬는 인간 세상에 거주할 자격을 획득한다. 그것이 교육철학의 희망이다. 교육의 최고 행복이 이 지점에서 빛난다.

그러기 위해, 교육은 비교육적 현실 상황을 타개(打開)해야 한다. 혼신의 힘을 다해, 삶의 피폐하기 만드는 세상을 경계하고 바로잡아 나가야 한다. 거짓 선지자들의 가르침, 점술가들의 혹세무민(惑世誣民), 음행(淫行)을 저지르는 자나 살인자, 그리고 우상숭배자와 같은, 세상을 부정으로 얼룩지게 만드는 존재들의 거짓 교육을 정당하게 처리해야 한다. 이 마무리 단계에서 바이블이 지향하는 교육이 선명하게 새겨진다.

21. 『화엄경(華嚴經)』1: 무한 우주의 생명력

2021. 8. 23. 9:47

오늘부터 불교의 『화엄경』을 통해 교육철학적 시선을 확장해 보려고 한다. 내가 느끼는 『화엄경』은 상상하기 힘들 정도로 어마어마한 세계다. 깊이와 넓이를 헤아리기가 쉽지 않다. 여기서 보았으나 이미 저기에 앉아 있고, 저기서 보았으나 벌써 여기에 자리 잡고 있다. '선재동자(善財童子)'의 '선재(善財)'라는 화두를 잡고 아주 오랫동안 두려움에 떨었다. 그 교육의 세계는, 나같이 초라하기 그지없는 존재가 언급하기에는, 현실에서 감당하기 힘든 장엄한 우주였기 때문이다.

학부 시절 학문에 입문한 이후, 중천(中天) 김충렬(金忠烈, 1931~2008)선생께서는 수시로 조용하게 충고해 주셨다. '유교의 『중용』『주역』과 더불어 도가의 『노자도덕경』, 그리고 불교의 『화엄경』을 반드시 보아라! 통유(通儒)가 되기 위해서는 유(儒)·불(佛)·선(仙)의 세계를 섭렵해야 한다!' 돌아보니, 선생의 당부는 평생 학문을 해도 모자랄 듯하다. 전공 특성상, 유학과 도가는, 다른 영역에 비해 상대적으로 조금 더 관심을 가지고 임했다. 하지만, 불교는 공부를 해봐도 잘 깨우쳐지지 않은 듯하다. 이런 게 불교철학이 지닌 특성일까?

『화엄경』은 무한(無限)과 영원(永遠)의 세계를 다룬다. 시간과 공간이 통합된 세계다. 한정된 인식과 의도된 행위가 해체된 자연적 실천이 깨달음을 인도한다.

『화엄경(華嚴經)』의 원래 명칭은 『대방광불화엄경(大方廣佛華嚴經)』이다. 표기에 따라 약간씩 차이는 있으나 산스크리트어로 '붓다-아마타

마사카-나마-마하바이풀야-수트라(Buddha-avataṃsaka-nāma-mahāvaipulya-sūtra)'다. 이를 줄여서 『화엄경(華嚴經: Avataṃsaka Sūtra)』이라 한다. 산스크리트어로 된 원본은 완전한 텍스트가 없다. 아직까지 완본(完本)이 발견되지 않았다. 현재 전해지는 내용은 「십지품(十地品)」과 「입법계품(入法界品)」 두 가지 뿐이다. 한문으로 번역된 것은 불타발타라(佛陀跋陀羅: Buddhabhadra, 359-429)의 '60권 본'(418~420), 실차난타(實叉難陀: Siksā nanda, 652-710)의 '80권 본'(695~699), 반야(般若: Prajnā)의 '40권 본'(795~798)이 있다. 티베트어로 된 번역은 '80권 본'과 비슷하다. 산스크리트어로 된 원본은 두 가지 내용이 전해지고 있는데, 어찌하여 한문으로 번역된 경전은 이렇게 풍부하게 온전한 형태로 전해질까? 무언가 사연이 있을 듯하다.

연구자들에 의하면, 본경은 '60권 본'이 34장, '80권 본'이 39장, '티베트어 번역본'이 45장이다. 하지만 각 경전이 처음부터 현재의 형태로 성립된 것은 아니다. 각각의 장이 독립된 경전이었다가 나중에 하나씩 묶여지면서 『화엄경』으로 만들어졌다고 추측된다.

30여 년 전, 한국학중앙연구원에서 공부할 무렵, 한국 화엄학 연구의 최고봉이셨던 장봉(壯峰) 김지견(金知見, 1931~2001)선생이 그곳에서 가르치고 계셨다. 당시, 선생께서는 나를 '신 대감'이라 부르며 귀여워해 주셨다. 선생님의 지도 아래, 1990년대 초반, 조계종 종정(宗正)을 지내셨던 서옹(西翁, 1912~2003)스님을 백양사로 찾아뵈었고, 일종식(一種食)과 장좌불와(長坐不臥)로 수행 정진하셨던 청화(清華, 1924~2003)스님을 태안사에서 뵈었다. 아직도 그때 선사(禪師)들의 나지막한 음성이 또렷하게 들리는 듯하다. 그런데 나는 깨달음은커녕 겨우 현실에 발붙이고 허둥대는 중생일 뿐이다.

이번에 독해하는 『화엄경』은 운허(耘虛, 1892~1980)·탄허(呑虛 1913~1983)·무비(無比, 1943~)스님이 편찬한 것과 장봉 선생을 비롯한 여러 선학들의 축약 번역 등을 참고하였다. 이분들의 『화엄경』 번역 편찬은 한국불교사의 역작이자 대사업이다. 장봉 선생을 비롯한 여러 선학들의 『화엄경』 축약본은 이해하기 쉽다. 장봉 선생은 『화엄경』을 다음과 같이 정돈한다.

"화엄경은 시간과 공간의 한계를 완전히 초월한 깨달음의 경지를 펼친다. 시공간의 차별도 사라져 버린 세계를 전개하면서도, 존재와 존재의 불가사의(不可思議)한 상호융합이 이루어지는 원융무애(圓融無碍)의 경지를 보여준다. 보통 사람의 시선에서, 일반적으로 이해하면, 이상과 현실은 하나로 통일되기 어렵다. 그러나 화엄경의 사유방식은 특별하다. 현실과 이상의 합일(合一)을 넘어, 현실은 현실대로 이상은 이상대로 자유자재(自由自在)로 움직인다."

사사무애(事事無碍)! 제한되고 강요당한 인식을 초월하자! 그 가운데 자유(自由)가 꿈틀대고 자재(自在)가 약동한다.

무엇보다 인상 깊은 것은 『화엄경』의 마지막에 자리한 「입법계품」다. 「입법계품」은 『화엄경』 전체 분량의 1/4를 차지한다. 그만큼 『화엄경』의 사상이 포괄적으로 담겨 있다고 해도 과언이 아니다. 잘 알려져 있듯이, 『입법계품』은 문수보살(文殊菩薩)의 가르침에 의해 보리심(菩提心)을 일으킨 선재동자(善財童子)의 구도(求道) 활동이 핵심이다. 소년 선재는 '열렬한 구도정신'으로, 오랜 세월 동안, 53명의 선지식을 찾아다닌다. 보살도의 실천과 수행에 대해 질문하고 선지식들의 인도로 깨달음에 들어간다. 53명의 선지식은 각양각색의 사람들이다. 소년 선재는 그 대상이 누구이건, 인생의 도리를 통달하여 자신에게 가르침을 베풀어주기만 하면, 성별·나이·신분·종교를 초월하여 진리에 대해 물었다. 이 구도(求道)의 지점은 완벽하게 교육적이다. 내가 그렇게 갈구(渴求)하던 교육철학이다.

소년 선재가 추구한 열렬한 구도정신은 다른 것이 아니다. 세속의 번뇌에 물들지 않고, 꿋꿋한 마음을 지니는 데서 비롯된다. 그 마음의 바탕인 선재(善財)는 '순진무구(純眞無垢)'다. 꾸밈없는 마음! 참되고 아무 죄가 없는 깨끗함! 때가 없이 깨끗한 저 마음자리에서, 구도는 시작된다. 순진무구는 다름 아닌 동자(童子: 어린아이: 소년)의 특권이다. 교육이 필요한 인간을 동자로 비유한다면, 교육받아야 할 모든 인간은 선재동자의 특권을 기꺼이 받아들여야 한다. 그것이 불교의 교육 세계를 지시한다.

그런데, 문제다. 불교의 세계와 세속의 현실이 만날 수 있을까? 지금 내가 수행하는 교육이, 이 사이 세계에 어떻게 자리할 수 있을까?

22. 『화엄경(華嚴經)』2: 꽃으로 장식할 교육세계

2021. 8. 25. 8:24

앞에서 언급한 것처럼, 『화엄경(華嚴經)』의 원래 명칭은 '대방광불화엄경(大方廣佛華嚴經)'이다. 경전의 명칭에서 뿜어나는 사유와 행위의 거룩함은 인간의 삶을 압도한다. 때문에 대부분의 깨닫지 못한 중생(衆生)은 깨달은 성인(聖人)의 삶을 이해하지 못하고, 그들의 행위에 놀라움과 충격으로 감탄한다.

'대방광불화엄경(大方廣佛華嚴經)'에서 '대(大)'는 '크다'라는 의미다. 그렇다고 단순하게 '크다-작다'로 대비되는 '소(小)'의 상대어로서 '작다'는 말이 아니다. '대(大)'는 부처님의 진리, 즉 불법(佛法)의 궁극 지점을 꿰뚫어 보는 무한 절대의 이법(理法)의 세계가 그렇다는 뜻이다. 진리 자체를 지시한다. 진리는 규정할 수 없을 정도로 크다! 아니, 규정할 수 있는 대상이 아니다. 불법의 위대함을 겨우 말로 형용한 언표일 뿐이다. 이 큰 세계에 속세의 교육철학이 끼어 들 수 있을까?

'방광(方廣)'은 넓이와 방향을 의미한다. '방(方)'은 말 그대로 사방(四方)의 방향(方向)이고, '광(廣)'은 '넓다' 또는 '넓히다'이다. 그러기에 '방광(方廣)'은 제한된 공간의 넓이나 일정한 방향을 가리키는 것이 아니다. 서로 맞대고 서로 끼어들며 끊임없이 오고가는 깨달음의 노래다. 상즉상입(相卽相入)!

시간과 공간의 한계, 자연과 인간의 경계, 모든 존재의 분별을 초탈한 깨달음의 경지를 펼친다. 부처님은 이런 경지를 깨달았다. 정말 그럴까? 참으로 알 수 없다. 인간이 살아가는 세상의 모든 사안은 분별을 통해 자신을 확인하며, 정체성을 확보하려고 발버둥 치는데, '깨달음'이라고? 이 무엇일까? 깨달음이 인간 세상의 삶을, 세속적 행복을 가져오는가? 가져다주는가? 오히려 적멸(寂滅)의 궁궐에만 머물게 하지 않을까?

온갖 분별과 번뇌, 그 오염의 능선을 타고 인간은 언어나 감각으로 이해할 수 있는 세상을 어루만지고 있는데, 저 광대한 불법의 세계를 어떻게 지향할 수 있을까? 교육이 그것을 지시하는 걸까? 속세의 교육이 그것을 허용할까? 『화엄경』의 철학을 교육적으로 독해하려는 마음 자체가 흔들린다! 이 뭘까? 『화엄경』을 구체적으로 독해하며 교육철학적 사유를 입히기까지 당분간 며칠 동안일지라도, 숙고(熟考)해야 할 것 같다.

화엄(華嚴)은 산스크리트어로 '간다뷔하(ganda-vyūha: 장식의 표시)'다. '간다(ganda: 華)'는 흐드러지게 핀 온갖 꽃, '잡화(雜花)'다. '뷔하(vyūha)'는 '꾸미다''장식하다'는 의미로 장엄(莊嚴)하게 이루어진 모양을 말한다. 그러기에 화엄은 수많은 종류의 꽃으로 아름답게 장식한 모습이다. 이름 없는 온갖 꽃은 무엇일까? 인간이 피우는 꽃도 대상이 될까? 당연하다. 인간의 마음에서 피어나는 꽃들도 포함된다. 속세의 교육은 인간을 둘러싸고 벌어지는 핵심 작업이기에, 인간이 피우는 꽃을 통해 화엄의 교육성을 비춰볼 수 있다. 그것이 교육철학적 희망이다.

이름 없는 한 송이 꽃, 모든 개인의 마음은 생명력으로 꿈틀댄다. 모든 존재가 무한 우주의 생명을 약동하는데 참여한다. 온갖 꽃들이 어우러져 공존(共存)하며 아름다운 세계를 이룬다. 인간을 포함한 수많은 생명이 아름답게 공존공생(共存共生)하는 세계! 그것이 화엄이다. 사물과 사물, 사물과 일, 일과 일 사이의 공존공생이 사사무애(事事無碍)다. 그 깨달음이 『화엄경』의 메시지다. 속세의 교육도 그러할 수 있을까?

불교의 법장(法藏)으로 이해하면, 화엄은 조금 어려운 개념을 도입하여 설명된다. '화(華)'는 보살(菩薩)의 모든 '행(行)'이다. '화[華: 花: 꽃]'에는 결실의 '용(用)'이 있고, '행(行)'에는 '감과(感果)'의 '능(能)'이 있다. 이 설명하기 쉽지 않은 진리의 세계를, 사물에 의탁하여 나타냈다. 그러기에 사물 가운데 '꽃'을 들어 비유하였다. '엄(嚴)'은 '행(行)'이 이루어지고, '과(果)'가 차서 이치에 맞고 진실에 어울린다. 세상에 존재하는 이치(理致)와 처리(處理)하는 지혜가 분별되지 않고 하나가 될 때, 이것과 저것이라는 차별, 작용 하고 작용 받는 사안이 없어진다.

이 한 단락에서 '보살(菩薩), 행(行), 용(用), 감과(感果), 능(能)'과 같은 불교 개념이 나열되었다. 신앙의 세계에 들어가면 '신성(神聖)'이라는 중압감에 매몰되어서 그런지, 개념의 이해를 돕기는 커녕 더 어렵게 만드는 경우가 많다. 그러기에 성직자가 일반인에게 그것을 풀이해 주는 작업을 담당하는 것이겠지만, 교육의 차원에서 보면 상당히 답답하다. 신앙의 일상화를 지향하려면, 종교의 교리가 사람들의 일상 언어로 가장 쉽게 다가와야 하는 게 아닌가!

교육도 마찬가지다. 일상의 행복을 위해 교육받은 사람을 육성하는데, 일상과 동떨어진 형이상(形而上)의 세계나 전문가들만이 독점하는 내용으로 점철된다면, 그것이 교육인가? 교육의 용어는 철저하게 일상 언어여야 하고, 쉬워야 한다!

다시 강조하면, 화엄(華嚴)은 '꽃으로 꾸미다'는 의미다. 화[華: 꽃]는 보살의 모든 실천 행위를 비유한 개념이다. 보살은 깨달기 위해 노력하는 사람이다. 이 깨달음의 추구를 세속의 교육으로 비유할 수 있다. 진리를 추구하는 한 모든 인간은 보살이다! 이런 논리를 속세의 현실에 적용하면, 교육을 받는 한 모든 인간은 성인의 반열에 오를 수 있다! 교육 행위로 상징되는 꽃은 반드시 열매를 맺는 작용을 갖고 있다. 보살의 행위는 필연적으로 깨달음의 세계를 가져올 힘이 있다. 마찬가지로 인간은 교육을 통해 인간다운 인간이 될 능력이 있다. 엄[嚴: 꾸미다]은 보살의 행위가 완성되고, 그 결과가 충족되어 진리에 합치되었음을 의미한다. 화엄(華嚴)! '꽃으로 꾸미다'는 것은 부처의 깨달음을 가져올 힘이 있고, 보살의 행위가 실제 완성되고 충족되어, 진리에 합치하는 세계의 구축이다.

이 화엄 세계가 불교의 교육철학이 지향하는 궁극(窮極)인가? 경전을 한 구절을 읽어내는데, 시간의 존재가 눈에 보이지 않는다. 공간의 소리가 귓속에서 '찌이이~'거리며 멈추지 않는다.

23. 『화엄경(華嚴經)』3: 깨달음의 세계, 자아(自我)의 초극(超克)

2021. 8. 26. 11:06

교육은 '자아(自我: self)'의 문제를 상당히 중시한다. '자아'실현이나 완성을 교육의 목적으로 설정하기도 한다. 불교도 마찬가지다. 불교가 추구하는 해탈은 현실적 고통, 즉 번뇌를 벗어나려는 몸부림이다. 그 원인을 깨닫고 수행하려는 의지 가운데 자아가 버티고 있다. 어쩌면 불교의 화엄 세계가 갈망하는 깨달음은 자아를 다루는 양식에 관한 것이 아닐까? 그런 점에서 화엄의 교육적 시선을 새롭게 조명할 필요가 있다.

깨달음과 관련하여, 다마키 고시로(玉城康四郞)의 『화엄경』 해설에서 제시한 견해가 재미있다. 그 내용을 참고로 의견을 보태본다. 엄밀하게 말하면, '깨달음'의 세계는 너무나 어렵다. 인간의 현실은 이 깨달음의 세계와 너무나 거리가 멀다. 어쩌면 정반대다. 정반대에 자리하고 있는 만큼, 수많은 대중이 그것에 근거하여 깨달음을 추구한다. 현실이 아니라 깨달음이라는 이상을 염원한다. 불교에서, '공즉시색 색즉시공(空卽是色 色卽是空)!' '상즉상입(相卽相入)!' '무분별·무차별의 세계'라고 했는데, 고통과 번뇌, 깨달음이 어찌 구분되어야 한단 말인가? 그러니까, 왜, 현실은 고통이고, 깨달음은 열반적정(涅槃寂靜)인가? 정말, 마음이 편안하고 고요한 경지에 오를 수 있을까? 현실 자체가 깨달음의 세계와 동일체로 앉아 있을 수는 없는가?

현실은 '아뢰야(阿賴耶: ālaya)'를 좋아한다. 아니, 아뢰야를 즐기고 있다! 아뢰야는 인간 의식의 근원을 가리킨다. 불교의 유심론(唯心論)

에서 말하는 인간의 근본 의식(意識)이다. 불교는 인간을 '안·이·비·설·신·의(眼·耳·鼻·舌·身·意)'의 여섯 가지 감각 기관으로 이루어진 존재로 본다. '안·이·비·설·신·의'는 '눈과 귀와 코와 혀와 몸과 뜻'이다. 이 가운데 앞의 다섯 가지, 즉 '안·이·비·설·신'을 전5식(前五識)이라 하고, 여섯 번째의 '의'를 제6식이라 한다. 전5식에 해당하는 눈과 귀와 코와 혀와 몸은 보고 듣고 맡고 맛보고 느끼는 감관(感官)이다. 그러므로 자체적으로 판단하고 유추하고 비판할 능력이 없다. 내가 외부 세계와 연결되어 통할 수 있는 교통로일 뿐이다. 때문에 제6식에 의해 통괄될 수밖에 없다. 간단하게 말하면, 보고 듣고 냄새 맡고 맛보면서 스스로 느낀 사항을, 자신의 의식에 전한다. 마음에 담을 수 있도록 만든다. 그러기에 이 제6식을 '마음'이라고 부른다. 마음의 세계는 세 단계로 구분된다. 제6식-제7식-제8식이다. 제7식은 말라식(末那識: Manas)이라고도 하고, 제8식을 '아뢰야식'이라 한다. 심리학적으로 구분하면, 제6식은 의식의 세계이고, 제7식과 제8식은 무의식의 세계다. 아뢰야식은 이 가운데 가장 근원적 마음이다.

중생(衆生)이 이 '아뢰야'를 불교의 신앙 교리에서 이해하며 느끼기에는, 너무나 난해하다. 보통 사람이 세속적으로, 흔히 생각하는 '자아'로 이해하면 좋다. 인간은 자아를 좋아한다. 어쩌면 대부분의 인간은, 일정 부분 자기애(自己愛: Narcissism)를 지닌, 나르시스트(Narcissist)다. 자기애를 지닌 만큼, 아니, 그 이상 펼치려는 욕심을 통해, 현실에서 자아를 즐긴다. 그렇지 않다면, 자기 존중감도 자기 애착도 없고, 삶도 공허에 빠진다. 자기 사랑을 발휘하려는 몸부림이 인간의 현실이다. 어떤 일을 하건, 무엇을 생각하건, 언제나 자아 관념이 가로 놓인다. 자아가 모든 사유나 행동의 기반이 된다. 많은 철학자나 교육학자가

‘자아’에 관한 논의를 펼쳤던 것도 이런 사실에 기인한다.

그런데 부처님의 깨달음은 ‘자아’는 그 관념이 좀 다르게 느껴진다. 자아 관념의 강화(强化)가 아니라 초극(超克)을 지향한다. 현실적 자아가 무너져 버린다. 그냥 무너지는 것이 아니다. 무너뜨리려는 강력한 수행(修行)을 방편으로 취한다. 그리고는 자아의 해체를 통해, 한없는 생명력을 확보하고, 극락의 세계를 살아간다. 이것은 인간사회의 현실인 차안(此岸), 즉 ‘이 세상’에 있지 않다. 피안(彼岸)인 ‘저 세상’에 있다!

그렇다면, 차안(此岸)에서 피안(彼岸)으로 나아가는 작업이 불교의 교육인가? 이 지점에서 모순이 발생한다. 불교에서 현실을 고통으로 가정하는 한, 피안에 도달하려는 노력은 현실 사회를 벗어나려는 수행이다. 하지만 교육은 철저하게 인간사회의 현실에서 이루어진다. 절대, 현실을 벗어나지 않는다. 불교를 교육적으로 인식하려면, 가장 먼저 이 부분을 해체해야 한다. 차안이라는 번뇌의 이 세상은 고통이다. 하지만, 교육은 피안이라는 열반의 저 세상으로 나아가는 것이 아니라, ‘차안 내의 피안’을 조성하는 작업이라는 사실을 가정해야 한다. 그래야만이 불교의 깨달음을 향한 수행이 속세의 교육과 맞닿을 수 있다.

이런 방식으로 깨달은 사람, 다시 말해 교육받은 사람은, 자신의 본성과 그것을 통해 살아가는 세계를 동일하게 여긴다. 깨닫고 교육받은 만큼, 그런 세계를 살아갈 수 있다. 자아 관념에 자신을 세우고 있는 인간의 현실은 자아가 초극되어 있는 깨달음의 세계와 전혀 다르다. 자아를 근거로 삶을 살아가는 한, 깨달음의 세계는 그와 인연이 없다. 불교의 교육은 이 관절 고리를 분명히 선언한다. 자아를 좋아하고 즐기는 인간에게 마무리 설법을 해봐야 지칠 뿐이다. '소귀에 경읽기다!' 지칠 뿐이다. 여기에서 교육은 자아의 타파나 해체를 고려한다. 기존 교육에서 강조하는 자아실현이나 자기완성과는 정반대의 논리로 들릴 수도 있다.

『화엄경』의 논리가 그 해소 가능성을 던진다. 『화엄경』에서 깨달음은 자기가 자신을 알고, 세계가 세계를 인식하는 작업과 통한다. 이 무슨 말인가? 자기가 자신을 안다? 세계가 세계를 안다? 자기가 자신을 안다는 말은 자신의 체질이나 기질, 성격이나 인격 같은 사항을 아는 일이다. 그러나 끝내는 '자기 본성'을 아는 것이 목표다. 이는 불교가 추구하는 종교적 이상이다. 다름 아닌 해탈이자 열반이다. '자기 자신을 안다!' 이 작업에 진지한 사람이 얼마나 있을까? 이에 철저하기만 하면, 그것만으로도 충분히 종교적이다. 화엄경의 세계는 자아에서 그치지 않는다. 자기를 아는 일뿐만 아니라 세계를 아는 데로 나아간다. 자기 자신이 세계를 인식하는 일 뿐만 아니라 세계가 세계 자체를 이해하는 작업! 그것도 단지 인식하고 이해하는 데서 그치지 않는다. 행위 실천을 통해, 세계의 실상(實相)을 구현하는 대사업으로 내달린다.

24. 『화엄경(華嚴經)』4: 세주묘엄품(世主妙嚴品)-미묘하고 장엄한 세상의 주인

2021. 8. 30. 15:46

『화엄경』의 첫 번째에 「세주묘엄품(世主妙嚴品)」이 자리한다. 첫 번째 경전의 제목부터 무지하게 난해하다. 한문으로 번역된 불교 교리의 특징이기도 하지만, 절대적 형이상학의 신앙과 종교적 차원이 이해에 어려움을 더한다. 그것을 세속의 교육철학으로 독해하려고 덤벼들다 보니, 불교의 본래 뜻을 위배할 수도 있고, 오해의 소지도 발생할 수 있으리라. 적절한 비유가 아닐 수 있겠지만, '용맹정진(勇猛精進)'이라고 했다. 정말, 몹시 고된 수행! 고행(苦行)! 그것이 불교 아니던가? 그렇다면, 『화엄경』을 세속적 교육철학으로 풀어보려고 나선 자체가 또 다른 의미의 수행 아닌가! 그래서 경솔한 것 같지만, 과감하게, 교육철학적 해석을 시도해 본다. 오류조차도 삼키며 화엄의 세계로 발을 들여 놓을 수 있도록 말이다.

「세주묘엄품(世主妙嚴品)」에서 '세주(世主)'는 '세간(世間)의 주인', 또는 '세상의 주체'라는 의미다. '묘엄(妙嚴)'은 '미묘하고 장엄하다'는 뜻이다. 오묘한 내면의 깊이만큼, 펼쳐진 외면의 넓이만큼, 기세가 당당한 언표들, 그 세계가 묘엄이다. '올바른 깨달음', 즉 '정각(正覺)'을 이룬 부처님은 어떤 세상을 딛고 있을까?

> "그 땅은 금강(金剛)처럼 펼쳐져 있다. 가장 미묘한 보배 바퀴와 온갖 보배 꽃과 청정한 보주(寶珠: 여의주)로 장엄하게 이

루어져 모든 형상이 끝없이 나타난다. 또한 보주로 깃대를 만들어 항상 밝고 환하다. 항상 미묘한 소리를 낸다. 온갖 보배 그물과 오묘한 향기가 나는 꽃다발들이 두루 드리워져 있다. 그 보주는 자연스럽게 변화하여 한량없는 보배와 온갖 미묘한 꽃들을 그 땅에 흩어 놓는다. 보배나무는 줄을 서 있고 무성한 가지와 잎은 빛나고 있다. 이 땅의 모든 장엄함은 부처님의 신통력으로 말미암아 나타난 것이다. 이 도량의 모든 장엄함은 온 대지에 그림자처럼 나타났다."(「세주묘엄품」)

부처님의 신통력으로 나타난 이 땅은, 동일한 모습은 아니지만, 『구약성서』의 「창세기」에서 하나님이 빚은 세상과 유사한 측면이 엿보인다. 내가 잘못 본 것일까? 아니면, 기독교건 불교건 관계없이, 세계 창조나 세상 인식에 대한 인간의 보편성이 반영된 건가? 나는 해석하고 싶다. 부처님의 이 땅은 '교육철학의 기본이 되는 땅'이다. 교육철학의 터전이다!

그 땅은 한 마디로 말하면, '금강(金剛)'이다, 더 할 수 없게 단단하므로 결코 부서지지 않는다. 견고한 만큼, 다른 모든 것을 부술 수 있다. 특히 인간 세상을 어지럽히는 고통의 번뇌를 내리치며 부순다. '금강철퇴(金剛鐵槌)'다! 존재를 부수는 작업은 단순한 파괴나 해체가 아니다. 오히려 파괴를 통한 창조다. 금강석으로 만든 숫돌처럼, 칼을 갈아내는 창조의 바탕이다. 한번 맞아보시라! 눈이 번쩍 열리고 귀가 확 트인다. 깨달음이 저절로 온다.

그 창조의 바탕은 온갖 보배로 가득하다. 밝고 맑고 향기가 가득하다. 변화무상하다. 부처의 땅 위에 보리수(菩提樹)가 장엄하게 자라고, 궁전이 장엄하게 지어졌다.

"그 보리수는 높고 훌륭하여 금강으로 몸뚱이가 되었다. 유리로 줄기가 되었다. 온갖 미묘한 보배들로 가지가 되었다. 잎은 무성하여 갖가지 색깔로 가지마다 그림자를 드리웠다. 여의주로 그 열매가 되어 안팎으로 빛난다. 꽃들 사이마다 빛난다. 그 여의주 보배 속에서 여러 보살들이 온갖 법문(法問)을 쏟아 낸다."(「세주묘엄품」)

여기서 끝나지 않는다. 이뿐만이 아니다!

"여래께서 거처하시는 궁전과 누각은 넓다. 장엄하고 화려하다. 사방에 충만하다. 가지각색의 보주로 이루어져 있다. 온갖 보배 꽃으로 장식하였다. 모든 장엄에서는 광명이 구름처럼 흘러나온다. 궁전과 궁전 사이에는 그림자가 모여 깃대가 되었다. 한량없는 보살과 도량에 모인 대중은 모두가 그곳에 모여 여러 부처님의 광명과 미묘한 소리를 내었다. 또 보주로서 그물이 되었고, 여래에 저절로 있는 신통력으로 모든 경계가 그 속에서 나온다. 중생(衆生)이 거처하는 집들도 모두 그 속에서 영상처럼 나타난다. 부처님의 신통력으로 일념(一念) 사이에 온 법계(法界)를 다 둘러쌌다."(「세주묘엄품」)

어디 그뿐인가?

"그 사자좌는 높고 넓다. 미묘하고 훌륭하다. 여의주로 좌대를 만들었고 연꽃으로 그물이 되었다. 청정하고 미묘한 보배로 바퀴가 되었다. 온갖 색깔의 꽃으로 꽃타래가 되고, 전당(殿堂)과 누각(樓閣)과 섬돌과 창문 등 모든 사물들이 장엄하게 되어 있다. …… 모든 부처님의 위신력(威神力)으로 여래의 광대한 경계를 연설한다. 미묘한 음성이 멀리 퍼져 들리지 않는 곳이 없다!"(「세주묘엄품」)

여래(如來)의 '땅-보리수-궁전-사자좌', 이 네 가지 장엄의 기둥이 던지는 메시지는 의미심장하다. 이 부처의 신성함으로 물들인 땅 위에서, 인간이 살아가야 하는 게 아닌가? 그런데 현실은 왜 고통과 고난과 번뇌의 밭으로 변했을까? 인간이라는 동물이 지닌 원초적 특성, 다름 아닌 '욕망(慾望)' 때문이다. '욕(慾)'의 현실적 발현이 교육을 불러들인다. 교육을 소환(召喚)하는 동시에 소환(召還)한다.

'여래(如來)'는 산스크리트어로 '타타아가타(tatha-gata)'다. 즉 '타타아(tatha)와 가타(gata)' 또는 '타타아(tatha)'와 '아가타(agata)'의 합성어다. 타타아(tatha)는 한문으로 '여시(如是: 이와 같이)' 또는 '여실(如實: 알맹이 같이)'이라는 뜻이다. 따라서 알맹이가 찬, '참됨'이나 '진실'이라는 의미를 담고 있다. 가타(gata)는 '가다'라는 뜻이고, 아가타(agata)는 '오다' 또는 '도달하다'라는 뜻이다. 그러므로 '타타아가타'는 '이와 같이 가다' 또는 '참된 진실에 도달하다'라는 말이다. 그것이 불교에서 '깨달음의 길을 찾아 나서 열반의 피안으로 간 사람', 또는 '깨달음의 진리에 도달한 사람'이라는 의미가 되었다.

정말 '여래(如來)'는 이와 같이, 알차고 참되게, 오시는 분일까? 아니면 가시는 분일까? 이 땅 위의 '보리수'와 '궁전'에서 쏟아지는 저 법문(法問)이 교육의 언어가 아닌가? 저 대중이 거처하는 집이 교육의 장이 아닌가? 여래의 장엄한 땅 위에서 보리수가 장엄하게 펼쳐지고 궁전이 장엄하게 버티고 있다. 그곳에 놓인 사자좌는 연설하는 음성을 멀리까지 찬란하게 비춘다. 이 행복한 여래의 장엄이 불교의 깨달음을 수행하는 교육의 마당이다.

25. 『화엄경(華嚴經)』5: 세주묘엄품(世主妙嚴品)-대중의 교육가능성과 성취

2021. 8. 31. 12:50

인간은 왜 교육을 해야 하는가? 이 본질적 물음에 대한 일반적 정의는 크게 두 가지 영역으로 설명할 수 있다. 하나는 '목적'의 차원이고 다른 하나는 '수단'의 측면이다. 교육의 목적은 거시적으로 또는 형이상학적이나 규범적 정의에서 이해하면 '인격'이나 '인간다움'을 지향한다. 교육하는 자체가 인격 함양을 도모하는 본질을 지닌다. 교육의 수단은 미시적으로 또는 형이하학적이거나 기능적 정의에서 이해하면, '삶의 도구'나 '출세'를 추구한다. 교육이 경제적 문제를 비롯한 삶의 질 향상에 주요한 역할로 작용한다. 이 두 가지는 시소게임처럼 교육의 결을 형성한다. 밀물과 썰물처럼 시대 상황을 반영하며 인간 형성에 기여한다.

이러한 목적과 수단을 염두에 두고, 인간이 교육을 삶의 핵심에 두는 이유는 간단하다. 첫째는 교육을 통한 인간 성장의 '가능성' 때문이다. 교육을 수행했음에도 불구하고 성장이 불가능하다면, 인간의 삶에서 어찌 교육을 강조했겠는가? 둘째는 교육을 통해 추구하는 가치를 성취한다는 기대 때문이다. 교육의 효과나 결과를 확보할 수 없다면, 어찌 교육을 시도했겠는가? 이런 사유의 바닥에는 인간과 교육에 대한 긍정성이 깔려있다.

신앙과 종교의 차원을 세속 교육과 비교하기는 쉽지 않지만, 아니 근원적으로 비교할 수 없는 사태인지도 모르지만, 『화엄경』에서 지향하는 보살이나 여래 부처님으로 가는 길도 이와 유사하지 않을까? 「세주묘엄품(世主妙嚴品)」의 '보살 대중의 덕을 찬탄하는 대목'에서 그런 측면이 감지된다. 그것은 자리행(自利行)과 이타행(利他行), 그리고 '도(道)를 이룬 지위(地位)'와 '불과(佛果)의 실천', '자리(自利)와 이타(利他)의 일체'다.

'자리(自利: svārtha,)'는, 말 그대로 '자신을 이롭게 하다'로, '기리(己利)'라고도 한다. 화엄은 말한다. 깨달은 존재인 부처, 또는 보살은 '자리(自利)'의 실천이 원만하다고.

> "모든 보살은 지나간 옛날에 비로자나 여래와 같이 좋은 결과를 가져오는 선근(善根)을 모아서 보살행을 닦았다. 모두가 여래의 선근 바다에서 출생한 것이다. 모든 피안(彼岸)의 경지에 이르려는 바라밀(波羅蜜)이 이미 원만하다. 지혜의 눈이 명철하여 과거-현재-마래의 삼세(三世)를 평등하게 관찰한다. 모든 잡념을 버리고 집중하는 삼매(三昧: samādhi)를 충분히 갖추고 마음을 맑고 고요하게 하였다."(「세주묘엄품」)

자신을 이롭게 하는 교육 또는 수행의 과정은 몇 단계를 거친다. 그 첫 번째는 선근을 모우는 작업이다. 두 번째는 수행에 정열을 쏟는 바라밀의 단계다. 세 번째는 지혜의 눈으로 관찰한다. 그리하여 마지막 네 번째로 삼매로 들어간다. '선근(善根)-바라밀(波羅蜜)-혜안(慧眼)-삼매(三昧)'의 교육과정이다.

이타(利他: parārtha)는 '남을 이롭게 하다'이다. 이타행은 자리행을 바탕으로 한다. 이제 개인적 차원인 자리행을 넘어 타자로 다가선다. 화엄의 여래는 그 이타행도 원만하다고 한다. 그러기에 "변재(辯才:

말재주)가 바다와 같다. 넓고 크기가 끝이 없다 부처님의 공덕을 갖추어서 존엄하다. 공경할 만하다. 중생(衆生)의 품성이나 능력인 근기(根機)를 알아서 알맞게 교화하고, 악행을 제거하는 조복(調伏)을 하였다."(「세주묘엄품」)

자리행과 이타행을 통해, 이루어 나가는 도의 지위는 지극하다. 최고조에 이르렀다.

> "법계장(法界藏)에 들어가서 지혜가 차별이 없다. 부처님의 깊고 광대한 해탈을 깨달아 방편을 따라 어느 한 지위에 들어간다. 일체를 모두 쓰되 기도의 힘으로 항상 지혜와 함께 한다. 때문에 미래의 세상이 다하도록 변함이 없다."(「세주묘엄품」)

'법계(法界)'는 오염과 청정이 공존하는 세상이다. 깨끗함과 더러움은 세상에 이미 내재해 있다. 그것이 법계장이다. 이 세상에서 차별없는 지혜를 구가하고, 깨달음에 이를 때, 어떤 자리에 있을까? 소원을 빌고 빌며, 지혜의 빛으로 용맹정진 한다. 그 결과가 불과(佛果)다. 수행으로 얻은 성스러운 결과다. 그 불과를 근거로 다시 실천의 영역을 구축한다. 불과(佛果)의 행(行)! 무서운 노력이다. 화엄은 이 광경을 다음과 같이 기록한다.

> "또한 모든 부처님의 희유(稀有)하고 광대한 비밀의 경계를 통달하였다. 모든 부처님의 평등한 법을 잘 안다. 여래의 넓고 광명한 경지를 이미 밟았다. 한량없는 삼매 바다의 문에 들어갔다. 모든 곳에서 다 몸을 나타낸다. 세상에서 행하는 일을 모두 함께 한다. 묶어서 가진 것이 광대하여 온갖 법을 지닌

다. 변재(辯才)가 훌륭하여 물러나지 않는 법륜(法輪: 부처의 가르침)을 굴렸다."(「세주묘엄품」)

이 마지막 깨달음을 마당, 교육받은 존재의 모습은 '자리(自利)'와 '이타(利他)'가 걸림이 없는 양식으로 드러난다. 일체다. 세속적으로 말하면, 자기의 이익과 타자의 이익이 통일되는 모습이다. 교육받은 존재로서의 여래는 자리(自利)와 이타(利他)를 완전하고 원만하게 수행한 사람이다. 성불(成佛)!

유교(儒敎)의 교육 양상으로 대비하면, 자리이타(自利利他)는 충서(忠恕)로 안배할 수도 있겠다. '자리(自利)'는 '충(忠)'이고 '이타(利他)'는 '서(恕)'다. '자리(自利)'는 '수기(修己)'이고, '이타(利他)'는 '치인(治人)'이다. '자리(自利)'는 내성(內聖)이고 '이타(利他)'는 '외왕(外王)'이다. '자리(自利)'는 '성기(成己)'이고 이타는 '성물(成物)'이다.

현대적 개념으로 환언하면, '자리(自利)'는 자기충실이고, '이타(利他)'는 타자배려다. '자리(自利)'는 자기교육이고 '이타(利他)'는 타자교육이다. 타자교육에서 타자는 단순한 개인이 아니다. 개인을 포괄하는, 나를 둘러싸고 있는 모든 존재들, 즉 공동체를 형성한 유기체다. 그런 점에서 타자교육은 공동체 교육이다.

요컨대, 화엄의 자리와 이타의 일체는 개인교육과 공동체교육의 통합이다.

9월

Early Autumn (1905)
Willard Leroy Metcalf (American, 1858 - 1925)

1. 『화엄경(華嚴經)』6: 여래현상품(如來現相品)-여래를 향한 생각과 물음

2021. 9. 2. 11:40

깊은 사고(思考)을 담은 질문(質問)은 해답(解答)으로 나아가는 문(門)이다! 어떤 사안에 대해 생각하고 질문을 한다는 것은 그 사안에 대한 관심(關心)을 반영한다. 그 관심이 인생을 가꾸어 나간다. 어떤 영역에서건, 관심 없는 사람은, 최소한 관심 두지 않는 사안에 대해, 그 만큼 인생이 공허(空虛)하다. 때문에 관심을 갖고 질문하는 작업은 삶의 해답을 찾아나서는 탐구(探究)의 시작이다. 그렇다고 절대 정답(正答)을 도출하는 것은 아니다! 많은 사람들은 인생에서 정답을 찾으려고 발버둥 친다. 하지만 그것은 착각(錯覺)이다. 인생에 정답은 존재하지 않는다. 존재할 수 없다! 변화무상(變化無常)의 시공간을 경험한 사람은 깨닫는다. 그러기에 정답이 아니라 해답을 갈망하며, 생(生)의 희로애락(喜怒哀樂)에 몸부림친다. 인생의 회심(悔心)과 회심(回心), 깨달음을 위한 긴 여정 가운데 삶을 편다.

나는 지난 20여 년이 넘는 시간을 '자문자답(自問自答)'의 형태로 교육해 왔다. 고등교육을 받는 학생들의 '탐구습관(探究習慣)'을 안내해왔다. '학습자 스스로 묻고 스스로 답하며 나아가라!' 그래야 인생을 추동하는 힘이 누적된다! 가만히 앉아서 교수자의 말을 듣기만 하면, 교육내용이 한쪽 귀로는 들어오지만, 한쪽 귀로는 이미 빠져나가고 있다! 어떤 내용도 내 몸에 제대로 안착하지 않는다. 그냥 스쳐 지나갈 뿐이다. 자문자답의 탐구습관이 진정으로 몸에 배지 않으면, 배움

자체가 없다! 그만큼 교육이나 학습은 의미가 희석된다. '배움'이 '몸에 배다'에서 나온 말임을 명심하라.

이런 교육철학과 유사한 모습이 「여래현상품(如來現相品)」에 보인다. '여래현상(如來現相)'은 말 그대로 여래가 나타나는 모습에 관한 기록이다. 『화엄경』의 두 번째에 자리하는 「여래현상품」은 세주(世主)들의 질문과 생각으로 가득하다. 그 질문은 부처님의 정체성을 밝히는 작업으로 이어진다. 어둠을 밝히는 광명(光明)이다. 대중을 교화하는 첫 번째 광명을 보여준다. 생각과 질문은 단도직입(單刀直入)적이다.

> "어떤 것이 모든 부처님의 지위며, 어떤 것이 모든 부처님의 경계며, …… 어떤 것이 모든 부처님의 삼매며, 어떤 것이 모든 부처님의 신통이며, 어떤 것이 모든 부처님의 자재며, 어떤 것이 모든 부처님이 포섭하여 취할 수 없음입니까?"「여래현상품」

이 생각과 물음은 무엇을 지시하고 있을까? 부처님을 만나 이렇게 묻는다면, 부처님은 정답을 주실까? 모두 40개의 질문이 쏟아진다. 20개는 부처님이 대중을 위해 무엇을 할 수 있는지, 대중을 교화할 때 드러나는 부처님의 공덕에 대한 질문이다. 부처님은 어디에 계실까? 어떤 모습이실까? 대중을 보호하고 지켜주시는가? 나머지 20개는 어떻게 하면 부처님이 될 수 있는지에 관한 생각과 질문이다. 대중은 교화 가능한가? 대중의 근기(根機)와 성품(性品)은 어떤가? 바라밀행(波羅蜜行)은? 해탈(解脫)의 결과는? 지혜(智慧)를 완성해가는 세계는 어떠할까?

이런 모습은 여지없는 불교의 교육철학이다. 핵심 생각과 질문이 농축(濃縮)되어 있다. 다시 정돈하면, 모든 부처님[諸佛]에 대한 20개의 물음은 다음과 같다. '①지위(諸佛地) ②경계(諸佛境界) ③자비의 보호(諸佛加持) ④행한 일(諸佛所行) ⑤힘(諸佛力) ⑥두려움 없음(諸佛無所畏) ⑦삼매(諸佛三昧) ⑧신통(諸佛神通) ⑨자재(諸佛自在) ⑩섭취할 수 없음(諸佛無能攝取) ⑪눈(諸佛眼) ⑫귀(諸佛耳) ⑬코(諸佛鼻) ⑭혀(諸佛舌) ⑮몸(諸佛身) ⑯뜻(諸佛意) ⑰몸의 광명(諸佛身光) ⑱광명(諸佛光明) ⑲음성(諸佛聲) ⑳지혜(諸佛智)' 이 가운데 첫 번째 자리하는 '지위'는 부처님 과덕(果德)의 전체 모습이다. 나머지 19개 질문은 그 덕행을 개별적으로 밝힌 것이다. 이후 10개의 생각과 질문이 또 이어진다. '㉑세계바다(世界海) ㉒중생바다(衆生海) ㉓법계 안립바다(法界安立海) ㉔부처님바다(佛海) ㉕부처님 바라밀바다(佛波羅蜜海) ㉖부처님 해탈바다(佛解脫海) ㉗부처님 변화바다(佛變化海) ㉘부처님 연설바다(佛演說海) ㉙부처님 명호바다(佛名号海) ㉚부처님 수명바다(佛壽量海)'다. 이는 온갖 과덕(果德)과 인행(因行)을 통틀어 질문한 것이다. 나머지 10개의 질문은 '㉛서원바다(一切菩薩誓願海) ㉜발취바다(一切菩薩發趣海) ㉝조도바다(一切菩薩助道海) ㉞승바다(一切菩薩乘海) ㉟행바다(一切菩薩行海) ㊱출리바다(一切菩薩出離海) ㊲신통바다(一切菩薩神通海) ㊳바라밀바다(一切菩薩波羅蜜海) ㊴지위바다(一切菩薩地海) ㊵지혜바다(一切菩薩智海)'다. 이는 인행(因行)에 관한 질문으로 일체보살(一切菩薩)에 관한 것이다.

40개의 질문은 모두 부처나 보살의 세계를 말한다. 부처가 될 수 있는 수행법(修行法)으로 불교 세계의 장엄(莊嚴)을 보여준다. 이것이 화엄으로 상징되는 불교 교육의 전모다. 이 생각과 질문으로 점철된,

멋진 공양(供養)을 받은 부처님은 두 눈썹 사이의 백호상(白毫相)에서 찬란한 광명을 펼쳐 보인다. 그러기에 『화엄경』은 설파한다.

"부처님께서 모든 보살 대중에게 여래의 끝없는 경계와 신통력을 얻게 하기 위해 두 눈썹 사이에서 광명을 놓으셨다. 그 광명은 이름이 '일체보살지광명보조요시방장(一切菩薩智光明普照耀十方藏)'이다!"(「여래현상품」)

이 광명은 아름다운 노래 소리와 온갖 보석으로 장식된 연꽃으로 피어난다. 그리하여 모든 세상은 부처로 가득하다.

"이 연꽃이 나서, 한 생각 사이에 여래(如來)의 백호상(白毫相) 가운데 보살마하살(菩薩摩訶薩)이 있다. 그 이름이 '일체법승음(一切法勝音)'이다. …… '일체법승음'의 보살은 깊은 법계를 깨달아 큰 기쁨을 냈다. 부처님이 행한 경지에 들어가 지혜가 의심되고 막힘이 없다. 헤아릴 수 없는 부처님의 법신바다에 들어가 온갖 세계 모든 여래의 처소에 나아간다. 몸에 있는 모든 털구멍에서 신통을 나타낸다. 생각마다 모든 세상을 관찰한다. 세상의 모든 부처님이 함께 힘을 주어 삼매경에 널리 안주한다. 미래의 무한 시간에 걸쳐, 모든 부처님의 끝없는 법계와 공덕바다 몸과 온갖 삼매와 해탈과 신통 변화를 보인다."(「여래현상품」)

경전의 말 그대로 '불신충만어법계(佛身充滿於法界) 보현일체중생전(普現一切衆生)!'이다. 부처가 세상에 가득하다. 모든 대중 앞에 나타났다. '수연부감미부주(隨緣赴感靡不周) 이항처차보리좌(而恒處此

菩提座)!'다. 인연 따라 가지 않는 곳이 없다. 하지만 언제나 깨달음의 지혜 자리에 앉아 있다!

교육도 이렇게 될 수 있을까? 화엄의 교육적 특성이 '찰나(刹那)'에 그칠까 두렵다.

2. 『화엄경(華嚴經)』7: 보현삼매품(普賢三昧品)-삼매(三昧), 대전당을 만드는 목수의 못질

2021. 9. 4. 9:46

다시, 고민해 본다. 인간의 교육은 무엇을 지향할까? 부귀영화(富貴榮華)인가? 마음의 평정(平靜)인가? 영혼의 안식(安息)인가? 물질의 풍요(豐饒)인가? 사랑의 실천인가? 깨달음인가? 이 모든 능력을 조화롭게 확보하는 작업인가? 어떤 변설(辨說)로 처리하건, 교육의 이상을 하나로 정돈하기는 쉽지 않다. 그러기에, 또 다시, 여러 개를 하나로 담아내는 화엄의 장엄 세계로 교육을 형용하는 것이 정당한지도 모르겠다.

『화엄경』의 세 번째 자리에는 「보현삼매품(普賢三昧品)」이 버티고 있다. '삼매(三昧: samādhi)'를 다룬다. 삼매의 이름은 '일체제불비로자나여래장신(一切諸佛毘盧遮那如來藏身)'이다. 이 긴 상징적 언표를 분석하면, 복잡 미묘하다. '일체제불(一切諸佛)'은 모든 부처를 뜻한다. '비로자나(毘盧遮那: Vairocana)'는 두루 빛을 비추는 존재로, 우주의 진리를 인격화하였다. '여래장(如來藏: tathāgatagarbha)'은 여래가 안에 감춰져 있다는 의미다. 그것은 대중의 청정한 본래 마음이다. 불성(佛性)의 가능성이다. 신(身)은 몸이다. 아기를 가진 여자의 모습을 본뜬 글자로 인간으로 자라날 가능성의 원천이다. 이것이 온전한 형태로 성장하면 몸이 된다. 이 복잡한 과정의 삼매가 불교 교육이 지향하는 이상 경지일까? 삼매의 본체와 작용은 다음과 같이 묘사된다.

"모든 부처님의 평등한 성품에 널리 들어갔다. 세상에서 온갖 그림자를 보이며, 넓고 크고 걸림이 없어 허공과 같다. 세상 온 바다의 소용돌이에 다 따라 들어가며 온갖 삼매의 법을 만들어 냈다. 널리 세상을 감싸며 과거-현재-미래의 모든 부처님의 지혜가 여기에서 나온다. 시방(十方)에 나란히 널려 있는 바다들을 모두 나타내 보인다. 모든 부처님의 힘과 해탈과 모든 보살의 지혜를 모두 포함하여 간직한다. 모든 국토의 티끌들이 그지없는 세상을 널리 수용한다. 모든 부처님의 공덕바다를 성취한다. 여래의 모든 큰 서원의 바다를 나타내 보인다. 모든 부처님에게 있는 교법을 유통시키고 보호하여 끊어지지 않게 하였다."(「보현삼매품」)

삼매의 본체와 작용을 헤아리기가 쉽지 않다. 너무나 크고 넓다. 언표로 정돈해 놓은 표현이 '마음의 집중이자 몰입'이다. 흐트러진 마음을 고요하고 맑게 만드는 일이다. 평상시에 대중의 마음은 고요하게 머물러 있지 않다. 온갖 잡념으로 뒤틀려 있다. 이 마음의 의식 활동은 번뇌(煩惱)나 망상(妄想)으로 드러난다. 분별심(分別心)이기도 하다. 그것은 과거와 현재와 미래에 관한 자신의 행위, 또는 다른 존재를 향한 인간의 행동으로 말미암는다. 그 수양(修養)과 단련(鍛鍊), 용맹정진(勇猛精進)의 마지막 자리가 삼매경(三昧境)이다. 그렇다면 삼매는 교육의 궁극처일까?

삼매는 보살의 행위가 완성되어 가는 과정을 나타낸다. 보살은 진리를 추구하는 인간 자신이다. 그런 점에서 삼매는 인생의 추구와 직결되고 교육의 실천으로 나타난다. 어떻게 살 것인가? 무슨 행위를 할 것인가? 그 생활양식이 진리에 합치하여 '비로자나불(毘盧蔗那佛)'의 세계로 녹아드는 과정의 표시다. 다시 말하면 삼매는 비로자나불의 인생행로다. 그 길 위에 펼치는 삶이 다름 아닌 교육이다.

다마키 고시로(玉城康四郎)에 의하면, 비로자나불의 세계는 눈에 보이지 않는 '대전당(大殿堂: Great temple)'에 비유할 수 있다. 인간은 이 대전당이라는 세계를 만들어가는 목수(木手: carpenter)다. 어쩌면 한 사람 한 사람이 보잘 것 없는 목수일 수 있다. 하지만 인간 각자는, 저 큰 전당(殿堂)의 건설 과정에 자신의 '못'질을 해가야 한다. 그렇게 만들어진 세상이 불국토(佛國土)의 장엄이다. 화엄(華嚴)의 삼매(三昧)다. 현실적으로는, 사회적 실천의 본질이다. 이 '못'은 내가 박는 '조그만 못'이면서 비로자나불에 의해 만들어진 가장 큰 '황금의 못'이다.

교육은 다름 아니다. 모든 개인이 세상에 박아나가는 하나의 '못'이다. 그 못이 모이고 모여 세상을 형성한다. 비로자나불이 가꾸어 놓은 황금의 못!

그런데 비로자나불은 침묵(沈默)으로 일관한다. 『화엄경』에서 한 마디도 하지 않는다. 스스로 말하는 일이 없다! 이 침묵은 무엇일까? 우주 자체이자 진리 자체이기 때문일까? 스스로 입을 열 수 없는 저 존재는 무엇을 일러주는가? 공자도 그랬다. '자연이 무슨 말을 하던가? 그냥 계절의 순환으로 자신을 드러낼 뿐!' 비트겐슈타인의 언표처럼, '더 이상 말할 수 없는 것에 대해서는 침묵해야' 하는 걸까? 그렇다면, 언어(言語)의 작동에 의해 구성되는, 현실 교육은 어찌해야 하는가? 비로자나불은 아무 말도 하지 않는다.

3. 『화엄경(華嚴經)』8: 세계성취품(世界成就品)-세계라는 바다의 열 가지 장엄함

2021. 9. 6. 9:39

「세계성취품」은 말 그대로 '세계가 성취된 모습'에 관한 기록이다. 그것은 부처님의 세계다. 다시 말하면, 「세계성취품」은 '부처님의 세계가 성취된 인연과 그 결과의 양상'이다. 부처님의 세계, 불국토(佛國土)의 모습은 어떠할까? 대중이 보현보살(普賢菩薩)에게 묻는다. '부처님의 세계는 어떤 곳입니까? 그런 세계는 어떻게 성립됩니까? 부처님은 정말 출현합니까? 인간이 그런 세계를 달성할 수 있습니까?'

보현보살은 이성과 지혜, 그리고 깨달음의 덕을 갖추고, 불교의 진리가 대중의 생활이 되도록 돕는다. 석가모니의 오른쪽에서 보좌하는 최측근이다. 세속적으로 말하면 '오른팔'이다. 하지만 대중을 제도(濟度)하기 위해서는 부처님의 세계관과 인생관을 꿰뚫어야 한다. 부처님을 비롯하여 대중이 살아가는 세계, 함께하는 중생들, 진리, 중생의 업과 근기, 대중의 욕망, 시간과 공간 등 세계를 설명하는 모든 사안을 관조해야 한다. 이 가운데 교육철학적 사고가 개입된다. 그런데 그 분석과 분류가 어마어마하다. 정말 장엄이자 화엄이다. 그 세계의 독해와 설명은 세계를 열 가지로 분류하여 해명하는 방편을 취한다.

하나, 세계 바다의 열 가지 일이다. 그것은 "세계 바다가 일어날 때 갖춘 인연과 의지하여 머무는 것과 형상(形狀)과 체성(體性)과 장엄(莊嚴)과 청정(淸淨)과 부처님의 출흥(出興)과 겁주(劫主)와 무한시간이 전변하는 차별(差別)과 차별 없는 문(門)이다."

하나, 열 가지 인연의 연고다. 그것은 다음과 같다. "①여래의 위신력, ②법의 응당함, ③모든 중생의 행과 업, ④모든 보살이 온갖 지혜를 이루어 얻음, ⑤온갖 중생과 모든 보살이 함께 선근(善根)을 모음, ⑥모든 보살이 국토를 엄정하게 하려는 원력, ⑦모든 보살이 물러가지 않는 행과 원을 성취함, ⑧모든 보살의 청정하고 훌륭한 이해가 자재함, ⑨모든 여래의 선근에서 흘러나온 것과 일체 모든 부처님의 도를 이룰 때의 자재하신 세력, ⑩보현보살의 자재한 원력"이다. 이 사유는 세상을 이루는 근본 원인이다.

하나, 열 가지 의지하여 머무름이다. 화엄의 세계로 나아가는 의지처는 불자들에게 다음과 같이 설명된다. "모든 불자여! 낱낱 세계 바다에 세계 바다 미진수의 의지하여 머무는 것이 있다. '온갖 장엄과 허공'과 '온갖 보배 광명'과 '모든 부처님 광명'과 '온갖 보배 색 광명'과 '모든 부처님의 음성'과 '환술(幻術) 같은 업으로 생긴 대력(大力)'과 '아수라의 형상인 금강수'와 '모든 세간 주인들의 몸'과 '모든 보살의 몸'과 '보현보살의 서원으로 생긴 온갖 차별 장엄 바다'"가 그것이다.

하나, 세계의 열 가지 모양이다. "세계 바다는 갖가지 차별 형상이 있다. 둥근 모양, 모난 모양, 둥글지도 모나지도 않아 한량없는 차별 모양, 물의 소용돌이 모양, 산의 불꽃 모양, 나무 모양, 꽃 모양, 궁전 모양, 중생의 모양, 부처님의 모양"이 그것이다.

하나, 세계의 스무 가지 체성(體性)이다. 그것은 "온갖 보배 장엄, 한 가지 보배의 갖가지 장엄, 온갖 보배 광명, 갖가지 색의 광명, 온갖 장엄의 광명, 깨뜨릴 수 없는 금강, 부처님 힘의 가지(加持), 묘한 보배 모양, 부처님의 변화, 햇빛 마니바퀴, 지극히 미세한 보배, 온갖 보배 불꽃, 갖가지 향, 보배 꽃 관(冠), 온갖 보배의 그림자. 온갖 장엄을 나타내 보이는 것, 한 생각에 널리 나타내 보이는 경계, 보살 형상의 보배, 보배 꽃술, 부처님의 음성"이다.

하나, 세계의 열 가지 장엄이다. 그것은 "훌륭한 구름, 모든 보살의 공덕, 온갖 중생들의 업보, 모든 보살의 서원 바다, 모든 삼세 부처님의 그림자, 한 생각 사이에 끝없는 겁의 신통 경계, 모든 부처님의 몸, 보배 향기 구름, 온갖 도량 가운데 모든 진묘한 물건의 광명이 밝게 비침, 온갖 보현의 행과 원"이다.

하나, 세계의 청정한 방편이 있는 열 가지 이유다. 그 사유는 다음과 같다. "①모든 보살이 여러 선지식을 친근해서 선근이 같다. ②넓고 큰 공덕 구름을 증장하여 법계에 두루 하다. ③넓고 큰 모든 훌륭한 이해를 맑게 닦는다. ④모든 보살의 경계를 관찰하여 편안히 머무르다. ⑤온갖 바라밀을 닦아서 원만히 하다. ⑥모든 보살의 여러 지위를 관찰하여 들어가 머물다. ⑦온갖 청정한 서원 바다를 낳다. ⑧온갖 벗어나는 요긴한 행을 닦다. ⑨모든 장엄에 들어가다. ⑩청정한 방편의 힘을 성취하다."

하나, 세계에 부처님이 출현하는 열 가지 차별이다. 그것은 "작은 몸과 큰 몸, 짧은 수명과 긴 수명, 오직 한 부처님 국토나 한량없는 부처님 국토를 엄정, 오직 일승(一乘)의 법륜이나 불가사의한 여러 승(乘)의 법륜, 적은 대중의 악행을 없애거나 그지없는 대중의 악행을 없앰"이다.

하나, 세계에 열 가지 겁의 머무름이다. 그 무한시간인 겁은 "아승지(阿僧祇) 겁, 한량없는 겁, 끝없는 겁, 갈을 이 없는 겁, 셀 수 없는 겁, 일컬을 수 없는 겁, 생각할 수 없는 겁, 헤아릴 수 없는 겁, 말할 수 없는 겁, 말할 수 없이 말할 수 없는 겁"이다.

하나, 세계 겁의 열 가지 변천하는 차별이다. 그 전변은 다음과 같다. "①법이 이와 같은 연고로 세계 바다가 한량없이 이루어지고 무너지는 겁으로 전변한다. ②물들고 더럽혀진 대중이 머무는 연고로 세계 바다가 물들고 더러움을 이루는 겁으로 전변한다. ③광대한 복을 닦은 대중이 머무는 연고로 세계 바다가 물들고 깨끗함을 이루는 겁으로 전변한다. ④믿고 이해하는 보살이 머무는 연고로 세계 바다가 물들고 깨끗함을 이루는 겁으로 전변한다. ⑤한량없는 대중이 보리심을 발한 연고로 세계 바다가 순일하게 청정한 겁으로 전변한다. ⑥모든 보살이 각각 여러 세계에 노니는 연고로 세계 바다가 그지없이 장엄한 겁으로 전변한다. ⑦시방의 온갖 세계 바다에 모든 보살이 구름처럼 모이는 연고로 세계 바다가 한량없이 큰 장엄겁으로 전변한다. ⑧모든 부처님 세존이 열반에 드는 연고로 세계 바다가 장엄하게 소멸하는 겁으로 전변한다. ⑨모든 부처님이 세상에 출현하는 연고로 모든 세계 바다가 넓게 엄정하는 겁으로 전변한다. ⑩여래가 신통 변화하는 연고로 세계 바다가 널리 청정한 겁으로 전변한다."

하나, 세계에 열 가지 차별 없는 일이 있다. 낱낱의 세계 바다 가운데 "①세계 바다 미진수의 세계가 있다. ②모든 부처님이 출현하여 존재하는 위력이 있다. ③온갖 도량이 시방 법계에 두루 하다. ④모든 여래의 도량에 모인 대중이다. ⑤모든 부처님의 광명이 법계에 두루 하다. ⑥모든 부처님의 변화하신 명호이다. ⑦모든 부처님의 음성이 세계 바다에 널리 두루 해서 끝없는 겁이 머문다. ⑧법륜의 방편이다. ⑨온갖 세계 바다가 한 티끌 속에 널리 들어간다. ⑩낱낱의 작은 티끌에 일체 삼세 모든 부처님의 광대한 경계가 그 속에 나타난다."

4. 『화엄경(華嚴經)』9: 화장세계품(華藏世界品)-풍륜(風輪), 세상을 지탱하는 바람 소용돌이

2021. 9. 8. 11:39

『화엄경』의 다섯 번째 자리에 「화장세계품」이 있다. '화장세계(華藏世界)'는 '화장장엄세계해(華藏莊嚴世界海)'를 줄인 말이다. '꽃으로 아름답게 장식한 세계 바다'라는 뜻이다. 그것은 비로자나불(毗盧遮那佛)이 무한시간에 가까운 세월에 걸쳐 보살행을 닦아 이룬 장엄한 세계다. 모든 세상을 '연꽃', 즉 연화(蓮花: 蓮華)라는 상징물을 통해 구체적으로 펼친다. 때문에 '화장장엄세계해'는 화엄경의 우주관·세계관에 해당한다. '화장장엄세계해'는 수미산 티끌 수의 풍륜(風輪)인 '바람 소용돌이'가 받치고 있다. 그 풍륜 위에 큰 연꽃이 있다. 그리고 그 가운데 '화장장엄세계해'가 펼쳐진다.

이런 세계를 가꾸어 나가는 불교의 교육철학은 얼마나 장엄할까? 상상하기 힘든 걸까? 아니면 단순하게 도식 가능한가? 수미산 둘레에 있는 아홉 개의 산과 여덟 개의 바다, 그리고 네 개의 대륙 아래에는 거대한 받침대가 있다. 떠받치고 있는 받침대는 세 개의 원통형 층(層)이다. 위층은 금륜(金輪)이고 중간층은 수륜(水輪)이며, 아래층이 풍륜(風輪)이다. 위에서 아래로 '금-물-바람'이 층마다 탄탄하게 겹겹이 쌓이고 제각기 세상을 이룬 형국이다. 가장 아래층에서 바람이 소용돌이를 일으키며 세상을 유지하는 토대를 형성한다. 「화엄세계품」은 이렇게 말한다.

"화장장엄세계해는 비로자나불이 지난 옛날 세계 바다의 티끌 수 겁 동안 보살행을 닦을 때, 낱낱의 겁 가운데 세계 바다 티끌의 부처님을 친근하고, 또 낱낱의 부처님 처소에서 세계 바다 티끌의 큰 서원(誓願)을 깨끗하게 닦아 장엄한 것이다. 이 화장세계는 수미산 티끌의 풍륜으로 유지된다. 가장 아래 있는 풍륜을 '평등하게 머무르다'는 뜻의 '평등주(平等住)'라고 한다. 그 위에는 온갖 보배 불꽃이 치성한 장엄을 유지한다. 다음 위의 풍륜은 가지가지 보배 장엄을 내는 '출생종종보장엄(出生種種寶莊嚴)'이다. 그 위에는 청정한 광명이 밝게 비치는 마니왕 깃대를 유지한다. 다음 위의 풍륜은 보배롭고 위엄 있는 덕망인 '보위덕(寶威德)'이다. 그 위에는 온갖 보배 방울을 유지한다. 다음 위의 풍륜은 평등한 불꽃인 '평등염(平等焰)'이다. 그 위에는 햇빛처럼 밝은 모양의 마니 왕 바퀴를 유지한다. 다음 위의 풍륜은 가지가지 두루 장엄한 '종종보장엄(種種寶莊嚴)'이다. 그 위에는 광명 바퀴 꽃을 유지한다. 다음 위의 풍륜은 널리 맑고 깨끗한 '보청정(普清淨)'이다. 그 위에는 온갖 꽃 불길 사자좌를 유지한다. 다음 위의 풍륜은 소리가 사방에 두루 퍼지는 '성변시방(聲遍十方)'이다. 그 위에는 온갖 구슬 왕 깃대를 유지한다. 다음 위의 풍륜은 온갖 보배 광명인 '일체보광명(一切寶光明)'이다. 그 위에는 온갖 마니 왕 나무 꽃을 유지한다. 다음 위의 풍륜은 빠르게 널리 가지는 '속질보지(速疾普持)'다. 그 위에는 온갖 향 마니 수미 구름을 유지한다. 다음 위의 풍륜은 가지가지 궁전이 돌아다니는 '종종궁전유행(種種宮殿遊行)'이다. 그 위에 온갖 보배 빛 향대 구름을 유지한다.

저 수미산 티끌 풍륜의 가장 위에 있는 것은 훌륭한 위엄이 있는 광명인 '수승위광장(殊勝威光藏)'이다. 그것은 '보광마니장

엄향수해(寶光摩尼莊嚴香水海)'를 유지한다. 이 향수해에 큰 연꽃이 있다. 그 이름이 가지가지 밝고 맑은 꽃술 향기가 담긴 '종종광명예향당(種種光明蘂香幢)'이다. 화엄장엄세계해는 그 가운데 안주하고 있다. 사방이 고루 평탄하고 청정하고 견고하다. 금강륜산(金剛輪山)이 두루 에워쌌다. 땅과 바다와 온갖 나무들이 각각 구별되어 있다."(「화엄세계품」)

이 수직적이고 수평적인 세계관에 의거한 상하좌우(上下左右)·동서남북(東西南北), 즉 사방팔방의 개념은 온 우주를 통괄한다. 제약이나 제한을 넘어 탈 방위적인 우주관을 보여준다. 저 향수해를 넘어 무엇이 자리하고 있을까?

화장세계(華藏世界)에서 화장(華藏)은 깨끗한 세계나 더러운 세계나 할 것 없이 모든 경계를 청정(淸淨)하게 갈무리한다. 아름다운 것이나 추한 것이나 차별 없이 모두 담는다! 그것을 떠받치며 가장 아래쪽에 자리하고 있는 '바람의 회오리!' 그 풍륜(風輪)을 '평등주(平等住)'라 명명하는 이유가 이런 게 아닐까?

바람의 소용돌이 같이, 회오리바람의 웅장한 질서처럼, 무차별의 세계를 바탕으로 단련해 나가는 교육철학! 대중의 세계는 업풍(業風)으로 유지되지만, 부처님의 세계는 지풍(智風)으로 유지된다. 교육의 세계도 이런 논리와 유사하지 않을까? 교육받지 못한 어리석은 사람의 삶은 그들의 어리석은 행위에 의해 빈약해진다. 교육받은 지혜로운 사람의 삶은 그들의 지혜로운 행위에 의해 풍성해진다. 그 사이 세계의 간격이 얼마나 차별적일까?

5. 『화엄경(華嚴經)』10: 비로자나품(毘盧蔗那品)-마음의 힘을 내는 청정한 지혜

2021. 9. 12. 10:55

비로자나불(毘盧蔗那佛)은 화엄종(華嚴宗)의 본존불(本尊佛)이다. '노자나불(盧蔗那佛)' 또는 '자나불(遮那佛)'이라고도 한다. 화엄(華嚴)의 삼신불(三身佛)인 '법신(法身) 비로자나(毘盧蔗那)', '보신(報身) 노사나(盧舍那)', '화신(化身) 석가불(釋迦佛)' 가운데 중심이다. 산스크리트어로 '바이로차나(Virocana)'다. 그 음역이 '비로자나'다. '태양'이라는 뜻을 지니고 있기에, '광명(光明)' 또는 '적광(寂光)' 등으로 의역된다. 비로자나불은 보통 사람의 육안으로는 볼 수 없는 광명(光明)의 부처다. 불교 지혜의 광대무변함을 상징한다. 비로자나 '법신(法身)'은 빛깔이나 형상이 없다. 하지만 우주의 본체인 진여실상(眞如實相)을 뜻한다. 때문에 평범한 색신(色身)이나 생신(生身)이 아니다. 세상의 온갖 몸이 이를 근거로 발생하는 우주의 원천적 몸이다.

불교는 '일체중생 실유불성(一切衆生 實有佛性)!', 즉 '어떤 사람이건 부처가 될 수 있는 본성을 지녔다!'라는, 감당하기 힘든 화두를 던진다. 때문에 역사상 수많은 부처님들이 출현하였다. 일반적으로 우리가 알고 있는 '삼천불(三千佛)'은 '과거-현재-미래'의 세계에 각각 '일천불(一千佛)'씩, 3000명의 부처를 말한다. 비로자나불은 다름 아닌 그 분들의 스승이다. 그만큼 불교의 진리를 지닌 청정법신(淸淨法身)이다. 『화엄경』의 제6품인 「비로자나품」은 비로자나불의 탄생과 교육에 관한 드라마다.

그 드라마 가운데, 첫 번째 부처님은 수명이 50억 세였던 '일체공덕산 수미승운(一切功德山 須彌勝雲)'이었다. 수미승운 부처님이 멸도하신 후, 두 번째로 출현한 부처님이 '바라밀 선안장엄왕(波羅蜜 善眼莊嚴王)'이다. 선안장엄왕 여래가 비로자나불의 전신인 '대위광 태자(大威光 太子)'를 비롯하여 대중에게 행한 설법의 효과가 눈길을 끈다. 그것은 불교 교육의 기본 지향이자 위대한 성취다.

"저 모든 대중이 이 경을 듣고, 먼저, 청정(淸淨)한 지혜를 얻었다. 그 이름이 모든 것에 들어가는 깨끗한 방편을 뜻하는 '입일체정방편(入一切淨方便)'이다. 다음으로 지위를 얻었다. 그 이름이 때가 없는 광명인 '이구광명(離垢光明)'이다. 그리고 바라밀 바퀴를 얻었다. 그 이름이 모든 세간에서 좋아하는 장엄을 보이는 '시현일체세간애락장엄(示現一切世間愛樂莊嚴)'이다. 늘리고 넓히는 수행 바퀴를 얻었다. 그 이름이 모든 세계에 들어가는 그지없는 광명의 청정한 견해인 '보입일체찰토무변광명청정견(普入一切刹土無邊光明淸淨見)'이다. 향하여 나아가는 수행 바퀴를 얻었다. 그 이름이 때가 없는 복덕 구름의 밝은 휘장인 '이구복덕운광명당(離垢福德雲光明幢)'이다. 따라 증득해 들어가는 바퀴를 얻었다. 그 이름이 온갖 법 바다의 넓고 크고 밝은 '일체법해광대광명(一切法海廣大光明)'이다. 점점 깊이 나아가는 실천력을 얻었다. 그 이름이 큰 지혜가 웅장하고 엄숙한 '대지장엄(大智莊嚴)'이다. 관정(灌頂)을 통해 지혜 바다를 얻었다. 그 이름이 공용도 없이 끝까지 닦는 오묘한 견해인 '무공용수극묘견(無功用修極妙見)'이다. 현저하게 아는 큰 밝음을 얻었다. 그 이름이 여래 공덕 바다의 빛이 두루 비치는 '여래공덕해상광영변조(如來功德海相光影遍照)'다. 마음의 힘을 내는 청정한 지혜를 얻었다. 그 이름이 헤아릴 수 없는 마음의 힘을 믿고 풀어나가는 장인 '무량원력신해장(無量願力信解藏)'이다."(「비로자나품」)

불교의 수행교육을 통해 얻은 열 가지 이익! 이 무엇을 의미할까? '①청정(淸淨)한 지혜 ②지위 ③바라밀 바퀴 ④늘리고 넓히는 수행 바퀴 ⑤향하여 나아가는 수행 바퀴 ⑥따라 증득해 들어가는 바퀴 ⑦점점 깊이 나아가는 실천력 ⑧관정(灌頂)을 통해 지혜 바다 ⑨현저하게 아는 큰 밝음 ⑩마음의 힘을 내는 청정한 지혜'

가만히 보면, '①청정한 지혜'에서 '⑩마음의 힘을 내는 청정한 지혜'에 이르기까지, 원하는 사안을 성취하려는 마음의 힘, 그 원력(願力)을 기르는 것이 교육의 핵심이다. 원력은 서원(誓願)이나 소원(所願)을 성취하려는 힘이다. 내적 결심과 그것을 뒷받침하며 수반하는 힘을 뜻한다. 소기의 목적을 성취하기 위한 금강석 같은 결의다. 달리 표현하면, '본원력(本願力)'이나 '숙원력(宿願力)', 또는 '대원업력(大願業力)'이라고도 한다. 이 원력이 불교 교육이 도달하려는 최고의 목적이다. 대중을 모조리 제도(濟度)하려는 다짐이기도 하다. 그러기에 원력은 보살이 아직 깨닫지 못한 상태에서 세운 '기원하는 힘'이다.

불교의 교육은 일반적으로 보살의 기본 서원을 두 부분으로 제기한다. 하나는 부처가 되려고 맹세하는 '원작불심(願作佛心)'이다. 다른 하나는 대중을 교화하려는 도중생원(度衆生願)이다. 이를 '상구보리(上求菩提) 하화중생(下化衆生)'의 소원이라 한다. 상구보리는 '위로 보리를 추구하다'이고, 하화중생은 '아래로 대중을 교화하다'라는 뜻이다. 이는 보살의 수행 목표를 '자리(自利)'와 '이타(利他)'의 측면으로 표현한 언표이다.

보현보살(普賢菩薩)의 경우, 열 가지 큰 소원을 제시한다. ①모든 부처에게 예의를 갖추고 공경하겠다는 예경제불원(禮敬諸佛願) ②여래를 찬미하겠다는 칭찬여래원(稱讚如來願) ③공양을 널리 행하겠다는 광수공양원(廣修供養願) ④업장을 참회하겠다는 참회업장원(懺悔業障願) ⑤부처의 공덕을 기쁘게 따르겠다는 수희공덕원(隨喜功德願) ⑥항상 설법해 주기를 청하는 청전법륜원(請轉法輪願) ⑦부처가 항상 세상에 머물러 있기를 요청하는 청불주세원(請佛住世願) ⑧늘 부처를 따라 배우겠다는 상수불학원(常隨佛學願) ⑨늘 대중을 따라 순응하겠다는 항순중생원(恒順衆生願) ⑩모든 수행의 공덕을 대중과 깨달음의 길로 돌리겠다는 보개회향원(普皆廻向願)이 그것이다. 보현보살의 이 10대 소원은 수행 과정에서 보살이 닦고 익혀야 할 실천행의 기초다. 때문에 불교 교육의 기본 양식에 해당한다. 선종(禪宗)에서는 저녁 예불을 할 때, 이 10대 소원을 바탕으로 만든 '108배 참회'를 한다.

한편, 인간의 질병을 고쳐주는 약사신앙의 대상인 약사여래(藥師如來) 보살의 경우에는 보현보살의 소원과 약간 다른 차원이다. 매우 현실적으로 열두 가지 소원을 제시한다. ①나와 남의 몸에 광명이 끝없고 서로 좋게 원만하도록 하겠다는 광명보조원(光明普照願) ②몸은 유리와 같고 빛나는 광명은 마음의 어두움을 비추어 모든 사업이 생각대로 되도록 하겠다는 수의성변원(隨意成辨願) ③대중이 원하는 사안을 모두 이루게 하겠다는 시무진물원(施無盡物願) ④외도(外道)를 믿는 사람은 불법(佛法) 속으로, 소승은 대승으로 이끌어 들이겠다는 안립대승원(安立大乘願) ⑤청정한 수행을 하는 이가 삼취정계(三聚淨戒)를 갖추도록 하겠다는 구계청정원(具戒淸淨願) ⑥불구자의 육체를 온전하게 만들겠다는 제근구족원(諸根具足願) ⑦온갖 병을 없애고 더 이상 위가 없는 가장 큰 깨달음에 이르게 하겠다는 제병안락원(諸病安樂願) ⑧여자의 몸을 버리고 남자의 몸을 받아 성불하게 하겠다는 전녀득불원(轉女得佛願) ⑨사악한 견해를 버리고 정견(正見)을 갖추도록 하겠다는 안립정견원(安立正見願) ⑩대중에게 고난과 투옥 등의 재난에서 벗어나게 하겠다는 제난해탈원(除難解脫願) ⑪음식이 풍족하고 불교의 진리를 들어 안락한 경지에 있도록 하겠다는 포식안락원(飽食安樂願) ⑫가난하여 헐벗은 이에게 아름다운 옷을 입히겠다는 미의만족원(美衣滿足願)이 그것이다. 이 열두 가지를 '약사십이대원(藥師十二大願)'이라 한다. 인간의 고통을 없애 주려는 12대원의 내용을 음미해 보면, 단순히 대중의 병고(病苦)를 구제하는 일을 넘어서 있다. 현실의 의식주 문제를 비롯하여 사악한 길이나 외도에 빠진 자, 파계한 자, 범법자 등 인간 사회의 여러 사안을 구제하는 일에 이르기까지 다양한 측면을 고민한다.

이런 원력(願力)이 불교 교육철학의 엄밀성과 대중성을 보여준다. 소원을 빌며 그것을 이루려는 마음의 힘! 그런 점에서 불교의 수행은 '마음의 힘'을 성숙해 나가는 '심안(心眼: mind's eye) 교육'이다.

6. 『화엄경(華嚴經)』11: 여래명호품(如來名號品)-교육의 전초기지에서 부르는 고행의 노래

2021. 9. 15. 17:34

『화엄경』의 제7품인 「여래명호품」은 부처의 정체성(identity)에 관한 기록이다. 부처는 어떤 분일까? 무엇일까? 우리 모두는 부처와 어떤 연관을 갖는가? 부처는 우주에 가득하다. 세상 가운데 언제 어디에나 계신다는 차원에서는 기독교의 하나님과도 유사하다. 부처는 늘 세상의 모든 존재와 어울린다. 언제나 우리 인간과 함께 한다. 심지어는 모든 존재와 더불어 자리한다. 그러기에 「여래명호품」은 다음과 같이 시작한다.

> "세존(世尊)께서 마갈제국(摩竭提國) 아란야법(阿蘭若法) 보리도량에 계시면서 처음 올바른 깨달음인 정각(正覺)을 이루셨다. 그리고 보광명전(普光明殿)에서 연화장 사자좌에 앉으셨다. 묘한 깨달음이 원만하니 두 가지 실천의 길이 끊어지고 모양 없는 법을 통달하였다. 부처가 머무는 곳에 머물러 평등하였고, 장애 없는 곳에 이르러 굴릴 수 없는 법을 굴렸다. 실천에 걸림이 없고 헤아릴 수 없는 뜻을 세워, 과거-현재-미래의 삼세를 두루 보셨다."(「여래명호품」)

부처는 두 번째 설법 장소인 보광명전에서 열 가지 믿음을 제기했다. 그것은 대중이 부처가 되는 길이다. 부처를 향한 열 가지 믿음, 이른바 '십신(十信)'은 대중이 제멋대로 일으킬 수 있는 사안이 아니다.

그 교육의 전초 기지(前哨 基地)에 부처님 세존의 연고가 자리한다. 그것은 '①시방세계의 부처님 세존께서 일체 보살을 성취하기 위해서다. ②여래의 종성(種性)이 끊어지지 않도록 만들기 위해서다. ③일체의 종성을 구호하기 위해서다. ④대중에게 모든 번뇌를 끊기 위해서다. ⑤모든 실천을 분명하게 만들기 위해서다. ⑥모든 법을 알리기 위해서다. ⑦모든 더러움을 깨끗하게 만들기 위해서다. ⑧모든 의심의 그물을 영원히 끊기 위해서다. ⑨모든 희망을 뽑기 위해서다. ⑩ 모든 애착을 없애기 위해서다.'

교육의 이념은 일체 보살의 성취다. 그 시작은 모든 존재의 차별적 성품을 끊고 존재의 본성을 구원하고 보호하는 데 있다. 그 과정에서 노력은 번뇌를 멈추고 법을 알리고 더러움을 씻고 의심의 그물을 걷는다. 모든 희망을 접는다. 거기에서 고행의 교육이 빛을 발한다. 애착이 없어지는 시간과 공간에서 부처는 영원한 호흡을 시작한다. 불교의 교육은 이런 수행을 즐긴다.

이 즐거운 고행은 '십신'을 불러들인다. 수행의 결과다. 그것은 열 가지 마음으로 드러난다. ①신심(信心)이다. 이는 부처를 향한 예의와 공경의 마음이다. ②염심(念心)이다. 이는 부처를 소중하게 생각하는 마음이다. ③정진심(精進心)이다. 이는 부처의 가르침을 따라가려는 노력이다. ④혜심(慧心)이다. 이는 지혜의 길에 대해 아는 마음이다. ⑤정심(定心)이다. 이는 불신의 마음을 안정시키는 법을 아는 마음이다. ⑥불퇴심(不退心)이다. 이는 물러나지 않는 믿음으로 전진할 줄 아는 마음이다. ⑦호법심(護法心)이다. 이는 올바른 법을 지키려는 마음이다. ⑧회향심(廻向心)이다. 이는 불교를 믿는 사람으로서 삶의 방향을 알고 실천하는 마음이다. ⑨계심(戒心)이다. 이는 청정한 삶을 위한 행동 방법을 아는 마음이다. ⑩원심(願心)이다. 이는 불교를 믿는 사람으로서 무엇을 발원해야 하는지 아는 마음이다.

이 열 가지 믿음이 원만하게 충족될 때, 더 높은 수준의 교육으로 도약한다. 그것을 통칭하여 '발심(發心)'이라 한다. 마음을 펼치기 위한 다짐이랄까? 유학에서 강조하는 입지(立志)처럼, 불교 교육의 첫 단추는 '발심'이다. 이 '초발심(初發心)'의 화두는 어디서 싹 트는가?

7. 『화엄경(華嚴經)』12: 사성제품(四聖諦品)-괴로움의 썰물, 수행교육의 길

2021. 9. 18. 8:22

「사성제품」은 『화엄경』의 제8품이다. 주지하다시피 불교의 핵심 진리인 사성제(四聖諦)에 관한 기록이다. 사성제는 네 가지 성스러운 진리의 가르침, 즉 '고(苦)-집(集)-멸(滅)-도(道)'다. 어쩌면 이 네 가지 상황은 삶의 현실을 여실히 보여준다. 고통(苦痛), 집착(執着), 해탈(解脫), 정도(正道)! 이 네 가지의 인과(因果)관계는 인생에서 끊임없이 생각할 수밖에 없는 삶의 문제다. 삶은 무엇일까? 어떤 행복을 추구하는가? 그런 것이 존재하는가?

부처의 인식은 엄중했다. 세상은 그 자체가 고통이다. 왜 고통인가? 마음대로 안 되어서 그런가? 근원적 이유는 무엇일까? 집착 때문이다. 인간이 반드시 이루고 싶어 하는 그 무엇을 찾는 욕심이나 욕망이 원인이다. 그렇다면 욕심이나 욕망으로 인한 집착은 어떻게 벗어날 수 있을까? 집착에서 자유로워지면 행복은 저절로 오는가? 다시는 고통을 벗어나 그 길로 돌아가지 않는 방법이 있을까? 이 지점이 불교의 수행, 교육방법의 요체를 지시한다. 그 교육의 길은 여덟 가지 정도, 즉 팔정도(八正道)로 드러난다. 그것은 바른 삶의 모습을 통해, 인생을 찾아나서는 수행이다.

사바(娑婆) 세계, 즉 인간 세계에서 사성제는 각각 열 가지 이름으로 드러난다. 말이 어렵다. 일상에서 쓰는 용어도 있고 낯선 표현도 있다.

먼저, '고(苦)'라는 성제(聖帝)는 '죄'라는 한 글자로 정돈된다. 달리 말하면, 핍박(逼迫), 변이(變異), 반연(攀緣), 취(聚), 자(刺), 의근(依根), 허광(虛誑), 옹창처(癰瘡處), 우부행(愚夫行) 등으로 불린다. '핍박'은 아주 억압을 당하는 가운데 괴로운 지경이다. '변이'는 바뀌어 달라지는 상황이다. '반연'은 세속의 인연에 이끌리는 사태다. '취'는 모여들어 웅성거리는 무리다. '자'는 찌르고 헐뜯는 가시다. '의근'은 뿌리를 의지하는 모습이다. '허광'은 허망하게 속이는 일이다. '옹창처'는 악창이나 종기로 곪아 가는 자리다. '우부행'은 어리석은 존재들의 행동으로 점철된 바보들의 행진이다. 인간의 현실이 이러한 죄악의 고통에서 혼란을 거듭한다.

둘째, 이 고통을 유발하는 집착인 '집(集)'이라는 성제도 열 가지로 형용된다. 계박(繫縛), 멸괴(滅壞), 애착의(愛着義), 망각념(妄覺念), 취입(趣入), 결정(決定). 망(網), 희론(戲論), 수행(隨行), 전도근(轉倒根)이 그것이다. '계박'은 얽매이거나 제한당한 속박이다. '멸괴'는 망가진 상태다. '애착의'는 너무나 아껴서 단념할 수 없는 의미다. '망각념'은 망령된 생각이다. '취입'은 어디론가 빠져 들어가는 사태다. '결정'은 결단하여 정하는 일이다. '망'은 그물처럼 얽힘이다. '희론'은 희롱거리다. '수행'은 따라다니는 행동이다. '전도근'은 엎어져 넘어지게 하는 근거다. 집착의 모습이 다채롭다. 아니, 다채로운 상황을 넘어 거의 모든 삶의 양태가 녹아든 것처럼 느껴진다.

셋째, 고통이 없어지는 '멸(滅)'의 성제도 열 가지다. 그것은 무쟁(無諍), 이진(離塵), 적정(寂靜), 무상(無相), 무몰(無沒), 무자성(無自性), 무장애(無障碍), 멸(滅), 체진실(體眞實), 주자성(住自性)이다. '무쟁'은 다툼이 없는 상황이다. '이진'은 티끌을 떠난 모습이다. '적정'은 고요함이다. '무상'은 모양이 없음이다. '무몰'은 없어지지 않음이다. '무자성'은 자기 성품이 없음이다. '무장애'는 막히거나 거리낌이 없음이다. '멸'은 없어져 끄짐이다. '체진실'은 자체가 참되고 알참이다. '주자성'은 자기 성품에 머무름이다. 정말 이런 경지에 도달할 수 있을까? 정말 성(聖)스럽다. 현실이 이러하다면 그것은 기적(奇蹟)이나 경이(驚異)다.

넷째, 현실의 모든 고통이 없어지는 '도(道)'라는 성제의 열 가지다. 그것은 일승(一乘), 취적(趣寂), 도인(導引), 구경무분별(究竟無分別), 평등(平等), 사담(捨擔), 무소취(無所趣), 수성의(隨聖意), 선인행(仙人行), 십장(十藏)이다. '일승'은 부처와 함께 부처가 됨이다. '취적'은 고요한데로 나아감이다. '도인(導引)'은 이끌어 당김이다. '구경무분별'은 끝까지 분별이 없음이다. '평등'은 고르고 한결 같음이다. '사담'은 짐을 벗음이다. '무소취'는 나아갈 데가 없음이다. '수성의'는 성스러운 뜻을 따름이다. '선인행'은 도를 닦은 고상한 사람, 즉 신선의 실천이다. '십장'은 온갖 것을 간직한 모양이다.

이 어려운 듯한, 사성제는 무엇을 얘기하지? 불교 교육의 난제인가? 진리에 접근하는 방식은 여기에 있으나 실천은 저기에 서성인다. 인생은 생각에 따라, 마음 두기에 따라, 극과 극으로 상상되기도 한다. 그 가운데 부처는 모든 실상을 고통으로 자각했다. 그것은 개인적 괴로움뿐만 아니라 사회적 고통, 현실에 존재하는 대중의 아픔을 포괄하는 고통이다. 여기에서 불교는 고통을 줄여나가는 데 집중한다.

특히, 인간의 삶에서 고통의 소멸을 주시한다. 나지막한 물결로 속삭이다. 성난 파도처럼 출렁이며 연속적으로 파고드는 밀물을, 썰물로 대체하는 작업이다. 이 상황에서 우리는 무엇에 의지해야 하는가?

이를 극복하거나 초월할 수 있는 삶의 방식은 없는가? 아니면, 고통은 일상에서 제거할 수 없는 삶이 본질인가? 그렇다면 고통 없는 삶은 존재할 수 없다. 무통(無痛)은 존재 불가다. 그렇다면 고통은 괴로워할 사안이 아니라, 즐길 수밖에 없는 현실일 뿐이다.

이 실현하기 힘든 고통의 소멸에 대해, 문수보살은 호소한다. 인생은 괴롭다! 이유는 간단하다. 살아있는 동안, 인생이 마음대로 되지 않기 때문이다. 그렇다면 그 괴로움은 어디에서 오는가? 물론 그 괴로움의 종류는 사람마다 다르다. 모습도 다양하다. 괴로움을 벗어나기 위한 몸부림! 그 방법에 관한 설명이 다름 아닌 이 사성제(四聖諦)다. 네 가지 성스러운 진리에 대해, 왜, '성(聖)'이라고 했을까? 무엇이 그렇게 성스러운 것일까?

이유 또한 간단하다. '거룩한 소통'의 방식이기 때문이다. 이는 충만하지 못한 인생 가운데 만족의 의미를 배우는 교육의 중추다. 그 논리는 단순하지만 전개는 복잡하다. 마주하는 사안이 괴로운 일임을 알았다면 어떻게 처신해야 할까? 괴로움의 원인을 찾아야 한다. 도대체 인생이 고통스런 이유가 뭔가? '집착' 때문이다. 집착이 불어나면 날수록 고통도 커진다. 그래서 내려놓으라고 윽박지른다. 이 집착을 인식했다면, 하산(下山)하시라! 이미 성스러운 경지다. 집착하지 않는 부처의 혜안(慧眼)! 그 안목과 식견을 배우는 작업이 교육이다. 그 교육의 완성은 고통의 소멸을 불러 온다.

「사성제품」은 고집멸도(苦集滅道)에 대해 여러 차원을 제시한다. 사바(娑婆)세계를 비롯하여 동방의 밀훈(密訓)세계, 남방의 최승(最勝)세계, 서방의 이구(離垢)세계, 북방의 풍일(風溢)세계, 동북방의 섭취(攝取)세계, 동남방의 요익(饒益)세계, 서남방의 선소(鮮少)세계, 서북방의 환희(歡喜)세계, 하방의 관약(關鑰)세계, 상방의 진음(振音)세계에서 각각 10개씩 400개의 고집멸도의 의미를 말했다. 모두 4,000개로 풀이했다. 한두 개를 다루기도 쉽지 않은데 무려 4,000개다. 이 자체가 괴롭다. 수행교육으로 가능할까? 그렇다. 오히려 희망은 크다. 열려 있다.

일반적으로 불교는 팔정도(八正道)를 통해 '도(道)' 성제(聖帝)를 이루어야 한다고 말한다. 팔정도는 깨달음의 경지인 열반(涅槃: nirvana)에 이르기 위해 수행하는 여덟 가지 덕목이다. '불어서 끄다'라는 열반의 원래 뜻처럼, '타오르는 번뇌(煩惱)의 불을 끄고 깨달음의 지혜인 보리(菩提)를 완성하려는' 몸부림이다. 그 여덟 가지 길은 '정견(正見), 정사유(正思惟), 정어(正語), 정업(正業), 정명(正命), 정정진(正精進), 정념(正念), 정정(正定)'이다.

'정견'은 바르게 보기다. 바른 견해를 가리키는 것으로 치우침 없이 세상을 보는 일이다. '정사유'는 바른 생각이다. 바른 마음가짐으로 이치에 맞게 생각하는 일이다. '정어'는 바른 말이다. 정사유에서 비롯되는 생각의 언어적 실천이다. 거짓말이나 속이는 말, 이간질하는 말, 나쁜 말을 하지 않고 참되고 유익한 말을 하는 것이다. '정업'은 바른 행동이다. 정사유를 행동으로 실천하는 일로, 생명을 소중히 여기고, 남의 것을 탐하지 않으며, 부정한 음행을 하지 않는다. '정명'은 바른 생활이다. 일상에서 건전한 습관을 지니며 다른 사람에게 피해를 주지 않고 생활하는 일이다. '정정진'은 바른 노력이다. 깨달음을 향해 끊임없이 열정적으로 애쓰는 일이다. '정념'은 바른 의식이다. 항상 이상과 목표를 간직하고 이를 잃어버리지 않도록 깨어 있음을 가리킨다. '정정'은 바른 명상이다. 마음을 한 곳에 집중하여 평정을 찾는 작업이다.

화엄이 주는 희망은 팔정도에만 매몰되지 않는 교육의 개방성이다. 그 개방성은 다양성의 존중에서 우러나오는 합리성이다. 인간의 세계인 사바(娑婆)세계, 그리고 동서남북의 사방(四方)과 네 모퉁이의 방향인 사우(四隅)와 상하(上下)를 총칭하는 시방(十方)세계에서는 다양한 만큼 갖가지 수행법이 제시된다.

대중의 삶은 제각기 사랑하고 애착하는 내용이 다르다. 때문에 그들이 사랑하고 애착하는 사안에 따라 수행교육의 양식이 고려된다. 그것은 교육방법의 다양화이기도 하지만, 인간의 삶에 따른 개별교육을 각성하게 만든다.

8. 『화엄경(華嚴經)』13: 광명각품(光明覺品)-방편으로 이행하는 수행, 현실을 직시하라!

2021. 9. 20. 8:51

『화엄경』의 제9품인 「광명각품(光明覺品)」은 빛을 밝게 훤하게 비추듯이, 광명의 다리를 놓아 모든 사람이 깨닫도록 하는 염원을 담았다. 어리석은 인간의 삶을 밝혀주는 부처가 엿보인다. 문제는 방법이다. 그것은 깨달음을 대비하는 능력이다. 교육으로 이해하면, 다양한 양식의 교육적 수단이나 방법이다.

불교에서는 이를 통틀어 '방편(方便)'이라고 한다. 산스크리트어로 '우파야(upāya)'다. 우파야는 어떤 목적을 이루기 위한 방법이나 수단을 의미한다. 방편은 『아비달마구사론(阿毘達磨俱舍論』을 비롯한 몇몇 경전에 등장한다. 그러나 크게 주목받지 못했다.

'방편'이라는 이 무시무시한 언표! 현실적으로 이보다 실제적이고 구체적인 불교 수행교육의 방법이 있는가? 형이상학적 양식이나 논리가 아니라 현실적 수단으로서 인생의 곳곳에서 이미 진행되는 방법인데. 그런 만큼 '방편'은 대승불교(大乘佛敎)가 흥기하면서 다양하게 이해되기 시작했다. '모든 대중이 고통에서 벗어나야 한다! 그렇지 않다면 불교는 의미를 상실한다! 보살이 대중을 구제하려는 임무, 아니 의무는, 이런 희망을 저버릴 수 없다! 아무리 깨달음을 얻어도 대중 구제를 하지 못하면 의미가 없다!' 이 대중을 구제하려는 서원과 맞물리면서, 방편은 대승불교의 경전을 아름답게 수놓았다.

「광명각품」은 방편이 지닌 힘, 그 덕목을 열 가지로 제기한다. 그 교육의 양식은 찬탄의 노래로 울려 퍼진다. 열 가지 게송(偈頌)이다. 대략 다음과 같다.

①몸에서 일으키는 작용; "지혜는 짝이 없고 법은 끝없으며/세상 바다 뛰어나서 저 언덕에 이르네./수명과 광명도 비할 데 없으니/이는 공덕 있는 이의 방편의 힘이라네."

② 고요히 비춤; "모든 부처의 법을 밝게 알고/삼세를 다 관찰하되 싫어함이 없네/속된 인연에 끌리지만 분별하지 않네./이는 생각하기 어려운 이의 방편의 힘이라네."

③ 걸림 없는 리(理)와 사(事); "대중을 즐겨 보되 대중이란 생각 없고/여러 갈래 널리 보되 갈래란 생각 없네./항상 선정에 머무르되 매이는 마음 없으니/이는 걸림 없는 지혜 방편의 힘이라네."

④ 닦음 없는 닦음; "교묘한 방편으로 온갖 법을 통달하며/바른 생각으로 열반의 도를 부지런히 닦네./해탈을 즐기고 차별을 떠나니/이는 적멸한 이의 방편의 힘이라네."

⑤ 대중에게 되돌리려는 공적; "바른 지혜로 향하기를 권하며/법계의 온갖 지혜에 나아가네./대중을 잘 교화해서 진리에 들게 하니/이는 불심에 머문 방편의 힘이라네."

⑥ 바른 지혜로 깨달아 얻는 진리; "부처의 설법에 모두 따라 들어가며/넓고 큰 지혜 걸림이 없네./온갖 곳에 다니는 일 모두 이르니/이는 자재하게 닦은 방편의 힘이라네."

⑦ 고요한 작용; "열반에 있어도 늘 허공과 같고/마음대로 나타나 두루 두루 하네./모양 없는 데서 모양 삼으니/이르기 어려운 데 이른 이의 방편의 힘이라네."

⑧ 시간의 숫자를 앎; "낮과 밤과 날과 달과 해와 수많은 겁/세계가

생겨나고 없어지는 일./이런 것을 생각하여 모두 알았으니/시간 지혜를 얻은 이의 방편의 힘이라네."

⑨ 생각하기 어려움; "모든 대중이 생겨나고 사라지는 일./색 또는 색 아님과 생각 있음 또는 생각 없음에/세상의 모든 이름 알았으니/생각하기 어려운 데 머문 이의 방편의 힘이라네."

⑩ 대중에 돌려주는 공덕; "지난 세상 지금 세상 오는 세상에/여러 말씀을 모두 알 수 있네./삼세가 평등함도 분명히 알았으니/비할 데 없는 이의 방편의 힘이라네."

'몸에서 작용을 일으키는' 방편에서 '대중에게 돌려주는' 회향(回向)의 방편에 이르기까지, 저 열 가지 찬탄의 노래는 '지혜(智慧)'와 짝을 이룬다. 그것은 『유마경(維摩經)』(제2) 「방편품」에서 증명된다. 『유마경』은 강조한다. "방편이 없는 지혜는 얽힘이다! 방편이 있는 지혜는 풀림이다. 지혜가 없는 방편은 얽힘이다! 지혜가 있는 방편은 풀림이다!" 여기에서 '지혜는 어머니고 방편은 아버지다!' 지혜와 방편은 한 몸의 다른 양상이다. '일이이(一而二) 이이일(二而一)!' 그야말로 하나이면서 둘이고 둘이면서 하나다.

지혜가 무엇이던가? 세상의 모든 사안에 통달(通達)하는, 이른 바 '통고금(通古今) 달사리(達事理)' 아니던가! 잃는 것과 얻는 것, 옳은 일과 그른 일을 가려내는 마음의 작용 아니던가! 미혹(迷惑)을 소멸하고 보리(菩提)를 성취하는 일 아니던가! 일반 학문 이론의 차원에서 지혜는 사람이나 사물, 사건이나 상황을 깊게 이해하고 깨달아 자신의 행동과 인식, 판단을 이에 맞출 수 있는 작업이다. 인간은 지혜를 통해 자신의 감정적 반응을 통제한다. 이성과 지식으로 행동을 결정한다. 그러기에 지혜로운 사람의 일상은 '통찰(洞察: insight)'이나 '안목(眼目: discernment)'의 프리즘을 통과한다. 그렇다고 지혜가 지능을 의미하는 것은 아니다. 지식만도 아니다. 이 모두는 상호보완적인 관계망을 형성한다.

광명(光明)의 세계 가운데 부처를 만나면 불행이 사라지고 행복을 찾아올까? 그것은 불교의 염원이다. 절망을 넘어 희망으로 다가서려는 몸부림이자 깨달음이다. 부처의 사업은 대중을 고통에서 구제하는 일이다. 그것만이 부처의 의무, '의업(意業)'이다. 그 수행은 온갖 방편을 통해 진행된다. 그 교육의 방편이, 다름 아닌, 현실 세계에 녹아 있다. 그러므로 방편은 현실에서 찾아야 한다. 『중용』에서 말하듯, '도불원인(道不遠人)!' 사람의 길은 멀리 있지 않다! 인간 내부에 있다. 현실을 직시하라!

9. 『화엄경(華嚴經)』14: 보살문명품(菩薩問明品)-허물을 소멸하려는 용맹정진(勇猛精進)의 미학

2021. 9. 21. 21:54

「보살문명품(菩薩問明品)」은 『화엄경』의 제10품이다. 말 그대로 보살의 물음과 답변을 통해 부처의 진리를 밝히는 기록이다. 특히, 십신(十信)보살이 서로 질의응답하며 열 가지 법을 밝게 나타낸다.

미리 요약하면, 문수보살이 아홉 보살에게 묻고 결론 내는 방식은 다음과 같다. ①각수(覺首)보살에게 인연이나 연기의 이치를 물으며 현실을 인식한다. 법성(法性)은 본래 차별이 없다. 하지만 인간의 망상이 번뇌를 만나 차별이 생겨난다. 이것은 무엇을 일러줄까? 무차별과 차별의 상호 영향을 깨달아 가라는 말이다. 그 가운데 삶의 자세를 긍정적으로 바꾸라는 염원이다. ②재수(財首)보살을 통해 대중을 위한 가르침을 펴는 부처의 교화가 깊음을 밝힌다. ③보수(寶首)보살에게 업(業)을 따라 과보가 생김을 알게 하고 자신의 처지와 현실을 온전히 파악하도록 한다. 그것은 진리의 세계에 나아가도록 이끌어주는 업과(業果)가 깊음을 보여준다. ④덕수(德首)보살에게 다양한 대중을 위한 설법이 한량없음을 말하며 설법의 깊음을 밝힌다. ⑤목수(目首)보살에게 보시과보(布施果報)가 다름을 묻는다. 목수보살이 답한다. 대지는 하나지만 심는 씨앗에 따라 싹이 나는 것처럼 부처도 그와 같다. ⑥근수(勤首)보살에게 열 가지 교법(敎法)의 차별 없음을 묻고 정진을 통해 그 깊음을 밝힌다. ⑦법수(法首)보살에게 번뇌를 끊고 정법의 세계에 이르는 수행의 깊이를 밝힌다. ⑧지수(智首)보살에게서 대중의 근기에 따라 한가지로 제도할 수 없으므로 보조로 수행하는 길의 깊음을 밝힌다. ⑨현수(賢首)보살에게서 가지가지로 다른 열 가지 일에 대해 묻고, 오직 대승의 한길로 나아가 그 평등사상의 깊음을 밝힌다. ⑩아홉 보살이 문수보살이 알고 있는 '부처님의 경계'가 매우 깊음을 알아 대중을 모두 인도하는 방식을 밝힌다.

여기에서 아홉 보살에게 붙인 명칭이 예사롭지 않다. 그것은 교육적 완성에 가까운 덕목처럼 느껴진다. '각수(覺首)-재수(財首)-보수(寶首)-덕수(德首)-목수(目首)-근수(勤首)-법수(法首)-지수(智首)-현수(賢首)!' '깨달음[覺]'에서 '어짊[賢]'에 이르기까지, 그것도 '머리[首]'로 상징되는, 시초와 수위의 자리에 있는 보살의 특성이, 그들의 물음과 답변 사이에서 탐색되는 교육이, 무겁게 느껴진다.

특히, 첫 번째와 여섯 번째 질의응답은 교육의 철학적 차원을 현실의 논리로 보여준다.

첫 번째 질의응답이다.

> 문수보살이 각수보살에게 물었다. "마음의 성품은 하나입니다. 어찌하여 갖가지 차별이 있음을 봅니까? 선한 데도 가고 악한 데도 갑니다. 모든 뿌리가 충족되기도 하고 부족하기도 합니다. 삶을 받음이 같기도 하고 다르기도 합니다. 단정하기도 하고 누추하기도 합니다. 괴로움을 받기도 하고 즐거움을 받기도 합니다. 그러므로 업(業)이 마음을 알지 못하고 마음이 업을 알지 못합니다. 수(受)가 과보를 알지 못하고 과보가 수를 알지 못합니다. 마음이 수를 알지 못하고 수가 마음을 알지 못합니다. 인(因)이 연(緣)을 알지 못하고 연이 인을 알지 못합니다. 지혜가 경계를 알지 못하고 경계가 지혜를 알지 못합니다."

각수보살이 답한다. "모든 법은 작용이 없습니다. 또한 체성(體性)도 없습니다. 그러므로 저 모든 것은 각각 서로 알지 못합니다. …… 눈과 귀와 코와 혀와 몸과 마음과 뜻과 모든 정(情)의 뿌리가 늘 유전(流轉)합니다. 하지만 유전하는 주체가 없습니다. …… 이치대로 관찰해 보면, 온갖 것이 모두 자성(自性)이 없습니다. 법의 눈은 헤아릴 수가 없습니다. 이렇게 보는 것이 잘못이 아니라, 바로 보는 것입니다."(「보살문명품」)

여섯 번째 질의응답이다.

문수보살이 근수보살에게 물었다. "부처의 가르침은 하나입니다. 그런데 대중이 그것을 보아도 어찌하여 즉시 모든 번뇌의 속박을 끊고 벗어나지 못합니까? 색온(色蘊)·수온(受蘊)·상온(想蘊)·행온(行蘊)·식온(識蘊)과 욕계(欲界)·색계(色界)·무색계(無色界)·무명(無明)·탐(貪)·애(愛)는 차별이 없습니다. 때문에 부처의 가르침이 대중에게 때로는 이익이 있고 때로는 이익이 없는 것입니다."
근수보살이 답한다. "어떤 사람은 빨리 벗어나고 어떤 사람은 벗어나기 어렵습니다. 한량없는 모든 허물을 소멸하려고 한다면, 마땅히 부처의 진리 가운데 항상 용맹하게 정진해야 합니다. …… 어떤 사람은 허공을 보고, 단정히 앉아서 움직이지 않고 말로만 허공에 올랐다고 합니다. 게으른 사람도 또한 그러합니다."(「보살문명품」)

10. 『화엄경(華嚴經)』15: 정행품(淨行品)-마음 씀씀이를 향한 목숨 건 수행

2021. 9. 25. 10:20

「정행품(淨行品)」은 『화엄경』의 제11품이다. 말 그대로 '맑고 깨끗한 수행'을 뜻하는 '청정(淸淨)의 실천'에 관한 기록이다. 어떻게 수행하면, 부처의 지혜로운 광명의 힘을 받아 즐거운 세상을 구현할 수 있을까? 불교적 실천을 통해 청정한 품격을 지닌 인간으로 거듭날 수 있을까? 그 결과 정말 사회가 맑아질까? 세속적 언어 표현으로는 교육 방법의 실현과 직결된다. 맑고 깨끗하게 교육을 실천하는 작업이다.

이 교육의 길은 아주 용이한 것 같으나 험난하다. 어쩌면 목숨을 담보로 한다. 이유는 인간의 삶에, 이미, 담겨 있다. 사람이라는 존재는 '몸과 말과 뜻', 즉 '신(身)·구(口)·의(意)', 이 세 가지 업(業)에 의한 선악(善惡)에 사로 잡혀 살아간다. 그만큼 늘 '탐을 내며 그칠 줄 모르는 욕망과 노여움과 어리석음', 즉 '탐(貪)·진(瞋)·치(痴)', 이 세 가지에 독(毒)에 취해 있다. 이를 해독할 수 있는 수행교육의 이행에 관한 질문과 답변이다. 그 수행 방법에 대해 지수(智首)보살이 문수보살에게 묻는다.

> "어떻게 허물없는 몸과 말과 뜻의 업을 얻을 수 있는가? 어떻게 해롭지 않은, 훼손할 수 없는, 깨뜨릴 수 없는, 물러가지 않는, 움직이지 않는, 뛰어난, 청정한, 물들지 않는, 지혜가 선도하는 몸과 말과 뜻을 얻을 수 있는가?"(「정행품」)

이어서 ‘수행 결과의 구족함’, ‘열 가지 지혜’, ‘도를 갖추는 인연이 되는 힘’, ‘대중 교화의 수단과 방법’, ‘일곱 가지 깨달음과 세 가지 해탈’, ‘육바라밀(六波羅蜜)과 사무량심(四無量心)’, ‘열 가지 힘’, ‘열 명의 왕이 공경하고 호위함’에 대해 묻는다. 그리고 마지막에 모든 대중에게 이익이 되는 사항과 대중 가운데 가장 높게 되는 일에 대해 묻는다.

마지막 부분의 ‘이익이 되는 사항’에 관한 10가지 물음이 현실적이고 교육적이고 인간적이다. 사회적으로 의미심장하다.

> “어떻게, 모든 사람의, ‘의지’가 되고, ‘구호’가 되고, ‘돌아갈 데’가 되고, ‘나아갈 데’가 되고, ‘횃불’이 되고, ‘밝음’이 되고, ‘비춤’이 되고, ‘인도자’가 되고, ‘훌륭한 인도자’가 되고, ‘두루 인도하는 사람’이 될 수 있습니까?”(「정행품」)

의지-구호-돌아갈 곳-나아갈 곳-횃불-밝음-비춤-인도자-훌륭한 인도자-두루 인도하는 자! 이 ‘의지’에서 ‘두루 인도하는 사람’에 이르기까지, 그것을 성취하려는 노력이 다름 아닌 교육의 길이다. 그것의 성취가 교육받은 인간(educated man)의 모습이다. 유학적으로 말하면 성인군자(聖人君子)이고 선비다. 서구교육에서 강조했던 신사(紳士: gentleman)다. 교육자의 길이다.

‘이익을 위해 물음을 던진 데 대해 찬탄’하며, 문수보살은 답변한다. ‘마음을 잘 쓰면 큰 공덕을 얻는다!’ 마음 씀씀이가 최대 화두다.

> “마음을 잘 쓰면, 온갖 뛰어나고 오묘한 공덕을 얻어 마음이 걸림이 없다. 과거-현재-미래의 모든 부처의 도에 머문다. 대중에 따라 머물러 항상 버리고 떠나지 않는다. 모든 존재의

양상을 통달할 수 있다. 온갖 나쁜 일을 끊고 모든 착한 것을 갖춘다. 보현(普賢)보살처럼 최고의 모습을 갖춘다. 온간 실천과 소원을 갖춘다. 모든 존재에 자재하지 않음이 없다. 그리하여 대중의 제2 도사(導師), 즉 부처 다음가는 사람이 될 것이다!"(「정행품」)

마음 씀씀이에 관한 뛰어난 공덕을 얻는 작업은 열두 가지 일상의 생활 상황으로 나뉘어 부르는 노래로 답변된다. 그것은 '①집에 있을 때, ②출가하여 계를 받을 때, ③좌선할 때, ④말로 움직이고 옷을 입을 때, ⑤대소변을 보고 세수할 때, ⑥걸식하러 나갈 때, ⑦인간과 자연을 보았을 때, ⑧사람을 만났을 때, ⑨마을에 이르러 걸식할 때, ⑩돌아와 씻고 목욕할 때, ⑪경을 읽고 예배할 때, ⑫누워 쉬고 잘 때'이다. 불교 특유의 실천 수행 몇 가지를 제외하면, 유교의 『소학』에서 일상의 예의범절을 제기하는 것과도 유사하다.

이 일상이 과연 쉬운 작업일까? 문수보살은 12가지의 일상에서 실천할 수 있는 보살의 서원(誓願) 실천을 141개의 게송으로 일러준다. 그것은 140여 가지의 수행교육에 해당한다. 그 첫 번째 노래가 "보살이 집에 있을 때는 대중이 집의 성품이 공(空)한 줄을 알아 그 핍박에서 벗어나기를 원하라!"이고, 마지막 노래가 "잠자다가 막 깨었을 때는 대중이 모든 지혜를 깨달아 세상을 두루 살피기를 원하라!"이다. 이 첫 번째와 마지막 게송의 사이 세계를 어떻게 실천할 것인가? 그 수행의 알맹이를 채울 수 있을까?

인생을 만만하게 보지 마시라! 세상을 살아간다고, 누구나 고통 없이 행복하게 삶을 영위하는 것은 아니다. 아무나 인생의 품격을 갖춘,

품위 있는 삶을 즐길 수 있는 것은 아니다. 140여 개의 노래가 엄중하게 울려 퍼지는 만큼, 목숨 건 전투가 요청된다. 그런 점에서 교육은 '삶의 투쟁'이다. 인생이라는 거룩한 사명을 띤, 성전(聖戰)이다. 보이는 곳은 물론이고, 보이지 않는 곳에서도 피나는 노력이 필요하다. 주어진 현실에 만족하며 욕망의 전차가 운행하는 삶에 안주해서는 곤란하다. 욕망을 조절하는 현실을 넘어서라! 욕망을 제거하는 미래를 향해 용맹정진(勇猛精進)하라! 그런 수행의 교육적 실천만이 진정한 교육자를 담보한다.

불교의 사유와 행동양식을 '느림의 미학'으로 표현한다면, 불교가 추구하는 삶의 양식에 오류를 낳을 가능성이 크다. 불교의 사고방식이 천천히 느리게 움직인다고 생각한다면 착각이다! 저 '정행(淨行)'을 향한 열정과 염원, 몰입과 집중의 일상행(日常行)을 보시라. 재빠르게, 지금 당장 돌입(突入)해도 구현될까 말까다. 단순하게 욕망을 절제한다고? 마음을 다스린다고? 맑고 깨끗한 수행교육은 그런 말이나 형이상학적 사안에 한정되지 않는다. 목숨 건 수행, 피나는 노력을 경주해야 한다. 그것은 불교적 수행이 지향하는 교육자의 운명이다. 제2의 부처를 꿈꾸는 인간의 숙명이다. 그 작업은 일상의 아주 작은 사안에서 혁신을 꾀해 나가야 한다. 큰일에만 관심 갖는 그런 것이 아니다.

이 지점을 돌아보니, 유학이 강조하는 '하학(下學)' 공부가 떠오른다. 다시, 사소한 일상을 성찰하자! 구습(舊習)을 타파하며 현실의 변화를 실천하라! 욕망이 이글거리는 현실, 그 중독된 인생을 어찌할 것인가? 치료(治療)와 치유(治癒)를 대비하자. 그 이전에 스스로 맑고 깨끗하게 만들어 나가는 예방을 고려하자. '마음 씀씀이를 잘 하라'는 '선용기심(善用其心)!' 문수보살의 소망이다.

11. 『화엄경(華嚴經)』16: 현수품(賢首品)-보살의 자기교육, 청정수행(清淨修行)

2021. 9. 26. 12:11

「현수품(賢首品)」은 『화엄경』의 제12품이다. 엄밀하게 말하면, 『화엄경』은 부처의 직접 설법을 통한 대중 교화를 기록한 경전이 아니다. 여러 보살이 부처의 수행 경지를 모범으로 문답하며, '함께' 깨달음의 길을 모색한다. 그걸 증명이라도 하듯, 「현수품」의 시작은 문수보살과 현수보살의 대화로 시작한다.

> 문수보살이 묻는다. "나는 모든 보살을 위해, 부처님이 닦은 청정한 수행을 말했다. 어진 사람도 이 모임 가운데 수행이 훌륭한 공덕을 말하시라!" 현수보살이 대답한다. "훌륭하다, 어진 사람이여! 자세히 듣기 바란다. 저 모든 공덕은 헤아릴 수 없다! 내 이제 힘닿는 대로 조금만 말하리라. 큰 바다에 한 방울 물 같다고나 할까?"(「현수품」)

다시, 쉽지 않다. '큰 바다의 한 방울 물!' 보살행(菩薩行)을 통해 수행하려는 교육은, 350여 개나 되는 노래로만 이어진다. 장엄하면서도 엄숙한 수행가(修行歌)다. 그 가운데 수행교육의 단계와 방법을 제기한 십지위(十地位)을 탐색해 본다.

> "대비심이 견고할 수 있다면, 깊고 깊은 법을 좋아하고 즐길 수 있으리라. 깊고 깊은 법을 좋아하고 즐길 수 있다면, 행함

이 있는 허물을 버려 여읠 수 있으리라. 행함이 있는 허물을 버려 여읠 수 있다면, 교만하고 방일함을 여읠 수 있다. 교만하고 방일함을 여읠 수 있다면, 모든 대중을 이롭게 할 수 있다. 모든 대중을 이롭게 할 수 있다면, 삶과 죽음에 처하여도 피로하고 싫음이 없다. 삶과 죽음에 처하여도 피로하고 싫음이 없다면, 용맹하고 건장하여 이길 사람이 없다. 용맹하고 건장하여 이길 사람이 없다면, 큰 신통력을 일으킬 수 있다. 큰 신통력을 일으킬 수 있다면, 모든 대중의 실천력을 알 수 있다. 모든 대중의 실천력을 알 수 있다면, 모든 대중이 원하는 것을 성취할 수 있다. 모든 대중이 원하는 것을 성취할 수 있다면, 대중을 잘 거두는 지혜를 얻으리라. 대중을 잘 거두는 지혜를 얻으면, 사섭법(四攝法)을 이룰 수 있다. 사섭법(四攝法)을 이룰 수 있다면, 대중에게 무한한 이익을 주리라. 대중에게 무한한 이익을 준다면, 가장 훌륭한 지혜의 방편을 갖추게 되리라. 가장 훌륭한 지혜의 방편을 갖추게 된다면, 용맹하게 더 이상 위가 없는 가장 큰 도에 머물게 되리라!"(「현수품」)

십지위는 보살의 수행 단계를 보여준다. '10지(十地)'는 '10주(十住)'라고도 하는데, 다음과 같다. ①환희지(歡喜地)다. 이는 보살이 처음으로 불법의 이치를 깨달아 기쁨을 느끼는 단계다. ②이구지(離垢地)다. 이는 때가 낀 번뇌를 떨치고 깨끗하게 되는 단계다. ③명지(明地)다. 이는 수행교육의 효과가 밝게 드러나는 단계다. ④염지(焰地)다. 이는 모든 번뇌를 불길로 태워 버리는 단계다. ⑤난승지(難勝地)다. 이는 어려운 상황이나 사태를 이겨내는 단계다. 그것은 교만을 없애고, 끊임없이 닦고, 닦아서 얻는 결과에 관해 말한다. ⑥현전지(現前地)다. 이는 지혜가 드러나는 단계다. 세상의 모든 사물을 공하다고 깨닫고 번뇌를 없애는 작업이다. 그것만이 부처의 지혜를 얻는 길이다. ⑦원행지(遠行地)다. 세상을 떠나 부처의 세계로 들어서는 단계다. ⑧부동지(不動地)다. 이는 마음의 동요가 없는 단계다. ⑨선혜지(善慧地)다. 이는 부처의 지혜와 동일한 수준에 이르는 단계다. ⑩법운지(法雲地)다. 이는 부처의 진리가 만물을 소생시키는 비의 원천인 구름과도 같다는 단계다.

10지의 각 단계는 보살이 부처의 경지에 이르는, 수행교육의 과정을 지시한다. 깨달음을 얻어 부처가 되려면, 부처의 진리를 믿고 따라야 한다. 단지, 따르는데 머물러서도 안 된다. 흔들림 없이 수행해야 한다. 용맹정진(勇猛精進)이다. 보살행을 통한 믿음의 공용(功用)이 중요하다. 부처의 진리를 믿으면 공덕이 나타난다. 인간의 삶이 바뀐다. 공용은 열심히 노력해야 얻어진다. 공용 이후의 아름다운 인생은 무공용(無功用)으로 지속된다. 공용이 없는 무공용은 존재할 수 없다! 다시 말하면, 노력 없이 달콤한 열매를 기대할 수는 없다! 이런 점에서 불교의 수행교육은 대중과 보살의 경계를 고민한다. 대중의 삶은 공용이고, 보살의 삶은 무공용이다.

이 수행의 교육과정에서, 보살이 대중을 제도(濟度)할 때의 네 가지 기본 태도, 즉 사섭법(四攝法)이 매우 현실적으로 다가온다. ①보시(布施)다. 보시는 진리를 가르쳐 주는 법시(法施)와 재물을 기꺼이 베풀어 주는 일인 재시(財施)가 중심이다. ②애어(愛語)다. 에어는 사람에게 늘 따뜻한 얼굴로 대하고 부드러운 말을 하는 일이다. ③이행(利行)이다. 이행은 신체의 행위인 신업(身業)과 언어행위인 구업(口業), 정신행동에 해당하는 의업(意業), 즉 3업에 의한 선행을 통해 사람들에게 이익을 주는 일이다. ④동사(同事)다. 동사는 자기와 타인이 일심동체가 되어 협력하는 일이다. 형체를 바꾸어 인간에게 접근하여 대중과 사업을 같이하며 제도하는 일이다. '나의 너 되기'이자 '너의 나 되기', '우리 되기'다.

'보시(布施)!-애어(愛語)!-이행(利行)!-동사(同事)!'로 연속되는 교육적 실천은 형식적이지 않다, 일상의 침묵 가운에 삼투(滲透)한다. 그래서 두렵고 두터운 고행(苦行)이다. 쓴맛이 점철되는 수행이다. 쓴맛이 쌓이고 쌓인다. 그 쓴맛이 다시 녹이고 녹아든다. 그 절정에 이른 후, 단맛으로 전환한다. 그런 계기에서 무엇이 보일까? 무공용(無功用)의 일상이 펼쳐진다.

12. 『화엄경(華嚴經)』 17: 승수미산정품(昇須彌山頂品)/수미정상게찬품(須彌頂上偈讚品)-시방세계, 이 오묘한 지혜 창고

2021. 9. 27. 9:45

「승수미산정품(昇須彌山頂品)」과 「수미정상게찬품(須彌頂上偈讚品)」은 『화엄경』의 13품과 14품이다. 이름 그대로 '수미산정상'의 설법에 관한 기록이다. 동일한 내용은 아니지만, 기독교에서 예수의 '산상수훈(山上垂訓)'이 떠오른다.

그렇다면 불교의 수행교육에서 '수미산'은 무엇일까? 어떤 위상(位相)일까? 불교는 세상을 '3계 28천'으로 상정한다. 지상에는 인간이 살아가는 사바세계가 있다. 천상에는 세 가지 세계가 존재한다. '욕계(欲界)'와 '색계(色界)'와 '무색계(無色界)'다. 욕계는 탐욕이 존재하는 욕망의 세계다. 그것은 사왕천(四王天), 도리천(忉利天), 야마천(夜摩天), 도솔천(兜率天), 화락천(化樂天), 타화자재천(他化自在天)의 여섯 종류가 있다. 색계는 탐욕을 벗어났지만 물질에 대한 애착이 아직 남아있는 세계다. 여기에는 열여덟 종류가 있다. 무색계는 욕망과 물질에 대해 완전하게 초월한 세계다. 자유자재하고 순수한 정신세계에 해당한다. 여기에는 네 가지 종류가 있다. 이 모든 세계는 '마음'의 문제와 직결된다. 마음을 어떻게 가다듬고 움직이느냐! 그 사용의 양상에 따라 차원이 달라진다.

수미산은 욕계의 도리천과 사왕천 사이에 위치한다. 어머니 마야부인을 위해, 부처가 도리천에 올라 3개월간 설법한 곳이기도 하다. 부처는 보리수 아래를 떠나지 않았다. 그러면서 수미산 정상에 올랐다. 「승수미산정품」의 수행을 위한 깨달음의 진리 교육은 이 지점에서 시작된다. 부처를 찾아온 수많은 보살들은 무엇을 깨우쳤을까? 수미산정상의 가장 길상(吉祥)한 곳, 제석천(帝釋天)의 궁전, 묘승전(妙勝殿)에서의 만남은 무엇을 지시하고 있을까? 이 세상 모든 인간이 머무는 곳, 시방세계 또한 이와 같은데!

「수미정상게찬품」에는 보살들이 모든 세계 가운데로부터 좇아와서 모였다. 그것을 상징하는 대표적인 10명의 보살은 모두 '혜(慧)'가 붙어 있다. 지혜를 의미하는 저 다양한 '혜'보살의 운집은 무엇을 뜻하는가? 법혜(法慧)보살에서 일체혜(一切慧), 승혜(勝慧), 공덕혜(功德慧), 정진혜(精進慧), 선혜(善慧), 지혜(智慧), 진실혜(眞實慧), 무상혜(無上慧), 견고혜(堅固慧)보살에 이르기까지, 시방세계를 대표하는 그들은, 부처의 신통력과 위신력을 찬양하며, 무엇을 열망했을까?

> "이 여러 살이 부처가 계신 곳에 이르러 부처의 발에 예의를 갖추었다. 각자 떠나온 방위를 따라 제각기 비로자나장 사자좌를 바꾸어 만들고, 그 자리 위에 결가부좌(結跏趺坐) 하고 앉았다. 이 세계 가운데 수미산 꼭대기에 보살들이 와서 모인 것처럼, 모든 세계에서도 또한 그러했다. 저 보살의 이름과 세계와 부처의 명호도 모두 같아서 차별이 없다. 그 때 세존께서 두 발가락으로 묘한 광명 빛을 놓아 시방의 모든 세계와 수미산 꼭대기를 비추었다. 이에 제석천 궁전 가운데 계시는 부처와 대중이 나타나지 않음이 없다."(「승수미산정품」)

이 수행교육의 모습이 진정 '상구보리(上求菩提) 하화중생(下化衆生)'의 시공간인가? 형이상학적 찬미의 노래는 저 멀리로 한 채, 시방

세계 대중에게 비추는 빛 가운데, 교육의 진리가 감춰진 듯한, 화엄교육철학의 오묘함은 한량없는 탐구를 강요하는 걸까?

13. 『화엄경(華嚴經)』 18: 십주품(十住品)-머무를 곳 어딘가? 인간 형성을 위한 화엄가(華嚴歌)

2021. 9. 28. 11:39

『화엄경』의 제15품은 「십주품(十住品)」이다. 십주품은 불교의 수행교육 과정에서 부처를 향한 십신(十信)의 믿음을 지니고, 부처의 집에 머물기 위한 열 가지 수행법에 관한 기록이다. 그것은 불교의 가치관을 여실히 보여준다. 어떤 마음가짐으로 수행할 것인가? 불교 교육의 핵심이 무엇을 지향하는가? 그에 대한 확인이다.

청정(清淨)한 보살행! 번뇌를 없애며 마음의 해탈문을 자연스럽게 열어나가는 교육! 대중을 광명으로 구제하는 가피(加被)는 늘 준비되어 있다. 때문에 인간이 보살의 길에 열정을 보일 때 가피는 자연스럽게 사람을 행복으로 유도한다. 청정한 수행의 공덕으로 말이다.

열 가지 수행법인 10주는 '①발심주(發心住), ②치지주(治地住), ③수행주(修行住), ④생귀주(生貴住), ⑤방편구족주(方便具足住), ⑥정심주(正心住), ⑦불퇴주(不退住), ⑧동진주(童眞住), ⑨법왕자주(法王子住), ⑩관정주(灌頂住)'다. 10주의 모든 과정은 수행교육의 방법을 적시한다. 각 수행 과정마다 10가지씩 100가지를 제시한다. 또 어렵다! 난제이니만큼 수행교육의 심도가 깊다. 폭도 넓어진다. 일상의 평범함이 녹아든 형이하학에서 피안으로 달려 나가는 형이상학에 이르기까지 그 분포를 헤아릴 수 없다.

①발심주는 보리심을 내고 지혜를 구하는 작업이다. 이를 위해서는 열 가지 법을 배워야 한다. 그것은 "부지런히 부처께 공양하고, 삶

과 죽음에 머무르기를 좋아하고, 세간을 주도하여 악한 업을 버리고, 가장 훌륭하고 미묘한 법으로 늘 가르침을 행하고, 위없는 법을 찬탄하고, 부처의 공덕을 배우고, 모든 부처 앞에 태어나 늘 살펴 보호하고, 방편과 적정(寂靜) 삼매(三昧)를 연설하고, 생사윤회(生死輪廻)를 멀리 떠나고, 고통 많은 대중을 위해 귀의할 곳이 됨"이다.

②치지주(治地住)는 대중에게 마음을 내는 작업이다. 이를 위해서는 열 가지 법을 배워야 한다. 그것은 "외우고 익혀 많이 알고, 한가하여 고요하고, 선지식을 친근하게 하고, 화평하고 즐겁게 말하고, 말할 시기를 알고, 두려운 마음이 없고, 이치를 잘 알고, 법대로 행하고, 어리석음을 멀리 벗어나고, 편안히 머물러 움직이지 않음"이다.

③수행주(修行住)는 세상의 모든 존재를 관찰하는 작업이다. 여기에서 핵심인 열 가지 관찰 대상은 "중생계(衆生界), 법계(法界), 세계(世界), 그리고 지계(地界), 수계(水界), 화계(火界), 풍계(風界), 또 그리고 욕계(欲界), 색계(色界), 무색계(無色界)"다.

④생귀주(生貴住)는 보살이 성인의 교법으로부터 진리를 성취하는 작업이다. 이를 위해서는 열 가지 진리를 배워야 한다. 그것은 "과거와 미래와 현재의 모든 부처의 법을 분명히 알고, 과거와 미래와 현재의 모든 부처의 법을 닦아 모우고, 과거와 미래와 현재의 부처의 법을 원만하게 하여, 온갖 부처의 평등함을 분명하게 아는 것"이다.

⑤방편구족주(方便具足住)는 보살이 닦는 선근(善根), 즉 착한 본성의 뿌리를 확인하는 작업이다. 이를 위해서는 열 가지 진리를 배워야 한다. 그것은 대중의 "끝없음을 알고, 한량없음을 알고, 수가 없음을 알고, 생각이나 꾀함이 아님을 알고, 한량없는 몸을 알고, 헤아릴 수 없음을 알고, 공(空)함을 알고, 지음이 없음을 알고, 있는 바의 없음

을 알고, 제 성품이 없음을 아는 일"이다.

⑥정심주(正心住)는 믿고 흔들리지 않는 작업이다. 이를 위해서는 열 가지 진리를 배워야 한다. 그것은 온갖 법이 "모양이 없고, 자체가 없고, 닦을 수 없고, 있는 것이 없고, 진실하지 않고, 공(空)하고, 성품이 없고, 사람의 눈을 속이는 기술과 같고, 꿈과 같고, 분별이 없음"이다.

⑦불퇴주(不退住)는 견고하여 물러서지 않는 작업이다. 이를 위해서는 열 가지의 넓고 큰 진리를 배워야 한다. 그것은 "하나가 곧 많은 것이라 말하고, 많은 것이 곧 하나라고 말하며, 글이 뜻을 따르고, 뜻이 글을 따르며, 있지 않음이 곧 있음이고, 있음이 곧 있지 않음이며, 형상 없음이 곧 형상이고, 형상이 곧 형상 없음이며, 성품이 없음이 곧 성품이고, 성품이 곧 성품 없음이다".

⑧동진주(童眞住)는 업(業: 선악의 소행)에 머무는 작업이다. 이를 위해서는 열 가지 진리를 배워야 한다. 그것은 모든 부처의 세계에 대해 "알고, 움직이고, 가지고, 관찰하고, 나아가고, 노닐고, 법을 받고, 변화가 자재한 몸을 나타내고, 넓고 크고 두루 가득한 음성을 내고, 찰나 동안에 수없는 부처를 받들어 섬기고 공양하다"이다.

⑨법왕자주(法王子住)는 법(法)을 잘 아는 작업이다. 이를 위해서는 열 가지 진리를 배워야 한다. 그것은 "법왕의 지위에 능란함, 법왕(法王)의 처소에 대한 법도, 궁전에 관한 일, 나아가고 들어감, 관찰함, 관정(灌頂), 힘으로 유지함, 두려움 없음, 편히 잠자는 일, 찬탄하는 일"이다.

⑩관정주(灌頂住)는 지혜를 성취하는 작업이다. 이를 위해서는 열 가지 진리를 배워야 한다. 그것은 "과거-현재-미래 삼세의 지혜, 불법

의 지혜, 법계의 걸림 없는 지혜, 법계의 끝없는 지혜, 모든 세계에 충만한 지혜, 모든 세계를 널리 비추는 지혜, 모든 세계에 머무는 지혜, 모든 대중을 아는 지혜, 모든 법을 아는 지혜, 끝없는 모든 부처를 아는 지혜"다.

저 불교의 수행 진리를 깨우치는 작업은 요원(遙遠)하다. 아득하기만 하다. 언어 자체의 모순에서 말문이 막힌다. 언어도단(言語道斷)의 길 위에서 교육철학은 서성거릴 뿐이다.

일반적으로 교육철학은 교육에서 활용하는 언어의 명확성을 강조한다. 교육적 인간상을 통해 시대정신을 구가할 수 있는, 현실적으로 분명한 형상을 주장한다. 이런 세속의 일반교육이 불교의 수행교육을 통해 어떤 지혜를 터득할 수 있을까? 그 접점조차도 화엄의 장엄함에 포용될 뿐이다.

14. 『화엄경(華嚴經)』 19: 범행품(梵行品)-더러움 없는 수행, 그 교육적 지혜

2021. 9. 29. 16:23

「범행품(梵行品)」은 『화엄경』의 제16품이다. '범행(梵行)'에서 범(梵)은 '더러움이 없다'는 말이다. '깨끗함'이나 '맑음'을 뜻하는 '정(淨)'이다. 그러므로 범행(梵行)은 정행(淨行)이다. 정행은 맑고 깨끗한 수행, 즉 청정한 수행으로 대중을 이롭게 하는 거룩한 교육행위다. 「범행품」은 교육실천을 보여주는 청정한 삶에 관한 이야기다.

> 정념천자(正念天子)가 법혜보살(法慧菩薩)에게 물었다. "어떻게 해야 범행이 청정하게 되는가? 보살(菩薩)의 자리에서 깨달음의 길에 이르는가?"(「범행품」)

정념천자의 물음은 수행의 방법에 관한 사안이다. 교육의 양식을 단도직입적으로 물었다.

> 법혜보살이 말한다. "범행을 닦을 때는 몸과 몸의 업, 말과 말의 업, 뜻과 뜻의 업, 부처와 교법과 스님과 계율의 열 가지 법으로 관찰해야 한다. 몸이 범행이라면, 그것은 선하지 않다. 진리답지 않다. 흐리다. 냄새난다. 부정한 것이다. 싫은 것이다. 어기는 것이다. 잡되고 물든 것이다. 송장이다. 벌레 무더기다. 몸이 이러함을 알아야 한다. 몸의 업이 범행이라면, 그것은 가고 머무르고, 앉고 눕고, 왼쪽으로 돌아보고 오른쪽으

로 돌아보고, 구부리고 펴고, 숙이고 우러러 보는 것이다. 말이 범행이라면, 그것은 음성, 숨, 가슴, 혀, 목구멍, 입술, 뱉고 삼킴, 들고 놓음, 높고 낮음, 맑고 흐림이다. 말의 업이 범행이라면, 그것은 문안하고, 대강 말하고 널리 말하고, 비유로 말하고 바로 말하고, 칭찬하고 헐뜯고, 방편으로 말하고 세속 따라 말하고, 분명하게 말하는 것이다. 뜻이 범행이라면, 그것은 깨달음이고 관찰이고, 분별이고 갖가지 분별이고, 기억함이고 갖가지 기억함이고, 생각함이고 갖가지 생각함이고, 요술이며 꿈이다. 뜻의 업이 범행이라면, 생각함이고 생각이고, 추위고 더위고, 굶주림이고 목마름이고, 괴로움이고 즐거움이고, 근심이고 기쁨이다. 부처가 범행이라면, 그것은 색온(色蘊)인가? 수온(受蘊)인가? 상온(想蘊)인가? 행온(行蘊)인가? 식온(識蘊)인가? 상(相)인가? 호(好)인가? 신통(神通)인가? 업행(業行)인가? 과보(果報)인가? 교법이 범행이라면, 그것은 적멸(寂滅)인가? 열반(涅槃)인가? 생기지 않음인가? 일어나지 않음인가? 말할 수 없음인가? 분별없음인가? 행할 바 없음인가? 모이지 않음인가? 순종하지 않음인가? 얻을 바 없음인가? 스님이 범행이라면, 그것은 예류향인가? 예류과인가? 사다함향인가? 사다함과인가? 아나함향인가? 아나함과인가? 아라한향인가? 아라한과인가? 삼명(三明)인가? 육통(六通)인가? 계율이 범행이라면, 그것은 계단인가? 청정한 지를 묻는 것인가? 위의를 가르침인가? 갈마를 세 번 말함인가? 화상인가? 아사리인가? 머리를 깎는 것인가? 가사를 입은 것인가? 걸식함인가? 정명(正命)인가?"(「범행품」)

이런 문답에 녹아든 수행은 무엇일까? 교육은 어떤 인간을 함양해야 하는가? 불교적 품격을 갖춘 인간은 어떠할까? 이렇게 열 가지로 관찰하고 난 후, 수행교육의 양상은 고상하다. 몸에 취할 바가 없다. 어떤 것도 고정된 실체가 없다. 깨달아 몸에 취할 것이 아무것도 없다. 그러므로 무소유(無所有)다. 집착이 없다.

수행교육의 열정은 끝이 없다. 그것은 열 가지 지혜의 힘, 즉 10력(十力)을 기르는 작업으로 이어진다.

> "옳고 그름을 모두 아는 지혜, 지난 세상 지금 세상 오는 세상의 업보를 아는 지혜, 모든 선정과 해탈과 삼매(三昧)를 아는 지혜, 모든 불법에 대해 근기가 훌륭한지 열악한지 아는 지혜, 갖가지 이해를 아는 지혜, 여러 가지 경계를 아는 지혜, 온갖 곳에 이르는 길을 아는 지혜, 천안통이 걸림 없는 지혜, 전생의 모든 것에 걸림 없는 지혜, 습기(習氣)를 영원히 끊는 지혜 등이다. 여래의 열 가지의 힘을 하나하나 관찰하고, 낱낱의 힘에 한량없는 뜻이 있음을 마땅히 물어야 한다."(「범행품」)

이 수행교육의 결과는 한 곳으로 집중된다. 대자대비(大慈大悲)의 마음 형성!

10월

Landscape with a Patchwork of Fields (1937)
Sasza Blonder (Polish, 1909-1949)

1. 『화엄경(華嚴經)』20: 초발심공덕품(初發心功德品)-처음 깨달음의 지속, 번뇌의 결박과 이별하는 교육

2021. 10. 3. 12:50

『화엄경』의 제17품은 「초발심공덕품(初發心功德品)」이다. 「초발심공덕품」은 처음 깨달음을 일으킨 보살의 능력과 공덕에 관한 기록이다. 제석천왕(帝釋天王)이 묻는다. 처음 보리심을 낸 수행자의 공덕은 어느 정도인가? 궁극적 대답은 아주 단순하다. 법혜보살(法慧菩薩)이 답한다. 보리심(菩提心)을 일으킨 보살의 첫 걸음은 부처가 되는 길의 출발지다. 그것을 믿고 마음을 펼치는 순간 부처와 평등한 존재다! 하지만, 그 이치는 너무나 깊다. 이해하기 어렵다. 그러기에 법혜보살은 말한다.

> "이 이치는 깊고 깊다. 그래서 말하기 어렵다. 알기 어렵다. 분별하기 어렵다. 믿고 이해하기 어렵다. 증득하기 어렵다. 행하기 어렵다. 통달하기 어렵다. 생각하기 어렵다. 헤아리기 어렵다. 들어가기 어렵다!"(「초발심공덕품」)

초발심(初發心)! 그 학문의 세계, 교육의 세상에서 유람하려는 수행교육자! 착한 일을 통해 축적한 그의 힘, 즉 공덕은 온통 '어렵다!'라는 말로 형용되어 있다. 이 무엇을 의미할까? 교육의 어려움을 선언한 언행일까? 수행의 불가능성을 엿보인 표현일까?

초발심의 공덕에서 이승법(二乘法), 근성(根性)의 차별, 대중의 욕망, 방편, 번뇌와 지혜 등에 관한 수많은 비유는 그 어려움을 풀어나가는 열쇠 역할을 한다. 그 가운데 '대중의 번뇌를 아는 비유'를 간략하게 보면서, 어려움의 진짜 이유를 들추어 본다. 그것은 다음과 같은 연고를 제기한다.

> "가벼운 번뇌와 무거운 번뇌, 잠자는 번뇌와 깨어나는 번뇌, 제 각각 대중의 한량없는 번뇌와 갖가지 차별을 모두 알고, 각관(覺觀)으로 온갖 물든 것을 깨끗하게 다스려야 한다. 또 집착에 의한 번뇌와 사랑하는 것과 서로 응하는 번뇌를 모두 알아서 모든 존재와 갈래의 번뇌 결박을 끊어야 한다. 또 탐하는 성품의 번뇌와 성내는 성품의 번뇌와 어리석은 성품의 번뇌와 평등한 성품의 번뇌를 모두 알아서 모든 번뇌의 근본을 끊어야 한다. 또 나라는 번뇌와 내 것이라는 번뇌와 잘난 체하고 남을 업신여기는 번뇌를 모두 알아서 모든 번뇌를 깨닫고 남음이 없게 해야 한다. 또 뒤바뀜과 분별로부터 근본 번뇌와 따르는 번뇌가 생기고, 몸이라는 소견으로 인하여 62견이 생기는 것을 모두 알아서 모든 번뇌의 악행을 제어해야 한다. 또 덮는 번뇌와 막는 번뇌를 알고, 큰 자비로 구호하려는 마음을 내어 모든 번뇌의 그물을 끊고, 온갖 지혜를 통해 청정하게 해야 한다."(「초발심공덕품」)

이렇게 갖가지 번뇌로 결박당한 몸을 어떻게 해방하는가? 그 해결 방안의 모색이 수행교육의 관건이다. 다시 '번뇌(煩惱)'란 무엇인가? 인간은 왜? 마음이 시달리고 괴로움을 당하는가? 인간을 괴롭히는 모든 망념(妄念)! 노여움과 어리석음을 비롯하여, 헤아릴 수 없는 욕망의 부글거림은, 어떻게, 내 몸에, 내 마음에, 자리하는가?

그렇다면 수행으로 강화해 나가는 교육은 번뇌의 인식에서 출발해야 한다. 번뇌의 원인을 알고, 번뇌를 컨트롤하고 줄이고, 나아가 번뇌 결박의 사슬을 끊어나가는 데 있다. 이 지점에서 '처음처럼'의 뜻을 재고(再考)해 봐야 한다. 인간에게 '처음처럼'이 던지는 메시지는 강력하다. 어떤 일을 할지라도 '처음처럼', 초심(初心)이 중요하다고 말하는 이유가 있다. 처음 발심할 때의 마음 그대로, 삶의 목표를 분명히 지향할 때의 심경은, 일종의 인생 보물이다.

불교에서 초발심은 '부처가 되고 싶다!'라는 대중의 염원이 담긴다. 그런 목적을 지닌 순간 인간은 수행을 일삼는 교육자로서 보살을 지향한다. 이 초발심은 일회성으로 그치고 마는, 한 순간의 일로 버려지는 그런 사태가 아니다. 어떤 유혹에도 쉽게 흔들리지 않고, 처음 발심했던 순간을, 모든 일의 진행과정에서 지속하는, 수행교육의 길 가운데 스며든다.

어쩌면 초발심(初發心)이 아니다. 언제 어디서나 마음을 펼치고 긴장하는 '항발심(恒發心)'이다. 일상에서 늘 발심하고 한결 같이 수행하는 교육이다. 그것은 일종의 무한회향(無限廻向)이다. 대자대비(大慈大悲)의 마음을 끊임없이 펼치며 정진하는 실천이다. 대중을 고통에서 벗어나게 만드는 데, 무한 관심을 보인다. 배려의 정점으로 달리는 교육!

2. 『화엄경(華嚴經)』21: 명법품(明法品)-수행 공부의 습관화, 일과정진(日課精進)!

2021. 10. 4. 9:21

교육은 수행(修行)이나 수양(修養), 수련(修練)이나 단련(鍛鍊)과 유사한 의미체다. 그러기에 지속적이고 연속적인 깨달음과 깨우침을 통해 위력(威力)을 발휘한다. 중간 중간에 멈춰선 실천은 멈춘 만큼 실력의 퇴락을 가져오기 쉽다. 공부란 그런 것이다. 잡으면 잡고 있는 만큼 강함을 보탠다. 놓으면 놓고 있는 만큼 약함을 더한다. 그래서 공부는 일상의 정진이어야 한다.

아무리 초발심(初發心)을 한들, 자기만족에 겨워 수행을 멈춰버린다면, 삶에 무슨 변화가 있겠는가? '깨달음'이 일어난 것 같은 착각에 빠지고, 다시 번뇌를 불러올 뿐이다. 날마다 수행을 하지 않는다면, 더 이상 수행자가 아니다! 마찬가지로, 날마다 교육 · 연구하지 않으면 학자가 아니다! 수행교육이 무뎌진 인간의 영혼에 생기가 돌게 하라! 일과정진(日課精進)!

『화엄경』의 제18품은 「명법품(明法品)」이 바로 이런 공부의 습관화를 일깨우는 불퇴의 정진을 되새기게 한다. 정진혜(精進慧)보살이 묻는다. 초발심(初發心)을 한 후, 올바른 보살의 길을 가기 위한 수행법이 궁금했기 때문이다.

> "저 모든 보살이 부처의 교법 가운데 무엇을 닦으면 부처가 기뻐하는가? 청정함을 얻는가? 큰 서원을 만족하여 보살의 광

대한 지혜를 얻을 수 있는가? 교화할 수 있는 대로 항상 진리를 말하면서도 바라밀의 행을 버리지 않고 대중을 제도하며, 삼보(三寶: 佛·法·僧)의 본성을 끊어지지 않게 하고, 선근(善根)과 방편(方便)이 헛되지 않도록 하겠는가? …… 또 어떻게 닦아야 모든 무명(無明과 어두움을 없앨 수 있는가? …… 모든 번뇌의 때를 영원히 씻고 모든 선근을 성취하는가? 나쁜 갈래의 액난(厄難)에서 벗어나는가? 온갖 큰 지혜의 경계를 깨끗이 다스릴 수 있는가? …… 모든 대중을 성숙하게 근성과 시기에 맞게 진리를 말할 수 있는가?"
법혜(法慧)보살은 대답한다. "온갖 지혜를 얻을 마음을 내시라! 그리고 어리석음을 벗어나고, 부지런히 수호하여 방일(放逸)하지 마시라!"(「명법품」)

공부의 습관화를 방해하는 최대의 적은 방일(放逸)이다! '방일'은 '멋대로 거리낌 없이 놀아나는 작태(作態)다. 멋대로 놀아나지 말라! 이 방일에 대한 경계와 제어가 수행교육의 목표다. 그것을 방지하는 교육실천은 열 가지로 제시된다.

"①여러 가지 보호하여 가지라. ②어리석음을 벗어나고 보리심을 깨끗이 하라. ③질박하고 정직함을 좋아하여 아첨하고 속이는 일에서 벗어나라. ④부지런히 착한 본성을 닦아 믿는 마음을 간직하라. ⑤자신이 발심한 사안을 항상 생각하라. ⑥일반 사람과 친근하게 지내기를 좋아하지 않는다. ⑦착한 일을 하면서도 세간의 인과응보를 구하지 않는다. ⑧이승의 길을 떠나고 보살의 길을 행한다. ⑨모든 선을 닦아 끊어지지 않게 한다. ⑩스스로 계속하는 힘을 늘 관찰하라!"(「명법품」)

이 열 가지 진리를 실천하면, 방일하지 않은 삶에 머물 수 있다. 방일하지 않은 데 머무는 교육의 효과는 정말 위력적이다. 열 가지 청정함을 얻는다. 허물이나 번뇌의 더러움에서 벗어나 깨끗한 인생의 모습! 그 청정한 삶은 다음과 같이 설명된다.

> "①말한 대로 행한다. ②생각과 지혜가 성취된다. ③깊은 선정(禪定)에 머물러 마음이 막히거나 다른 생각을 하지 않는다. ④진리를 구하는데 게을리 하지 않는다. ⑤들은 진리를 조리 있게 관찰하고 교묘한 지혜를 충분하게 짜낸다. ⑥깊은 선정에 들어가 부처의 신통을 얻는다. ⑦마음이 평등하여 높고 낮음을 구분함이 없다. ⑧대중의 차이(상·중·하)에 대해 마음에 거리낌이 없고 골고루 이익이 되게 한다. ⑨대중이나 한번 보리심을 낸 사람을 보더라도 존중하여 최고로 섬긴다. ⑩계(戒)를 일러준 화상(和尙)이나 아사리(阿闍梨)나 보살(菩薩)이나 선지식(善知識)이나 법사(法師)를 늘 존중하여 섬기고 공양한다."(「명법품」)

이 차근차근 일러준 수행의 양식은 교육받은 대중의 이익을 담보한다. 이는 정진하는 인간의 자기관리다. 어쩌면 이것은 일반교육에서 꿈꾸어야 하는 원대한 희망이다. 대중의 수행교육은 게으름이 개입해서는 곤란하다. 스스로 선행을 감행하고 진리에 목숨을 걸어야 한다. 존재에 대한 차별 없는 마음을 통해 자신을 가꾸어가라. 그 수행교육의 충만은 온갖 인연을 가져온다. 그 인연의 그물망은, 닦고 또 닦아도 다함이 없는 '무진장(無盡藏)'이다. 불교 교육의 파라다이스, '도피안(到彼岸)'에 이르는 길이다.

그것은 세속의 용어로 '행복(幸福)'을 부른다. 그러기에 교육에 종사하는 한, '인생 행복'을 비롯하여 '사회 행복'에 이르기까지, '행복'이라는 화두를 굳게 잡고 있어야 한다. 행복의 씨앗을 뿌리고, 부지런히 가꾸어 꽃피고 열매 맺을 때까지, 그 무진장의 지혜를 쏟아야 한다. 그래서 교육은, 늘, 인간 세상의 난제다.

3. 『화엄경(華嚴經)』22: 승야마천궁품(昇夜摩天宮品)/야마천궁게찬품(夜摩天宮偈讚品)-진리 장엄의 요건, '자기 마음을 따라'

2021. 10. 5. 9:31

진리(眞理)는 요원(遙遠)한가? 정말 아득하기만 한가? 진리의 세계에 대해, 유교(儒敎)는 '근사절문(近思切問)'을 말한다. 가까운 곳을 생각하고 간절하게 묻는, 일상의 진리, 진리의 일상성을 강조한다. 그런데 불교는 진리를 백만 가지나 층층이 쌓은 장엄한 궁전에 비유한다.

그것은 『화엄경』 제19품과 제20품을 장식한다. '야마천궁(夜摩天宮)'이다. 야마천은 욕계(欲界)의 육천(六天) 가운데 세 번째 하늘이다. 수미산(須彌山) 정상의 도리천(忉利天) 위에 있다. 다른 표현으로는 수야마천(須夜摩天), 염마천(閻魔天)이라고 한다. 이 하늘은 '욕계'이긴 하지만, 인간의 사바세계에서 분탕(焚蕩)하는 욕망과는 다르다. 그 욕망은 일종의 신(神)들의 음욕이다. 그런 만큼 아주 조그마한, 포옹하는 정도의, 욕망만이 존재한다. 이들도 자신의 욕망을 넘어 새로운 세계로 나아가려는 간절한 마음이 있다. 그러기에 부처라는 진리의 세계가 직접 자신을 찾아오길 기원하며 정진할 뿐이다.

부처로 상징되는 진리의 세계는 어떻게 맞아야 할까? 그것이 교육으로 가능한가? 여기에 백만 층, 백만 가지의 전제가 불꽃처럼 타오른다.

> "야마천왕이 멀리서 부처가 오는 것을 보고, 즉시 신통한 힘으로 그 전각 안에 보련화장(寶蓮華藏) 사자좌를 변화하여 만

들었다. 백만 층으로 장엄하고 백만의 황금 그물이 서로 얽히었다. 백만 꽃 휘장, 화만 휘장, 향 휘장, 보배 휘장이 그 위에 덮였다. 꽃 일산, 화만 일산, 향 일산, 보배 일산도 백만이 두루 펼쳐졌다. 백만 광명이 찬란하게 비쳤다. 백만 야천왕은 공경하게 예의를 표하고, 범천왕은 기뻐 뛰놀고, 보살은 소리 높여 찬탄했다. 백만 가지 하늘 풍류가 각각 음악을 연주하여 끊이지 않았다. 백만 가지 꽃 구름, 화만 구름, 장엄거리 구름, 옷 구름이 두루 덮였다. 백만 가지 마니 구름에서 광명이 찬란하다. 이는 백만 가지 선근(善根)으로 생긴다. 백만 가지 부처의 보호다. 백만 가지 복덕으로 자란다. 백만 가지 깊은 마음과 백만 가지 서원으로 깨끗이 장엄하다. 백만 가지 실천으로 일어난다. 백만 가지 법으로 만들어진다. 백만 가지 신통으로 변화한다. 늘 백만 가지 음성을 내어 모든 진리를 보인다."(「승야마천궁품」)

이 상황에서 부처는 신통력을 발휘한다. 온 세상의 각각 큰 보살이 있고, 낱낱 보살이 제 각기 세상 티끌의 수효처럼 많은 보살과 함께, 티끌 수 국토 밖에 있는 세계로부터 와서 모였다. 다시 말하면, 헤아릴 수 없는 모든 존재가 모였다.

이 존재의 사이 세계를 가로지르는 보살은 '공덕림(功德林), 혜림(慧林), 승림(勝林), 무외림(無畏林), 참괴림(慚愧林), 정진림(精進林), 역림(力林), 행림(行林), 각림(覺林), 지림(智林)'이다. 이 열 가지로 상징되는 보살의 명칭에 불교 교육의 진심이 담긴다. 각각의 숲은 수행의 교육철학을 깊이 간직한다. '착한 일을 많이 한 힘, 사리를 밝게 분별함, 이겨냄, 두려움 없음, 뉘우치고 부끄러워함, 악행을 버리고 선행을 실천하려고 노력함, 힘을 쏟음, 실천에 주력함, 깨달음. 지혜의 터득!' 이 열 가지 언행의 그물은 교육의 내용과 방법을 지시한다. 그 보살들이 떠나온 세계는 친혜(親慧)에서 당혜(幢慧), 보혜(寶慧), 승혜(勝慧), 등혜(燈慧), 금강혜(金剛慧), 안락혜(安樂慧), 일혜(日慧), 정혜(淨慧), 범혜(梵慧) 등 세상 모든 지혜의 바다였다. 지혜의 바다를 떠나 안착하는 교육받은 인간은 가장 아름다운 꽃 장식의 숲에 머문다.

그렇다면, 수행교육은 지혜에 근거하여 펼쳐나가는 보살행이다. '공덕(功德)'에서 '지(智)'에 이르는 삶의 장엄을 가꾸는 작업일 뿐이다.

제20품「야마천궁게찬품」의 마지막 노래가 그 양식의 알맹이를 일러준다.

"모든 부처의 법은 있는 것 아니다.
부처가 어찌 말씀이 있겠는가!
다만 자기의 마음을 따라
이런 법을 말한다 하는군!"

다시 제자리다. 모든 교육은 '자기' 수행에서 비롯한다. 자기의 마음을 따라서.

4. 『화엄경(華嚴經)』23: 십행품(十行品)-수행으로 만들어 나가는 교육의 종착지, 통찰력(通察力)

2021. 10. 9. 12:45

불교 수행의 요체는 '보살행(菩薩行)'이다. 그것이 교육의 탑을 조심스럽게 쌓아 올린다. 「십행품」은 그 기쁨과 즐거움의 길을 열기 위한 실천 양식을 일러준다. 수행의 바라밀(波羅蜜)! 저 피안(彼岸)에, 열반(涅槃)으로, 정진하는 열 가지 교육은 다음과 같이 제시된다.

첫째는 환희행(歡喜行)이다. 그것은 기쁨과 즐거움으로 날마다 보시(布施)바라밀을 행하는 작업이다. 둘째는 요익행(饒益行)이다. 그것은 청정한 삶으로 모두에게 이익을 주는 지계(持戒)바라밀의 실천이다. 셋째는 무위역행(無違逆行)이다. 그것은 참을 수 없는 일을 참아내며 수행하는 인욕(忍辱) 바라밀의 실천이다. 넷째는 무굴요행(無屈撓行)이다. 그것은 대중을 생각하는 마음이 꺾이지 않도록 정진(精進)바라밀을 닦는 일이다. 다섯째는 무치란행(無癡亂行)이다. 그것은 마음이 산란하지 않은 삶을 만드는 선정(禪定)바라밀의 실천이다. 여섯째는 선현행(善現行)이다. 그것은 부처의 지혜가 담기고 드러나는 반야(般若)바라밀의 실천이다. 일곱째는 무착행(無着行)이다. 그것은 집착 없이 자유로운 삶을 구가하는 방편(方便)바라밀을 닦는 작업이다. 여덟째는 난득행(難得行)이다. 그것은 대중을 제도하는 힘든 수행을 통해 반드시 가피(加被)를 입는 원(願)바라밀의 실천이다. 아홉째는 선법행(善法行)이다. 그것은 장애를 극복하는 힘으로 진리를 전하는 력(力)바라밀의 실천이다. 열번 째는 진실행(眞實行)이다. 그것은 진실한 말을 성취하기 위한 지혜(智慧)바라밀을 실천이다.

이 교육 실천의 열 가지 유기체는 인간이 가야할 길이다. '상구보리(上求菩提) 하화중생(下化衆生)!' 깨달음을 얻기 위한 노력이자 대중을 교화하고 제도하기 위한 열정이다. 이는 모든 것을 베푸는 보시에서 시작한다.

> "큰 시주가 되어 가진 물건을 모두 보시하라. 그 마음이 평등하여 뉘우치거나 아낌이 없다. 인과응보를 바라지도 않는다. 명성을 구하지도 않는다. 이익이나 도움을 구하지도 않는다."
> (「십행품」)

이런 점에서 교육은 한없이 베푸는 거룩한 배려다! 동시에 계율을 지키고, 욕 되는 일을 참아내고, 굽히지 않은 실천으로 정진하고, 어리석음과 산란함에서 벗어나고, 맑고 깨끗한 뜻으로 진리를 밝히고, 집착함이 없으면서 의지하지 않고, 힘든 수행을 이겨내고, 장애를 극복하고, 참된 진리를 갈구해 나간다.

특히, 둘째의 지계(持戒)바라밀을 닦는 과정에서는 "깨끗한 계율을 수호하고 빛과 소리와 냄새와 맛과 촉에 집착하지 않는다. 권세를 구하지도 않고, 문벌도, 부귀도, 몸매도, 지위도 구하지 않는다. 온갖 것에 조금도 집착이 없다." 수천만 갈래로 피어오르는 욕망의 세계를 절단해야 한다. 그래서 교육은 욕망의 조절이자 제거다. 유학의 용어로는 '존천리알인욕(存天理遏人慾)' 또는 '존천리거인욕(存天理去人慾)'이다. 셋째의 인욕(忍辱)바라밀을 닦는 과정에서는 "나쁜 짓을 버리고, 탐욕과 성냄, 어리석음, 교만, 질투, 아첨, 속임수 등을 끊어내야 한다. 그리하여 부드럽고 화평한 상태에서 참고 견디는 데 머물러야 한다." 원한과 침해를 당하더라도 참고, 고통을 편안히 받아들이는 인욕을 실천해야 한다. 그래서 교육은 인내심의 함양이자 고통의 내면화이다. 넷째의 정진(精進)바라밀을 닦는 과정에서는 과오에서 벗어나고, 모든 대중을 위한 정진 수행을 굳건히 하며, 일체의 진리를 추구하면서, 문답을 통해 정진 수행을 밝힌다.

그렇게 나아가서, 열 번째 지(智)바라밀을 닦는 과정에서 지혜를 성취한다. 그것은 "인간 사회의 옳은 곳과 그른 곳을 아는 지혜다. 과거-미래-현재의 업으로 받는 인과응보를 알고, 근성이 날카롭고 둔함을 알고, 갖가지 경계를 알고, 갖가지 이해를 알고, 온갖 곳에 이르러 갈 길을 알고, 모든 선정과 해탈과 삼매의 때 묻고 깨끗함이 일어나는 때와 때 아님을 알고, 온갖 세계에서 지난 세상에 머물던 일을 기억함에 따라 아는 지혜다. 최종적으로 천안통(天眼通)의 지혜와 누진통(漏盡通)의 지혜다." 이런 지혜를 성취하고도 일체의 보살행을 버리지 않는 인간! 그 부단(不斷)의 노력이 교육에 개입한다. 교육의 부단함, 그 지속은 다시 수행의 재생(再生)이다.

그러기에 교육의 최종 지점인 종착역은 존재하지 않는다. 단지 설명을 위해 방편으로 활용했을 뿐이다. 그 종착지에서 이룬 교육적 성취는 일종의 '통찰력(通察力)'이다. 통찰력은 신통력(神通力)으로 이어진다. 신통력은 인간이 '펼쳐 내어 모든 일에 두루 통할 수 있는 불가사의(不可思議)한 힘'이다. 다시 말하면, 최종 지점에서 단위별 성취를 이룬 차원의 '천안통(天眼通)'은 세상의 모든 괴로움과 즐거움의 모양과 갖가지 형태의 색깔을 훤하게 꿰뚫어 볼 수 있고, 자기와 타인의 미래에 관한 일을 내다볼 수 있는 통찰이다. '누진통(漏盡通)'은 번뇌를 끊고 다시는 미혹한 세계에 태어나지 않도록 깨닫는 인간의 통찰이다. 이런 점에서 교육은 통찰력을 부여하는 거대한 힘이다.

5. 『화엄경(華嚴經)』24: 십무진장품(十無盡藏品)-수행교육의 무한 가능성, 청정심에서 진리 구현까지

2021. 10. 10. 8:51

무진장(無盡藏)! '한 없이 많음'을 상징하는 말이다. 덕(德)이 넓어 '끝이 없다'는 뜻이기도 하고, 아무 닦아도 '도달하기 쉽지 않은' 진리의 세계를 가리키기도 한다. 불교에서는 '다함이 없는 광대한 덕을 포함하다'는 의미다. 이 다함이 없이 간직된, 인간이 무한대로 쌓아 저장한 것을 드러내는, 실천의 강령이 열 가지로 제시된다. 그것이 바로 22번째 자리하는 「십무진장품」이다.

열 가지 다함이 없는, 끝없이 품고 있는 장(藏)! 그것은 인간을 변혁할 수 있는 수행교육의 특권이다. 화엄경은 말한다.

> "무엇이 열 가지인가? 신장(信藏)과 계장(戒藏)과 참장(慚藏)과 괴장(愧藏)과 문장(聞藏)과 시장(施藏)과 혜장(慧藏)과 염장(念藏)과 지장(持藏)과 변장(辯藏)이다."(「십무진장품」)

신장(信藏)은 믿음이 없는 바탕을 밝히는 공부다. "모든 진리가 공허함을 믿고, 무상하고, 원이 없고, 지음이 없고, 분별이 없고, 의지함이 없고, 헤아릴 수 없고, 위가 없고, 초월하기 어렵고, 낳는 것이 없음을 믿는 작업이다."

계장(戒藏)은 계율의 성취에 관한 공부다. "널리 이익을 주게 만드는 계율을 비롯하여, 받아들이지 않고, 머물지 않고, 뉘우침이 없고,

어기고 다툼이 없고, 손해되고 번거롭게 하지 않고, 뒤섞이고 더러움이 없고, 탐함이 없고, 과실이 없고, 헐고 범함이 없는 계율을 성취하는 작업이다."

참장(慚藏)은 나쁜 짓을 만든 사안에 대해 부끄러워하는 공부다. "마음에 스스로 생각해 보라. 옛날부터 모든 대중과 더불어 형제자매가 되었으나 탐내고 성내고 어리석음과 교만과 아첨과 온갖 번뇌로 서로 손해를 입히지 않았는가! 서로 업신여기고 빼앗으며 간음하고 살생하여 온갖 나쁜 짓을 저지르지 않았는가! 온갖 번뇌로 여러 가지 악행을 지었으므로 서로 공경하지 않고, 존중하지 않고, 순종하지 않고, 겸손하지 않고, 계도하지 않고, 보호하고 아끼지도 않고, 서로 죽이며 원수가 되지 않았는가!" 이런 악행에 대한 진지한 반성과 단절과 제거가 공부의 핵심이다.

괴장(愧藏)은 과거의 부끄러운 일을 생각하며 수행하는 공부다. "스스로 부끄러워 하라! 옛날부터 즐겨온 외적 대상인 '색(色)·성(聲)·향(香)·미(味)·촉(觸)'의 5경(五境)에 대한 탐욕, 이른 바 오욕락(五欲樂) 가운데 갖가지를 탐하여 만족할 줄 모름을. 그로 인해 또 탐내고 성내고 어리석은 온갖 번뇌를 점점 자라나게 만들어 왔으니, 다시는 이런 일을 행하지 않아야 한다."

문장(聞藏)은 온갖 진리를 들어서 알아가려는 공부다. "이 일이 있으므로 이 일이 있다. 이 일이 없으므로 이 일이 없다. 이 일이 일어나기 때문에 이 일이 일어난다. 이 일이 소멸하기 때문에 이 일이 소멸한다. 이것이 세간법(世間法)이자 출세간법(出世間法)이다. 유위법(有爲法)이자 무위법(無爲法)이다. 기록할 수 있는 진리이자 기록할 수 없는 진리임을 알아야 한다."

시장(施藏)은 베푸는 일과 연관 공부다. "인간은 열 가지 보시를 행해야 한다. 그것은 부분 보시, 전부 보시, 속 보시, 겉 보시, 안팎 보시, 일체 보시, 과거 보시, 미래 보시, 현재 보시, 최후의 보시다."

혜장(慧藏)은 지혜로 진리를 사실대로 아는 공부다. "색(色)을 사실대로 알아야 한다. 그리고 색의 집(集), 색의 멸(滅), 색이 멸하는 도(道)를 사실대로 안다. 수·상·행·식(受·想·行·識)과 무명(無明), 애(愛)도 마찬가지다. 이렇게 하여 깨달음의 열반, 보살, 보살의 법(法)과 보살의 집(集), 보살의 열반을 사실대로 알아야 한다."

염장(念藏)은 티끌과 같은 일도 모두 기억하는 공부다. "어리석음을 벗어나고 충분하게 기억해야 한다. 지나간 세상의 일생, 대중의 모임, 진리의 전수, 갖가지 성품, 갖가지 번뇌의 성품, 삼매의 갖가지 성품에 이르기까지 기억한다."

지장(持藏)은 부처의 경전을 품고 잊지 않는 공부다. "부처가 말한 경전의 구절과 뜻을 지니고 잊지 않고 일생 지닌다. 말할 수 없는 생에 이르기까지, 세상 모든 존재의 갖가지 성품에서 삼매의 갖가지 성품에 이르기까지 지닌다."

변장(辯藏)은 부처의 경전과 같이 진리를 말하는 공부다. "보살은 깊은 지혜가 있어 실상을 분명히 알고 대중에게 진리를 말할 때 모든 부처의 경전과 어긋나지 않는다. 말할 수 없는 겁(劫) 동안 말한다. 겁의 수효는 다할 수 있더라도 한 글자 한 구절의 이치는 다할 수 없다."

다시, 정돈해보자. 교육철학적 의미를 부여한다면, 이런 해석도 필요하리라. 신장(信藏)은 자기 마음이 청정한 것을 믿는 작업이다. 유학의 성선(性善)과 유사하기도 한다. 계장(戒藏)은 자유와 규율을 통해 제어하고 그치는 노력이다. 참장(慙藏)은 착한 일을 받들어 존중하며 삶을 뉘우치는 일이다. 괴장(愧藏)은 악한 것에 대해 적극적으로 막으며 부끄러움을 확인하는 작업이다. 문장(聞藏)은 가르침을 받아들여 넓게 만드는 일을 듣는 경청이다. 시장(施藏)은 자기 자신만을 위해서가 아니라 남에게 베푸는 삶이 진정하게 베푸는 정신인 배려다. 혜장(慧藏)은 진리를 제대로 선택하여 터놓는 지혜다. 염장(念藏)은 마음에 밝게 기억하는 일이다. 지장(持藏)은 배운 내용을 잘 지니고 기억하는 작업이다. 변장(辯藏)은 지니고 있는 진리를 구체적으로 확장하는 교육이다.

이 교육은 무한정진(無限精進) 가운데 구현된다. 인간의 마음에는 이 무한의 힘이 활기차게 쌓여 있다. 영원히 마르지 않는 샘물처럼, 끊임없이 뻗어나갈 뿌리처럼, 그러기에 수행교육의 근원(根源)이다.

서울 반야사 주지 원욱 스님이 제시한 열 가지 행동강령이 돋보인다. 「불교신문」에 연재된 내용인데, 현대적 시선이 녹아들어 있다. "첫 번째 신장, 부처님의 지혜에 들어 믿음을 성취하라! 두 번째 계장, 청정한 에너지를 충전하자! 세 번째 참장, 남 부끄러워 할 줄 알자! 네 번째 괴장, 자기 부끄러움에 대해서도 알자! 다섯 번째 문장, 항상 법문을 듣는 생활하자! 여섯 번째 시장, 내 귀한 것들을 다른 이들과 함께 나누자! 일곱 번째 혜장, 세상 모든 것을 제대로 아는 지혜를 터득하자! 여덟 번째 염장, 정법을 바르게 믿고 이해하자! 아홉 번째 지장, 정법을 받아 지니고 실천하자! 열 번째 변장, 나는 정법의 수호자이며 전법으로 대중을 이익케 한다!"

6. 『화엄경(華嚴經)』25: 승도솔천궁품(昇兜率天宮品)/도솔궁중게찬품(兜率宮中偈讚品)-환희 가득한 행복, 그 교육의 요건

2021. 10. 11. 9:38

불교의 수많은 어려운 용어 가운데 '도솔천(兜率天)'은 상대적으로 익숙한 개념이다. 중고등학교 교과서에 등장하기도 했고, 일상에서도 많이 쓰인 말이기 때문인지, 그런 느낌이 든다.

도솔천은 천상(天上) 정토(淨土)를 가리키는 세계다. 미륵보살(彌勒菩薩)이 머무는 내원(內院)과 천인(天人)들이 즐거움을 누리는 외원(外院)으로 이루어져 있단다. 미륵보살의 정토로서 내원궁(內院宮)은 부처가 인도에 태어나기 직전까지 머무르면서 하화중생(下化衆生) 때를 기다렸던 곳이다. 미래불(未來佛)인 미륵보살은 내원궁에서 설법하며 남섬부주(南贍部洲)에서 성불(成佛)할 때를 기다리고 있다.

부처의 향기로 가득한, 온갖 장엄(莊嚴)으로 치장된, 언제 어디서나 만족하여 행복에 넘치는 곳! 도솔천은 달리 말하면 '지족천(知足天)'이다. 지족천(知足天)은 산스크리트어 '투시타(Tuṣita)'의 음역이다. 욕계(欲界) 육천(六天) 가운데 네 번째 하늘이다. 이곳에 사는 존재들은 오욕(五欲)을 만족하고 있다고 한다. 이 아름다운 세계는 인간이면 누구나 갈 수 있다.

단, 조건이 있음에 분명하다. 끊임없이 논의되었지만, 그것은 용맹정진의 수행이다. 교육이라는 단련을 거쳐야 가능하다. 교육철학적 시선에서 볼 때, 「승도솔천궁품」에서 '마음을 일으켜 공양하고, 수행으로 인과응보를 얻으며, 일체의 장애를 대치하고 정법을 세우는 공덕'에서 수행과 정토에 머물 수 있는 요건이 보인다. 그것은 철저한 수련의 교육적 효과다.

"지혜의 경계라는 마음을 내고 …… 환희하는 마음을 일으키고…… 존중하는 마음을 일으키고 …… 공양하는 마음을 일으키고 …… 믿고 이해하는 마음을 내야 한다. 그리고 삼계를 초월한 법과 번뇌를 벗어난 행과 두루 가득하여 걸림이 없는 마음과 깊은 방편과 한량없이 광대한 지혜와 견고하고 청정한 믿음이 요청된다. …… 인간을 평등하게 관찰하여 마음에 집착함이 없고, 장애가 없는데 머물고 …… 마음을 늘 고요하게 정하여 산만하거나 혼란하지 않고 온갖 지혜에 머물러야 한다. …… 세상의 지혜를 세우고, 그 지혜가 광대하고 세속을 초월하여 물들지 않으며, 대중을 수렁에서 빼내어 가장 높은 지혜의 언덕에 두고, 대중의 이익을 다하도록 만들어야 한다."(「승도솔천궁품」)

그 수행교육의 노래는 「도솔궁중게찬품」의 마지막에서 다음과 같이 장식되어 있다.

"오는 세월 끝나도록/모든 부처의 세계에 두루 다녀도/이렇게 오묘한 진리를 구하지 않으면/마침내 바른 깨달음을 이룰 수 없다네./인간은 끝없는 옛날부터/살고 죽는데 오래 헤매고/참된 진리를 알지 못해/부처가 일부러 출현하였다네./모든 진리는 깨뜨릴 수 없고/깨뜨릴 사람도 없어/저절로 존재하는 저 큰 광명을/이 세상에 널리 보인다네."

원효(元曉)를 비롯한 수많은 스님들은 도솔천에 이르러 살아갈 수 있는 아홉 가지 인연을 들고 있다. '①끊임없이 정진하고 많은 공덕을 쌓은 사람, ②탑을 깨끗이 하고 좋은 향과 아름다운 꽃을 공양한 사람, ③여러 가지 삼매(三昧)로 깊은 선정(禪定)을 닦은 사람, ④경전을 공부하는 사람, ⑤번뇌를 끊지는 못했지만 지극한 마음으로 미륵을 염불하는 사람, ⑥계율을 받고 청정한 행을 익히며 사홍서원(四弘誓願)을 잊지 않는 사람, ⑦널리 복업(福業)을 닦는 사람, ⑧계율을 어기고 악행(惡行)을 범했지만 미륵보살의 자비로운 이름을 듣고 정성껏 참회하는 사람, ⑨미륵보살의 이름을 듣고 그 형상을 만들어 향과 꽃, 깃발로 장식하고 예배하는 사람!'

끊임없는 정진(精進)에서 참회(懺悔)를 거쳐 예배(禮拜)에 이르기까지, 교육은 '진리(眞理)'라는 세상을 향해 적극적으로 열려있다. 자재(自在)하는 밝은 빛 가운데, 개인의 삶도, 인간 사회도, 교육의 세계도 그렇게 달려갈 뿐이다. 아홉 인연은 인간 세상의 고통을 잠재울 수 있는 최후의 보루다. 그리하여 교육은 광명의 불씨를 잇는 마지막 희망으로 남는다. 밝은 빛이 훤하게 피어오르는 진리로 발산될 때, 도솔천은 우리 앞에 이미 와 있다. 도솔천은 인간이 충분히 갈 수 있는 천상이다. 이 아름다운 세상은 언제쯤 올 수 있을까? 아니, 이미 왔다 갔는가? 아니면 지금 나는 도솔천궁에 살고 있는가?

7. 『화엄경(華嚴經)』26: 십회향품(十廻向品)-갈고 닦은 재능의 환원(還元)과 기부(寄附)

2021. 10. 12. 12:03

교육은 인간에 대한, 인간을 위한, 인간의, 적극적 사회봉사다. 지식을 터득하여 전수하고, 도덕적 감화(感化)를 선보인다. 그 교육의 중심부에 교사(教師)가 자리한다. 지금은 상당히 의미가 변했지만, 전통적으로 교사는 지자(智者)이고 학생은 무지자(無知者)로 분류해왔다. 그래서 교사는 모든 것을 알고 해결할 수 있는 능력자이자 성숙한 인간으로 느껴지고, 학생은 그와 반대되는 미성숙한 존재로 여겨졌다.

그렇다면 불교는 어떤 교육을 설정할까? 한 마디로 말하면, 모든 것을 이룬 다음에 교육을 하겠다는 발상은 자신의 능력을 낭비하는 짓이다. 수행을 통해 닦아온 사항은 그때그때 즉시 대중에게 돌려주어야 한다. 그것이 다름 아닌 '회향(廻向)'이다.

『화엄경』의 제25품인 「십회향품」은 이에 대한 자세한 기록이다. 「십회향품」은 『화엄경』80권 가운데 10권이 넘는, 『화엄경』 전체의 1/8 이상을 차지하는 방대한 분량이다. 말 그대로 '회(廻)'는 '되돌리는 작업'이다. '향(向)'은 '나아가는 일'이다. 자신이 수행하며 닦은 모든 교육적 성취를 되돌린다는 의미다. 그것은 세 곳을 향한다. 그러기에 '상구보리(上求菩提) 하화중생(下化衆生)'의 정신에 의거한 '삼처회향(三處廻向)'이다.

세 곳은 '중생회향(衆生廻向)'과 '보리회향(菩提廻向)'과 '진여회향(眞如廻向)'이다. '중생회향'은 대자대비(大慈大悲)로 인간을 구제하는 일이다. '보리회향'은 착한 본성이 깨달음을 향해 전진하게 만드는 일이다. '진여회향'은 열반의 세계로 들어가게 하려는 일이다. 이 세 가지에, 자신이 수행을 통해 성취한 교육의 모든 것을 이때 여기에서, 모든 사람에게 평등하게 환원할 수 있다면, 능력껏 기부할 수 있다면, 그는 진정으로 진리를 깨우친 교육자다. 이때 여기서! 세월은 사람을 기다리지 않는다. 사람은 인간을 기다려 주지 않는다. 모든 사안을 성취한 후에, 모조리 터득한 후에, 대중을 교육하겠다는 것은 낭비다. 능력 낭비이자 시간 낭비다.

지금까지 무엇을 어떻게 수행했는가? 대중 교육을 고민이나 했는가? 자기만의 깨달음에 매진하지는 않았는가? 자신이 닦아온 모든 것을 즉시 회향해야 한다! 그것이 「십회향품」의 실제다. 「십회향품」은 금강당보살(金剛幢菩薩)이 삼매에 들어 부처의 가피(加被)를 받는 것으로 시작된다. 가피(加被)는 '사람들에게 힘을 주어 돕고 지켜주는 일'이다. 이유는 간단하다.

> "보살들에게 청정하고 두려움이 없도록 하는 일로부터 …… 온갖 지혜라는 큰마음에 머물게 하려는 의도를 거쳐 …… 착한 본성을 보호하려고 한다." 「십회향품」

그 회향이 열 가지다. '①구호일체중생이중생상(救護一切衆生離衆生相) ②불괴(不壞) ③등일체불(等一切佛) ④지일체처(至一切處) ⑤무진공덕자(無盡功德藏) ⑥수순견고일체선근(隨順堅固一切善根) ⑦등수순일체중생(等隨順一切衆生) ⑧진여상(眞如相) ⑨무착무박해탈(無着無縛解脫) ⑩등법계무량(等法界無量)'

'구호일체중생이중생상(救護一切衆生離衆生相)'은 모든 대중을 구호하면서도 대중이라는 모습을 떠남이다. '불괴(不壞)'는 깨뜨릴 수 없음이다. '등일체불(等一切佛)'은 모든 부처와 평등함이다. '지일체처(至一切處)'는 어떤 곳이건 모두 이름이다. '무진공덕자(無盡功德藏)'는 다함이 없는 공덕을 간직함이다. '수순견고일체선근(隨順堅固一切善根)'은 견고한 모든 착한 본성을 따름이다. '등수순일체중생(等隨順一切衆生)'은 모든 대중을 평등하게 대함이다. '진여상(眞如相)'은 진여의 모습이다. '무착무박해탈(無着無縛解脫)'은 쏠려서 매달림도 없고 묶여서 감기는 것도 없고 편안한 심경이다. 등법계무량(等法界無量)'은 진리의 세계가 헤아릴 수 없음이다. 이 열 가지 수행을 되돌려 나아가는 작업이 바로 '십회향(十廻向)'이다.

수행교육은 이 '십회향'에 다름 아니다. 금강당보살은 강조한다. 인간이 가야 할 길은 무엇인가? 부처의 진리를 따라 '인간을 구제하는 작업'이다. 그것은 한 마디로 헌신(獻身)이다. 회향의 양식은 너무나 다양하다. 구호(救護)로부터 보시(布施), 지혜(智慧)의 세계에 망라(網羅)하여, 수행교육의 양상을 드러낸다. 분명, 회향은 교육이다. 돌이켜 나아가려는 자세는 '우주적 성찰(宇宙的 省察)'이자 '반성적 전진(反省的 前進)'이다. 그것은 용맹정진(勇猛精進) 가운데 녹아든다.

참된 회향은 개인의 기쁨만이 아니라 모든 인간의 즐거움을 위하는 사회적 작업이어야 한다. 개인의 수행으로 시작하여 다양한 관계를 형성하는 동시에 공동체의 교육으로 맺어간다. 그것만이 행복한 인생, 평등하고 평화로운 세상을 만드는 삶이다. 회향의 본질이 이 가운데 결을 이룬다.

8. 『화엄경(華嚴經)』27: 십지품(十地品)-지혜를 완성하는 단계, 깨달음의 성숙

2021. 10. 15. 11:17

교육은 '지혜(智慧: wisdom)'를 갈구한다. 특히 '삶의 지혜(wisdom of life)'다. 지혜는 모든 대중의 구호(救護)를 지향한다. 어려움에 처한 인간 사회를 구원하려는 의도적 행위로 자신의 지위를 확보한다. 보살의 염원도 마찬가지다. 혼잡하지 않고, 광대하고, 끝없는 허공과 같고, 세상 끝날 때까지 수행한다. 선행(善行)을 닦는 대중을 늘 잊지 않고 보살핀다. 과거에서 미래로 이어지고 현재의 여러 부처가 펼쳐내는 지혜를 자기자리로 한다.

이 지혜의 땅, 그 열 가지에 관한 기록이 『화엄경』 제26품인 「십지품」이다. 「십지품」의 분량도 엄청나다. 전체 『화엄경』의 1/10 가령이나 된다. 그만큼 중요하다는 뜻이다. 열 가지 지혜의 자리는 '①환희지(歡喜地), ②이구지(離垢地), ③발광지(發光地), ④염혜지(焰慧地), ⑤난승지(難勝地), ⑥현전지(現前地), ⑦원행지(遠行地), ⑧부동지(不動地), ⑨선혜지(善慧地), ⑩법운지(法雲地)'다.

환희지(歡喜地)는 수행을 할 때 항상 온갖 선을 낳는 근본을 깊이 심고 실천하며, 삶의 도리를 잘 챙기고, 모든 부처에게 공양하는 청정한 법을 원만하게 이루어 광대한 지혜를 내는 지위다. 환희지의 존재 이유는 '상구보리(上求菩提) 하화중생(下化衆生)'에 있을 뿐이다. 모든 인간이 의지하고 싶은 곳을 찾아 기쁜 마음으로 환희지에 들면, 두려움과 공포가 사라진다. 기쁨과 즐거움이 충만하다. 여기에서 자신의 안락만을 추구해서는 곤란하다. 모든 대중이 의지할 수 있는 대자자비의 마음으로 대중을 위한 마음자리를 지녀야 한다. 그것이 첫 번째 지위인 환희지의 수행교육이다.

이구지(離垢地)는 모든 번뇌의 때를 벗는 지위다. 온갖 잘못과 허물로 켜켜이 쌓인 때를 떠나는 경지다. 때를 벗겨내어 깨끗하게 만드는 십바라밀의 수행교육이다.

발광지(發光地)는 지혜의 광명이 나타나는 지위다. 원하는 바를 이루려는 마음의 힘으로 삶을 관찰하고, 부처와 같은 안목을 요청한다. 모든 대중을 위한 이타심으로 자신을 낮추고 다스려 나가야 만이 빛이 발한다.

염혜지(焰慧地)는 지혜가 불붙기 시작하는 지위다. 발광지에서 반짝이기 시작한 지혜의 빛이 더욱 밝아지는 경지다. 그 지혜는 온갖 번뇌를 사라지게 만든다. 때문에 어떠한 유혹에도 흔들리지 않도록 세상을 자세하게 관찰하며 정진해야 한다.

난승지(難勝地)는 어려움에 처한 대중을 구제하여 해탈시키기 위한 지위다. 사성제(四聖諦)나 선정바라밀(禪定波羅蜜)로 진리와 세속의 세계를 조화하여 이기기 어려운 지위에 획득하는 경지다.

현전지(現前地)는 반야의 지혜를 실천하여 부처의 안목을 갖추는 지위다. 보살은 12연기를 통해 반야바라밀을 성취하고 마음에 관한 모든 사안에 대해 답을 얻는다. '일체유심조(一切唯心造)'를 펼친다. 그러나 조심해야 한다. 보살 실천의 경지를 심화하되, 수행을 멈추어서는 안 된다. 모든 존재의 평등성과 일체성을 파악하기 위해 공(空)의 개념을 깨달아야 하기 때문이다. 대중을 인도하는 교사의 안목은 공을 이해할 때 생긴다.

원행지(遠行地)는 타인을 배려하며 사는 진정한 보살이 되는 지위다. 보살은 다양한 방편으로 광대한 진리의 세계에 도달해야 한다. 세간에 들어가는 실천에서 편협함 없이 두루 하고 광대해야 한다. 현전지에서 이룬 공(空)의 해탈삼매로 한량없고 지음이 없는 지혜문 방편으로 일체 세간에 들어가야 한다. 대중과 함께 실천해야 한다.

부동지(不動地)는 수행이 완성된 흔들림 없는 경지에서 저절로 보살행이 이루어지는 지위다. 보살이 부처의 경계를 꿰뚫고 세계의 차별을 모두 깨닫는 지혜를 얻는 경지이다. 진정한 공(空)의 상태를 성취하고, 조화와 공존이 이루어진다. 원행지에서 이룬 방편해탈의 경지를 통해 진정한 보살이 되었다면, 복덕과 지혜를 성취하여 대자대비로 대중을 버리지 않고 한량없는 지혜의 길에 진입할 수 있다.

선혜지(善慧地)는 언제 어디서나 지혜의 설법을 할 수 있는 지위다. 그것은 지혜를 설법할 수 있는 최고 경지다. 최고의 법사(法師), 즉 깨달음을 이룬 교사(教師)의 차원이다. 부처의 진리는 불교 경전에 담겨있다. 그러므로 최고의 법사는 언제나 그 진리의 저장고에 머물러야 한다. 경전을 통해 발심(發心)에서 각성(覺醒)에 이르기까지, 모든 단계를 법사는 먼저 수행해야 한다.

법운지(法雲地)는 모든 인간을 평화로운 세상으로 인도하는 지위다. 진리를 몸에 감싸고 자재한 능력을 충분히 갖추는 순간에 얻어진다. 지혜의 구름이 감로의 비를 세상에 내리고, 그 비가 내린 곳은 모든 번뇌가 사라진다. 기쁨과 즐거움이 넘치는 대지다. 그것이 다름 아닌 불국토(佛國土)다. 평화의 세계다. 이 지혜의 완성은 부처의 지혜에서 시작하여 방편과 원력이 더해지면서 성숙한다.

이 열 가지 수행교육의 과정은 느슨한 것 같으면서도 치밀하다. 깨달음의 성숙이 성장을 거듭한다. 첫 번째 지위인 '환희지'에서 다섯 번째 지위인 '난승지'까지, 전반부는 보살의 수행과 그 결과를 보여준다. 특히, 네 번째 지위인 '염혜지', 그 '지혜를 불붙이는' 단계가 가장 어려운 수행교육이다. 번뇌를 끊어내고, 무명의 어두운 길을 넘어, 대중을 위한 대자자비의 실천이 버티고 있기 때문이다. 번뇌란 무엇인가? 그것을 어떻게 없애야 하는가? 어두운 길에서 해매고 있는 대중의 삶을 밝은 세상으로 끌어내야 한다! 이 막중한 책무성이 교육의 숙명이다.

그러기에 '난승지'는 십지의 수행교육 가운데, 교육의 전환을 이루는 터닝 포인트(turning point)다. 이 지점에서 무엇이 필요할까? 교육에 임하는 모든 존재의 열정(熱情)! 어떤 어려움도 극복하겠다는 의욕(意欲)이다. 평등한 마음으로 차별상을 떠나고, 모든 존재를 인간의 교육방편으로 삼아야 한다. 그것이 교육이 추구하는 '자리이타(自利利他)'의 경지로 들어서는 길이다. 그렇게 용맹정진의 끝에 삼매(三昧)가 기다린다. 부처의 지위가 성취된다. 황금 연꽃이 눈부신 빛을 발산한다. 인간은 장엄한 꽃으로 수놓은 화엄의 세계에서 즐긴다. 십지(十地)의 완성! 수행교육의 완결판이다.

9. 『화엄경(華嚴經)』28: 십정품(十定品)-삼매(三昧), 교육의 구현이자 새로운 시작

2021. 10. 16. 11:00

마음의 평안(平安)은 인간의 극락처(極樂處)다. 그 평정심(平靜心)은 삶을 안정시키는 담보다. 불교의 수행은 참선이나 명상을 통해 혼란스런 마음을 정돈한다. 그 최고의 상황이 삼매(三昧)다. 오직 하나의 대상에 마음을 집중시켜 '일심불란(一心不亂)'의 경지에 이르는 작업! 그것은 순수한 집중, 그 몰입을 통하여 마음이 고요해진 상태다. 수행의 이상적 경지이자 교육의 종착지다. 물론, 삼매의 평정심에서 삶은 다시 시작한다. 이러한 삼매에 관한 기록이 『화엄경』 제27품 「십정품(十定品)」이다.

삼매(三昧)는 '사마타(奢摩他: śamatha)', '삼마발제(三摩拔提: samapatti)', '선나(禪那: dhyana)'의 셋으로 나누어 설명된다. '사마타'는 마음을 한 곳에 집중하여 다른 생각을 일체 일으키지 않는 고요한 상태다. 한 마디로 말하면, 적정(寂靜)이다. 지(止)다. 외부의 존재에 대해 감각기관을 다스리고 마음이 동요되지 않도록 고요하게 만드는 교육이다. '삼마발제'는 마음을 하나의 대상에 집중하는 정신력이다. 심일경성(心一境性)이다. 관(觀)이다. 이를 위해 정견(正見)과 통찰(洞察)이 필요하다. 통찰은 어떤 존재를 보았을 때, 실상을 직시하고 자세히 관찰하여 오류가 없도록 하는 교육이다. '선나'는 마음을 한곳에 모아 고요히 생각하는 일이다. 적정과 정견, 통찰이 동시에 일어난 상태다.

원효(元曉)는 『금강삼매경론(金剛三昧經論)』에서 삼매를 진지하게 해설한다. 삼매는 바른 생각, 곧 '정사(正思)'다. 지혜를 얻기 위해 마음을 닦는 선정(禪定)에 들었을 때, 그와 관계되는 경계인 인식대상, 이른 바 소연경(所緣境)을 깊이 살피고, 바르게 생각하고, 통찰하는 작업이다. 이 삼매에서 마음이 어두워서 자세히 살필 수 없는 상태인 혼침(惛沈)은 금물이다. 심사(尋伺: vitarka-vicāra)도 금기다. 심사(尋伺)에서 심(尋)은 개괄적으로 사유하는 마음 작용이고 사(伺)는 세밀하게 고찰하는 마음 작용이다. 때문에 삼매에서는 바르게 생각하여 살피는 '사찰(思察)'이 요청된다. 사찰(思察)에 두 가지 의미가 있다. 거짓되고 바르게 보는 것을 모두 통틀어 분별하는 일을 사찰이라 한다면, 이는 곧 심사(尋伺)가 되므로 분별일 뿐이다. 삼매는 아니다! 그러나 올바르고 명료하게 자세하게 대상을 깨닫고 생각하는 일이라면, 이는 선정(禪定)의 작용이므로 심사(尋伺)가 아닌 사찰(思察)이다. 선정(禪定)은 분별(分別)과 무분별(無分別)에 두루 통한다. 때문에 반드시 바르게 살펴 심사를 가려내어 삼매에 들어야 한다! 진정한 삼매는 '바르다-바르지 못하다'라는 상대적 관념이 없다. 생각이건 생각이 아닌 것이건, 모든 존재를 넘어섰다. 그러기에 그릇된 분별과 잘못된 생각, 혼침에 빠진 상태 등과 구별하기 위해, 삼매를 '정사(正思)'라고 불렀을 뿐이다.

바른 생각을 가지려는 '사고력 교육!' 그 가운데를 종횡으로 엮어나가는 수행의 한 방편은 다음과 같이 묘사된다.

"글자에 의지하지도 말라. 세간에 집착하지도 말라. 진리를 취하지도 말라. 분별을 내지도 말라. 세상일에 물들지도 말라. 경계를 분별하지도 말라. 모든 진리를 아는 지혜에 편안히 머물고 요령을 피우지 말라! 온갖 지혜에 친근 하라. 부처의 보리를 깨닫고 진리의 광명을 성취하여 모든 일체 대중에게 착한 뿌리를 베풀고, 마(魔)의 경계에서 인간을 건져내 진리의 경계에 들어가게 하라. 인간을 구제하려는 소원을 버리지 말고, 괴로움과 어려움에서 벗어나는 길을 부지런히 관찰하고, 맑고 깨끗한 경계를 늘어나게 만들어 여러 바라밀다를 성취하라. 모든 부처에게 깊은 믿음을 갖고 모든 진리의 성품을 관찰하여 잠깐도 버리지 말라. 자기의 몸이 모든 진리의 성품과 평등한 줄 알라. 세상에서 만들어지는 일을 분명히 알고 진리와 같은 지혜와 방편을 보이라. 늘 꾸준히 노력하고 쉬지 말라. 내 몸에 착한 뿌리가 적다는 사실을 살피고, 다른 사람의 착한 뿌리를 늘어나게 하라. 온갖 지혜의 길을 스스로 수행하여 보살의 경지를 확장하라. 덕이 높은 사람과 친근하게 지내기를 좋아하고, 수행하는 사람과 함께 머물러라. 부처를 분별하지 말고 생각에서 떠나지 말라. 평등한 진리에 항상 머물며, 마음과 의식이 요술과 같음을 알라."(「십정품」)

삼매를 향한 수행은 교육적 당위다. 삼매로 나아가려는 열정은 인간이 평안을 유지하며 행복을 추구하려는 노력에 다름 아니다. 그 행복은 지속력을 통해 타인과 공유된다. 인간을 위한 대자대비이자 지혜의 동력이다.

다시, 생각한다. 삼매는 마음이 고요하여 잡념(雜念)이 없다. 모든 것을 통찰할 수 있는 직관(直觀: intuition)이다. 그 지혜의 세계를 만드는 수행은 마음공부로 지칭할 수 있다. 평정심(平靜心) 교육이자 내면 통찰 교육이다. 그러나 유의하시라. 교육은 이제 시작이다. 삼매의 지속과 대중과의 나눔만이 그것을 보증한다. 달리 말하면, 공공심(公共

心)의 구현이다. 그러기에 교육은, 개인의 수행에 기초하되, 반드시 공공의 행복을 지향해야 한다.

10. 『화엄경(華嚴經)』29: 십통품(十通品)-지신통(智神通), 지혜가 펼침과 두루 미침

2021. 10. 17. 11:03

세상에는 이해하기 힘든 사태가 자주 발생한다. 인간의 생각으로는 미루어 헤아릴 수 없는 이상한 기운, 이른 바 '불가사의(不可思議)'가 곳곳에 도사리고 있다. 그것은 흔히 '신통(神通)'으로 일컬어진다. 그 '신통'에 관한 기록이 『화엄경』 제28품 「십통품」이다.

그러나 나는 '신통'에 관한 이해를 조금 달리 한다. 문자 그대로 보면, 신통(神通)에서 '신(神)'은 '펴다'라는 의미이고, '통(通)'은 '두루 미치다'는 뜻이다. 이에 신통은 '펴서 두루 미치는' 현실적 작업이다. 불가사의하게 초자연적이고 초인간적 존재가 이상한 힘을 발휘하는 그런 사태가 아니다! 이렇게 인식해야 현실에서 수행교육의 의미가 부각될 수 있다.

'십통'은 수행을 통해 빚어내는 열 가지 신통이다. 지혜의 신통, 즉 '지신통(智神通)'이 펼쳐져 인간에게 두루 미치는 현실적 삶의 교육이다. 그러므로 십통을 초월적 신통력의 발동으로만 보아서는 곤란하다. 그런 인식은 점진적으로 노력하여 성취한 수행교육의 효과를 담보하기 어렵다. 그 지혜의 신통은 다음과 같다. '①선지타심(善知他心), ②무애천안(無碍天眼), ③지과거제겁숙주(知過去際劫宿住), ④지진미래제겁(知盡未來際劫), ⑤무애청정천이(無碍清淨天耳), ⑥무체성무동작왕일체불찰(無體性無動作往一切佛刹), ⑦선분별일체언사(善分別一切言辭), ⑧무수색신(無數色身), ⑨일체법(一切法), ⑩입일체법멸진삼매

(入一切法滅盡三昧)'

선지타심(善知他心)은 남의 마음을 아는 지혜를 펼쳐 세상에 두루 미치는 수행이다. 무애천안(無碍天眼)은 걸림이 없는 하늘의 눈이 보여주는 지혜를 펼쳐 세상에 두루 미치는 수행이다. 지과거제겁숙주(知過去際劫宿住)는 지나간 세상의 일을 모두 기억하는 지혜를 펼쳐 세상에 두루 미치는 수행이다. 지진미래제겁(知盡未來際劫)은 오는 세월이 다할 때까지 아는 지혜를 펼쳐 세상에 두루 미치는 수행이다. 무애청정천이(無碍淸淨天耳)는 걸림이 없는 하늘의 귀가 듣는 지혜를 펼쳐 세상에 두루 미치는 수행이다. 무체성무동작왕일체불찰(無體性無動作往一切佛剎)은 자체 성품이 없고 움직임도 없는 모든 부처의 지혜를 펼쳐 세상에 두루 미치는 수행이다. 선분별일체언사(善分別一切言辭)는 모든 대중의 말을 잘 분별하는 지혜를 펼쳐 세상에 두루 미치는 수행이다. 무수색신(無數色身)은 한량없는 현상과 몸의 장엄을 내는 지혜를 펼쳐 세상에 두루 미치는 수행이다. 일체법(一切法)은 온갖 진리를 아는 지혜를 펼쳐 세상에 두루 미치는 수행이다. 입일체법멸진삼매(入一切法滅盡三昧)는 온갖 진리가 사라져 없어지는 지혜를 펼쳐 세상에 두루 미치는 수행이다.

다시 보니, 현실교육으로는 너무나 감당하기 어려운 내용처럼 보인다. 그러나 전혀 그렇지 않다! 인식의 문제다. '누구나 불성(佛性)이 있고 부처가 될 수 있다'고 했지 않은가! 부처가 삼매에 들어 빛을 반짝이듯, 부처와 같은 사람이 되고 싶은 모든 인간에게 수행교육을 직접 경험하게 하면 그만이다. 누구나 부처가 될 수 있다는 확신이 신통의 교육적 자세를 열망하게 만든다. 논리적으로 볼 때, 개인의 해탈을 넘어 대중을 이롭게 만드는 수행이 교육 아니던가!

불교에서 '신통(神通)'은 명상을 통해 얻은 삼매에서 생기는 능력이다. 삼매는 인간의 자유(自由)가 절정에 이른 상태다. 그러기에 해탈(解脫)이라 했고, 적정(寂靜)이라 했다. 자유는 인간이 빚어나가는 모든 일을 시발점이다. 그러나 자유 자체에만 매몰되어 있으면, 정돈해나가야 하는 일을 진척(進陟)시켜 나가지 못할 수 있다. 경유지를 목적지로 망각한 채, 시작에서만 맴돈다. 수행교육은 지혜를 펼쳐 세상에 두루 미치는 거룩한 길이다. 지혜를 펼치기 위해 상구보리(上求菩提)를, 두루 미치기 위해 하화중생(下化衆生)을 교육철학으로 내밀었다.

11. 『화엄경(華嚴經)』30: 십인품(十忍品)-인식(認識)에서 혜안(慧眼)으로 넘어가는 고통의 인내

2021. 10. 17. 12:10

『화엄경』 제29품에는 「십인품」이 자리한다. 십인(十忍)에서 '인(忍)'은 참고 견뎌내고 용서하는 일이다. 수행과 교육의 과정에서, 수련과 단련을 거치면서, 무엇을 참아내고 견뎌내야 하는가? 인간이 배운 세계에 관한 지식이 세상에서 지혜가 되려면, 인식(認識)에서 혜안(慧眼)으로 넘어가려면, 고통이 수반하기 마련이다. 그 뼈아픈 경험을 참아내고 견뎌낼 때, 삶은 보석처럼 빛을 발휘한다.

이 고통 속에서 피어나는 지혜가 열 가지다. 진정으로 어떤 거리낌도 없는 지혜! 세상을 보는 열 가지 지혜를 체득하는 데 관한 기록이 「십인품」이다. 지식이 지혜로 변화하기 위해서는 어떻게 해야 할까? 모든 경험을 제대로 인지(認知)해야 한다. 이 인지의 과정이 '참음'이다. 그러기에 인(忍)은 인지하기 위해 관찰하고 통찰하는, 즉 지혜를 관통하려는 '견딤'이다.

그 열 가지는 다음과 같다. ①음성인(音聲忍), ②순인(順忍), ③무생법인(無生法忍), ④여환인(如幻忍), ⑤여염인(如焰忍), ⑥여몽인(如夢忍), ⑦여향인(如響忍), ⑧여영인(如影忍), ⑨여화인(如化忍), ⑩여공인(如空忍)

음성인(音聲忍)은 부처의 진리, 그 가르침의 소리를 듣는 깨달음이다. 순인(順忍)은 믿음을 따르는 신뢰의 깨달음이다. 무생법인(無生法忍)은 올바른 실천으로 자연스럽게 열리는 공(空)에 대한 깨달음이다.

여환인(如幻忍)은 미혹된 상태처럼 환영으로 보는 깨달음이다. 여염인(如焰忍)은 불꽃처럼 환하게 보는 깨달음이다. 여몽인(如夢忍)은 세상을 꿈과 같은 것으로 보는 깨달음이다. 여향인(如響忍)은 세상을 메아리 같은 것으로 이해하는 깨달음이다. 여영인(如影忍)은 세상을 그림자 같은 것이라고 보는 깨달음이다. 여화인(如化忍)은 모든 일이 허깨비처럼 거짓으로 나타난 것이라고 인식하는 깨달음이다. 여공인(如空忍)은 세상을 허공 같은 것이라고 파악하는 깨달음이다.

진리를 인식하고 이해하고 깨달아가는, 저 수행교육의 끝에 무엇이 자리 잡을까? 이 세계는 존재한다. 모든 존재가 있다! 그렇게 보인다. 하지만 그 존재의 실체는 허망(虛妄)하다. 불교가 제기하는 존재의 실상, 진리의 실체는 그러하다. 실상(實相)은 그러하다. 그것이 공(空)의 결이다. 저 공(空)을 깨달아 나가는 작업이 수행의 중심이다.

이 지점에서 인간 세상의 현실교육은 어디로 부침(浮沈)하는가?

12. 『화엄경(華嚴經)』31: 아승지품(阿僧祇品)/여래수량품(如來壽量品)-부처는 무슨 수행교육을 말하는가?

2021. 10. 18. 11:56

『화엄경』은 다양한 보살들이 설법하고 노래한 내용이 대부분이다. 부처가 직접 설법한 내용은 「아승지품(阿僧祇品)」과 「여래수량품(如來壽量品)」뿐이다. 그 외의 모든 내용은 보살이 설법했다. 십신(十信) 문수사리보살(文殊師利菩薩), 십주(十住) 법혜보살(法慧菩薩), 십행(十行) 공덕림보살(功德林菩薩), 십회향(十廻向) 금강당보살(金剛幢菩薩), 십지(十地) 금강장보살(金剛藏菩薩) 등이 그들이다. 그렇다면 부처는 「아승지품」과 「여래수량품」에서 무슨 수행교육을 말하고 있을까? 왜 직접 설법에 나섰을까? 궁금하다. 그러나 간단하다. 오직, 부처만이 깨달음의 세상을 일러줄 수 있기 때문이다.

제30품 「아승지품」에서 '아승지(阿僧祇)'는 헤아릴 수 없이 많다는 의미다. 헤아릴 수 없는 만큼 수(數)의 극치를 이룬다. 숫자를 꼽아 나갈 때, '일(一)-십(十)-백(百)-천(千)'으로 헤아려 나가는 수에서 백 번째 곱한 것을 아승지라 한다. 엄청난 수다. 10의 7승쯤이라고 한다.

> 심왕보살(心王菩薩)이 묻는다. "부처의 덕을 왜 '아승지(阿僧祇), 무량(無量), 무변(無邊), 무등(無等), 불가수(不可數), 불가칭(不可稱), 불가사(不可思), 불가량(不可量), 불가설(不可說), 불가설불가설(不可說不可說)'이라 부릅니까?" 그것은 헤아림이 없고, 끝이 없고, 같은 이 없고, 셀 수 없고, 일컬을 수 없고,

생각할 수 없고, 헤아릴 수 없고, 말할 수 없고, 말할 수 없이 말할 수 없다!(「아승지품」)

다시, 이유는 간단하다. 대중의 안목으로 볼 때, '부처의 무한한 공덕'을 이해하기 힘들기 때문이다. 부처의 공덕은 숫자로 셀 수 없이 광대하다. '부처의 수명'도 시간과 공간을 초월해 다함없이 존재한다. 어쩌면 대중은 장애의 덩어리다. 대중적 삶 자체가 불교적 깨달음으로 나아가는데 방해 요소가 될 뿐이다.

가장 큰 장애는 '어리석음'이다. 불과이우(佛果二愚)! 그 하나는 '광대산수우(廣大算數愚)'이고 다른 하나는 '수호광명공덕우(隨好光明功德愚)'다. 부처가 직접 나서서 아승지를 언급한 것은 이 어리석음에 대한 발본색원(拔本塞源)을 기원하기 위해서다. 수행으로 장애를 벗어날 때 일체지(一切智)의 세계가 열린다. 불교가 추구하는 진리의 세계는 무한(無限)이자 무수(無數)이자 무량(無量)이자 무변(無邊)이다. 인간의 생각으로 도달할 수 없는 깨친 존재의 경지다. 불교 교육은 그것을 갈구한다. 부처의 길이기 때문이다.

제31품 「여래수량품」은 기록이 아주 짧다. 내용은 시간에 관한 문제다. 그 시간은 순간(瞬間)과 영원(永遠)의 공존이다. 깨달은 존재로서 부처는 시간을 초월한다. 그것은 무한성(無限性)이다. 이른 바 '겁(劫: kalpa)'으로 표현된다. 헤아릴 수 없는 무한대의 시간! 찰나(刹那)의 순간이 영겁(永劫)의 영원과 상통한다는 인식은 과거-현재-미래의 모든 시간과 상하전후좌우의 모든 공간을 동시에 지니고 있다는 의미다.

다시, 수행과 그 교육의 과정은 어디에 머무르는가?

13. 『화엄경(華嚴經)』32: 보살주처품/불부사의법품/여래십신상해품/여래수호광명공덕품-언제 어디서나 자재하는 '지혜와 자비'의 교육

2021. 10. 19. 10:50

『화엄경』 제32품에서 제35품에는 「보살주처품(菩薩住處品)」「불부사의법품(佛不思議法品)」「여래십신상해품(如來十身相海品)」「여래수호광명공덕품(如來隨好光明功德品)」이 차례대로 자리한다.

이 가운데 「보살주처품」은 보살의 자격요건과 자세에 관한 가르침이다. 보살을 세속 교육의 스승에 비유한다면, 교사의 자질이나 행동과 연관된다. 그 요건의 핵심은 '지혜(智慧)'와 '자비(慈悲)'다. 그것은 보살을 지향하는 불교의 수행이 '지혜의 교육'이자 '자비의 교육'임을 지시한다. 보살행은 기나긴 수련이 요청된다. 생각하기에 따라서는, 찰나(刹那)에 이미 보살이다.

이 보살행, 즉 수행교육은 언제 어디서나 자유롭게 등장한다. 범위가 너무나 광대하다. 다양한 장소에서 다양한 모습으로 인간 세상을 인도한다. 존재하는 모든 것들, 특히 생명 있는 대중을 제도하며 구제해야 한다. 팔방과 산과 바다, 이 열 곳, 그리고 성과 읍의 열 두 곳, 모두 22곳에서 수행교육을 실천한다. 그곳에서 수행에 임하는 교육자는 동방 선인산(仙人山)의 금강승보살(金剛勝菩薩)과 300보살, 남방 승봉산(勝峰山)의 법혜보살(法慧菩薩)과 500보살, 서방 금강염산(金剛焰山)의 정진무외행보살(精進無畏行菩薩)과 300보살, 북방 향적산(香積山) 향상보살(香象菩薩)과 3,000보살, 동북방 청량산(淸凉山)의 문수보살(文殊菩薩)과 20,000보살, 바다 한 가운데 금강산(金剛山)의 법기보살(法起菩薩)과 1,200보살, 동남방 지제산(支提山)의 천관보살(天冠菩薩)과 1,000보살, 서남방 광명산(光明山)의 현승보살(賢勝菩薩)과 3,000보살, 서북방 향풍산(香風山)의 향광보살(香光菩薩)과 5,000보살, 큰 바다 가운데 장엄굴(莊嚴窟) 보살이다.

이런 논리라면, 지구촌은 온통 보살의 세계다. 수행자의 세상이다. 세계상이 교육 그 자체다. 대중이 존재한 곳은 어디건 반드시 보살이 자리한다. 다시 말하면, 대중의 존재 자체가 교육으로 직결된다.

「불부사의품」은 부처가 지닌 덕의 본체와 작용을 모두 드러내는 기록이다. 그것은 광대무변(廣大無邊)하다. 너무 커서 끝이 없다. 무한계의 극치다. 자유자재하다. 어떤 영역에서도 구속되지 않는다. 어떤 범위에서도 제약이 없다. 무제한의 극치다. 그만큼 일반 사람의 생각으로는 헤아리기 어려운 능력이 번득인다. 그러기에 여러 보살은 생각했다. 어찌하여 부처의 경지를 헤아릴 수 없는가! 도대체, 부처의 세상인 불국토(佛國土)는 무엇이란 말인가? 그리고 소원, 품성, 부처의 출현, 진리의 몸, 음성, 지혜, 자유자재, 걸림 없이 머무름, 해탈에 이르기까지, 이 열 가지 불가사의를 어떻게 파악하고 온몸으로 받아들이란 말이냐? 이에 대해 청련화보살(青蓮華菩薩)은 32가지 항목으로 정리하여 밝힌다.

「여래십신상해품」은 부처의 훌륭한 덕을 97가지로 밝힌 기록이다. 바다처럼 깊고 넓은 부처의 광대무변한 모습이다. 정수리에서 미간, 눈, 코, 혀, 입, 치아, 입술, 목, 어깨, 가슴, 손, 볼기, 넓적다리, 장딴지, 발에 이르기까지, 몸에 드러난 형상은 장엄함 자체다. 저 온몸에 꿈틀거리는 수행의 교육적 성취는 접근하기 쉽지 않은 미지의 모험을 안내한다.

「여래수호광명공덕품」은 부처의 훌륭한 덕의 작용과 이익을 별도로 나타낸다. 여래의 모습이 빛으로 다가오고, 그 지혜광명의 공덕이 읊어진다. 그 지혜광명은 세상을 청정하게 만들어 대중을 해탈로 인도한다. 지옥 같은 세상을 벗어나 정진할 때, 고요한 해탈의 세계가 펼쳐진다.

이렇게, 번뇌를 극복하고 고행을 초월하려는 수행은, 교육의 가능성을 적극적으로 긍정한다. 부처의 길을 따르는 보살은 늘 인간과 함께 호흡한다. 언제나 우리 곁에 머물고 있다. 대중은 부처가 되기 위해 보살을 만나 보살의 길을 실천하면 된다. 그러기 위해 부처의 무한능력을 인지해야 한다. 불가사의한 부처의 무한공덕은 지혜와 자비를 통해 세상을 깨닫는 안목을 갖게 유도한다. 그리하여 인간은 개인이 지닌 불성(佛性)의 능력, 여래자성청정심(如來自性淸淨心)을 통해, 부처로 재탄생할 수 있다. 부처의 경지! 수행 끝에 맛보는 진리의 세계다. 지혜와 자비!

14. 『화엄경(華嚴經)』33: 보현행품(普賢行品)-분노와의 이별, 장애를 다스리는 수행

2021. 10. 20. 10:56

인간과 부처의 차이는 무엇일까? '모든 존재가 불성(佛性)을 지녔다!'고 했듯이, 인간도 근원에서 불성을 갖췄다. 그 불성을 갈고 닦아 온전하게 성장해나가는 작업이, 부처를 닮아가는 수행이자 부처가 되는 길 아닌가? 그 길에서 진리 세계에 들어서느냐 그렇지 못하느냐의 경계가 자리한다. 『화엄경』 제36품 「보현행품(普賢行品)」은 진리를 파악하고 실천할 수 있는 대중의 능력, 즉 인간의 근기(根機)에 따라 여래의 경계가 어떠한 지를 언급하는 것으로 시작한다.

'보현행(普賢行)'이라는 언표는 매우 함축적이다. '보(普)'는 진리가 저 광활한 우주에 끝없이 '두루' 자리한다는 의미다. '현(賢)'은 아주 부드럽게 사안에 맞게 따르는 차원이다. '행(行)'은 자성청정(自性清淨)의 불성, 즉 맑고 깨끗한 마음에 의지하여 수행해 나가는 일이다. 요컨대, 보현행은 세상에 끝없이 두루 하는 진리를 모든 상황에 알맞도록 자신의 마음에 따라 실천하는 수행교육이다. 「보현행품」은 그 단초를 다음과 같이 제기한다.

> "지금까지 말한 것은 대중의 능력에 따라 여래의 경계가 어떠한 지 그 일부분을 말했다. 부처는 대중이 지혜가 없어 나쁜 짓을 한다. 세상 사물을 나와 내 것이라 억측한다. 몸에 집착한다. 사물을 거꾸로 뒤집어 의혹한다. 삿된 소견으로 분별한

다. 늘 결박당한 여러 사안과 어울린다. 생사의 흐름을 따르고 진리의 길을 멀리한다. 이 때문에 번뇌의 세상을 살아간다!”(「보현행품」)

그렇다면, 어떤 수행에 매진해야 하는가? 이 자리에 교육의 엄중함이 들어선다. 그러기에 「보현행품」은 보현보살이 실천해야할 수행법을 파악하고, 여래가 되는 지혜의 안목을 갖추도록 추동한다. 의도는 간단하다. ‘세속에 들어가 인간을 이롭게 하라!’ 그런데 조건이 있다. 이 고뇌 가득한 언급은 정말 눈여겨보아야 한다. ‘성내는 마음을 일으키는 것보다 큰 허물은 없다! 화내지 말라!’ 보현보살은 말한다.

“인간 세상에 다양한 과실이 있지만 보살이 다른 보살에게 성내는 마음을 일으키는 것보다 더 큰 허물은 보지 못했다. 왜냐? 보살이 다른 보살에게 성내는 마음을 일으키면, 100만 가지의 장애를 일으키는 문이 되기 때문이다.”(「보현행품」)

정말 무섭다. 화를 한번 냈을 뿐인데 100만 가지 장애가 생긴다니! 인간이 어떻게 화를 내지 않고 살 수 있는가? 내가 억지로 자발적으로 화를 내지 않아도, 수시로 성질나게 만드는 것이 세상 아닌가? 분노(憤怒)의 연속이 삶이라면, 헤아릴 수 없는 장애가 인생의 앞에 놓인다. 인간의 길은 어디에서 찾아야 하는가?

이 지점에서, 인간의 번뇌(煩惱), 그로부터 누적되는 장애를 다스리는 법이 열 가지로 제시된다. 부지런히 닦아라! 수행교육 이외에 해답은 없다! 그것은 “①마음에 모든 대중을 버리지 않아야 한다. ②여러 보살에게 여래라는 생각을 내어야 한다. ③모든 진리를 영원히 비방하지 않는다. ④모든 국토가 다하지 아니함을 알아야 한다. ⑤보살의 수행을 믿고 좋아해야 한다. ⑥평등한 허공 법계와 같은 보리심을 버리지 않아야 한다. ⑦보리를 관찰하여 여래의 힘에 들어가야 한다. ⑧걸림 없는 변재를 부지런히 익혀야 한다. ⑨대중교육에 고달픔이 없어야 한다. ⑩모든 세계에 머무르되 마음에 집착이 없어야 한다."라는 열망 가운데 실현된다.

모든 인간을 무시하지 말고, 당당하게 다가서라! 그들이 부처다. 그 가운데 녹아 있는 진리를 경시하지 말라. 수행교육의 결과는 무궁무진한 진리를 담보한다. 그러기에 「보현행품」의 마지막 노래는 다음과 같이 수행교육의 격려로 울려 퍼진다.

> "과거 세상 가운데 미래가 있고/미래 세상 가운데 현재가 있네./과거-미래-현재/이 세 세상이 서로서로 보게 되는 것을/날날이 분명하게 모두 알아야 하네./이렇게 한량없이 여러 가지로/모든 세간의 대중을 깨우치네./여러 가지 지혜와 여러 방편을/끝닿은 데 찾아도 얻을 수 없네."

15. 『화엄경(華嚴經)』34: 여래출현품(如來出現品)-인간을 이롭게 만드는 지혜의 세상

2021. 10. 21. 22:00

인간은 정말, 부처의 세계에 들어갈 수 있을까? 부처를 만날 수 있을까? 부처의 진리를 꿰뚫고 실천할 수 있을까? 깨달은 사람만이 묵수(墨守)할 수 있는 건가?

『화엄경』 제37품 「여래출현품(如來出現品)」은 그 해답을 지시한다. 제36품 「보현행품」은 보살의 실천이 어떠한지를 보여주었다. 그것은 모든 존재가 평등해지는 원인의 구명이었다. 제37품 「여래출현품」은 그 평등의 결과를 밝힌다. 보현행을 통해 부처를 만나려는 갈망이 성취된다. 즉 믿음을 지닌 보살이 세상 어디에나 자리하는 부처를 만나게 되는, 여래의 출현모습을 보인다. 그 「여래출현품」은 다음과 같이 시작한다.

> "세존(世尊)은 미간(眉間)의 백호상(白毫相)에서 큰 광명(光明)을 놓는다. 그것을 '여래출현'이라 한다. …… 그 광명이 온 세상의 허공 법계와 모든 세계를 두루 비춘다. 오른쪽으로 열 번 돌아 여래의 한량없이 자유 자재함을 나타낸다. 수없이 보살대중을 깨우친다. 온 세상을 진동시킨다. 모든 나쁜 길의 고통을 없애고 …… 바른 깨달음을 이루는 일과 모든 도량에 모인 대중을 나타낸다."(「여래출현품」)

'여래(如來)'는 모든 것을 아는 지혜의 수레를 타고 와서 인간을 교육한다. 이런 여래의 '출현(出現)'은 불교의 수행이, 교육의 실천이 궤도에 올랐음을 의미한다. 여래출현 자체가 수행 의지를 불태울 수 있는 교육적 행운이다. 부처의 진리를 섭렵하고 실천하려는 인간에게 가슴 벅찬 감동을 예고한다.

몸으로 짓게 되는 신업(身業), 입으로 짓는 어업(語業), 무엇을 하려는 생각이나 뜻을 펼치려는 마음 작용인 의업(意業)! 이 각각의 상황에서 빛을 발휘하는 열 가지 비유는 여래출현의 의미를 깊이 아로새긴다. 특히, 이익을 들어 수행하기를 권하는 대목에서 수행교육의 철학이 절정에 이른다.

> "평등한 지혜로 헤아릴 수 없는 지혜의 세계를 안다. 정직한 마음으로 모든 분별을 떠난다. 훌륭한 욕망으로 부처를 만난다. 생각을 내는 힘으로 평등한 허공계에 들어간다. 자유자재한 생각으로 그지없는 진리를 행한다. 지혜의 힘으로 모든 공덕을 갖춘다. 자연스런 지혜로 세간의 때를 벗긴다. 보리심으로 온 세상의 그물에 들어간다. 크게 관찰함으로서 과거-미래-현재, 세 세상의 부처가 동일한 성품임을 알고 착한 뿌리로 회향하는 지혜로 이런 진리의 세계에 들어가되, 들어가지 않으면서 들어간다. 하나의 진리에 억매인 세속의 인연에 이끌리지 않고, 늘 하나의 진리로 모든 진리를 관찰한다."(「여래출현품」)

16. 『화엄경(華嚴經)』35: 이세간품(離世間品)-깨달음의 경지에서 다시 깨우침

2021. 10. 22. 9:49

불교의 수행은 '괴로움'에서 시작됐다. 괴로움은 집착이 주범(主犯)이다. 보현보살(普賢菩薩)은 인간의 괴로움을 세 부류로 말한다. '고고(苦苦)', '괴고(壞苦)', '행고(行苦)'가 그것이다. 인간 왜 괴로움에 사로잡혀 사는가? 괴로움에 괴로움을 더하기 때문이고, 사라지고 없어지는 것에 대해 괴로워하기 때문이며, 모든 존재가 바뀌고 머물지 못하는 속성을 지니고 있음을 모르기 때문이다. 삶에서 연속적으로 '괴롭다!'라는 생각을 하면 괴로운 일이 지속적으로 생기게 마련이다. 나와 관계된 사람들이 하나 둘 사라지는 상황을 보면 괴롭기 그지없다. 내가 믿던 사람이나 누리던 일이 바뀌지 않기를 바라지만 세상은 그대로 머물러 있지 않는다.

그래서 인생은 괴로움의 덩어리다. 고(苦)로 엮인 거대한 그물망이다. 고(苦)로 얽힌 텍스트의 세계다. 하지만 대중은 그것을 인지하지 못한다. 더구나 그 괴로움이 얼마나 헛되고 헛된 것임을 감지하지 못한다. 아니 감지하려고 하지 않는다. 헛된 것임을 모른다는 사실이 인간의 삶이 지닌 숙명적 병폐다. 고통의 세상에 머무름 없이 머무르고, 머무르지만 고통 없는 깨달음! 저 탈고(脫苦)를 위한 수행의 극치를 어디서 찾을 수 있을까? 정말 해탈(解脫)에 다가설 수 있을까?

그 절정의 모습을 기록한 것이 『화엄경』 제38품 「이세간품(離世間品)」이다. 「이세간품」은 '십신(十信)', '십주(十住)', '십행(十行)', '십회향(十廻向)', '십지(十地)', '인과(因果)의 원만한 행'이 조직적으로 정돈되어 있다. 대중이 부처가 되고 싶어 하는 보리심(菩提心)을 내면, 그는 보살수행자로서 자기교육을 시작한다. 보살은 끝없는 수행을 통해 십신, 십주, 십행, 십회향을 거친다. 굳건한 마음으로 십지에 도착하여 부처와 같은 안목을 갖추는 등각(等覺)에 이른다. 부처의 경지다. 아니, 이 순간에 부처가 된다.

「보현행품」에서 「여래출현품」에 이르는 과정에서 언급했듯이, 부처가 되려는 보살에게 전하는 진리가 '보현행원(普賢行願)'이다. 보살은 부처를 만나기 전에 보현행을 실천했다. 자기도 이롭고 남도 이롭게 하는 '자리이타(自利利他)!' 이제 부처를 만났다. 그 뒤의 보현행은 남을 위한 헌신이다. 어떻게 자기를 이롭게 하는 생각이 사라지고 대중을 이롭게 만드는 생각을 실천할 수 있을까?

고민에 빠진 법혜보살(法慧菩薩)이 묻는다. 선배인 보현보살(普賢菩薩)이 답한다. 무려 200가지의 질문과 2,000가지의 답변이다.

> "무엇을 어떻게 의지하여 대중을 만나야 하는가? 어떤 실천을 행해야 하는가? 무엇으로 선지식을 삼아야 하는가? 어떻게 정진해야 하는가? 마음을 편안하게 하려면 어떻게 해야 하는가? 대중을 어떻게 도와야 소원을 성취하게 만들 수 있는가? 어떻게 해야 대중의 마음이 바뀌는 것을 아는가? 대중에게 나아갈 때 어떤 지혜를 가져야 하는가? 대중의 세계에 마음대로 들어갈 수 있는가? 영겁 속에도 자유롭게 왕래할 수 있는가? 과거-미래-현재의 세 세상에 들어가면서도 고달프다는 생각을 지니지 않으려면 어떻게 하는가?"(「이세간품」)

이 물음은 인간의 현실적 삶에 매우 진지하게 다가간다. 인간과 함께 살아가며 마주치는 문제다. 보살은 대중 가운데 머물며 그들에게 물들지 않고, 그들을 교육하는 힘을 얻어야 한다. 인간 대중은 자신들을 위해 노력하는 보살들을 보며 정진할 것을 고민해야 한다. 「이세간품」의 곳곳에 이런 정신이 배어 있다. 특히, '십신'에 관한 대답 가운데 이런 모습이 돋보인다.

> "보살은 대중을 만나면서 피곤하고 고달프다는 생각을 내지 마라. 모든 부처를 공양할 때, 선지식을 만나 공부할 때, 진리를 구할 때 …… 모든 인간을 가르치고 깨우칠 때, 모든 대중을 부처의 보리에 둘 때, 헤아릴 수 없는 세월동안 보살행을 실천할 때, 인간이 있는 어떤 곳이건 찾아갈 때, 부처의 진리를 관찰하여 인간에게 부여할 때, 피곤해서 못할 것 같다는 생각을 하지 마라. 이 마음을 벗어나면 여래의 고달프지 않은, 더 이상의 위가 없는 가장 큰 지혜를 얻는다."(「이세간품」)

그리하여 보살은 인간을 구호하는 선봉에 나선다. '십행'에 관한 대답에서 그런 염원을 찾을 수 있다.

> "보살은 인간을 살피면서 늘 자비심을 일으켜야 한다. 대중은 의지할 곳도 믿을 곳도 없는 가련한 존재다. 성품이 고르지 않고, 가난하여 온갖 선을 낳는 근본이 없다. 인간이 긴 밤 잠자는 모습을 볼 때도, 나쁜 짓을 서슴없이 하고 있을 때도, 엄청난 욕심으로 욕망에 젖어 생사의 바다에 빠져 허우적댈 때도, 병으로 고통 받을 때도, 착하게 살라는 가르침에 관심이 없을 때도, 부처의 진리로부터 점점 멀어지는 이런 인간들의

> 삶을 보면서, 늘 연민을 가지고 대자대비의 마음을 일으켜 그들을 보호해야 한다."(「이세간품」)

이런 수행교육의 다짐과 실천이 보살을 부처의 지위로 인도한다. 그것은 '십회향'에 관한 대답에서 고민과 역설로 드러난다.

> "보살은 늘 두려움 없는 마음으로 인간 대중을 교육해야 한다. '모든 장애가 되는 선악의 소행을 소멸할 수 있을까? 부처의 진리를 수호할 수 있을까? 모든 마귀를 물리칠 수 있을까? 보살행을 실천할 때 온몸을 바칠 수 있을까? 모든 외도들을 당해낼 수 있을까? 모든 인간을 행복하게 만들어줄 수 있을까? 함께 하는 보살들을 행복하게 만들 수 있을까? 진리 실천을 방해하는 존재를 한 번에 꺾을 수 있을까? 부처의 진리 세계에 들어갈 때 무리가 없을까? 헤아릴 수 없는 세월 속에서 보살행이 힘들다고 포기하는 것은 아닐까?' 이러한 두려움을 지니지 않고 극복할 때, 여래의 지위를 성취할 수 있다."(「이세간품」)

수행의 어려움과 쉬움이 저 사이세계를 왔다 갔다 한다. 불교 수행의 교육철학이 카오스(chaos)를 경험한다. 어쩌면 보현보살(普賢菩薩)이 주는 가르침, 그 보살행의 시작은 결코 어렵지 않다. 쉽다! 그 깨우침의 수행교육에서 가장 먼저 던진 화두는 너무나 아름답다. '대중을 기쁘게 하라!'

그리고 다양한 교육적 덕목이 강조된다. '사악한 삶을 꺾어 버려라.' '미혹한 사람을 인도하라.' '높고 깊고 견고한 진리의 세계를 몸소 보여주라.' '인간의 능력에 맞춰 이익을 얻게 만들라.' '자유자재하는 진리를 통해 청정한 심신을 갖추고 세상에 물들지 않게 하라.' 이렇게 인간에게 두루 이익을 되도록 만들었을 때, 기쁨과 즐거움이 솟구친다. 부처의 안목이 스며든다. 수행교육의 효과가 세상을 뒤덮는다.

17. 『화엄경(華嚴經)』36: 입법계품(入法界品)-선지식, 거룩한 멘토

2021. 10. 23. 10:24

불교에서 보살이 부처가 되려는 노력은 인간의 길에 관한 진지한 고민이다. 부처의 가르침에 의지하고, 부처의 진리를 지속하며, 부처에 의해 수행을 독려 받는다. 그 가운데 인간이 가야할 올바른 길을 끝없이 갈구한다. 그러기에 보살의 구도(求道)는 부처의 세계를 실현하려는 노력에 다름 아니다. 스스로 깨달음을 얻으려는 '자리행(自利行)'과 다른 존재를 깨닫게 하려는 '이타행(利他行)'의 실천이다. 때문에 인간 대중은 구도의 거대한 마당이다. 인간 대중이 존재하는 한 보살의 구도는 끝나지 않는다. 절대 끝날 수 없다! 중생구제(衆生救濟)라는 임무를 완수하기 전까지 구도는 부처의 진리 세계를 실현해 나가려는 영원한 수행일 뿐이다. 그러기에 철저하게 교육의 세계를 빚어나간다.

『화엄경』 제39품 「입법계품」은 이 구도의 보살 정신을 담은 수행 교육에 관한 기록이다. 그 분량을 비롯하여 내용의 정돈 차원에서 『화엄경』의 하이라이트(highlight)다. 불교 교육철학의 절정을 보여준다. 그것은 '선재(善財: sudhana)'라는 소년, 이른 바 '선재동자(善財童子)'의 구도 이야기로 전개된다.

선재동자는 약 53여명의 인간에게서 가르침을 구한다. 그들은 '구도(求道)의 멘토(Mentor)'들이다. 선재동자는 멘티(mentee)가 되어, 진리를 찾기 위해 몸부림친다. 현명하고 신뢰할 수 있는 인생 상담의 스승을 찾아 나선다. 선생의 면면(面面)은 다양하다. 보살 4명을 비롯하여, 비구 5명, 비구니 1명, 우바이 4명, 바라문 2명, 출가 외도 1명, 선인 1명, 신 11명, 왕 2명, 장자 10명, 의사 1명, 대목수 1명, 부인 2명, 매춘부 1명, 소년 4명, 소녀 3명 등 53여명에 이른다. 이 무엇을 의미할까? 불교를 믿고 구도생활을 하는 보살도 있지만, 왕이나 의사와 같은 세속 사람들, 어린 아이들, 무엇보다도 대중들이 배척하고 경멸할 수 있는 외도나 매춘부까지도 들어있다. 불교 관련자들에게만 한정되어 있지 않다! 그것은 진리가 어떤 차원인지를 넌지시 보여준다.

선재동자가 가르침을 받은 사람들을 불교에서는 '선지식(善知識: kalyāṇa-mitra)'이라 한다. 다른 표현으로는 '선친우(善親友)', '지식(知識)', '선우(善友)', '친우(親友)', '승우(勝友)'라고도 한다. 수행자를 바른 길로 인도하는 사람이다. 그런 만큼 성품이 바르고 덕행을 갖추어 바른 길, 이른 바 '정도(正道)'로 가르쳐 이끌어주는 존재다. 선재동자가 선지식을 선택한 기준은 간단하다. '한 인간이 인간의 길을 통달하여 자기를 깨닫게 할 수 있느냐'의 여부였다. 선재는 오로지 이 기준만을 간직하고 구도를 지속한다. 그 이외의 모든 조건은 무시한다. 성별, 신분, 종교, 나이 등 모든 차이는 불문에 붙인다. 올바른 인간의 길을 보여주기만 하면, 머리 숙여 가르침을 청한다.

당나라 때의 학자인 한유(韓愈, 768-824)가 「사설(師說)」에서 언급한 구절이 떠오른다.

> "옛날에 배우는 사람에게는 반드시 스승이 있었다. 스승이란 올바른 인간의 길을 일러주고 학업을 내려 주며 의혹을 풀어주는 존재이다. 사람이 태어나면서 아는 것이 아니라면 누군

들 의혹이 없을 수 있겠는가? 의혹이 있는데 스승의 가르침을 따르지 않는다면 그 의혹은 끝내 풀리지 않는다. 나보다 먼저 태어나 그가 인간의 올바른 길을 들은 것이 나보다 앞선다면 나는 그를 스승으로 삼으리라. 나보다 나중에 태어났더라도 그가 인간의 올바른 길을 들은 것이 또한 나보다 앞선다면 나는 그를 스승으로 삼으리라. 나는 인간의 올바른 길, 도(道)를 스승으로 삼는다. 어찌 그의 나이가 나보다 먼저 태어나고 나중에 태어남에 의존해야 하는가! 때문에 귀하고 천함도 없고, 나이가 많고 적음을 따지지 말자. 인간의 올바른 길을 가르쳐 주는 일, 그 길이 있는 곳이 스승이 있는 곳이다!(古之學者, 必有師, 師者, 所以傳道授業解惑也. 人非生而知之者, 孰能無惑. 惑而不從師, 其爲惑也, 終不解矣. 生乎吾前, 其聞道也, 固先乎吾, 吾從而師之, 生乎吾後, 其聞道也, 亦先乎吾, 吾從而師之, 吾師道也. 夫庸知其年之先後生於吾乎, 是故, 無貴無賤, 無長無少, 道之所存, 師之所存也.)

선재동자도 마찬가지다. 소년은 구도에 몰입할 뿐이다. 조건을 따지지 않는다. 소년의 특권인 순진무구한 마음이 그것을 허용한다. 열렬하게 부지런히 인간의 길을 모색하는 무모함 같은 그의 열정을 마음껏 즐긴다. 올바른 인간의 길을 모색하는데 무슨 조건이 필요한가? 소년은 자신의 의지대로 나선다. 세상에서 자랑거리인 어떤 조건도 돌아보지 않는다.

굳이 말하자면, 어떤 분야에서 일가(一家)를 이룬 사람에게서 지혜의 안목을 얻는 것이 아닐까? 그 분은 어떻게 자신의 영역에서 온전한 성취를 이루었을까? 그것을 배우는 수행이다. 소년은 오직 구도의 길을 간다! 절대로 후퇴하지 않는 전진을 감행한다. 선재동자의 용맹심,

그 불굴의 의지가 교육의 수레바퀴다.

다시, 모든 존재는 교육의 장이다. 일가를 이룬 인간은 거룩한 멘토다. 소년은 기행을 거듭하며, 한 사람 한 사람에게, 인간의 올바른 길에 대해, 또박또박 물어나간다. 이 물음 가운데 교육의 진리가 스며들고, 교육철학의 진수가 담긴다.

18. 『화엄경(華嚴經)』37: 입법계품(入法界品)-선지식, 지혜의 지혜를 성취하기 위한 방편

2021. 10. 25. 9:24

또 다시 물어본다. 불교 수행의 상징인 보살행이 무엇일까? 인생의 고통을 극복하며 환희로 나아가는 교육의 길은 어떠한가?

> 선재동자가 묻는다. "보살은 어떻게 보살행을 배웁니까? 어떻게 보살행을 닦습니까? 어떻게 보살행에 나아갑니까? 어떻게 보살행을 실천합니까? 어떻게 보살행을 깨끗이 합니까? 어떻게 보살행에 들어갑니까? 어떻게 보살행을 성취합니까? 어떻게 보살행을 따라갑니까? 어떻게 보살행을 생각합니까? 어떻게 보살행을 더욱 넓힙니까? 어떻게 보현행을 빨리 원만하게 합니까?"(「입법계품」)

'배우고-닦고-나아가고-실천하고-깨끗이 하고-들어가고-성취하고-따라가고-생각하고-더욱 넓혀' 보현행을 원만하게 만들 수 있는가? 이런 물음을 던진다는 자체가 상당히 성숙한 존재이건만, 깨달음의 수준이 높건만, 소년은 수행의 교육양식을 진지하게 고심한다. 그러자 문수보살이 보현행을 노래로 권장한다.

> "착하다 공덕 갈무리/나에게 찾아와서/자비한 마음을 내고/더 이상 위가 없는 가장 큰 깨달음을 구함이여./광대한 서원을 이미 세웠으며/인간의 괴로움을 없애려고/세상 사람을 위하여/보

살행 닦나니/어떤 보살이 생사의 괴로움을 싫어하지 않으면/보현의 도를 갖추어/아무도 깨뜨릴 수 없으리./복의 빛과 위력/복의 처소와 깨끗한 바다/ 그대 인간을 위해/보현행 닦으려 하네./그대가 끝닿은 데 없는/온 세상의 부처를 뵙고/진리를 들으면/받아 지니고 잊지 않으리./그대 온 세상에서/헤아릴 수 없는 부처를 뵙고/모든 원력바다를 성취하면/보살행을 충분히 갖추리라./방편바다에 들어가/부처의 보리에 머물면/지도하는 스승을 따라 배워서/온갖 지혜를 이루게 되리./그대 모든 세상에 두루 하여/티끌 같은 겁 동안에/보현행 닦아 행하면/보리의 길을 성취하리니./헤아릴 수 없는 세상에서/그지없는 세월에/보현행 닦으면/ 큰 서원을 이루리니./이 헤아릴 수 없는 인간들/그대 소원을 듣고 기뻐하여/ 보리심을 내어서/보현의 법을 배우려 하리."(「입법계품」)

문수보살의 권고는 철저한 교육이다. 끊임없다. 먼저 자비심을 내고 깨닫고, 괴로움을 없애고, 생사의 괴로움을 싫어하지 않는 교육이다. 부처의 진리와 실천을 직접 마주하는 교육이다. 스승을 따라 배우고 지혜를 터득하여 소원을 이루는 환희(歡喜)의 교육이다. 문수보살은 조용히 선재동자에게 말한다.

"그대는 이미 보리심을 내고 보살행을 구하는구나! 인간이 깨달은 마음을 내는 것은 매우 어려운 일이다. 마음을 내고 또 보살행을 구하는 것은 더욱 어려운 일이다. 온갖 지혜의 지혜를 성취하려거든 결단코 선지식을 찾아야 한다! 선지식을 찾는 일에 고달프고 게으른 생각을 내지 말라. 선지식을 보고 싫어하는 마음을 내지 말라. 선지식이 가르치는 말씀은 그대로 순종하라. 선지식의 교묘한 방편에 허물을 보지 말라!”(「입법계품」)

그리하여 선재동자의 구도는 문수보살의 안내에 따라 남쪽으로 향한다. 승낙(勝樂)이라는 나라의 묘봉(妙峯)이라는 산중에 있는 '덕운비구(德雲比丘)'를 찾아가는 데서 시작한다. 문수보살의 주문은 '스승을 찾는 일에 고달파하거나 게으르지 말고, 싫어하지 말고, 말씀에 순종하고, 방편을 얕보지 말라'는 충고다. 그것은 어떤 자세로 스승을 대하고, 어떤 마음가짐으로 배움에 임해야 하는지를 여실히 보여준다. 달리 말하면, '배움의 길에 들어섰다면 반드시 스승을 찾고, 스승을 찾았으면 그의 가르침에 신중하라'는 당부다.

단말마(斷末魔) 같은 최고의 물음은 '어떻게 보살행을 배우며 닦는가?'로 수렴된다. 소년은 이제 이 수행교육의 화두를 잡고, 53여명의 스승을 직접 마주하기 위한 여행에 나선다. 끊임없이 이어지는 여행의 종착지에 깨달음이 자리할까? 아니, 종착지 없는 연기(緣起)의 인과에서 어떤 깨달음, 무슨 깨우침을 얻을까?

19. 『화엄경(華嚴經)』38: 입법계품(入法界品)-선지식의 멘토에서 느낀 소년의 생각들

2021. 10. 27. 14:33

소년은 이제 본격적으로 구도의 길을 나섰다. 선재동자(善財童子)! 그는 교육의 사명을 온몸으로 받아들이며, 남쪽으로 끊임없이 수행의 길을 떠났다. '보살행을 어떻게 배워야 하는가?' '어떻게 보살의 길을 닦아야 하는가?' '어떻게 보살행을 이루고, 보살행을 모으고, 보살행을 생각해야 하는가?' 이러한 화두를 붙잡고, 보살행의 모든 실천을 끌어안고, 그 길 가운데 소년은 생각한다. 어떤 깨달음의 용솟음쳤을까? 몇몇 깨달음을 골라 다시 음미해본다.

선재동자가 다섯 번째 선지식을 만난 후의 반응이다. 제5 구족방편주(具足方便住) 선지식인 해탈장자(解脫長子)를 만난 후, 선지식에 대해 생각한 대목이다.

> "선지식에 의지하며, 선지식을 섬기고, 선지식을 공경하며, 선지식을 말미암아 온갖 지혜를 보았다. 때문에 선지식에 거스르는 생각을 내지 않으며, 선지식에 아첨하거나 속이는 마음이 없다. 마음으로 선지식을 항상 순종하며 선지식에게 어머니라는 생각을 일으키는데, 이는 모든 무익한 법을 버리는 연고다. 선지식에게 아버지라는 생각을 일으키는데, 이는 모든 선한 법을 내게 하는 연고다."(「입법계품」)

선재동자가 일곱 번째 제7 불퇴주(不退住) 선지식인 휴사우바이(休

捨優婆夷)를 만난 후, 수행의 어려움을 생각한 부분이다.

"보리(菩提)는 얻기 어렵고, 선지식을 친근하기 어렵고, 선지식을 만나기 어렵고, 보살의 능력을 얻기 어렵고, 보살의 능력을 깨끗이 만들기 어렵고, 함께 수행할 선지식을 만나기 어렵고, 이치대로 관찰하기 어렵고, 가르치는 대로 수행하기 어렵고, 착한 마음을 내는 방편을 만나기 어렵고, 온갖 지혜를 점차 자라게 하는 진리의 광명을 만나기 어렵다!"(「입법계품」)

열두 번째 찾아뵌 환희행(歡喜行) 선지식 선견비구(善見比丘)를 만난 후의 반응이다. 더 큰 정진을 위해 나아가려는 다짐이다.

"보살의 용맹하고 청정한 실천을 끝마치려 하고, 보살의 큰 힘과 광명을 얻으려 하고, 보살의 다함없는 공덕의 실천을 닦으려 하고, 보살의 견고한 서원을 충족하게 하고, 보살의 넓고 크고 깊은 마음을 이루려 하고, 보살의 헤아릴 수 없이 훌륭한 실천을 가지려 하고, 보살의 진리에 싫어하는 생각이 없고, 모든 보살의 공덕에 들어가려 하고, 모든 인간을 거두어 제어하려 하고, 생사의 숲과 벌판에서 초월하려 하고, 선지식을 항상 뵙고 듣고 섬기고 공양하는 데 게으른 생각이 없다."(「입법계품」)

열세 번째는 요익행(饒益行) 선지식 자재주동자(自在主童子)를 만났다. 선재동자는 믿음과 진리의 참맛을 보았다.

"널리 인간에게 이익 되게 하려는 마음을 성취했다. 부처가 세상에 나는 차례를 분명히 보았다. 깊은 지혜와 청정한 진리를 통달했다. 모든 길에 몸을 나타내고 과거-미래-현재 세 세계의 평등한 경계를 알았다. 다하지 않는 공덕의 바다를 내고 큰 지혜의 자재한 광명을 놓으며, 과거-미래-현재 세 세계의 성에 잠긴 열쇠를 열었다."(「입법계품」)

열다섯 번째는 무굴요행(無屈撓行) 선지식 명지거사(明智居士)를 만났다. 이때 선재동자는 환희에 겨워 뛰 놀았다. 거사를 공경하고 존중하며 제자의 예를 극진히 하며, 깊이 생각했다.

"이 거사가 나를 생각하므로 내가 온갖 지혜를 보게 되었다. 이에 선지식을 사랑하는 소견을 끊지 않는다. 선지식을 존중하는 마음을 무너뜨리지 않는다. 선지식의 가르침을 따른다. 선지식의 말씀을 믿는다. 선지식을 섬기는 마음을 낸다."(「입법계품」)

20. 『화엄경(華嚴經)』39: 입법계품(入法界品)-나와 선지식, 그 합창의 어울림

2021. 10. 28. 9:42

소년 선재가 34번째 만난 멘토는 발광지(發光地) 선지식인 희목관찰중생주야신(喜目觀察衆生主夜神)이다. 진리를 묻기 전, 소년은 깊이 생각했다. 선지식의 가르침을 공경하고 선지식의 말을 실천해야 한다.

> "선지식은 보기 어렵다 만나기도 어렵다. 선지식을 보면, 마음이 산란하지 않다. 장애의 산을 무너뜨린다. 가엾이 여기는 바다에 들어가 인간을 구제한다. 지혜의 빛을 얻어 진리의 세계를 널리 비춘다. 온갖 지혜의 길을 모두 수행한다. 세상의 부처 바다를 두루 본다. 부처가 진리를 보고 기억하여 잊지 않는다."(「입법계품」)

또 수행의 길을 나서며, 소년은 36번째 멘토인 난승지(難勝地) 선지식인 적정음해주야신(寂靜音海主夜神)을 만난다. 고요한 음성의 바다, 그 밤을 맡은 신을 관찰하면서, 선재동자는 한결 같은 마음을 담아 다음과 같이 노래했다.

> "선지식의 가르침을 받고/천신이 있는 곳에 와서/보배 자리에 앉은 신을 보니/몸의 크기가 헤아릴 길 없다. …… 안의 진리 밖의 진리 취하지 않아/흔들림도 걸림도 없으며/청정한 지혜의 눈으로/부처의 신통을 보네./ 몸은 바른 진리의 창고/마음

은 걸림 없는 지혜/지혜의 비춤을 이미 얻었고/여러 대중을 다시 비추며/마음에 그지없는 업을 모아/모든 세간을 장식했고/세상이 모두 마음인 줄 알며/대중같이 몸을 나타내니/세상은 모두 꿈/모든 부처는 그림자/여러 진리 메아리 같은 줄 알아/대중이 고집을 없애도록 만드네./과거-미래-현재 세 세계의 대중을 위해/잠깐잠깐 몸을 나타내지만/마음은 머문 데 없이/세상에 가득하여 진리를 말하네./그지없는 모든 세상 바다/부처 바다 대중 바다들/한 티끌 속에 있으니/이 어른의 해탈하신 힘이로다."(「입법계품」)

이렇게 만남은 연속된다. 선재동자는 41번째로 석가모니의 어머니인 마야부인(摩耶夫人: Mahamaya)을 뵈었다. 이렇게 고행 속을 휘젓는 가르침은 그것이 그려내는 능선의 굽이에 따라 깨달음의 세계를 더욱 견고하게 형성해 나갔다. 50번째 만남은 덕생동자(德生童子)와 유덕동녀(有德童女)를 뵙는 일이었다. '덕(德)이다!' '덕(德)'은 '득(得)'이라고 했다. 무엇을 얻었을까? 소년은 또 다시 배우고 깨닫는다. 감흥에 젖어든다. 자신과 선지식의 관계는 어떤 것일까? 그 비유가 즐겁다.

"나의 몸은 병이 난 것과 같다. 선지식은 의사다. 말씀하는 진리는 약이고, 닦아나가는 실천은 병이 나은 것과 같다. 나의 몸은 먼 길을 떠나려는 사람과 같다. 선지식은 길잡이다. 말씀하는 진리는 길이고, 닦아나가는 실천은 갈 곳에 간 것과 같다. 나의 몸은 강을 건너려는 사람과 같다. 선지식은 뱃사공이다. 말씀하는 진리는 노[楫]이고, 닦아나가는 실천은 언덕에 닿는 것과 같다. 나의 몸은 곡식의 싹과 같다. 선지식은 용왕이다. 말씀하는 진리는 비[雨]이고, 닦아나가는 실천은 곡식이 익는 것과 같다. 나의 몸은 가난한 사람과 같다. 선지식은 비사문천왕이다. 말씀하는 진리는 재물이고, 닦아나가는 실천은 부자가 된 것과 같다. 나의 몸은 제자와 같다. 선지식은 훌륭한 장인이다. 말씀하는 진리는 기술이고, 닦아나가는 실천은 모두 안 것과 같다. 나의 몸은 세상을 무서워하는 사람과 같다. 선지식은 용맹한 사람이다. 말씀하는 진리는 무기이고, 닦아나가는 실천은 원수를 깨뜨리는 것과 같다. 나의 몸은 장사꾼과 같다. 선지식은 안내자다. 말씀하는 진리는 보배고, 닦아나가는 실천은 주워 모으는 것과 같다. 나의 몸은 자식과 같다. 선지식은 부모다. 말씀하는 진리는 살림살이고, 닦아나가는 실천은 살림을 맡은 것과 같다. 나의 몸은 왕자(王子)와 같다. 선지식은 대신(大臣)이다. 말씀하는 진리는 왕의 명령이고, 닦아나가는 실천은 왕이 되는 것과 같다."(「입법계품」)

이렇게 선지식과 나의 관계를 파악하고, 소년은 51번째 미륵보살(彌勒菩薩), 52번째 다시 첫 번째 선지식으로 찾아뵈었던 문수보살(文殊菩薩)에게로 돌아왔다. 문수보살은 선재동자에게 그지없는 삼매와 지혜를 얻게 하고, 자기가 머무른 곳에 선재를 두고 다시는 나타나지 않았다. 선재가 문수보살이 된 건가? 문수보살이 선재가 된 건가? 장자의 호접몽(胡蝶夢)이 생각난다.

이때 선재는 최고의 선지식으로 보현보살(普賢菩薩)을 만나고 싶었다. 아니, 뵙기를 갈망했다. 보현행(普賢行)을 닦기 위해서다. 이 마지막 선지식의 노래는, 다시 헤아릴 수 없는 수행이었다. 부처의 진리 세계에 따라 끊임없이 이어지는 교육!

"티끌 같은 마음 헤아려 세상을 알고/큰 바닷물일지라도 모두 마시고/허공을 재고 바람을 얽어매도/부처의 진리 공덕 말로 다할 수 없네./그 진리의 대지와 공덕의 바다를 누군가 듣고/기뻐하며 믿는 마음 내는 이들/진리 공덕 얻게 될 것이니/여기에 의심을 갖지 말라!"(「입법계품」)

21. 『화엄경(華嚴經)』40: 보현행원품(普賢行願品)-교육의 하이라이트, 다시 시작하는 수행!

2021. 10. 29. 10:46

지난 8월 하순 무렵에 다시 독해하기 시작한 『화엄경』! 그 교육철학의 여정이 이제 막바지에 이르렀다. 두 달여 남짓 거의 매일 읽어나간 '화엄'의 세상에서, 내 깨달음의 수위는 어느 정도일까? 세상에 대한, 인생에 관한, 깨달음이 있었는가? 있다! 그런데 참으로 묘(妙)하다. 잡히기 않는다. 그럼 없다? 아리송하다. 이 또 무엇일까? 단지, 무한량(無限量)인가? 혹시, 무량수(無量壽)인가?

'아미타유스(Amitāyus)!' 다함없는 영원한 생명! 내 육신은 언제나 생로병사(生老病死)의 여행을 일삼는다. 형상 가득한 그 수명은 한계가 있다. 화엄을 끝까지 읽으며 깨닫고, 용맹정진의 수행이 열망하는 종착지는 '무량수'여야 한다! 형상 없는 마음을 깨쳐, 불생불멸(不生不滅)하고 영원무궁(永遠無窮)한 세상을 노닐어야 한다. 얼마나 내 본래 마음을 깨쳤는가? 깨달음이 있기는 하나, 그 어떤 깨달음인지, 도무지 인식되지 않는다. 이게 세속(世俗)의 교육철학인가? 말짱 도루묵! '도로 아미타불'인가?

다시, 어떻게 살아야 하는가? 교육이 삶의 원형이라면, 또는 삶이 교육의 원형이라면, 이 물음은 '무엇을 어떻게 교육해야 하는가?'로 환원된다. 『화엄경』의 마지막에 자리하는 제40품 「보현행원품」은 보살로 살아가는 구체적 방법을 소개한다. 그 10대 서원이 교육이라는 삶의 시작, 또 다시 출발하고 한없는 첫걸음을 딛도록, 경각(警覺)의 철학적 메시지를 던진다.

보현보살이 가만히 크게 충고한다.

> "부처의 공덕, 그 진리의 세계는 온 세상 모든 부처가 이루 다 말할 수 없이, 말할 수 없는 많은 부처 세계의 아주 작은 티끌만큼 많은 수의 시공간, 그 영겁의 세월을 계속하여 말할지라도, 끝까지 다하지 못한다. 이 공덕을 이루려면 마땅히 열 가지 크나큰 행원을 닦아야 한다! 그 열 가지 서원은 ①모든 부처의 진리 세계를 예배하고 공경하라! ②부처의 진리 세계를 우러러 찬탄하라! ③세상에 널리 공양하라! ④죄로 인해 받는 온갖 장애를 참회하라! ⑤다른 사람의 공덕을 따라 기뻐하라! ⑥진리에 대해 설법해 주기를 요청하라! ⑦부처의 진리가 세상에 오래 머물도록 요청하라! ⑧부처의 진리를 따라 배우라! ⑨늘 세상의 대중과 함께 하라! ⑩자신이 닦은 모든 공덕을 대중에게 돌려라!"(「보현행원품」)

세속의 교육철학으로 다시 풀어쓰면, 다음과 같이 정돈할 수도 있겠다. 먼저, '존재에 대한 공경심'에서 시작하자. 그리고 '인간을 칭찬하자.' 세 번째는 '내가 가진 것을 사람들에게 선물하며 나누자.' 네 번째는 '인생에 대해 참회하며 겸손한 마음을 갖자.' 다섯 번째는 '어떤 사안이건 함께 기뻐하자.' 여섯 번째는 '좋은 말씀을 듣자.' 일곱 번째는 '착한 사람과 오래 함께 하자.' 여덟 번째는 '늘 배우겠다는 열정을 갖자.' 아홉 번째는 '어떤 사람이건 존중하자.' 마지막 열 번째는 '착한 일을 많이 하여 생긴 힘은 모두 사회로 환원'하는 작업으로 마무리하자.

어떻게 살아야 하는지에 관한, 이 엄숙한 사유 앞에, 교육철학은 '공경(恭敬)'에서 '헌신(獻身)'으로 유기체를 이룬다.

그 인연의 노래는 이미 화엄의 장엄함처럼 언제 어디에나 존재했다. 무량수를 향한 열정어린 노래 가락에서 영원한 고리로 연결된다. 교육은 어디에서 철학 게임을 지속할 수 있을까? 묵언(默言)과 염불(念佛), 목탁(木鐸)과 종고(鐘鼓) 사이의, 소리 세계만이 허공을 가른다. 수행교육의 흐름만이 묵묵하다.

22. 『법언(法言)』1: 본받을 만한 교육철학서, 한나라의 『논어』

2021. 10. 30. 9:28

지난 6월 초부터 8월 말까지 기독교의 『바이블(Bible)』, 8월 말부터 10월 말까지는 불교의 『화엄경』을 읽었다. 이제 11월에서 12월 약 두 달 간은 유교의 『법언(法言)』을 읽는다.

『법언』은 중국 한(漢)나라 때 양웅(揚雄, B.C. BC 53~18)의 저서다. 『법언』은 공자의 대화록인 『논어』의 체제를 본받아 지었다고 한다. 정치, 경제, 사회, 역사 교육, 군사 등 당시까지의 전반적인 문명을 담아 저술했다. 어쩌면 양웅은, 사회 상황이 변화한 만큼, 시대정신을 담은 새로운 『논어』를 구상한 것이 아닐까? 『논어』나 『맹자』처럼 제자와의 대화가 아니라, '자문자답(自問自答)' 형식이다.

양웅은 당대 최고의 학자였다. 『역경(易經)』, 즉 『주역(周易)』에 의거하여 『태현경(太玄經)』을, 『우잠(虞箴)』을 본받아 『주잠(州箴)』을 저술했다. 한자를 창제했다는 창힐(蒼頡)에 견주며 『훈찬(訓纂)』을 지었고, 언어를 분석한 『방언(方言)』을 편찬했다. 그래서 사마상여(司馬相如) 이후 전한(前漢: 西漢) 시대의 가장 유명한 사부가(辭賦家)로 평가된다. 최고지성인으로서 양웅은 자신에 대한 이해는 물론 사회적 책무성을 실천하려는 의지를 강렬하게 지니고 있었다. 그것이 '본받을 만한 말', 또는 '본받아야 할 말'이라는 의미의 『법언(法言)』으로 탄생했다.

이런 『법언』은 당시 최고의 학문관, 즉 교육철학을 담고 있다고 보아도 무리가 없다. 특히, 중국 역사에서 '한(漢)'이 어떤 나라이던가?

유교를 국가이데올로기로 확립한 사회다. 중국문명의 체제를 갖춘, 상징적인 국가 아니던가? 공자 이후, 『논어』를 언급할 때 세 가지를 꼽는다. 첫 번째는 공자의 『논어(論語)』이고, 두 번째는 한나라의 『법언(法言)』이며, 세 번째는 송나라의 『근사록(近思錄)』이다. 이를 '3대 『논어』'라고도 한다. 『법언』은 시대상 그 가운데 자리한다.

나는 몇 년 전에 공자의 대화록인 『논어』를 번안하여 『한글논어』로 출간했다. 이번에는 『법언』을 읽으며, 한나라의 『논어』인 『법언』을 『한글 법언』으로 번안할 계획도 세워 본다. 그 토대도 구성할 겸 다시 독해한다.

『법언』의 제1권은 「학행(學行)」이다. 「학행」은 간단하게 번안하면, '배움은 실천'이다. 공자의 『논어』는 첫 번째 언급이 '학이시습지불역열호(學而時習之不亦說乎)'다. '학이시습(學而時習)', 즉 '배우고 늘 익힘'을 화두로 들었다. 개인적으로 생활의 지혜를 배우고 늘 익히는 데서 오는 삶의 기쁨을 제기했다. 한나라의 『논어』인 『법언』은 첫 번째 언급이 '학행지상야(學行之上也)'다. '학행(學行)', 즉 '배움은 실천'이라는 화두를 들었다. 인간 사회에서 배움을 실천하는 작업이 최고의 가치임을 강조했다. 송나라의 『논어』인 「근사록」은 '무극이태극(無極而太極)'이다. '무극(無極)', 즉 '끝남이 없음'이라는 화두를 들었다. 우주 자연에서 존재의 표준이 '무(無)'이기에 만상(萬象)에 두루 갖춰지는 도리를 쉽게 정할 수 없음을 표현했다. 이는 새로운 철학의 탄생이자 교육 패러다임의 전환을 예고한다.

『법언』은 '배움[學]'을 화두로 시대정신을 선언한다. '배움'은 실천이 으뜸이다! 배운 내용을 말하는 일은 그 다음 가치다. 배운 내용을 남에게 가르치는 일은 또 그 다음 가치다. 이 세 가지 일 가운데 하나도 실행하지 않는 인간, 즉 배운 내용을 실천하지도 않고, 말하지도 않고, 가르치지도 않는 자는 그냥 무리에 섞여서 살아가는 하찮은 인간일 뿐이다! 이 화두가 던지는 교육철학은 우리에게 무엇을 생각하게 만들까?

23.『법언(法言)』2: 배움의 기능과 역할, '행(行)-언(言)-교(敎)'의 교향악

2021. 10. 31. 10:51

교육에서 가장 기본적인 용어는 '학(學)'임에 분명하다. '배움'이라는 말이다. 그 다음이 '습(習: 익힘)'을 비롯하여, '인격(人格)', '성장(成長)' 등 다양한 표현으로 수식될 것이다.『논어』에서 '학이시습(學而時習)'이 첫 대목을 장식하듯, '학'은 유학의 근간을 이루는 교육의 알파(α)다.『법언』의 첫 대목은 바로 '학'의 기능과 역할에 관한 선언이다.

> "배움은 실천하는 일이 최고다. 그것을 말하는 일은 그 다음이다. 그것을 남에게 가르치는 일은 또 그 다음이다. 이 세 가지 가운데 하나도 하지 않는 자는 그냥 보통사람이다!"(學, 行之, 上也. 言之, 次也. 教人, 又其次也. 咸無焉, 爲衆人.-「學行」)

엄중하다! 정말 엄격하다! 우리가 흔히 들어오던 말 같은데, 그렇게 실행하지 못해 늘 부끄러워하던 언표다. 그것은 행(行)! '실천'이다. 여기에서『법언』의 교육적 지평과 지향이 바로 보인다.

'행'하라! '실천'하라!

상당수의 인간은 '배움 자체'를 인생의 지상과제처럼 끌어안기도 한다. 배운 지식을 그대로 간직하고, 자기가 아는 것 이상으로, 자랑하기에 여념이 없다. 그게 그저 일상이다. 그런데 그렇게 많이 배운 지식이 그 인간의 삶과는 거리가 먼 경우도 상당하다. 때로는 정반대의 행동으로 나타나기도 한다. 내가 가장 혐오하는 지식인의 모습이다. 그래서 동서고금을 막론하고 많은 철학자들이, 이론과 실천의 통일, 지행합일(知行合一), 지행병진(知行竝進) 등, 인식과 행위의 변증법적 이행을 고심해왔는지도 모른다.

양웅은 말한다. "배움의 기능과 역할은 그 실천을 최우선으로 한다!" 배운 내용을 현실의 삶에 적용하고 응용하여 구현하는 작업이 최고의 가치라는 의미다. 배웠는데 그 내용을 간직만 하고 있다면, 인간은 한낱 지식을 저장하는 창고에 불과하다. 말이나 글로 쓰는 일은 실천 다음의 가치다. 지식을 배웠으면, 배운 대로 묵묵히 행동하라. 그 다음에 말이나 글로 표현하라!

가르치는 일은 '말로 표현하는' 그 다음이다. 이 지점에서 교육의 자리를 가늠할 수 있다. 서열 3위다. 배운 후, 1위가 실천이고, 2위가 말[글]이다. 현대적 의미로 보면, 지식을 확보했다면, 먼저 그 내용을 일상에서 적용하고, 다음으로 연구를 진행하여 논술하라는 뜻이다. 그 이후에 사람을 가르쳐야 한다. '학(學: 배움)'을 가운데 두고 삶을 구현하려는 지성인의 자세! 그것은 '행(行)-언(言)-교(敎)'의 순서로 정돈된다. 즉 배움은 '실천'에서 '연구'를 거쳐 '교육'으로 이행한다. 다시 강조하면, 교육은 심사숙고(深思熟考)의 단계를 거친 후, 이루어지는 작업이다. 배운 내용을 실천하라! 그리고 그것을 연구하여 말이나 글로 표현하라! 그 다음에 사람을 가르쳐라!

이런 세 가지 단계를 거치지 않았다면, 그냥 배우지 않았거나 낮은 수준에서 배운, 의식주나 해결하면서 겨우 살아가는, 일반 사람에 불과하다. 주관이 없거나 매우 적은 대중이다. 개념 없는 보통사람들이다. 어중이떠중이들이다. 그러므로 함부로 학문(學問: 學文)이나 교육

(教育)을 논하지 말라! '학-언-교'는 제멋대로, 아무나 하는, 그런 성격의 사업이 아니다! 배움에 철저한, 행동하고 연구하고 교육하는, 지성인이라야 할 수 있는 신성(神聖)한 노동이다. 교육받은 사람의 정성(精誠)어린 과업이다.

11월

Straatgezicht met trap in Cagnes-sur-Mer (1928)

Abraham Johannes Jansma (Dutch, 1903-1939)

1. 『법언(法言)』3: 타고난 바탕을 어떻게 해야 하는가?

2021. 11. 1. 23:51

인간의 자질이나 본성에 대한 이해는 교육을 바라보는 매주 중요한 잣대다. 이 지점의 엄중성을 인식하지 못하면, 교육은 방향을 잃기 쉽다. 교육철학이 없다는 의미다. 양웅은 『법언』에서 강력하게 경고한다.

> "어떤 사람이 말했다. '배워도 유익함이 없습니다. 타고난 바탕대로 하는 것이 어떻습니까?' 이에 대해 말했다. '아직 생각이 미치지 못했다. 칼을 가는 사람은 갈아야 하고, 옥돌을 가진 사람은 쪼아서 닦아야 한다. 갈지도 않고 쪼아서 닦지도 않는다면 어찌 쓸모가 있겠는가? 갈고 닦을 때 바탕이 그 가운데서 드러난다. 갈고 닦지 않으면 그것으로 끝난다."(或曰, 學無益也, 如質何. 曰, 未之思矣. 夫有刀者礱諸, 有玉者錯諸, 不礱不錯, 焉攸用. 礱而錯諸, 質在其中矣. 否則輟.-「學行)」)

상당수의 사람은 인간이 타고난 착한 자질이나 본성을 그대로 보존하는 것이 순진무구한 인간의 모습 그대로라고 강조한다. 그런 인식은 교육의 역할을 무력화(無力化) 한다! 왜냐하면 착하게 타고난 자질을 교육이라는 이름으로 사회성을 부여하는 만큼, 인간은 때 묻은 존재로 전락할 수 있기 때문이다. 그것이 배움도 유익함이 없다는 표현으로 드러난 것인지도 모르겠다.

교육은 어떤 차원에서건 적극적인 경향성을 띨 수밖에 없다. 정도의 차이나 교육의 모습이 소극적으로 보일 뿐이다. 소극적인 자세를 견지하더라도 그 속에는 소극적인 자세를 추동해낸 적극성이 담겨 있다.

『법언』이 강변하는 배움, 즉 교육의 요지는 간단하다. '갈고 닦아라!' 타고난 바탕이 어떠하건 그에 적합하게 갈고 닦은 존재만이 쓸모 있는 존재로 거듭난다. 갈고 닦지 않은 존재는 아직 벼르지 않은 무딘 칼이나 다듬지 않은 원석 옥돌일 뿐이다. 칼을 번들번들거릴 정도로, 날이 서도록 갈아야, 사물을 벨 수 있다. 옥돌은 쪼아서 갈고 닦고, 또 닦아서 반들반들하게 윤기가 흐르도록 다듬어야, 보석으로 빛난다.

『예기』「학기」에도 그랬다. "옥돌은 쪼아서 다듬지 않으면 그릇으로 만들어지지 않는다!"(玉不琢, 不成器.) 이것이 『대학』에서 말하는 "절차탁마(切磋琢磨)"의 정신이다.

배움을 말하려거든, 교육을 논의하려거든, '갈고 닦아라!' 다른 말이 횡행한다면, 그것은 인간이 타고난 바탕을 그대로 두고, 어떤 노력도 없이 현실에 안주하려는, 게으름의 발출일 뿐이다.

2. 『법언(法言)』4: 배움이 무서운 이유-게으르지 않고 길을 닦는다!

2021. 11. 2. 10:55

어쩌면 영원한 질문으로 남을지도 모르겠으나, 다시, 묻는다. '왜 배우는가?' 당신에게, '교육의 의미가, 학문의 목적이 무엇인가?'

양웅은 이에 관한 진지한 질문을 이어나간다. '평생학습(平生學習: lifelong learning)' 또는 '평생교육(平生教育: lifelong education)'이라고 하듯이, 끊임없이 공부하는 이유가 뭘까? 과거나 현재나 미래에, 시간과 공간에 관계없이 동일한 답변을 이끌어낼 수 있을까? 형이상학적 표현으로 대답한다면, 인간의 길을 제대로 가기 위해서다. 삶을 합리적으로 영위하기 위해서다. 『법언』에서는 다시 고민하며 기록한다.

> "배움을 통해 인간의 길을 닦는다. 생각을 통해 그것을 자세하게 만든다. 벗이 어울려 논의하며 그것을 더욱 연마한다. 본분을 확인하며 명예를 드높인다. 게으르지 않게 인간의 길을 뚜벅뚜벅 걸어간다. 이렇게 할 때 배움을 좋아하는 사람이라 이를 수 있다."(學以治之, 思以精之, 朋友以磨之, 名譽以崇之, 不倦以終之, 可謂好學也已矣.-「學行)」)

배움은, 투박한 인간의 길에 세련미를 보태는 작업이다. 그 인간의 길은 크게 두 가지로 나누어 설명할 수 있다. 하나는 개인으로 살아가는 사람의 길이고, 다른 하나는 사회적 인간으로 살아가는 사람의 길이다. 개인의 길에 세련미를 더하려는 인간은 자신의 취향에 따라 소질을 닦아나갈 것이고, 사회의 길에 세련미를 더하려는 인간은 사회의 지향에 따라 자질을 펼쳐나갈 것이다. 물론, 개인의 발달과 사회의 진보에 모두 기여하는, 조화를 갖춘 인간의 능력이 더욱 소중하다.

'교육받은 인간(educated man)'이라고 할 때, 그 인간 유형은, 개인과 사회를 모두 발전시켜나가는 품격(品格)을 갖춘 사람이다. 그는 배움을 통해 자신을 닦는다. 생각을 통해 배움의 내용을 정밀하게 가꾼다. 자기 혼자만의 공부가 아니다. 벗들과 함께 토론하는 가운데 배움과 사유가 확장된다. 나와 너의 진지한 학문 교류가 본분에 기초한 명예를 더욱 존중해 나간다. 절대, 게으르지 않게, 꾸준히 지속하는 배움이 삶의 전 영역에 녹아들어야 한다. 그리하여 배움이 좋고, 배움이 삶 자체가 되어야만, 온전한 인생을 꿈꿀 수 있다.

공자가 『논어』에서 던졌던 메시지가 다시 떠오른다. "배우기만 하고 생각하지 않으면 얻는 것이 없다. 생각하기만 하고 배우지 않으면 위태롭다."(學而不思則罔, 思而不學則殆.) 인간의 삶을 제대로 운용하려면, 온몸으로 배우고 생각하여 배움과 사고를 일치시키는 작업이 필요하다. 배움을 바탕으로 생각을 확장하고 삶의 지평을 넓은 시야에서 열어나가야 한다. 배움과 사고의 역동적 전환이 타자와의 소통으로 연결되고 존중으로 나타날 때, 인생은 환희의 경지를 맛본다. '배움'이 무섭고 두려운 이유가 여기에 있다.

3. 『법언(法言)』5: 다시, 배움이란 무엇인가?-성품을 닦는 까닭

2021. 11. 4. 11:56

'배움'이라는 말은 동서고금을 막론하고 인류가 가장 많이 사용한 용어 가운데 하나다. 그것은 인간의 삶과 배움의 연관성이 무엇보다도 밀접하기 때문이다. 배움은 인간이 탄생하는 순간부터 이루어지는 '인간화 과정' 자체다. 눈으로 사물을 보고, 귀로 소리를 듣고, 코로 냄새를 맡으면, 배움은 자연스럽게 이루어진다. 손으로 만지는 촉감(觸感)과 발로 디디며 서는 균형(均衡) 감각에서 어떤 자세를 취해야 하는지 알아간다. 온몸의 느낌으로 세상을 파악한다. 그런 것이 배움이다.

이런 일을 가능하게 만드는 기본 장치는 인간이 타고난 본성(本性: nature)이다. 그 본성은 사람마다 다른 성품(性稟)으로 드러난다. 양웅은 성품이 지닌 특성을 배움의 원인으로 규정한다. 단순하게 성품 자체를 확장하거나 본성대로만 따르는 작업이 아니다.

> "배운다는 것은 성품을 닦는 까닭이다. 보는 것과 듣는 것과 말하는 것과 얼굴 모습과 생각하는 것은 성품이 둔 바다. 배우면 바르고 배우지 않으면 그르다."(學者, 所以修性也. 視·聽·言·貌·思, 性所有也. 學則正, 否則邪.-「學行)」)

배움은 성품을 파악하고 수련해 나가는 이유를 지시한다. 성품을 직접적으로 파악하는 작업이 아니다. 성품을 왜 파악하는가? 무엇 때문에 닦아나가는가? 무엇을 보고 듣고 말하는가? 자신의 외형을 그리고 내면을 생각하는가? 양웅의 답변은 간단하다. 바른 삶을 위해서다. 그른 삶이 아니다. 어긋나고 치우치고 모질고 추한, 나쁜 인간의 사악한 모습을 추구해서는 안 된다. 바르게 살려는 열정과 의지, 그것만이 인간의 '정도(正道)'다.

4. 『법언(法言)』6: '스승'이란 존재의 의미

2021. 11. 4. 21:30

『법언』 제1권 「학행」에는 교육의 중추인 스승에 대해 다음과 같이 엄격하게 제시한다.

> "스승, 스승이여! 배우는 사람의 운명을 좌우하는 존재다. 홀로 힘써 배우는 작업은 좋은 스승을 구하는 데 힘쓰는 것만 못하다. 스승은 사람이 본받아 배울만한 본보기다. 세상에는 본보기가 본보기가 되지 못하고, 본이 본이 되지 못하는 사안이 적지 않다. 시끌벅적한 시장 바닥에는 뜻이 다른 일이 수없이 많다. 한 권의 책 안에도 다른 의견이 수없이 많다. 그러기에 시끌벅적한 시장 바닥을 질서 있게 만들기 위해서는 반드시 서로 다른 일을 통일할 공평한 기준을 세워야 한다. 한 권의 책에 대해서는 반드시 그것을 가지런히 정돈해줄 스승을 모셔야 한다."(師哉 師哉. 桐子之命也. 務學不如務求師. 師者, 人之模範也. 模不模, 範不範, 爲不少矣. 一哄之市, 不勝異意焉. 一卷之書, 不勝異說焉. 一哄之市, 必立之平, 一卷之書, 必立之師.-「學行)」)

이처럼 '스승'이라는 말은 존엄하다. 일반적으로 사용하는 '선생(先生)'이나 '교사(教師)'라는 말에 비해, 인품(人品)과 학덕(學德)이 탁월한 존재처럼 느껴진다. 왜 그럴까? '본보기(paragon)'이기 때문이다. 학설을 반듯하게 정돈해줄 '선현(先賢)'이기 때문이다. 그러기에 인간의 운명은 스승에 의해 결정되기도 한다. 그런 만큼 배움에 임하는 사람은 스승의 말을 삶의 표준으로 삼을 필요가 있다.

5. 『법언(法言)』7: 배움의 진보, 그릇된 길을 이기고 앞으로 나아가는 법

2021. 11. 5. 6:33

배움은 하루아침에 이루어지는 인간의 행위가 아니다. '단박 깨달음', 또는 '별안간 깨우치는' 그런 일이 절대 아니다. 불교에서 말하는 '돈오(頓悟)'의 양식이 제멋대로 개입해서는 곤란하다. 세속에서 추구하는 배움은, 말 그대로 '몸에 배어야 한다!' 그것은 일상의 올바름을 습관화(習慣化)하는 작업이다. 양웅은 그 배움의 실천을 신중하게 자문자답한다.

> "세상에서 어떤 사안을 익혀서 익숙하게 만들 때, 조심하라! 그릇된 것을 익혀 옳은 것을 이기는 데 활용할 수 있다! 그런 상황에서 옳은 것을 배워 그릇된 것을 이겨낼 수 있겠는가! 아! 배우는 사람은 옳은 일을 살필 뿐이다.
> 누군가 말했다. '어떻게 옳은 일을 알고 익히겠는가?'
> 대답했다. '해와 달을 보면 모든 별이 작다는 사실을 알 수 있다. 훌륭한 사람을 우러러보면 일반 사람의 말이 하찮음을 알 수 있다.'
> 어떤 사람이 물었다. '인간의 성숙, 사람이 제대로 나아가는 양식은 어떠해야 하는가?'
> 대답했다. '흘러가는 물을 생각해 보라. 그것과 같다.'
> 어떤 사람이 말했다. '물이 흘러갈 때, 밤낮 구분 없이 쉬지 않기 때문인가?'

대답했다. '그렇다. 물은 가득 찬 다음에 천천히 나아간다.'
어떤 사람이 물었다. '그럼 그것은 큰 기러기가 차츰차츰 날아가는 것과도 같은가?'
대답했다. '기러기는 갈 곳이 아니면 가지 않고, 살 곳이 아니면 살지 않는다. 차츰차츰 날아가는 것을 보면, 물이 흐르는 것과 같다.'
어떤 사람이 다시 간절하게 요청하며 물었다. '그럼 나무도 차츰차츰 나아가는 것인가?'
대답했다. '진지하게 생각해 보라. 아래에 뿌리를 굳게 박고 위로 차츰차츰 자라나는 존재, 그것이 나무다! 이 또한 물이 천천히 흘러가는 것처럼, 그렇게 성장할 뿐이다."(習乎習, 以習非之勝是也, 況習是之勝非乎. 於戱, 學者審其是而已矣. 或曰, 焉知是而習之. 曰. 視日月而知衆星之蔑也, 仰聖人而知衆說之小也. 或問, 進. 曰, 水. 或曰, 爲其不舍晝夜與. 曰, 有是哉. 滿而後漸者, 其水乎. 或問, 鴻漸. 曰, 非其往不往, 非其居不居, 漸猶水乎. 請問木漸. 曰, 止於下而漸於上者, 其木也哉. 亦猶水而已矣.-「學行)」)

현실은 인간이 바라는 그대로, 인간이 하고 싶은 대로, 움직이지 않는다. 언제나 돌발 상황이 도사리고 있다. 정상적인 대부분의 인간은, 현실에서 옳은 일과 좋은 일이 많아지기를 꿈꾼다. 그것은 그야말로 '꿈일 뿐'이다. 꿈은 '이상(理想)'이라는 씨앗을 먹으며 자란다. 어떤 씨앗은 움을 틔워 자라 꽃을 피우고 열매를 맺지만, 어떤 씨앗은 움조차 틔우지 못하고 썩어버리기도 한다.

양웅은 정확히 지적한다. 현실은 나쁜 것들과 올바르지 않은 것들이, 좋은 것과 올바른 것을 꽉 짓누르고 있다! 나쁜 것들의 전성시대에 올바른 일은 날개를 펼치기 힘들다! 그렇더라도 배우는 사람은 올바른 일을 기준으로 삼아야 한다. 옳은 일이 무엇인지 성찰하는 작업일 뿐이다! 그렇다면 올바른 일, 정당한 길을 어떻게 가야 하는가?

비유가 재미있다. 땅 위를 흐르는 물을 보라! 노자(老子)의 '상선약수(上善若水)'가 떠오른다. 물은 원천에서 흘러나와 서서히 흐른다. 웅덩이가 있으며 채우고, 다시 흘러간다. 그렇게 흐르고 흘러 내를 이루고 강을 이루고 바다로 흘러갈 뿐이다. 쉬지 않고 채운 다음에 조금씩 흘러간다. 그럴 뿐이다. 저 하늘 위에서 대열을 이루어 날아가는 기러기도 마찬가지다. 제 갈 길로 제 서식처(棲息處)를 향해 조금씩 나아갈 뿐이다. 장자(莊子)의 붕(鵬)이 9만 리를 날아가듯이 말이다. 땅에 근본을 두고 하늘로 얼굴을 내미는 나무도 그러하다. 조금씩 천천히, 계절의 추이를 따라, 묵묵히 생장(生長)을 거듭할 뿐이다.

배움은 그렇게 '점진적(漸進的)'으로, 인생을 인도한다. 배움에 익숙하지 않은 자들이여! 함부로 인간 사회의 '진보(進步)'를 논하지 말라. 진보는 성스러운 배움의 산물이다. 진보의 메시지는 시대를 선도하는 양약(良藥)이다.

6. 『법언(法言)』8: 배움, 지성인을 추구하는 전당

2021. 11. 6. 8:47

인간은 다른 동물과 확연한 차이를 드러낸다. 인간 이외의 동물은, 정도의 차이는 있지만, 흔히 본능(本能)에 의해 살아간다. 본능은 느끼는 대로 반응하는 동물의 뜻[情]이다. 인간과 인간 이외의 동물에만 차이가 있는 것은 아니다. 사람 사이에도 분명한 차이가 있다. 꼭 그렇게 분류되는 것은 아니지만, 인간의 특성을 '상(上)-중(中)-하(下)'의 세 등급으로 나누어 볼 수 있다. '상'에 속하는 부류는 탁월한 사람으로 완벽하고 온전한 전인(全人)에 가깝다. 동양 전통에서 성인(聖人)으로 분류되던 존재다. '중'에 속하는 부류는 현명한 사람으로 지혜를 터득할 수 있는 지식인(知識人)에 가깝다. 이른 바 현인(賢人)이다. '하'에 속하는 부류는 평범한 사람으로 상식에 의거하여 살아가는 일반인에 가깝다. 보통 중인(衆人)이라고 했다.

성인이건 현인이건 중인이건, 모두 인간이다. 그런데 인간 사회에는 인간 이외의 동물이 가지지 못한 결정적 요소가 자리한다. 다름 아닌 '예의(禮義)'다. 그러기에 인간은 다른 동물과 다른 삶을 지향해야 한다. 그 필수조건이 배움이다. 양웅은 그 점을 명확하게 짚어낸다.

> "짐승은 그의 본능에 부딪히며 살아가는 존재다. 보통 사람은 이와 다른가? 현명한 사람은 보통 사람과 다르다. 거의 완벽한 사람은 현명한 사람과 다르다. 왜, 예의가 만들어졌겠는가? 까닭이 있다. 사람으로서 배우지 않으면, 근심스런 일은 없을

지라도 짐승과 갈을 텐데, 이를 어찌할 것인가?

배우는 것은 지성인이 되기를 추구하는 일이다. 추구해도 얻지 못하는 일은 있다. 그러나 추구하지 않고 얻는 일은 있지 않다. 지성인의 학문은 인간 공동체의 공익(公益)을 위한 것이지만, 일반인의 학문은 사사로운 개인의 사익(私益)을 위한 것이다. 그대의 배움은 공익을 위한 것인가? 사익을 위한 것인가?

농사를 지었으나 거둘 곡식이 없고, 사냥을 했으나 잡은 짐승이 없어, 차릴 물건이 없다면, 농사나 사냥을 하겠는가? 도(道)를 경작하여 도를 얻고, 덕(德)을 사냥하여 덕을 얻을 때, 바로 수확하여 먹을거리를 차릴 수 있을 뿐이다.

온갖 강물은 바다를 배우려고 끊임없이 흐르고 흘러 바다에 이른다. 언덕은 산을 배우려고 발버둥 쳐도 한 곳에 서서 나아가지 않으므로 산에 이르지 못한다. 때문에 스스로 자신의 능력에 한계를 그어버리는 사람을 싫어한다."(鳥獸觸其情者也. 衆人則異乎. 賢人則異衆人矣. 聖人則異賢人矣. 禮義之作, 有以矣夫. 人而不學, 雖無憂, 如禽何. 學者, 所以求爲君子也. 求而不得者有矣. 夫未有不求而得之者也. 大人之學也爲道, 小人之學也爲利. 子爲道乎. 爲利乎. 耕不獲, 獵不饗, 耕獵乎. 耕道而得道, 獵德而得德, 是獲饗已. 百川學海而至於海. 丘陵學山不至於山. 是故惡夫畫也.-「學行)」)

인간은 배움을 통해, 성인이 되지는 못하더라도, 지성인으로서 자세를 충분히 고민해야 한다. 수준 높은 공익(公益)을 지향하고, 도덕(道德)을 성숙시켜 나가고, 자포자기(自暴自棄)하지 않는 인생을 추구해야 한다.

본능(本能)과 마주하며 제멋대로의 감정에 따르는 동물적 행동은 인간의 예의를 갖춘 행위가 아니다. 배우는 사람, 교육을 받는 인간은 강물이 흘러 바다에 이르듯, 농사를 지어 곡식을 수확하듯, 상식의 세계를 바탕으로 공공의 이익과 도덕 질서가 실현되기를 추구한다. 이 과정에서 자신의 능력을 폄하(貶下)하고 포기하는 행위는 금물이다. 끝까지 배움을 지속하여 '교육받은 사람(educated man)'으로 거듭나야 한다. 그렇게 배운 사람인 지성인, 즉 군자(君子)가 되어야 건전한 사회를 눈앞에 펼치고, 평온과 평화의 시대를 예고할 수 있게 된다. 이런 점에서 배움은 지성인이라는 가치를 추구하는 원대한 작업이다. 지성인을 추구하는 전당이다.

7. 『법언(法言)』9: 말과 일, 인간의 길을 보는 기준

2021. 11. 7. 22:28

'일(work)'은 인간의 존재 이유를 가늠하는 중요한 잣대다. 인간은 일을 통해 자신을 확인한다. 일은 만들면 생긴다. 만들지 않으면 일도 없다. 할 일이 없다면 인간은 인간으로서 자신의 위치를 포기한, 비인간으로 전락한다. 그런데 일과 대비하여 심각하게 고민해야 할 사안이 있다. 다름 아닌 '말(language)'이다. 말은 소통의 수단으로 소중한 인간의 행위지만, 말만 앞세우는 경우에는 오히려 삶의 해악으로 작용하기도 한다. 양웅은 『법언』「오자(吾子)」에서 말과 일의 기능을 다음과 같이 설명한다.

> "어떤 사람이 물었다. '지성인은 말을 숭상하는가?'
> 대답했다. '지성인은 일을 숭상한다. 일이 말에 앞서면 바로 솔직하고 정직해진다. 말이 일에 앞서면 바로 꾸미게 된다. 일과 말이 균형을 이루고 있는 것이 경전의 문장이다. 말을 그치고 몸가짐을 만족스럽게 하는 것은 미덕의 무늬다.'(或問, 君子尚辭乎. 曰, 君子事之爲尚. 事勝辭則伉, 辭勝事則賦, 事辭稱則經. 足言足容, 德之藻矣.-「吾子」)

그렇다고, '말이 필요 없다'거나 '일만 소중하다'는 인식은 매우 위험하다. 말과 일의 관계에서, 무엇이 앞서고 뒤서야 하는지, 그 균형 감각은 어떤 차원에서 지속되어야 하는지, 합리성을 고려하는 작업이 보다 중요하다. 이 지점에서 경전의 의미가 부각된다. 경전은 일과 말의 균형을 담보한다. 그러기에 경전을 공부하는 교육 행위가 교육의 핵심으로 등장한다.

> "책을 보는 일은 산이나 물을 보는 것에 비유된다. 태산에 오르면 다른 산들이 모두 울퉁불퉁 이어지는 구릉과 같음을 알게 된다. 배를 타고 넓은 바다로 나가면 양자강이나 황하일지라도 졸졸 흐르는 흙탕물에 지나지 않음을 알게 된다. 배를 버리고 물을 건너는 사람은 없다. 오경(五經: 『시경』『서경』『역경』『예기』『춘추』)을 버리고 인간의 길을 이루는 사람은 없다. 평소에 먹는 밥을 버리고 특이한 것을 먹는 자가 어찌 참 맛을 분별할 수 있겠는가? 성인의 가르침을 무시하고 제자백가의 설을 애호하는 자가 어찌 참된 길을 안다고 할 수 있겠는가?"(觀書者, 譬諸觀山及水. 升東嶽而知衆山之邐迤也. 浮滄海而知江河之惡沱也. 舍舟航而濟乎瀆者, 末矣. 舍五經而濟乎道者, 末矣. 棄常珍而嗜乎異饌者, 惡睹其識味也. 委大聖而好乎諸子者, 惡睹其識道也.-「吾子」)

산을 알고 싶거든, 산의 표준이 되는 태산(泰山)을 보라. 강을 알고 싶으면 물의 표준이 되는 바다를 보라. 인간의 길은, 삶의 표준 또는 기준을 확인하고, 교육을 전개할 때, 보다 구체적으로 인식된다. 교육은 인간의 길을 파악하게 만드는 표준의 탐구다.

8. 『법언(法言)』10: 사상의 중요성

2021. 11. 8. 9:06

인간은 '생각' 한다. 그것을 바탕으로 '행위'한다는 점에서 위대한 동물이다. 오귀스트 로뎅(Auguste Rodin, 1840-1917)이 '생각하는 사람'을 조각한 것도 이런 사유의 반영이 아닐까? 저 '생각하는 사람'은 인간 사회의 다양한 맥락을 어떻게 담고 있을까? 무슨 삶을 고민하고 했던 걸까?

사상(思想)은 인간이 생각하고, 그것을 통해 얻은, 체계를 갖춘 의식의 내용이다. 그러기에 인간 사회에 관한 일정한 견해를 담고 있다. 사상은 정돈되어 지식으로 드러난다. 지식은 편집을 거쳐 물리적 형태의 책이 된다. 상당수의 교육은 책을 도구로 삼아, 그것이 담아낸 사상이나 지식을 전수한다. 양웅은 『법언』「오자(吾子)」에서 사상에 관한 의미 있는 견해를 제시한다.

> "책을 좋아하되 중심이 되는[유학의 경우 공자] 사상에서 탐구하지 않으면 그냥 책을 진열해 놓은 책방과 다름없다. 어떤 이론을 좋아하되 그 핵심이 되는[공자] 사상에서 연구하지 않으면 그냥 이론의 곁가지 소리를 내는 방울과 같다. 지성인의 어떤 말이건 가리는 것이 없고, 듣는 데 헷갈려서 갈팡질팡하는 일이 없다. 가리는 것이 있으면 혼란이 생기고 헷갈려 갈팡질팡하면 허물이 생긴다. 바른 도리[正道]를 표현하여 전하더라도 조금은 허물이 있게 마련이다. 그러나 어긋난 도리[邪道]를 표현하여 전할 경우, 조금이라도 올바른 도리가 있을 수

없다."(好書而不要諸仲尼, 書肆也. 好說而不要諸仲尼, 說鈴也. 君子言也無擇, 聽也無淫, 擇則亂, 淫則辟. 述正道而稍邪哆者有矣. 未有述邪哆而稍正也.-「吾子」)

핵심은 책 자체가 아니다. 책의 핵심 내용에 관한 탐구와 연구다. 물리적 형태로 드러난 책의 모양새나 디자인을 보며 그 소유를 자랑하는 일이 아니다. 지성인으로 나아가는 도정(道程)에서 정도(正道)를 터득하여 실천하려는 노력을 중시 여긴다. 그러기에 교육은 정도 실천의 징검다리다.

9. 『법언(法言)』11: 견문(見聞)의 기행(紀行)교육, 지성의 요건

2021. 11. 9. 10:35

'견문(見聞)'은 인생을 다듬는 중요한 방법이다. '보고 듣는' 만큼 경험은 누적된다. 알맞은 행위를 위한 선택의 여지도 커진다. 견문의 많고 적음은 인생의 폭과 깊이를 결정한다. 교육은 이런 견문을 넓히는데 결정적으로 기여한다. 지식자체의 전수가 아니라, 스스로 지식을 파악하고 장악하는 유력한 장치다. 양웅은 『법언』「오자」에서 견문을 통해 성숙하는 지성의 양식을 지적한다.

> "많이 들으면 그것을 묶어서 지킨다. 많이 보면 그 뛰어난 것을 지킨다. 그러나 듣는 것이 적으면 묶어서 지킬 일이 없다. 보는 것이 적으면 뛰어난 사안을 지킬 일이 없다. 지성인의 길에 네 가지 쉬운 일이 있다. 간단하게 만들어 쉽게 사용한다. 원하는 것을 구해서 쉽게 지킨다. 밝게 만들어 쉽게 본다. 본보기를 만들어 쉽게 말한다."(多聞則守之以約. 多見則守之以卓. 寡聞則無約也. 寡見則無卓也. 君子之道有四易. 簡而易用也. 要而易守也. 炳而易見也. 法而易言也.-「吾子」)

지성을 꿈꾸는 교육은 많이 보고 듣는데 무게중심을 두어야 한다. 그것은 필연적으로 '기행교육(紀行敎育)'을 유도한다. 기행(紀行)은 여행(旅行)에서 보고 듣고 느끼고 겪은 사항을 기록하는 작업이다. '기록'이 지닌 특성으로 인해, 여행이나 유람과는 차원을 달리한다. 여기저기 돌아다니며 구경하는 유람(遊覽)이나 어떤 지역 또는 외국으로 나가 단순하게 여행하는 것은 견문의 기초 작업일 수는 있다. 하지만 기행은 유람이나 여행과 본질적으로 성격을 달리한다. 유람이나 여행을 바탕으로, 보고 들은 내용을 '정돈'하고, 의미 있는 부분을 삶에 '응용'할 수 있는, 지성(知性)을 발동한다. 기록을 통해, 자신과 사회, 인간세계를 다듬어나가는 힘 때문이다.

이런 점에서 교육은 여행을 통한 견문의 확장이다. 견문에 터한 기행의 실천이다. 견문교육은 눈과 귀를 열어야 한다. 기행교육은 인식과 사유를 펼쳐야 한다. 견문과 기행은 감성과 이성을 교차로 활용할 때, 온전한 세계를 구축한다. 때문에 인생을 알차게 가꾸는 교육은 '견문'과 '기행'의 협연(協演)이다. 목표달성을 위한 팀워크! 콜라보(collaboration)다. 그러기에 이미 열려 있는 세상을, 관찰하고, 탐구하고, 조사하는, 일용공부(日用工夫)를 습관화하고, 삶의 세계를 구축해야 한다.

10. 『법언(法言)』12: 몸을 가꾸는 과정

2021. 11. 10. 19:01

『법언』「수신(修身)」의 첫 대목은 몸을 닦는 절차를 '활쏘기'에 비유한다. 그리고 인간형성의 과정을 간략하게 응축하고 있다. 선(善)과 악(惡)을 어떻게 펼쳐내는지가 관건이다.

> "몸을 닦는 일은 활로 삼고, 생각을 바로 잡는 일은 화살로 삼고, 올바름을 세우는 일은 과녁으로 삼아, 최선을 다하여 쏘면 쏘는 대로 반드시 가운데를 맞힌다. 사람의 본성에는 선과 악이 섞여 있다. 그 선을 닦으면 착한 사람이 되고, 그 악을 닦으면 나쁜 사람이 된다. 기(氣)라는 것은 선이나 악으로 나아가는 데 필요한 말이다."(修身以爲弓, 矯思以爲矢, 立義以爲的, 奠而後發, 發必中矣. 人之性也善惡混. 修其善則爲善人, 修其惡則爲惡人. 氣也者, 所以適善惡之馬也與.-「修身」)

활쏘기에는 네 가지 요소가 갖추어져야 한다. 먼저 물리적 요건으로 활과 화살, 그리고 과녁이 있어야 한다. 세 가지 기본 요소가 갖추어진 이후에는, 직접 활을 쏘는 행위로 활쏘기의 완성을 도모한다. 인간이 몸을 가꾸는 과정도 이와 유사하다. 몸을 닦고, 생각을 바로 잡고, 의리를 세우고, 최선을 다해 그것을 펼쳐야 한다. 그것이 선악이 혼재된 인간의 본성을 펼치는 방법이다.

다시 말하면, '신(身)-사(思)-의(義)-발(發)'이다. 그 다음에 마음[中]이 똑바로 서고 인간다움이 녹아든다.

양웅은 맹자처럼 인간의 본성을 선(善)의 실마리가 담긴 것으로 규정하지 않는다. 선악의 혼재(混在)로 이해한다. 선악을 태우고 달리는 기(氣)를 어떻게 움직이느냐! 이에 따라 인간의 몸은 다르게 성장한다.

본성은 선할까? 악할까? 선악이 혼재할까? 정말, 인간의 본성은 이러한 내면의 세계를 펼치는 걸까? 기를 따라 선악을 펼치는 걸까? 아니면, 외부의 사물을 접촉하면서 내면의 본성이 구성되는 걸까? 관점의 차이는 교육방법의 차이를 불러오고, 인간형성의 주체 다르게 설정할 수 있다.

11. 『법언(法言)』13: 배움의 여정과 새로운 마중, 언어-예의-저술

2021. 11. 11. 12:05

배움의 길에 들어선 사람이 준수해야할 길이 있다. 그것은 동기와 과정과 결과의 유기체를 장악하는 일이다. 『법언』「수신」에 그 여정이 간략하게 담겨 있다. 짧지만, 아주 엄중하다.

> "어떤 사람이 물었다. '기물에 글자를 새기는 일은 무엇을 위한 것인가?'
> 대답했다. '새기는 일, 새기는 일! 그것은 몸가짐을 삼가는 데 의미가 있다.' 진리[聖人]의 말은 해설하며 흉내낼 수는 있다. 사람에게 그것을 믿게 하는 일은 할 수 없다. 때문에 지성인[君子]은 굳세게 배우고 부지런히 실천한다. 쓰일 물건을 제대로 잘 만든 다음에 팔고, 자기 몸을 제대로 닦은 다음에 사귀고, 시행할 계획을 제대로 세운 다음에 움직이라. 그러면 인생의 길을 이룬다. 지성인이 신중해야 할 사안은 언어와 예의와 저술이다."(或問, 銘. 曰, 銘哉銘哉. 有意於愼也. 聖人之辭, 可爲也. 使人信之, 所不可爲也. 是以君子強學而力行. 珍其貨而後市, 修其身而後交, 善其謀而後動, 成道也. 君子之所愼, 言禮書.-「修身」)

기물(器物)은 쇠나 돌, 또는 나무로 만든, 일상에서 쓰는 도구다. 그곳에 자신의 삶에 필요한 글귀를 새기거나 써놓는 행위는, 일종의 자기 다짐이다. 『대학』에 기록되어 있는 것처럼, 탕(湯)임금이 세숫대야에 '구일신 일일신 우일신(苟日新 日日新 又日新)', 즉 '진정으로 지난 날의 낡은 때와 허물을 씻고, 날마다 새롭게 하며, 날마다 지속적으로 새롭게 하고, 또 날마다 더욱 새롭게 하리라!'고 새겨 놓은 것이 이에 해당한다.

이런 자기 다짐은 배움의 첫 단추다. 달리 말하면, '입지(立志)'다. 이후, 배움의 여정은 진리의 말씀을 흉내 내기도 하고, 그것을 굳건히 신뢰할 수 있는 단계로 나아가기 위해, 학문 이론과 실천의 열정을 불태워야 한다. 그렇게 거듭난 지성인은 언어에 세련미를 더하고, 예의를 고려하며, 저술에 몰두한다.

12. 『법언(法言)』14: 교육받은 존재의 교제 법칙과 실천 원칙

2021. 11. 11. 23:14

교육받은 존재로 인정받는 인간은 행복한 인생을 즐길 수 있다. 사람 사이에서 인간대접을 받을 수 있기 때문이다. 인간으로서의 대접은 '사귐'과 '교류'와 '소통'이 관건이다. 양웅은 『법언』「수신」에서 사귐의 의미를 문제로 제기한다.

> "윗사람과 사귈 때는 아첨하지 않는다. 아랫사람과 사귈 때는 교만하지 않는다. 이럴 때만이 세상에서 제대로 할 만한 일이 있게 된다. 큰 것을 좋아해도 실행하지 않으면 큰 것도 크지 않다. 높은 것을 좋아해도 실행하지 않으면 높은 것도 높지 않다."(上交不諂, 下交不驕, 則可以有爲矣. 好大而不爲, 大不大矣. 好高而不爲, 高不高矣.-「修身」)

인간 세상의 교류는 윗사람과 아랫사람을 대하는 양상에 따라 달라진다. 윗사람은 존경의 대상인 경우가 많다. 그러나 그들이 지닌 권세에 아부할 필요는 없다. 아니, 아부하거나 아첨해서는 안 된다. 그것은 사람 사이를 피폐하게 만든다. 아첨 없는 존중과 공경이 관계의 진정성을 넓힌다. 아랫사람은 배려의 대상인 경우가 많다. 아래에 있다고 하여 무시하거나 교만한 마음으로 상대해서는 곤란하다. 그들의 인격만큼 존중과 이해를 앞세울 때 관계의 유연성이 늘어난다.

위로 아첨하지 않고 아래로 교만하지 않을 때, 세상은 일이 제대로 돌아간다. 교육은 이런 교제의 관계를 원활하게 만드는 윤활제 역할을 한다. 아첨하는 마음을 막고, 교만한 마음을 조절하라! 아첨과 교만의 반대에서 자신을 다질 때, 사회성은 최고의 가치를 드러낸다.

13. 『법언(法言)』15: 지성인의 행동, 인의예지신(仁義禮智信)

2021. 11. 13. 11:37

지성인(知性人)은 교육받은 인간의 상징이다. 과거에는 군자(君子)라고 했다. 엄밀하게 말하면, 지성인은 교육을 통해 상당한 수준의 도덕적 인간으로 성장한, 성숙한 사람이다. 때문에 어떤 일을 하건 크게 고민하지 않는다. 자신의 인격 그대로, 세상을 성찰하고 반성한다. 인간의 품격 수준을 높여가며, 건전하게 형성하는 성격에 따라 행동할 뿐이다. 그 보편적 행동 양식을 '인의예지신(仁義禮智信)'이라 한다. 『법언』「수신」에는 합리적인 지성인의 행위에 대해, 비유를 통해 점잖게 일러준다.

> "인(仁)은 집이다. 의(義)는 길이다. 예(禮)는 옷이다. 지(智)는 등불이다. 신(信)은 딱 들어맞는 징표다. 집에서 편안하게 살고, 길을 따라 걷고, 의복을 바르게 입고, 등불을 밝혀 환하게 하고, 부절을 가지고 약속을 굳게 지켜라! 지성인은 별도의 특별한 행위를 일삼지 않는다. 그러나 일단 행위를 하면 반드시 타당하고 합리적으로 임한다."(仁, 宅也. 義, 路也. 禮, 服也. 智, 燭也. 信, 符也. 處宅, 由路, 正服, 明燭, 執符. 君子不動, 動斯得矣.-「修身」)

그렇다면, 교육받은 사람으로서 나의 집은 어디에 있는가? 따라가야 할 길은 무엇일까? 상황에 맞게 옷은 제대로 걸쳤는가? 어두워졌다면 밝힐 불을 마련했는가? 자신과의 다짐, 사회와의 약속은 제대로 기억하고 있는가?

지성인으로서 품격을 가꾸는 작업이 교육이라면, '집-길-옷-등불-믿음'으로 이어지는 개인적·사회적 행위가 엄중하다.

14. 『법언(法言)』16: 탐구하는 사람의 태도와 자세

2021. 11. 15. 9:40

교육은 탐구(探究: inquiry)를 핵심으로 하는 인간의 삶이다. 『교육학용어사전』에는 '탐구'를 다음과 같이 정돈하고 있다. "어떤 가설, 또는 신념의 입증을 위해 정보를 수집하고 질문을 제기하고 자료를 조사하고 이론을 검토하는 등의 행위!" 이는 지식 또는 이론의 획득이나 정립을 위한 지적 노력, 나아가 그것에 수반되는 활동을 뜻한다.

탐구에는 여러 부류가 있다. 객관적으로 존재하는 사실에 관한 정보나 이론적 지식을 획득하기 위한 사실적·경험적 탐구, 사고의 명료화와 개념의 명확한 조작(操作)을 위한 형식적·논리적 탐구, 가치의 추구나 평가를 통해 실천적 규범 정립을 위한 규범적·평가적 탐구 등이 있다. 이 탐구의 원시적 원리는 자연과 인간의 관계에서 찾아진다. 『법언』「수신」에 그 단초가 보인다.

> "큰 밭을 만들면 그만큼 잡초가 많이 우거지고, 멀리 있는 사람을 생각하면 그만큼 가슴이 벅차오른다. 해는 광채가 빛나고 달은 은은하게 밝다. 3년 동안 해를 보지 않으면 반드시 시력을 잃어 장님이 되고, 3년 동안 달을 보지 않으면 반드시 눈동자가 흐려진다. 시력은 오래도록 쓰지 않고 버려두면 말라서 감기고, 눈동자는 오래도록 쓰지 않으면 가라 앉아 닫힌다. 그렇게 되면 지팡이로 땅을 더듬어 길을 찾고, 어둠 속에서 헤매며 걸을 뿐이다. 교육받은 사람은 네 가지 중요한 사안을 몸에 배도록 하고, 네 가지를 가볍게 여기지 않아야 한

다. 그 네 가지는 말씨, 행실, 용모, 마땅한 일이다. 말씨를 중요하게 여기면 법도를 지킬 수 있다. 행실을 신중히 하면 덕망을 갖출 수 있다. 용모를 주의 깊게 하면 위엄이 생긴다. 마땅한 일을 제대로 처리하면 꿰뚫어 보는 관점을 갖출 수 있다. 말씨를 가볍게 하면 근심을 부른다. 행실을 가볍게 하면 죄악을 부른다. 용모를 가볍게 하면 치욕을 부른다. 마땅한 일을 가볍게 하면 도리에 어긋나고 어지럽히는 일을 초래한다." (田圃田者莠喬喬, 思遠人者心忉忉. 曰, 日有光, 月有明. 三年不目日, 視必盲. 三年不目月, 精必蒙. 熒魂曠枯, 糟莩曠沈, 擿埴索塗, 冥行而已矣. 取四重, 去四輕, 則可謂之人. 重言, 重行, 重貌, 重好. 言重則有法. 行重則有德. 貌重則有威. 好重則有觀. 言輕則招憂. 行輕則招辜. 貌輕則招辱. 好輕則招淫.-「修身」)

밭이 넓은 만큼, 씨앗을 뿌려 제대로 가꾸었다면, 수확할 곡식의 양도 많을 것이다. 동시에 탐구해야 할 정보는 명확하다. '넓은 만큼 잡초가 많이 자랄 수 있다!' 수확할 곡식만 생각하지 말라. 해와 달은 하루의 양면성이다. 한낮의 해는 쨍쨍 빛나는 광(光)이다. 광(光)은 인간의 눈으로 똑바로 바라보면 불편하다. 힘들다. 눈이 부신다. 한밤의 달은 은은하게 비추는 명(明)이다. 명(明)은 인간의 눈으로 바로 쳐다보면 편안하다. 꽉 찬 보름달의 경우, 소원을 빌고 싶을 정도로 믿음을 준다. 눈이 즐겁다. 하늘이 인간에게 부여하는 저 이중성 가운데 삶의 생명이 녹아 있다. 해와 달을 바라보는 인간의 태도가 어떠한가? 제대로 볼 준비를 하라! 그렇게 탐구에 임한 인간만이, 말씨와 행실과 용모와 마땅히 할 일을 제대로 처리한다. 교육은 어떤 상황이건, 그것을 합리적으로 정돈할 수 있는, 처리능력을 기르는 생활양식이다.

15. 『법언(法言)』17: 형식과 내용의 통일이 빚어내는 예의(禮儀)

2021. 11. 16. 8:39

인간이 만들어낸 모든 자산(資產)은 꾸미는 작업에서 시작되었다. 농사로 말하면 경작(耕作)이다. 생활로 말하면 문화(文化: culture)다. 꾸미지 않았다면, 인간사회의 문화가 아니다. 자연일 뿐이다. 문화 가운데 인간의 행위를 규정하는 핵심이 예의(禮儀)다. 『법언』「수신」에는 예의에 관한 교육적 지침이 부드럽게 지시되어 있다.

> "예에는 몸가짐에 관한 사항이 많다.
> 어떤 사람이 말했다. '하루해가 저물고 있는데도 그날 먹어야 하는 고기를 먹지 않는다면 고기는 말라서 맛이 없게 된다. 하루해가 기울고 있는데도 그날 마실 술을 마시지 않는다면 술은 시어서 맛이 없게 된다. 손님이나 주인이 몇 번이고 거듭 절을 하고는 술은 고작 세 차례 정도 주고받는다. 너무 체면만 차리는 것 아닌가?'
> 이에 대답했다. '알맹이만을 강조하고 꾸밈이 없으면 촌스럽다. 꾸미기만 하고 알맹이가 없으면 걸치레로 전락한다. 꾸밈과 알맹이가 맞아떨어질 때 예를 갖추게 된다.'"(禮多儀. 或曰, 日昃不食肉, 肉必幹. 日昃不飮酒, 酒必酸. 賓主百拜而酒三行, 不已華乎. 曰, 實無華則野. 華無實則賈. 華實副則禮.-「修身」)

알맹이는 실질(實質)이다. 꾸밈은 치장(治粧)이다. 현대적으로 말하면 실질은 내용이고 치장은 형식이다. 내용은 채우는 만큼 알차다. 형식은 꾸미는 만큼 화려하다. 이 실질과 치장의 사이에서 예의는 균형의 미학을 설정한다. 『논어』「옹야(雍也)」에서 언급했듯이, "문질빈빈(文質彬彬)"이다. 공자가 말하였다. "바탕이 꾸밈을 이기면 촌스러워지고, 꾸밈이 바탕을 이기면 화려하게 치장된다. 꾸밈과 바탕이 조화를 이룬 뒤에야 군자라고 할 수 있다."(子曰, 質勝文則野. 文勝質則史. 文質彬彬, 然後君子.) 문질빈빈은 바탕으로 표현된 내용과 꾸밈으로 상징된 형식이 동시에 갖춰지기를 염원한 인간학이다. 질승문(質勝文)은 문채가 없거나 문채가 부족한 상태다. 알맹이만 있고 꾸밈은 거칠다. 이렇게 되면 삶의 세련미가 떨어진다. 반면에 문승질(文勝質)은 알맹이는 비어 있고 꾸밈만 화려하다. 이 또한 좋은 삶은 아니다.

충실하게 채우되 적절하게 꾸미라!

교육은 어떤 상황이건, 균형 감각을 고민한다. 그것은 정치적 당파성(黨派性)으로부터 중립을 요구하고, 오직 인간의 건전한 문화를 고려하도록 설득한다. 다른 표현으로는 '중용(中庸)'의 세계를 지향한다.

16. 『법언(法言)』18: 인간의 문, 수치(羞恥)교육

2021. 11. 17. 8:47

인간의 성격이나 능력에는 반드시 차이가 있게 마련이다. 사람마다 다른 차원이 존재한다. 교육은 사람 사이에 서로 다른 차이를 두고 어떤 자세를 취할까? 근대 민족국가의 탄생과 궤적을 함께한 교육은 이 차이를 줄여나가며 동질성을 지닌 국민을 요청했을지도 모른다. 그것이 통치 차원의 교화(教化)이고 교육이었을 수 있다. 그러나 현대사회로 진보를 거듭하면서 교육은 사람사이의 차이를 없애기보다 개성을 존중하며, 다양한 인간 군상이 어울리기를 염원해 온 듯하다.

『법언』「수신」의 마지막 부분에 인간의 차이를 세 가지로 부류하며 그 특성을 제시하는 장면이 보인다. 그것은 '중인(衆人)'과 '현인(賢人)'과 '성인(聖人)'이다. 중인은 아래 등급에 속하는 '보통사람'이고, 현인은 그 위 등급에 해당하는 '지혜로운 사람'이며, 성인은 인간으로서 최고 단계에 자리하는 '초월적 존재'다. 계급사회의 인간이해이기는 하지만, 분류하기에 따라 상당한 현대성도 엿볼 수 있다. 교육받은 사람은 어떤 존재일까?

> "성인(聖人)은 무언가에 대해 들어도 부정한 내용은 따르지 않고, 그 말은 착한 일에 어긋나지 않는다. 현자(賢者)는 들은 내용이나 말을 할 때 착한 일을 선택한다. 중인(衆人)은 선택하는 일이 없다! 중인은 부귀를 바란다. 현자는 의리를 앞세운다. 성인은 펼치는 존재다. 현인의 행동을 관찰하면 중인의 실체를 알 수 있다. 성인의 언행을 관찰하면 현인의 실제를 알

수 있다.

세상에는 세 가지 좋은 일이 있다. 중인은 사람들이 자기를 따르는 것을 좋아하고, 현인은 자기의 잘못을 바로 잡아주는 것을 좋아하며, 성인은 자기가 사람들의 스승이 되는 것을 좋아한다. 세상에는 세 가지 단속할 일이 있다. 중인은 집안을 단속하는 작용을 하고, 현인은 나라의 일을 단속하는 작용을 하며, 성인은 온 세상을 단속하는 작용을 한다. 세상에는 세 가지 문이 있다. 욕망에 빠지는 사람은 날짐승의 문인 금문(禽門)으로 들어가고, 예의에 의거하는 사람은 인간의 문인 인문(人門)으로 들어가며, 지혜에 따르는 사람은 성스러운 문인 성문(聖門)으로 들어간다.

그 마음을 넓고 깊게 하여 그 바깥을 엄숙하게 단속하면 몸을 편안히 할 수 있다. 차분하게 자신의 덕망을 삼가고, 뉘우치며 욕심 부리지 않으면 큰 잘못은 없으리라! 경험 많은 인간은 덕망에 이끌려 듣고, 경험이 적은 인간은 자신의 마음에 드는 말만을 따른다. 말에 부끄러움이 없고 행실에 부끄러움이 없는 사람은 공자 같은 성인도 떨게 한다."(聖人耳不順乎非, 口不肄乎善. 賢者耳擇口擇, 衆人無擇焉. 衆人, 富貴生. 賢者, 義. 聖人, 神. 觀乎賢人, 則見衆人. 觀乎聖人, 則見賢人. 觀乎天地, 則見聖人. 天下有三好. 衆人好己從, 賢人好己正, 聖人好己師. 天下有三檢. 衆人用家檢, 賢人用國檢, 聖人用天下檢. 天下有三門. 由於情慾, 入自禽門. 由於禮義, 入自人門. 由於獨智, 入自聖門. 其爲中也弘深, 其爲外也肅括, 則可以禔身矣. 微慎厥德, 悔吝不至, 何元憞之有. 上士之耳訓乎德, 下士之耳順乎己. 言不慚, 行不恥者, 孔子憚焉.-「修身」)

교육은 어떤 인간 양성을 염두에 둘 수 있을까? 중인일까? 현인일까? 성인일까? 날짐승의 문인 금문(禽門)으로 들어가서는 곤란하다. 최소한, 인간의 문인 인문(人門)으로 들어가, 예의(禮義)를 이행하는 존재여야 한다. 그것은 궁극적으로 부끄러움이 없는 인간의 지향이다. 이름붙이자면 '수치(羞恥)교육'이다.

17. 『법언(法言)』19: 길[道]은 뚫려 있어 두루 미친다.

2021. 11. 18. 9:01

『법언』「문도(問道)」에는 도(道)에 관한 핵심적 정의가 등장한다. 간단하다. 정말 정곡(正鵠)을 찌르는 언표다.

> "도(道)라는 것은 통(通)이다. 어디라도 통하지 않는 곳이 없다."(道也者, 通也, 無不通也.-「問道」)

도(道)는 인간의 길이다. 길은 걸음을 담보하는 시공간이다. 인간의 특징이 그 무엇보다도 직립보행(直立步行)에 있듯이, 꿰뚫린 길을 오고 가며 세상에 두루 미치는 활동은 세상을 가꾸고 다듬어 나간다. 이 세계 형성의 전 과정은 교육에 다름 아니다. 왕래(往來)의 현장에서 굴신(屈伸)하는 삶의 현장이야말로 숨결 가득한 인간의 도(道)다. 여기에서 문제는 '정도(正道)'냐 '타도(它道)'냐다.

유학의 교육은 유교가 추구하는 이상향인 요 · 순(堯·舜)임금을 비롯하여 문왕(文王)이나 공자와 같은 성인(聖人)의 길을 요청할 뿐이다. 그것만이 정도(正道)다. 그 이외의 다른 길은 타도(它道)다. "교육받은 인간, 즉 지성인은 정도를 오간다. 타도를 왕래해서는 안 된다(君子, 正而不它.-「問道」)"

왕정(王政) 시대의 지성인인 군자는 정도를 지향하며 성인을 갈구했다. 민주주의 시대의 지성인은 어떤 정도를 꿰뚫어야 할까? 민주 시민의식인가? 민주주의의 정도(正道)는 이미 꿰뚫어져 있다. 사람들이 두루 미치지 않을 뿐이다. 이것이 교육의 진짜 문제다.

18. 『법언(法言)』20: 도(道)는 쉼 없이 왕래하는 소통의 장

2021. 11. 19. 21:25

앞에서 이어, 다시, 『법언』「문도」에는 도(道)에 관한 비유적 정의가 이어진다. 여기서 도는 인간의 올바른 길이다. 그것은 도로와 하천과 바다의 존재를 끌어들여 설명된다.

> "도(道)는 도로와 같고 하천과 같다. 수레나 배가 흐르듯이 가고 오며 밤과 낮을 쉬지 않는다. 도로는 굽은 것일지라도 사람이 사는 중심부로 통하면 그 길을 따라 간다. 하천이 꾸불꾸불하더라도 바다로 통하면 그 물을 따라 간다."(道若塗若川. 車航混混, 不舍晝夜. 塗雖曲而通諸夏則由諸. 川雖曲而通諸海則由諸.-「問道」)

인간은 어떤 길을 따라가건, 중심부로 모이게 마련이다. 중심부는 가장 중요하고 핵심적인 내용을 의미한다. 하천이 흐르고 흘러, 궁극적으로는 모두가 바다로 가는 것처럼, 도로의 수레나 하천의 배처럼 오고가며, 쉼 없이 왕래를 거듭한다. 그것은 잘 보이지도 않고 느끼기도 힘든 자연스런 소통의 마당이다.

19. 『법언(法言)』21: 인간사회라는 몸을 온전하게 만드는 원리

2021. 11. 20. 9:55

교육은 인간사회라는 유기체적 몸을 만드는 작업이다. 개인적인 몸이건 사회적인 몸이건 모두가 참여하는 우주적인 몸을 건전하게 만드는 제도적 장치다. 『법언』「문도」에는 도(道)를 비롯하여 몸을 만드는 교육의 기본 뼈대를 지시한다.

> "도(道)와 덕(德)과 인(仁)과 의(義)와 예(禮)는 사람의 몸에 비유하여 말할 수 있으리라. 도는 몸을 이끌어간다. 덕은 몸에 지니는 것이다. 인은 몸을 사람답게 한다. 의는 몸을 도리에 마땅하게 만든다. 예는 몸에 체득하게 만드는 일이다. 이 모두는 자연스런 절대적 법칙이다. 합하면 하나의 덩어리가 되고, 나누면 흩어진다. 한 사람이 팔 다리를 전반적으로 잘 움직이면 몸을 온전하게 할 수 있다!"(道德仁義禮, 譬諸身乎. 夫道以導之, 德以得之, 仁以人之, 義以宜之, 禮以體之, 天也. 合則渾, 離則散, 一人而兼統四體者, 其身全乎.-「問道」)

도 · 덕 · 인 · 의 · 예(道·德·仁·義·禮)! 이 다섯 가지는 유학의 중심개념이기도 하다. 도(道)라는 것은 '인도(引導)'행위를 통해 사람을 이끌어 가는 교육의 이치다. 그것은 교육의 길, 교도(敎道)다. 덕(德)이라는 것은 '터득(攄得)'행위를 통해 자기의 소유로 몸에 지니는 교육의 내용이다. 그것은 교육의 바른 마음, 직심(直心)이다. 인(仁)이라는 것은 '인인(人人)'행위를 통해 사람다움을 드러내는 교육의 효과다. 그것은 교육의 아름다움, 미학(美學)이다. 의(義)라는 것은 '의당(宜當)'행위를 통해 존재의 도리를 밝히는 교육의 질서다. 그것은 교육의 값, 가치(價值)다. 예(禮)라는 것은 '체현(體現)'행위를 통해 몸으로 체득하는 교육의 형식이다. 그것은 교육의 생활화, 구현(具顯)이다.

'인도-터득-인인-의당-체현'의 '도-덕-인-의-예'의 구조는 거시적 교육철학의 체계를 형성한다.

20. 『법언(法言)』22: 물과 불 같은 진리

2021. 11. 21. 23:07

교육을 통해 터득하는 진리가 있을까? 교육이 무엇을 진리로 일러줄까? 『법언』「문도」에 진리의 속성을 일러주는 재미난 언표가 등장한다.

> "성인의 말씀은 물이나 불과 같다. 물은 헤아리면 헤아릴수록 더욱 깊고, 다하면 다할수록 더욱 멀다. 불은 쓰면 쓸수록 점점 밝고, 거듭하면 거듭할수록 점점 세차다."(聖人之言, 似於水火. 水, 測之而益深, 窮之而益遠. 火, 用之而彌明, 宿之而彌壯.-「問道」)

진리와도 같은 성인의 말씀은 물이나 불의 성질에 비유된다. 헤아릴수록 거듭할수록 오리무중(五里霧中)이다. 이 무엇을 지시하는가? 진리는 절대적 기준처럼 정해진 것이 아니란 말인가! 찾을 때까지 더듬거리며 탐색할 뿐인가! 진리는 없는가? 인간이 도달하고 싶은 이상으로 설정하여 그저 요청했을 뿐인가?

아니다. 분명, 진리는 존재한다. 그러나 멀어지는 가운데 그림으로 스케치해야 하고, 세찬 기운 사이에서 노래로 읊조려야 한다.

단지, 전모를 파악하기가 쉽지 않다. 물처럼 시원하고 불처럼 뜨거운, 위안과 격려를 주는 친구로 기다려본다.

21. 『법언(法言)』23: 예악(禮樂)을 인식하는 지혜

2021. 11. 22. 10:26

유학에서 교육의 핵심은 '예(禮)'와 '악(樂)'이다. 때문에 유학을 한마디로 표현할 때, '예악문화(禮樂文化)'라고도 한다. 예악은 지혜를 매개로 드러나고 일상의 윤활유 같은 도구로 작용한다. 『법언』「문도」는 예악과 지혜에 관해 다음과 같이 비유한다.

> "온전한 인격자가 세상을 다스릴 때는 예악(禮樂)을 기준으로 한다. 예악이 없으면 짐승이고, 예악이 다르면 야만이다. 누가 붓을 사용하지 않고 글씨를 쓰며, 혀를 놀리지 않고 말하는가? 나는 보편적 윤리를 보고 최고지도자의 붓과 혀를 생각한다.
> 지혜라는 것은 앎이다. 지혜를 써야 할 곳에 쓰지 않고 더할 곳에 더하지 않는다면 지혜를 망가뜨리는 짓에 불과하다.
> 생활에 필요한 각종 기기나 운송수단, 집과 같은 것이 어떤 역할을 하는지 깊이 생각하라. 그러면 예(禮)가 어디에서 유래하는지 알게 된다."(聖人之治天下也, 礙諸以禮樂. 無則禽, 異則貊. 孰有書不由筆, 言不由舌. 吾見天常爲帝王之筆舌也. 智也, 知也. 夫智用不用, 益不益, 則不贅虧矣. 深知器械舟車宮室之爲, 則禮由己.-「問道」)

예(禮)와 악(樂)은 '짝 말'이다. 예(禮)는 '분(分)'을 상징하고 악(樂)은 '합(合)'을 대변하는 언표다. 인간사회의 모든 관계는 존재 사이의 차이(差異)와 분별(分別)을 인식하고 그에 알맞게 행할 때, 질서(秩序)

가 잡힌다. 분(分)의 논리에 따라 직분(職分)을 정하고, 그에 맞는 윤리를 부여하는 일이 예다. 마찬가지로 인간사회의 모든 관계는 존재 사이의 조화(調和)와 화합(和合)을 인식하고 함께 어울릴 때, 균형(均衡)있게 진보한다. '수직-수평'의 인간관계망이 구축된다. 이 생활미학의 구현이 예악문화다.

유학의 교육은 이 예악문화를 조성하는데 심혈을 기울인다. 사람이 짐승이나 야만 수준으로 추락하지 않기 위해서다. 특히, 예는 삶을 윤택하게 만드는 생활수단으로, 삶에 무엇이 중요하고 필요한지, 유용한 도구선택 과정에서 판단력과 분별력을 추동한다.

22. 『법언(法言)』24: 개혁과 혁신의 길

2021. 11. 22. 13:32

인간사회는 진보(進步)하는가? 퇴보(退步)하는가? 엄밀히 말하면, '진보'만이 존재한다. 진보하는 가운데 부분적으로 퇴행으로 인식할 만한 사안은 언제나 존재한다. 이 진보의 길 위에 선 인간은 진퇴양난(進退兩難)을 겪을 때, 혼돈의 질서를 찾는다. 진퇴양난이 거듭되면 우왕좌왕(右往左往)한다. 진보 속의 퇴보를 경험할 때, 인간이 갈망하는 삶의 세계, 그 교육의 핵심은 어디에 자리할까? 『법언』「문도」에 문화의 지속과 개혁, 그리고 혁신에 관한 짧은 문답이 보인다.

> "어떤 사람이 물었다. '인간의 길에 원인이 되는 근본 동기가 있는가? 없는가?'
> 대답했다. '괜찮으면 인연으로 삼고, 아니면 혁신하라'"(或問, 道, 有因無因乎. 曰, 可則因, 否則革.-「問道」)

'인연[因]'과 '혁신[革]'은 인간사회의 문화를 '지속할 것인가 개혁할 것인가'의 문제다. 지속할 가치가 있다면 전통으로 이어가고, 그럴 가치가 전혀 없다면 과감히 해체하여 새로운 양식으로 바꾸어야 한다. 교육도 이와 궤적을 같이 해야 마땅하다. 기존 교육의 비판적 지속인가? 기존 교육의 필연적 해체인가? 기존의 교육이 괜찮으면 그 체제를 유지하거나 개혁하라. 기존의 교육이 시대를 선도할 수 없다면, 서슴없이, 과감하게 혁신하라!

23. 『법언(法言)』25: 마음, 세상을 헤아리기 위한 사색의 장

2021. 11. 25. 8:25

교육은 관찰(觀察)하고 조사(調査)하고 탐구(探究)하고 연구(硏究)하며, 삶을 윤택하게 만들어 가는 작업이다. 이 과정에서 세상의 모든 존재와 행위를 헤아려보며, 그 특성을 파악해야 한다. 교육 또는 학습, 이른바 공부(工夫)란 그런 것이다. 『법언』「문신(問神)」의 첫 대목에 '헤아림'에 관한 단서가 보인다.

> "신(神)은 마음이다. 마음은 하늘에 잠기면 하늘이 되고 땅에 잠기면 땅이 된다. 하늘과 땅은 마음이 환하게 있어 헤아리지 못하는 존재다. 마음이 잠기면 오히려 헤아릴 수 있게 된다."
> (神, 心. 潛天而天, 潛地而地. 天地, 神明而不測者也. 心之潛也, 猶將測之.-「問神」)

'신(神)'에 대한 인식이 생각을 흔든다. 신(神)은 흔히 '귀신(鬼神)'이나 '영혼(靈魂)'을 상징한다. 종교의 대상으로 보면, 우주를 주재하는 초자연적·초인간적 존재다. 기독교의 하나님이나 불교의 부처와 같은 절대적 신(God)이다!

그런데 양웅은 신(神)을 '심(心)'으로 풀이한다. 마음은 '잠기는 상황'에 따라 '잠긴 그대로' 드러난다. 잠김은 땅속을 흐르듯이, 자맥질을 하듯이, 내면 깊숙한 곳에서 차분하게 생각하는 세계다. 생각에 잠기는 상태다. 하늘과 땅처럼 우주에 정착된 모든 존재는 드러나 있기에 헤아릴 부분이 없다. 이른 바 '신명(神明)'이다. 아주 밝고 환하게 '자명(自明)'하다. 자명한데 헤아릴 것이 있는가? 없다! 그럼 무엇을 헤아려야 하는가? 보이지 않는 영역이다.

마음의 역할은 보이지 않는 영역으로 침투하여 잠기는 데 있다. 차분하게 가라앉혀 사고를 역동적으로 만드는 만큼, 내면에는 힘이 축적된다.

교육은 내면의 힘을 축적하기 위한, 차분하게 잠기는 양식의 터득을 중시 여긴다.

24. 『법언(法言)』26: 다시 마음, 헤아림의 빛과 그늘

2021. 11. 26. 11:30

세상의 모든 존재와 행위를 헤아리는 일은 세상을 파악하는 작업이다. 인생은 헤아려서 정돈하고 헤아려서 판단하는 과정은 연속적이다. 마음은 그 기능을 적극적으로 담당한다. 교육은 어쩌면 헤아릴 줄 아는 능력의 터득이 아닐까? 『법언』「문신」은 펼쳐서 환하게 비추는 헤아림의 역할과 자연과 인간의 통일성에 관한 짧은 대화를 이어나간다.

> "자연의 헤아림과 환함은 비추어서 사방을 확인한다. 자연의 면밀함과 순수함은 모든 사물을 종류별로 만든다. 사람의 마음은 헤아림인가! 잡으면 있고 버리면 없다. 항상 잡고 있는 사람은 성인이다! 성인은 마음이 헤아리는 기능을 제대로 보존하고 최선의 사안을 찾아, 세상의 큰 순리를 이루고, 세상의 큰 이익을 이르고, 자연과 인간 사이를 화합하여 틈이 없도록 만든다."(天神天明, 照知四方. 天精天粹, 萬物作類. 人心其神矣夫. 操則存, 舍則亡. 能常操而存者, 其惟聖人乎. 聖人存神索至, 成天下之大順, 致天下之大利, 和同天人之際, 使之無間也.-「問神」)

헤아림 또는 펼쳐나가는 역량을 갖춘 '존신(存神)'과 마음을 잡고 있는 '조존(操存)'의 성취가 교육을 다시 돌아보게 만든다. 한마디로 말하면, '조심(操心)'이다. 비 케어풀(be careful)! '마음잡기'다. 무엇을 통해 '존신조존(存神操存)'이 가능한가? 잡지 않으면, 아무리 파고 들어도 내면은 없다. 잡고 있으면 내면은 언제나 제자리에 있다.

25. 『법언(法言)』27: 교육, 자기표현 능력을 향한 열정

2021. 11. 28. 21:09

교육은 인간의 마음을 표현하기 위한 강력한 삶의 도구다. 자신이 어떤 존재이고 어떻게 인간사회에 기여할 수 있는지를 보여줄 수 있는 능력을 기르는 작업이다. 그것은 자기표현 역량을 향한 열정으로 이어진다. 자기표현은 '말'과 '글'로 이루어진다. 말과 글에 관한 의미 있는 기록이 『법언』「문신」에 보인다.

> "말은 그 마음을 충분하게 드러낼 수 없다. 글은 그 말을 충분하게 나타낼 수 없다. 말과 글로 자신을 표현하기가 정말 어렵다! 완벽하게 교육받은 존재만이 말의 뜻을 이해하고 글의 온전한 형식을 얻는다. 온전하게 교육받은 존재의 말이나 글은 밝은 해가 비춰지고 강물이 씻어주는 듯하다. 그 당당함을 막을 길 없다. 사람이 서로 마주하게 되면 말을 주고받으며 속마음을 나타낸다. 사람들 사이에 서로 헐뜯으며 분노할 때 소통하도록 만드는 데, 말보다 좋은 것은 없다. 세상의 일을 두루 엮고, 오래된 것을 기록하고 먼 곳이 일을 밝히며, 옛날의 아득한 일을 드러내고, 아주 먼 지역의 어지러운 일을 밝힐 때는 글로 표현하면 아주 좋다. 말은 마음의 소리다. 글은 마음의 그림이다. 마음의 소리나 그림으로 그 모습을 드러낼 때, 교육받은 지성인과 교육받지 못한 인간이 어떠한지 보인다. 소리나 그림은 교육받은 지성인과 교육받지 못한 존재의 마음을 열정적으로 움직이게 만드는 근거다."(言不能達其心, 書不能達其言, 難矣哉. 惟聖人得言之解, 得書之體. 白日以

照之, 江河以滌之, 灝灝乎其莫之禦也. 面相之, 辭相適, 捈中心之所欲, 通諸人之嚍嚍者, 莫如言. 彌綸天下之事, 記久明遠, 著古昔之㫚㫚, 傳千裏之忞忞者, 莫如書. 故言, 心聲也. 書, 心畫也. 聲畫形, 君子小人見矣. 聲畫者, 君子小人之所以動情乎.-「問神」)

그렇다면, 지성인, 교육받은 존재의 힘은, 마음을 소리와 그림으로 그려내는 데 있는가? 마음을 드러내는데 필요한 말과 글에 있다면, 교육은 마음을 드러내기 위한 '말글' 역량의 함양이다. '말글' 역량은 다름 아닌 언어를 다루는 능력이다. 그렇다고 단순히 '외국어' 말하고 듣기 능력을 뜻하는 것이 아니다. 삶의 중심 언어인 자국(自國)의 언어다. 한국인이라면 한글(한국어) 표현 능력이다.

말을 합리적이고 논리적이고 부드럽게 잘 하고, 글도 마찬가지로 미학을 발휘하며 써나갈 수 있을 때, 교육받은 지성인 소리를 들을 수 있겠다.

26. 『법언(法言)』28: 문(文)과 무(武), 교훈과 극복의 융합

2021. 11. 29. 9:06

교육은 다양한 의미를 포괄한다. 무엇보다도 '가르치는 일'이 우선이다. 전통적으로 '가르침'은 '훈(訓)'이라는 한 글자로 표현되어 왔다. 그것은 '교훈(教訓)'이란 용어로 정착되어 회자된다. 가르침의 역사는 문화(文化)를 형성하면서 '문(文)'이라는 말로 대변된다.

가르침은 문자의 모양 그대로, 말[言]이 냇물[川]처럼 흘러내리는 가운데 진행된다. 이 가르침의 순서(順序)는 인간의 욕망(慾望)을 이겨내는 자기 극복의 능력과 자세를 함양하는 내용과 짝을 이룬다. 달리 말하면 무(武)다.

흔히 말하는, '문은 무보다 강하다(The pen is mightier than the sword!)'라고 할 때, '문은 펜이고 무는 칼이다'라는, 그런 얘기를 초월해 있다. 이 문무의 연관이 어떠해야 하는지, 그 교육철학적 차원이 『법언』「문신」에 보인다.

> "문(文) 가르치는 일이다. 무(武)는 이기는 일이다. 공부를 해 나갈 때 그 순서에 따라 차례로 얻는 것을 '가르침[訓]'이라 한다. 자신의 사사로운 일을 이겨나가는 작업을 '이김[克]'이라 한다."(文, 訓. 武, 克. 事得其序之謂訓, 勝己之私之謂克.-「問神」)

그렇다면, 문무(文武) 겸비의 교육은 '어떤 사안에 대해 차례대로 터득해 나가면서 개인의 욕망을 극복하는' 작업인가?

27. 『법언(法言)』29: 총명(聰明), 그리고 스승

2021. 11. 29. 23:01

『법언』「문명(問明)」은 '밝음' 또는 '밝힘', 즉 '명(明)'에 관한 언급으로부터 시작한다. 교육의 단서를 보여주는 것 같은 사유가 간략하게 녹아 들고, 총명을 통해 스승의 존재 이유를 담아내는 교육철학이 남다르다.

> "밝음은 미묘함이다. 미묘한 것이 보이게 되면 어지럽게 일그러져 있던 것이 밝아지기 때문이다. 총명(聰明)은 두루 미치는 것인가! 귀가 밝게 들리지 않으면 실제로는 귀가 없는 것이다. 눈이 밝지 않으면 실제로는 눈이 없는 것이다. 가장 총명한 것은 무엇인가? 빛나고 빛나는 저 자연만이 총명의 근거다. 그 눈을 높은 곳까지, 그 귀를 낮은 곳까지, 이를 수 있도록 만드는 것은 저 자연이 아니겠는가?
> 어떤 사람이 물었다. '조그마한 것을 알면 스승이라 이를 만한가?' 이에 대답한다. '이러한 사람을 어찌 스승이라 할 것인가? 어찌 스승이라고 할 것인가? 세상에 작은 일은 적지 않다. 매사에 그것을 안다고 스승이라 이르겠는가! 스승이 소중한 존재인 이유는 큰 지혜를 알기 때문이다. 조그마한 지식을 안다고 우쭐대는 스승은 좀 천박한 존재다."(明, 微. 微而見之, 明其悖乎. 聰明其至矣乎. 不聰, 實無耳也. 不明, 實無目也. 大聰明, 眩眩乎, 惟天爲聰, 惟天爲明. 夫能高其目而下其耳者, 匪天也夫. 或問, 小每知之, 可謂師乎. 曰, 是何師與. 是何師與. 天下小事爲不少矣. 每知之, 是謂師乎. 師之貴也, 知大知也. 小知之師亦賤

矣.-「問明」)

교육은 존재의 속성을 구명하는 작업이다. 그래서 관찰하고 조사하고 탐구하며 연구를 거듭한다. 어지럽고 이지러진 세상을 바로잡고, 흔히 말하는 난잡한 존재들을 정돈해 나간다. 이 모든 공부가 총명(聰明)으로 이어진다. 총명(聰明)에서 '총(聰)'은 귀가 밝아 제대로 듣고 이해하는 일이다. 명(明)은 눈이 밝아 제대로 보고 파악하는 일이다. 눈과 귀는 눈에 보이고 귀에 들리는 사물의 물리적 정황에 대한 인지작용을 하는 기관이다. 인지작용을 통해 관찰한다. 동시에 보이지도 들리지도 않는 사물의 속살을 보고 듣는 형이상학적 감각기관이기도 하다. 이는 감각을 통해 사물의 내면을 구명하는 성찰이다. 관찰(觀察)과 성찰(省察)의 호흡 구조에 따라 탐구(探究)는 성숙을 더한다. 그런 탐구가 교육의 상당 부분을 알차게 가꾼다.

이 과정에서 스승은 대략적 윤곽에 해당하는 형이상학적 지혜를 언급할 뿐이다. 이른 바 '대지(大知)'다. 큰 차원에서 깨닫도록 인도한다. 하나하나씩 세세하게 형이하학적 지혜를 언급하지 않는다. 이른 바 '소지(小知)'에 대해서는 경계한다. 동양 전통 사회에서 교육이라는 이름으로 진행되는 탐구의 과정이 그러하다.

12월

A Winter Scene. Motif from Southern Stockholm (1886)
Axel Lindman (Swedish, 1848 - 1930)

1. 『법언(法言)』30: 교육받은 사람의 언표와 철학자의 품격

2021. 12. 3. 11:34

교육은 궁극적으로 '사람의 품격(品格)'을 빚어내고 다듬는 작업이다. 그렇게 가꾸어 열매를 맺은 인간을 '교육받은 사람'이라고 한다. 유학에서는 군자(君子: gentleman)를 그런 인간상으로 꼽는다. 소인(小人: child)이 아닌 대인(大人: adult, noble man)이다. 『법언』「문신」에는 교육받은 사람의 언표에 대한 진지한 언급이 있다. 증험(證驗)할 수 있어야 하고, 증거를 제시하며 논의될 수 있어야 한다! 한 마디로, '거짓'이 아니어야 한다! 망령되지 않아야 한다!

> "교육받은 사람[君子]의 말은 깊어도 반드시 밝은 데서 증명할 수가 있다. 멀어도 반드시 가까운 데서 증명할 수 있다. 크더라도 반드시 작은 데서 증명할 수 있다. 미묘해도 반드시 드러나는 데서 증명할 수 있다. 증명할 수 없는 데도 그에 대해 말하는 것을 거짓이라 한다. 교육받은 사람은 거짓을 행하는가? 거짓을 행하지 않는다!(君子之言, 幽必有驗乎明. 遠必有驗乎近, 大必有驗乎小, 微必有驗乎著, 無驗而言之謂妄. 君子妄乎. 不妄.-「問神」)

이런 말씀은 인간의 품격으로 이어진다. 군자에서 발현되는 철인(哲人)의 경지다. 철인은 밝은 지혜를 지닌 철학자다. 『법언』「문명」의 마지막 구절은 그런 인품의 모습을 적시한다.

“어떤 사람이 물었다. ‘밝은 지혜가 무엇인가?’ 답했다. ‘그 생각을 널리 밝히는 일이다.’
‘행함’에 대해 물었다. 답했다. ‘그 인간의 품격을 환히 비추는 일이다.’”(或問, 哲. 曰, 旁明厥思. 問, 行. 曰, 旁通厥德.-「問明」)

철인(哲人)의 눈과 귀, 그 총명(聰明)을 가꾸는 작업이 교육이었으면 좋겠다. 첨단과학 기술문명의 진보가 던지는, 저 불확실성의 화두를 따라 인간의 품격을 조정할 수 있기를 희구한다.

2. 『법언(法言)』31: 정도(正道)의 지식(至識), 사도(邪道)의 미식(迷識)

2021. 12. 4. 9:31

'올바른 길'을 가기 위한 다양한 열정과 노력이 교육일까? 그렇다면 그 '정도(正道)'의 결과는 어떻게 드러나야 하는가? '치우친 길'을 벗어나기 위해 안간힘을 쓰는 일이 교육이라면, 그 '사도(邪道)'의 회피 효과는 어떤 것일까? 『법언』「과견(寡見)」에 그 개략적 모습이 보인다.

> "많이 듣고 보아서 정도(正道: 올바른 길)를 아는 사람은 두루 미치는 지혜를 가졌다. 많이 듣고 보아서 사도(邪道: 치우친 길)를 아는 사람은 사람을 헤매게 만드는 지식을 가졌다. 지혜로운 사람과 갈기를 꾀함은 아름다운 일로 사람이 뜻을 굽혀 도리를 따르는 일이다. 소인과 갈기를 꾀함은 아름답지 않은 일로 도리를 굽혀 사람을 따르는 일이다."(多聞見而識乎至道者, 至識也. 多聞見而識乎邪道者, 迷識也. 如賢人謀之, 美也, 詘人而從道. 如小人謀之, 不美也, 詘道而從人.-「寡見」)

정(正)-사(邪) 사이에서, 올바름과 치우침의 세계에서, 교육은 지향점을 분명히 해야 한다. 바른 길을 따라야 하는가? 치우쳐 어긋난 길, 그릇된 길을 따라야 하는가?

교육적 답변은 늘 정해져 있다. 이론은 당위법칙(當爲法則)처럼 인근(隣近)에 있으나 실천은 필연법칙(必然法則)처럼 요원(遙遠)하다. 현실이 그러하다. 입을 제대로 다물지 못하고, 항상 입을 벌리고 있는 모습처럼, 모순으로 가득한 현실은 '문제 상황(問題狀況: problem situation)' 자체다.

'당위'의 법칙이 이지러지는 만큼, 현실은 교육이라는 인간의 구제 장치를 요청한다. 이것이 교육의 아이러니다.

3. 『법언(法言)』32: 요약(要約)과 예비(豫備)

2021. 12. 5. 13:38

교육의 과정에서 '요약(要約)'과 '예비(豫備)'는 중요한 학습의 양식이다. 세상은 온통 화려하게 수놓아 꾸며진, 괴이한 논의인 '요설(妖說)'로 가득하다. 때로는 쓸데없는 말로 점철된 '요설(饒舌)'에 휘둘리기도 한다. 요약은 난무(亂舞)하는 복잡한 사안을 일정한 기준에 따라 자신의 방식대로 정돈하는 작업이다. 『법언』「과견」에는 요약의 방식을 한 마디로 일러준다.

> "어떤 사람이 말했다. '학자의 이론을 요약할 수 있는가?' '요약할 수 있다. 조목별로 풀이하면 된다.'"(或曰, 學者之說可約邪. 可約解科.-「寡見」)

요약의 핵심은 '과(科)'별로 풀이하는 데 있다. '과(科)'는 '학과(學科)'라고 하듯이, 연구 분야나 탐구 영역의 구분이다. 다시 말하면, 범주(範疇: category)에 따라 이해하고 해석하면 하나의 다발로 묶을 수 있다. 그래야 개념이 잡힌다.

예비는 교육의 주요한 역할 가운데 하나다. 아니, 어쩌면, 현실에 충실하면서 그것을 바탕으로 미래를 준비하는 생애 진로의 중심축이다. 그러나 현실을 살아가는 상당수의 인간은 현실에 만족하고 안주하며 미래를 고려하지 않는다. 교육도 현재의 순간에 충실한 것 자체로만 인식한다. 미래를 진지하게 고려하지 않는 경우도 허다하다. 준비나 예비는 미래의 현실을 불러오는 마중물이다. 그 마중물을 따라 미래는 현실의 생명수를 보장받는다. 『법언』「과견」의 후반부에는 '예비'의 의미에 대해 비유를 통해 간략하게 보여준다.

> "어떤 사람이 말했다. '진지로 돌진하는 수레나 침몰하여 떠내려가는 배를 구할 수 있는가?' 말했다. '구할 수 없다!'
> 어떤 사람이 물었다. '어찌하여 지혜를 쓰지 않는가?' 말했다. '지혜는 아직 돌진하지 않거나 침몰하지 않았을 때 쓴다. 큰 추위가 몰아친 뒤에 옷을 갖춘다면 또한 늦지 않은가?'"(或曰, 奔壘之車, 沈流之航, 可乎. 曰, 否. 或曰, 焉用智. 曰, 用智於未奔沈. 大寒而後索衣裘, 不亦晩乎.-「寡見」)

예비는 지혜가 긴요하게 쓰이는 마당이다. 지혜를 발휘하여 예비한다. '유비무환(有備無患)'이라고 했듯이, 예비는 미래의 현실을 정상화하기 위한 지혜의 구도자다. 그러기에 교육은 지혜를 쌓고 예비하는 삶의 구심(求心)이 된다.

4. 『법언(法言)』33: 난세를 건너는 자세

2021. 12. 6. 10:24

세상을 인식하는 관점은 다양하다. 동일한 세상을 바라볼 때도, 생각하기에 따라, 다르다. 평화로운 세상으로 보기도 하고, 어지러운 세상으로 보기도 한다. 때로는 혼돈(混沌)이 아닌 때가 없는 것으로 인식하기도 한다.

세상은 늘 근심과 걱정에 둘러 싸여 있다. 심각한 위기다. 문제 상황이다. 교육은 그 문제 상황을 해결하는데 적극적으로 기여하려고 한다. 해결을 모색하며 실마리를 제시하기도 하고 실제 해결하기도 한다. 그러나 난감할 때도 상당수다. 『법언』「과견」의 마지막 부분에 그런 난세(亂世)를 이해하려는 냉철한 교육철학적 태도가 돋보인다.

> "세상에 추위가 몰아칠 때 털옷을 입으면 따뜻하지 않겠는가? 불로 태우고 끓는 물에 적셔도 따뜻한 것은 따뜻하다. 하지만, 때 자체가 추운 것이 있다. 때가 이르지 않았는데 바라고, 길이 아닌데 간다면, 또한 이르지 못한다."(擧世寒, 貂狐不亦燠乎. 炎之以火, 沃之以湯, 燠亦燠矣. 時亦有寒者矣. 非其時而望之, 非其道而行之, 亦不可以至矣.-「寡見」)

『논어』「자한(子罕)」에 나오는 "날씨가 추워진 뒤에야 소나무와 잣나무가 늦게 시드는 것을 안다."(歲寒然後知松柏之後凋)라는 구절이 떠오른다. 추사 김정희의 '세한도(歲寒圖)'가 어른거린다. 지사(志士)까지는 아니더라도, 시절이 던지는 화두에, 교육은 어떤 답을 내놓아야 하는가?

현재라는 때는 세한(歲寒)일까? '세한(歲寒)'이라면, 그것이 상징하는 '시절의 어려움', '차가운 때'의 교육은 어디쯤 가고 있을까? 계절의 순환을 생각하면, 크게 걱정할 일은 아니다. 하지만, 계절의 순환조차 일그러지면, 교육은 철학의 부재와 더불어 늪에서 해맬 수밖에 없다. 분탕(焚蕩)이 시절을 가로지르며 예측불가능을 조장하기 때문이다.

5. 『법언(法言)』34: 애일(愛日), 교육받은 존재의 삶에 별도의 시간이?

2021. 12. 7. 11:14

뇌리를 맴도는 극단적 의심 하나가 있다. 유령처럼 휘감는 느낌이다. 교육받은 사람은 어떤 존재일까? 교육받은 사람이 그와 반대에 있는 사람과 교육 효과 차원에서 변별력이 거의 없을 때, 때로는 교육받지 못한 사람이 교육받은 사람보다 도덕적 가치를 높이 발휘할 때, 어떻게 이해해야 하는가?

교육받은 사람에 대해, 기대치(期待値)보다 여러 측면에서 현격하게 낮을 때, 그 이유는 그 사람의 능력에 문제가 있는 것이 아니라, '매일(每日)' 전개되는 그 사람의 삶의 양식에 하자(瑕疵)가 있는 게 아닐까? 특히, 마음을 놓아버린, 긴장의 끈을 풀어헤친, '게으름'이 불러온 재앙이 아닐까? 『법언』「오백(五百)」에 그와 유사한 생각이 스쳐가듯 기록되어 있다.

> "배불리 먹고 편안히 앉아 구경꾼처럼 바라보고만 있을 수는 없다!
> 어떤 사람이 말했다. '교육받은 사람[군자]도 매일매일 시간을 아끼는가?' '교육받은 사람은 벼슬[직장]을 하면 본분에 맞는 올바른 일을 실천하려고 한다. 집에 있을 때면 자신의 일 처리에 관한 합리적 방안을 밝히려고 고심한다. 일하는 것을 싫어하지 않고, 가르침에 게으르지 않다. 어찌 매일 별도의 시간을 얻겠는가?"(無爲飽食安坐而厭觀也. 或曰, 君子, 愛日乎. 君

子, 仕則欲行其義, 居則欲彰其道. 事不厭, 教不倦, 焉得日.-「五百」)

교육받은 존재는, 매일매일, 매순간, 온몸으로 시간을 아끼는, '애일가(愛日家)'다. 세월이 그냥 흘러가는 것을 아까워한다! 헛되이 보내기 쉬운 한가한 시간을 경계한다. 허송세월(虛送歲月) 가운데 권태(倦怠)를 두려워한다. 그러기에 '시간은 금이다(Time is gold)!'

교육을 받는다는 사실은 시간을 관리하는 능력의 창출이다. 주어진 시간을 꽉 채우려는 의식화다. 그것은 습관화를 거치면서 일상을 조심(操心)과 긴장(緊張)으로 처리하려는 열정으로 전화(轉化)한다. 날마다 시간을 아끼고 조절할 줄 아는 능력! 교육이 삶을 배신하지 않으려면, 보다 철저한 '애일(愛日)'을 약속할 필요가 있다. '날을 아끼라!'

6. 『법언(法言)』35: 예의가 아닌 것에 대한 예의

2021. 12. 8. 15:59

교육받은 인간의 수준에도 차이가 있을까? 어떤 사람은 예의(禮儀)가 바르고, 어떤 사람은 도덕성(道德性)을 갖추었으며, 어떤 사람은 박식(博識)하다. 반면에, 어떤 사람은 예의나 도덕, 지식이 너무나 수준 미달이기도 하다. 교육받은 만큼 온전한 인간으로 성장하기를 기대하지만, 기대치(期待値)는 항상 어긋나는 듯하다. 정말 어렵기만 하다. 『법언』「오백」에 교육받은 인간을 형용하는 언표가 재밌다.

> "조그마한 것을 일삼지 않는 사람을 대인(大人)이라 한다. 조그마한 것은 일삼음에서 예의(禮儀)에 어긋나는 짓이다. 성인(聖人)의 말은 멀기가 하늘과 같다. 현인(賢人)의 말은 가깝기가 땅과 같다. 그 소리를 영롱하게 만드는 것은 질박한 옥(玉)이리라."(無事從小爲大人. 事非禮義爲小. 聖人之言遠如天, 賢人之言近如地. 瓏玲其聲者, 其質玉乎.-「五百」)

대인(大人), 현인(賢人), 성인(聖人)! 전통적으로 이들은 교육받은 사람으로서 존중받는 인간이다. 대인은 예의에 어긋나는 짓을 하지 않는 사람이다. 현인은 땅으로 표현되듯이, 그 말이 일상에서 합리적으로 적용되는 사람이다. 성인은 하늘로 상징되듯이, 그 말이 인생의 지침을 줄 만한 사람이다.

허나, 민주주의 교육은, 그 나라의 체제에 부합하는 민주시민의 양성을 고민한다. 인류 공영을 꿈꾼다면, 세계시민을 육성하는 일이 된다. 내 앞에 무엇이 남았는가?

7. 『법언(法言)』36: 교육 건축의 기초, 그리고 결과의 동일성

2021. 12. 8. 23:10

모든 건축에는 기초가 있게 마련이다. 그래서 어떤 건물이건 그 앞에 '정초(定礎)'라는 팻말이나 그 글자를 새긴 돌을 하나씩 놓으면서 건물의 터를 기린다. 그렇다면 교육이라는 건축의 기초는 어떠할까? 단순하게 '기초 탄탄'을 넘어선, 예의라는 터전의 구축이 필요하다. 『법언』「오백」에 예의를 중심에 둔 교육 기초의 소중함과 그 결과에 관한 언급이 긴장감 있게 서린다.

"어떤 사람이 물었다. '예의는 어려워서 세상에서 강제로 시키는 것인가?' 말했다. '어렵기 때문에 세상에서 강제로 시킨다.' 무릎을 세우고 얌전하게 앉거나 털썩 주저앉거나, 철없는 어린 아이들이 과일을 깨물고 씹어 먹는 데, 그에 대해 무엇을 억지로 강요하겠는가? 때로는 본성에 따라 자연스럽게 하고 때로는 억지로 강제로 하지만, 그런 교육의 결과는 동일하다. 개울에는 방축(防築)이 있고 그릇에는 본보기가 있다. 그와 같이 사람에게 예의를 가르치는 작업이 중요함을 알 수 있다. 집을 지을 때 토지를 측량하여 터를 마련한 다음에 기초를 다지고 기둥을 세울 수 있음을 안다."(或問, 禮難以強世. 曰, 難故強世. 如夷俟居肆, 羈角之哺果而啖之, 奚其強. 或性或強, 及其名一也. 川有防, 器有範, 見禮教之至也. 經營然後知幹楨之克立也.-「五百」)

교육은 인간 세상에 질서를 부여하고 예의(禮儀)를 담보하려는 제도적 장치다. 이때, 예의를 실천하는 일은 쉽지 않다. 내용과 형식이 모두 까다롭다. 그것을 터득하여 지키는 사람에게 예의는 아주 쉬운 일상에 불과하다. 그러나 그것을 알지만 지키지 않는 사람이나 알지 못하는 존재에게 예의는 아주 어려운 일이다. 대부분의 인간은 예의를 지키는 데 어려움을 느낀다. 아니, 지키려 하지 않거나 어기기 때문에 어려움을 자초한다. 그래서 교육은 예의를 지키게 만드는 강제성을 띤다. 이른 바 '의무(義務)'라는 이름의 '강제교육(强制敎育, Forced education)'이다.

강제교육은 국가의 법률에 따라 일정한 연령에 도달한 아동이 의무적으로 받아야 하는 보통 교육이다. 르네상스기의 종교 개혁가였던 마틴 루터(Martin Luther, 1483~1546)가 주창한 것으로 알려져 있다. 대한민국은 1949년 「교육법」을 공포할 때부터 도입했다. 일반적으로 초등교육 6년과 중학교 3년 등 약 10년 정도의 기간에 해당한다. 그것이 긍정적 이미지로는 '의무교육(義務敎育, Compulsory education)'이라는 개념어로 포장된다.

전통적으로 이 의무교육 기간이 예의를 강제로 주입하는 시기다. 도덕교육이 강조되는 시간이다. 동시에 이 시기는 인생교육의 기초를 다지는 시절이다. 개울이 바르게 흘러가기 위해 둑이 필요하고, 그릇을 만들기 위해 본보기 그릇이 있듯이, 예의를 향한 사회적 기둥이 세워져야 한다.

그 방법은 다양하지만 크게는 두 가지 양상이다. 자연적 본성에 따르는 자발적이고 자율적 교육이냐? 사회적 강제에 따르는 외부 주입식 교육이나 타율적 교육이냐? 예의를 지키는 인간을 배출할 수 있다면, 어떤 교육이건, 그 결과가 동일하다는 의미에서 긍정성을 띤다. 그렇지 않다면, 교육의 방식은 적극적으로 재고되어야 한다. 우리 교육에는 무엇이 남았을까?

8. 『법언(法言)』37: 먼저 아는 사람, 깨달은 자의 의미

2021. 12. 9. 9:17

교육은 우주 세계의 법칙과 인간 사회의 길을 깨닫도록 인도하는 사업이다. 그것은 '먼저 알거나 깨달은 존재'인 선지자(先知者)를 떠오르게 만든다. 교육받은 사람은 그만큼 선지자로서 자격을 획득한다. 선지(先知)는 다가올 일을 미리 예측하거나 다른 사람에 비해 인간이 고려해야 할 길을 먼저 파악하고 장악한다. 『법언』의 제9권 「선지(先知)」는 첫 대목에서 이 부분을 주목한다.

> "먼저 아는 사람은 펼치는 일을 가까이 하는가? 감히 묻는다. '먼저 안다는 것은?' 말했다. '알지 못하겠다. 그 길을 아는 사람은, 아마도 실의 가느다란 올이나 결가지나 솜털과 같은 미세한 부분을 제대로 보는 것 같다.'"(先知其幾於神乎. 敢問先知. 曰, 不知. 知其道者, 其如視忽眇綿作昞.-「先知」)

먼저 교육을 받아 아는 사람, 세상에 대해 먼저 깨달은 존재는, 행동에서 뚜렷한 특징을 보인다. '시(視)'다. '자세히 살피는' 자세다. 주도면밀(周到綿密)하게 조사(調査)하고 꼼꼼하게 보는 일에 능숙하다. 아니면, 어떤 사물이건 호기심을 갖고 탐구하려는 열정을 펼친다. 무엇보다도 '홀(忽) · 묘(眇) · 면(綿)'으로 상징되는 '아주 작은 부분', 사소(些少)한 사안에 이르기까지 철저하게 분석 검토한다. 그래서 교육이나 학문을 할 때, 아무리 작은 부분이라도 소홀히 하지 말고 관심을 갖고 관찰하라는 당부가 스며들었나 보다.

그렇게 하려면 간단한 행동 요령이 있다. 그 비법이 다음과 같이 간략하게 이어진다.

> "첫째 날보다 하루 먼저 일을 시작하면 쉽다. 첫째 날보다 하루 뒤에 일을 시작하면 어렵다."(先甲一日, 易. 後甲一日, 難.-「先知」)

이 정말 간단한 행동 아닌가! 어떤 일을 하건, 미리 계획을 세워, 일을 시작하기 전에 마음을 다지고 착수하면, 아무리 어려운 일일지라도 쉽게 해 나갈 수 있다. 반대로 일을 시작하는 날짜를 넘겨 계획 없이 일을 해 나가면, 아무리 쉬운 일일지라도 어렵게 해 나갈 수밖에 없다. 헉헉거리며 허둥대다가 겨우 일하는 시늉이라도 낼까말까 하다. 게으름이 낳은 인생 최악의 선물이다.

교육의 역할은 미리 시작할 수 있는 혜안(慧眼)을 제시하거나 지혜를 불어 넣는 데 있다. '계획'하고 '예비'하고 '실천'할 수 있는 기획 능력의 함양이다. 그러므로 교육은 간략하게 다음과 같이 단계를 지시한다.

첫째, 인생을 계획(計畫, plan)할 수 있는 능력을 갖추지 못했다면 교육받은 인간이 아니다. 인생의 진로를 스케치(sketch)하라! 달리 말하면, 인생도면(人生圖面)을 설계(設計, design)하라! 그것은 교육효과의 첫 단추다.

둘째, 인생을 예비(豫備, reserve)할 수 있는 능력을 갖추지 못했다면 교육받은 인간이 아니다. 삶의 희로애락을 드로잉(drawing)하라!

달리 말하면, 인생동량(人生棟梁)을 비축(備蓄, stock up)하라! 그것은 교육효과의 중간 단추다.

셋째, 인생을 실천(實踐, fulfillment)할 수 있는 능력을 갖추지 못했다면 교육받은 인간이 아니다. 인간 사회의 평생을 리빙(living)하라! 달리 말하면, 인생애행(人生愛行)을 구현(具現, realization)하라! 그것은 교육효과의 마지막 단추다.

9. 『법언(法言)』38: 큰 인물의 됨됨이 가운데

2021. 12. 11. 9:37

세상을 살아가는 인물의 형태는 다채롭다. 큰 인물 작은 인물, 잘난 인물 못난 인물, 훌륭한 인물 하찮은 인물 등등, 수많은 양상으로 그려진다. 교육은 그런 인물을 다듬어내는, 일종의 공작(工作)이다. '교육을 잘 하면 큰 인물을 길러 낼 수 있다!'라는 기대를 가득 담고, 교육적 인간상을 꿈꾼다. 그렇다면 사람다운 존재의 모델로 존중할 수 있는 큰 인물은 어떤 모습일까? 『법언』「선지」에는 큰 그릇에 비유한 내용이 간략하게 적시되어 있다.

> "큰 그릇은 규(規) · 구(矩) · 준(準) · 승(繩)과 같다! 먼저 스스로를 다스리고 그런 다음에 사람을 다스리는 일을 큰 그릇의 역할이라고 한다."(大器, 其猶規矩準繩乎. 先自治而後治人之謂大器.-「先知」)

규(規)는 원을 만드는 데 필요한 컴퍼스다. 구(矩)는 모난 물건을 만드는데 필요한 굽은 자다. 준(準)은 수평을 재는 데 사용하는 수준기(水準器)다. 승(繩)은 직선을 그리는 데 사용하는 먹줄이다.

세상의 존재를 크게 두 가지로 나누면, 둥근 모양의 원형(圓形)이나 모난 모양의 방형(方形)으로 구분할 수 있다. 간단하게 말하면 '방원(方圓)'이다. 모진 것과 둥근 것! 이는 동양사회에서 전통적으로 하늘과 땅의 모양을 상징한다. 하늘은 둥글고 땅은 모가 난 우주다. 하늘은 원형이고 땅은 방형인 자연이다. '천원지방(天圓地方)'이다. 그것은 수평과 수직 사이의 높낮이 공간을 고려하고, 직선과 곡선 사이의 꺾이고 굽은 공간을 고심한다.

'천원지방'은 물에 떠서 균형을 찾으려는 존재처럼, 자신의 모습을 자연스럽게 구성한다. '규'는 규대로 '구'는 구대로 '준'은 준대로 '승'은 승대로, 스스로를 다스려 나간다. 그 다음에 다른 존재와 어울리며, 적절한 균형의 미학을 즐길 뿐이다. 그 관계망의 표면적 개념이 사회(社會)다.

교육을 통해 길러지는 큰 인물의 맥락이 이와 같다. 자신의 본분이나 영역에서, 본질의 차원을 그대로 처리하면서, 타자에 흥미를 느끼고 관심을 갖는, 존재의 동시성을 발휘하는 인간이다. 대기만성(大器晩成)이라고 하듯, 그런 인물을 기다리는 교육은, 곰탕을 끓여 진국을 우려내듯, 인내(忍耐)의 결정판이다. '인내는 쓰고 그 열매는 달다!'라는 속담처럼.

10. 『법언(法言)』39: 정교(政敎)의 텍스트, 세상을 피하지 않고 사람을 떠나지 않다.

2021. 12. 12. 11:46

정치(政治)에 '정(政)'을 '정(正)'으로 풀이하는 경우가 꽤 많다. '정(正)'은 '바르다' 또는 '바르게 하다', '바로잡다' 등으로 풀이된다. 그것은 유학에서 정교(政敎)의 양식을 통해 자연스럽게 교육으로 이어진다. 이 정치와 교육의 틈새를 이어주는 다리가 삶에 활력을 불어 넣는 요소다. 『법언』「선지」에 그 요지가 펼쳐진다.

> "나라를 바로 잡는데 무엇을 먼저 해야 하는가? 몸소 행실을 바르게 하면 사람이 따르게 마련이다. 정치를 할 때, 먼저 지우고 나중에 가르친다. 사람들이 덕망을 보게 만들고 형벌을 보게 해서는 안 된다. 덕망을 보면 순수해지고 형벌을 보면 어지러워진다. 참을 참이라 하고 거짓을 거짓이라 하는 것이 정치의 핵심이다. 참을 참이라 하지 않고 거짓을 거짓이라 하지 않으면 정치의 핵심이 아니다. 성인은 세상의 변화를 만들어 내면서 사람들에게 '교육받은 인간[士·君子]'의 품위를 갖추게 하는 일을 즐긴다. 그러므로 세상을 피하지 않고, 사람에게서 떠나지 않는다. 피하고 떠나는 자, 이런 사람이 성인이겠는가?"(正國何先, 躬工人績. 爲政, 先殺後敎. 民可使覿德, 不可使覿刑. 覿德則純, 覿刑則亂. 眞僞, 眞僞, 則政核. 如眞不眞, 僞不僞, 則政不核. 聖人樂陶成天下之化, 使人有士君子之器者也. 故不遁於世, 不離於群. 遁離者, 是聖人乎.-「先知」)

'나라', 즉 한자로 '국(國)'은 공동체(共同體) 또는 사회(社會)를 상징하는 개념이다. 그 공동체를 바르게 만드는 위대한 사업이 정치다. 그렇다면 정치에서 최우선 작업은 무엇일까? 『대학』에서 "수신제가치국평천(修身齊家治國平天下)"라고 했듯이, '수신(修身)'이다. 자신의 몸가짐을 바르게 하는 삶! 다시 말하면, 인간의 삶을 헤아려볼 수 있는, 사람을 재는 자와 컴퍼스를 가지고 행실을 바르게 하는 자세다. 한마디로 정돈하면, '도덕성(道德性)'이다.

이 도덕성을 무기로, 정치는, 잘못된 사안들, 비뚤어지고 치우친 것들, 나쁜 존재들을 제거하는 작업을 진행해야 한다. 그 다음에 교육이다. 논리적으로 볼 때, 교육을 해서 부정적 사안을 없애나가는 작업이 아니다. 흔히 교육은 부정적인 차원을 긍정적 차원으로 전환해 나가는 작업으로 이해하기 쉬운데, 그와 다른 양상이다. '선살후교(先殺後教)!' 나쁜 습관이 제거되지 않으면 교육이 잘 안 된다는 말인가? 역설적 의미가 새로운 교육철학으로 돋보인다.

적폐(積弊)를 걷어내면서 실천해야 하는 교육의 영역은 간단하다. 덕망(德望)이냐 형벌(刑罰)이냐? 이 사이 세계를 걸어가는 동안 덕망을 볼 수 있도록, 도덕성을 구비하라! 형벌의 세계를 멀리하라! 그 과정에서 정치와 교육은 진정성을 갖고 만난다. 참을 참이라 하고 거짓을 거짓이라 당당하게 말하는 순수 이성이 정치를 담보한다. 이른 바 '가짜뉴스'의 시대에는 정치가 실종된다. 교육은 '먼저 단죄(斷罪)하라'는 '선살(先殺)'의 의지를 기다릴 뿐이다.

그 교육적 인내(忍耐)의 정점에 성인(聖人)이 앉아 있다. 교육자로 자처하고 싶다면, 성인의 책무성을 직시하라! 성인은 정치와 교육을 통해 부조리한 세상을 질적으로 바꿔나간다. 변화를 추동한다. 전환을 유도한다. 무엇보다도 '교육받은 인간'의 품격을 자아낸다. 야생(野生) 차(茶)나무에서 담백한 차를 우려내듯, 세상에 개입한다. 세상에서 달아나지 않고 사람을 떠나지 않는다. 그렇게 교육하는 일상이 삶의 즐거움이다. "유붕자원방래 불역락호(有朋自遠方來, 不亦樂乎)!"

11. 『법언(法言)』40: 인간 승리의 요건과 내·외면의 미학

2021. 12. 13. 13:20

인간에게 교육은 무엇일까? 동서고금을 막론하고 '사람을 사람답게 만드는 작업'이라는데, 이의는 없으리라. 그런데 '사람답다'라는 언표가 문제다. 한 사회가 용인하는 온전한 '도덕성'을 갖춘 사람인가? 지위가 높거나 부유하여 '금권력(金權力)'을 고루 갖춘 사람인가? 정치적 권력(權力), 경제적 금력(金力), 윤리적 덕성(德性)을 동시에 갖추었다면, 어떤 사회에서건, 온전하게 교육받은 존재이자 존경받는 사람의 모습으로 우뚝 설 수 있으리라.

『법언』「중려(重黎)」에는 교육받은 존재의 모습을 다양한 사례와 함께 전해준다. 먼저, 인간 승리의 요건을 제시할 때, 그 교육철학을 깊이 새길 필요가 있다.

> "사람의 일을 다 하는 자는 승리하고, 자신의 일을 다 하는 자는 패배한다."(屈人者克, 自屈者負.-「重黎」)

이 짧은 교훈은 유방(劉邦)과 항우(項羽)의 대결을 빗대어 하는 말이다. 여러 사람의 지혜를 모아 일을 처리하는 사람은 승리한다. 하지만 자신의 힘만을 믿고 혼자 잘난 체하며 다른 사람의 말을 제대로 듣지 않는 자는 싸움에서 패배한다.

교육에서 학문도 마찬가지다. 학문연구는 홀로 하는 작업이 아니다. 아니, 절대 혼자 할 수 없는 구조다. 이미 선현들의 연구 성과물이 있고, 그것을 바탕으로 우주 자연과 인간 사회의 법칙을 탐구할 뿐이다. 교육이나 연구에 발을 딛는 순간, 여러 사람의 지혜를 다룬다. 그런데 자신의 지적 능력에만 의존하는 자들이 교육 연구를 주도한다고 착각하고 있으니, 이것이 문제다.

나 홀로 잘난 사람은 존재할 수 없다. 아니 존재해서는 안 된다. 내 교육철학적 바람이 그러하다. 왜곡된 세상은 그런 탁월한 개인이 존재하는 것처럼 착시현상을 조장한다. 사회를 이루어 살아가는 공동체에서, 어떤 인간이, 나만 잘났다고 떠들어 대면서 다른 사람은 못났다고 비난하며 제멋대로 나대는가? 그런 존재는 순간적으로, 또는 단기적으로 돋보일 수는 있다. 하지만 자신만의 세계에 갇혀, 세월의 부침을 거치며 시대에 충실하지 않을 가능성이 높다. 때문에, 궁극적으로 실패한다.

여러 사람과 어울려 논의하면서 지혜를 다져나가는 사람은 인간의 품격이 다르다. 내면과 외면의 미학적 차원이 색깔을 달리한다.

> "위엄 있고 엄숙한 몸가짐과 문장으로 나타내는 말은 겉이다. 덕망 있고 행실이 바르며 충실하고 믿음직스러움은 속이다."
> (威儀文辭, 表也. 德行忠信, 裏也.-「重黎」)

예의에 맞게 위엄을 갖춘 떳떳한 몸가짐, 훌륭한 글이나 아름다운 말, 그것은 외면으로 드러나는 인격이다. 도덕성을 갖춘 행위, 자신에게 최선을 다해 충실하고 사람들에게 진정으로 신뢰를 주는 마음, 그것은 내면으로 다져지는 인격이다. 그야말로 '내면-외면'이 균형미를 갖춘 인간의 품격이다. 이 '내면-외면'은 세 가지 요소를 융합하며 품격의 미학을 드날린다. 하나는 '신뢰(信賴)'이고, 다른 하나는 '의리(義理)'이며, 또 다른 하나는 '현명(賢明)'이다.

> "신뢰는 자신이 한 말을 지키지 않는 일이 없을 때 싹튼다. 의리는 사물이 마땅한 것을 얻을 때 생긴다. 현명은 남이 할 수 없는 일을 실천할 때 드러난다."(信, 不食其言. 義, 事得其宜. 賢, 爲人所不能.-「重黎」)"

그러므로 식언(食言)하지 말라! 상황에 적합하게 행동하라! 다른 사람보다 깊이 생각하며 노력하라! 신뢰와 의리와 현명함 가운데 인간성의 알맹이가 담긴다. 인간의 품위를 샘솟게 만들 교육의 차원이 보인다.

12. 『법언(法言)』41: 칭찬과 비난의 역설

2021. 12. 14. 20:51

'칭찬은 고래도 춤추게 한다'라는 재미난 책이 있다. 그렇다. 부정적인 것보다 긍정적인 측면을 강조하고, 스스로 동기를 부여하며, 일에 대한 보상보다 재미를 느낄 수 있도록 분위기를 조성할 때, 교육은 보다 효과를 높일 수 있다. 어디 춤뿐이겠는가? 날아갈 듯한 기분이 몸을 감싼다. 그런 만큼 칭찬은 배신하지 않는다. 교육적으로 훌륭한 도구다. 하지만, 심각하게 주의할 사항이 있다. '거짓 칭찬'이나 '제멋대로 비난'하는 무의미한 행위들이다.

『법언』「연건(淵騫)」에는 그에 관한 긴장을 당부한다. 인간의 삶에서 최고 덕목으로 인정되는 인(仁)과 의(義)! 그것을 해치는 도덕의 원수처럼, 오버하는 칭찬과 비난의 폐해를 적시해 놓았다.

> "함부로 칭찬하는 것은 인을 해치는 도적이다. 함부로 비방하는 것은 의를 해치는 도적이다."(妄譽, 仁之賊也. 妄毁, 義之賊也.-「淵騫」)

칭찬이나 비난이 나쁘다는 의미가 아니다. 관심 없는 칭찬이나 진정이 담기지 않은 칭찬은 칭찬하지 않는 것만 못하다. 절대, 입으로만 지껄이는 칭찬은 하지 말라! 칭찬의 소리가 컸던 만큼 사람이 실망한다. 가슴 아프게 만든다. 그래서 함부로 과장되게 해대는 지나친 칭찬은 교육적 해악(害惡)이다.

비난도 마찬가지다. 제대로 파악되지 않았다면, 무턱대고 함부로 헐뜯지 마라. 자신과 감정이 다르다고 비난을 일삼지 마라. 기준에 맞는지의 여부가 더 중요하지 않는가! 아무런 근거 없이, 의미 없이, 느낌 없이, 함부로 칭찬하거나 비방하는 행위는, 윤리적 삶을 피폐화하는 강력 범죄다.

13. 『법언(法言)』42: 교육받은 사람에 대한 위안(慰安)

2021. 12. 16. 12:41

유학 전통에서 교육받은 사람의 현실적 전형은 '군자(君子)'다. '군자'는 신사(紳士: gentleman)로 번역되기도 한다. 삶의 태도나 자세가 바르고 행동이 점잖은 사람이다. 예의가 바르고 교양을 갖춘 사람이다. 『법언』「군자(君子)」에 그 모습이 잘 정돈되어 있다.

> "교육받은 사람[군자]은 말을 하면 모범이 될 삶의 양식을 이루고, 움직이면 행동이 도덕성을 이룬다. 속이 꽉 차 있어 겉으로 문채가 빛난다. 교육받은 사람은 함부로 말하지 않지만 말을 하면 반드시 상황에 적절하다. 제멋대로 행하지 않지만 행하면 반드시 상황에 들어맞는다. 교육받은 사람의 행위는 홀로 막히는 데가 없는가? 어떻게 해서 곧게 가는가? 물이 막히는 데를 피해 흘러가면 바다로 나아간다. 교육받은 사람이 막히는 데를 피하면 이치에 도달한다. 교육받은 사람은 남의 장점을 좋아하여 자기의 장점을 잊는다. 교육받지 못한 인간[소인]은 헐뜯는 것을 좋아하여 남의 장점을 잊는다. 교육받은 사람은 다른 사람에게 충실하다. 하물며 자신에게는 어떠하겠는가! 교육받지 못한 인간은 자기를 속인다. 하물며 다른 사람에게는 어떠하겠는가!"(君子, 言則成文, 動則成德. 其弸中而彪外也. 君子, 不言, 言必有中也. 不行, 行必有稱也. 君子之行, 獨無礙乎. 如何直往也. 水, 避礙則通於海. 君子, 避礙則通於理. 君子, 好人之好, 而忘己之好. 小人, 好己之惡, 而忘人之好. 君子, 忠人, 況己乎. 小人, 欺己, 況人乎.-「君子」)

교육받은 사람의 삶은 인생의 '본보기'가 된다. 한 사회의 윤리적 가치나 '도덕성'을 갖춘다. 내면이 알차다. 외면은 아름답다. 말과 행동이 적절하다. 사람의 장점을 살리고 일삼음에 충실하다. 삶의 전반에서 균형 감각을 찾으려고 노력한다. 중용(中庸)이 몸에 밴 인간이다.

현재의 교육도 이런 인간 유형을 갈망할까? 현대 교육에서 배출해야 하는 민주시민(民主市民)은 군자(君子)에 비유할 수 있을까? 아니면, 군자는 그냥 구시대의 유물이기에, 박제(剝製)로 만들어 놓아야 할까?

14. 『법언(法言)』43: 윤리의 탄생과 실천 노력

2021. 12. 17. 11:31

인간은 '사회'라는 디딤돌을 딛고 성장한다. 이 디딤돌의 근원이 '윤리' 또는 '도덕'이다. 그것은 인간이 스스로 약속한 보편적 도리다. 누구나 수긍할 수 있는 상식적 생활양식이다. 유학은 그것을 다섯 가지로 정돈한다. 표현은 조금씩 다르지만, 이른 바 '오륜(五倫)'이다. 『법언』의 마지막 장인 「효지(孝至)」에 그에 관한 짧은 언급이 있다.

> "세상에 통용되는 도리는 다섯 가지다. 그것을 실천하는 근거는 하나인데, 무엇보다도 힘쓰는 일이다."(天下通道五. 所以行之一, 曰勉.-「孝至」)

『중용(中庸)』에서는 인간 세상의 보편적 도리를 '오달도(五達道)'라 했다. 그것은 '군신(君臣), 부자(父子), 부부(夫婦), 곤제(昆弟), 붕우(朋友)'의 다섯 가지다. 군신(君臣)은 군주와 신하 사이의 관계로 왕정 시대의 산물이다. 때문에 시대가 달라진 민주사회의 윤리로는 적절하지 않을 수 있고 고려해야 할 사항이 많다. 하지만, 임금과 신하의 관계를, 한 공동체의 지도자와 구성원 사이로 환원하여 이해하면, 참고할 사항이 없지는 않다. '부자'는 부모의 자식, '부부'는 남편과 아내, '곤제'는 형과 아우, '붕우'는 친구 사이의 사귐에 관한 도리이므로, 현대적 의미에서도 '군신' 관계에 비해 고려할 사항이 많을 수도 있다.

『맹자(孟子)』에는 '부자유친(父子有親), 군신유의(君臣有義), 부부

유별(夫婦有別), 장유유서(長幼有序), 붕우유신(朋友有信)'으로 되어 있다. 흔히, '친(親)·의(義)·별(別)·서(序)·신(信)'으로 압축하여 부르기도 한다.

『중용』에서 오륜(五倫)의 맹아(萌芽)가 보였다면, 『맹자』에서는 오륜의 특성이 구체적으로 드러난다. 부모-자식 사이, 즉 혈육 간에 스며든 감정은 천륜(天倫)이라 한다. 오륜은 이를 필두로 지도자와 구성원 사이의 의리, 아내와 남편 사이의 분별, 어른과 어린이 사이의 차례, 벗과 벗 사이의 믿음을 제기한다. 그것은 인간의 품격을 드높이는 도덕성의 확립이다.

『중용』이나 『맹자』에 앞서, 『서경(書經)』에서는 오륜의 근원으로 이해할 수 있는 '오전(五典)'이 등장한다. 이 오전은 '오상(五常)'으로 해설된다. 오상은 '부의(父義)·모자(母慈)·형우(兄友)·제공(弟恭)·자효(子孝)'다. 집안에서 아버지와 어머니, 형과 아우, 자식의 도리를 한마디로 정돈한 것이다. 아버지로서의 의(義), 어머니로서의 자(慈), 형으로서의 우(友), 동생으로서의 공(恭), 자식으로서 효(孝)가 그것이다. 가장으로서 아버지는 정의를 갈망하고, 가장을 내조하는 어머니는 사랑을 베풀고, 형제자매가 더불어 우애와 공경으로 화목을 다지고, 자식은 효도로 뭉치며, 가족이라는 삶의 현장에 생기를 불어 넣는다. 이 가족 윤리가 사회적으로 확장되면서 관습을 이루고 부족이나 민족의 전통 윤리를 형성한다.

교육의 역할 가운데 하나는, 그런 전통을 체제유지 차원에서 보수적으로 처리하거나 문화를 전달하는 측면이 들어 있다. 물론, 시대정신에 부합하지 않는 유산은 당연히 개혁하고 혁신해야 한다.

시대가 요구하는 윤리가 설정되었다면, 무엇이 남았는가? 오로지 그것을 실천하려는, 애쓰는, '노력'이다. 민주주의 사회에서는 민주적 의식, 시민으로서 도덕성 발휘에 힘써야 한다! '힘쓴다[勉]'는 말은 한 공동체의 구성원들이 약속한 윤리에 대해, 그것이 지킬만한 당위의 체계로, 보편적으로 받아들여질 때, 억지로 강요하는 상식의 세계다. 제멋대로의 방종(放縱)이 아니다. 나 홀로의 자유(自由)가 아니다. 그러기에 교육은, 강제하는 권면(勸勉) 가운데 희망의 빛을 점점 밝아오게 만드는, 삶의 의무다.

15. 『법언(法言)』44: 교육받은 사람의 일상, 전념(專念)과 예의(禮義)

2021. 12. 19. 13:22

세상은 세계를 만들고 인간은 인생을 가꾼다. 세상은 무한으로 열려 있으나 세계는 유한한 영역을 형성한다. 그러기에 세상은 세계를 만드는 마당이다. 인간은 개체의 유한한 삶을 펼치지만 인생은 무한한 사회적 관계를 엮어간다. 그러기에 인간은 인생을 가꾸는 무대다. 그런 세계를 만들고, 그런 인생을 가꿀 수 있도록, 교육받은 사람을 유교에서는 군자로 설정한다. 『법언』「효지」에 간략하지만, 교육받은 사람에 관한 엄중한 시선이 담겨 있다.

> "교육받은 사람은 움직이면 일에서 헤아린다. 일을 하면 예에서 헤아린다."(君子, 動則擬諸事, 事則擬諸禮.-「孝至」)

인간이 '움직이다'라는 말은 '살아가다'는 인생과 동일한 의미다. '살아가는' 일은 인생의 시·공간이 변화한다는 사실을 전제로 한다. 그러므로 역동적인 삶의 파도를 타고, 인간은 꿈틀거리는 움직임 가운데, 살아가면서 부딪치고 실행하는 모든 일을, 빈틈없이 녹여 넣어야 한다. 그것은 삶을 구성하는 일의 속성과 특징을 하나하나 헤아리는 작업이다. 동시에 일에는 그 일을 실천하는 데 요구되는 올바른 도리가 존재한다. 이른바 명분(名分)이자 본분(本分)인 동시에, 일을 대하는 자세나 태도다. 포괄적으로 말하면, 일에 대한 예의라고

할 수 있다.

'일'에서 헤아리고 '예'에서 헤아리는 교육받은 사람의 일상은 교육의 과정을 암묵적(暗默的)으로 지시한다. 무엇보다도 '헤아리다'라는 뜻의 '의(擬)'는 '비교하다', '본뜨다', '모방하다'와 같은 다양한 의미를 포함한다. 때문에 교육은 '비교하고 본뜨고 모방하는' 과정을 통해 사람의 품격을 다져야 한다.

살아가면서 자신이 하는 일에서 인생을 헤아려라! 일을 하고 있다면 도리에 맞는지, 일에 대한 예의를 헤아려라! 일을 할 때는 전심전력(全心全力)해야 한다. 오로지 한 가지 일에 마음을 쓰며 전념(專念)해야 한다. 그것이 일을 대한 예의의 알파다. 일을 하고 있다면, 본분에 충실한지, 올바른 것인지, 상황에 맞는지 등등, 일의 여러 특성을 고려해야 한다. 그것이 일에 대한 예의의 오메가다. 교육받은 사람은 일상생활에서 일과 그 예의를 고심한다.

16. 『법언(法言)』45: 교육받은 존재, 지도자의 사명

2021. 12. 19. 20:17

교육은 현실(現實)이다. 어쩌면 현실에서 삶을 영위하는 자체가 교육의 과정이다. 하지만, 인간은 교육을 통해, 오히려 현실을 뒤로 한 채, 자신이 추구하는 이상을 좇기도 한다. '초등-중등-고등'이라는 교육의 단계나 수준은 이상이 추구하는 위상을 높여가는 잣대이기도 하다. 이른 바 '출세(出世)'를 지향하는 작업이다. 부귀영화(富貴榮華)를 꿈꾼다. '부(富)'는 경제적 차원이고, '귀(富)'는 정치적 차원이다. '영화(榮華)'는 귀하신 몸이 되어 자신의 이름이 세상에 빛나는 차원이다.

인간이 교육을 통해 성취하려는 출세는 다양한 양상으로 드러난다. 그렇다 하더라도, 대다수의 출세는 부귀영화를 갈망하며, 정치적 권력(權力)이나 경제적 재력(財力)의 확보를 노린다. 지위를 높이고 부유한 생활을 지향한다. 하지만 부귀영화는 행복인 동시에 불행이 될 운명을 지니고 있다. 삶의 약(藥)인 동시에 독(毒)이다. 부귀영화가 넘쳐서, 출세한 삶이 지나치게 부정적으로 드러날 경우, 금권력(金權力)을 통해 인간의 불평등을 조장하고 사람을 경시하는 사회악이 된다. 반대로 부귀영화를 즐기며, 출세한 삶이 적절하게 긍정적으로 작용할 경우, 사회 지도급 인사로서 리더십을 발휘하는 기초가 된다.

『법언』의 마지막 장인 「효지」의 뒷부분에 최고위급 지도자의 리더십 내용이 구체적으로 보인다.

"최고위급 지도자[군주]가 힘써야 할 일이 있다. 국민의 생활이 번성하고 재물을 풍족하게 만들어야 한다. 삶의 도리를 밝히고 정의를 구현하는 사회를 이루어야 한다. 세상이 건전한 방향으로 나아가도록 교육하여 국민들이 웃으며 편안하게 살도록 해야 한다."(君人者務, 在殷民阜財. 明道信義, 致帝者之用. 成天地之化, 使粒食之民粲也, 晏也.-「孝至」)

고등교육의 임무가 지도급 인사의 육성이라면, 그 지도자 교육이 어떠해야 하는지 확연하다. 국민의 재물을 풍족하게 만들 수 있는 리더십이다. 달리 말하면, 부강한 국가 경제를 창출할 수 있는 능력을 갖추도록 해야 한다. 아울러 도덕성을 갖추고 정의를 구현할 줄 아는 인간이어야 한다. 그리하여 국민들이 먹고 사는 데 지장이 없도록, 최소한의 삶의 권리를 보장하며, 편하게 웃으면서 즐길 수 있는 사회를 만들 줄 알아야 한다. 그것이 교육받은 존재로서 지도자의 본분이다. 지도자의 사명을 인식시켜주는 교육의 존재 이유다.

한나라의 『논어』로 평가받는 양웅의 『법언』은 여기서 마무리 한다. 공자 중심의 『논어』에서 새롭게 변모해가는 유학의 사유가 돋보이는 자료다. 교육철학의 양상도 다른 지점이 있다. 대한민국의 교육철학을 설계하는데, 참고할 사항이 조금이나마 있었을까?

17. 교육문제 탐사를 위한 장기 여행

2021. 12. 20. 9:45

시대가 불확실성을 조장할수록, 무질서할수록, 교육은 혼돈에 빠진다. 전통적으로 교육은 분명한 목표와 목적의식을 설정하고 이상을 향해 달려간다. 도달하려는 인간 유형을 뚜렷이 제시한다. 그런데 그 자체가 모호해질 때, 교육철학은 교육의 방향과 전망 제시라는 과업의 주파수를 방해받는다. 어떻게 해야 하는가? 버트란트 러셀(Bertrand Russell)은 『철학의 문제』에서 다음과 같이 말했다.

"철학은 질문 제기에 확실한 답변을 주기 위해 연구되는 작업이어서는 곤란하다. 그 어떤 확실한 답변일지라도 반드시 진실이라는 법은 없다. 철학은 질문 자체를 위해 연구되어야 한다. 왜냐? 철학이 제기한 질문들은 현실적으로 가능한 것에 대한 우리의 개념을 확대한다. 지적 상상력을 풍요롭게 만든다. 내면 성찰의 문을 굳게 닫아버리는 교조적 확신을 타파한다. 철학 활동을 통해 파헤치고 캐 묻는 궁구(窮究) 가운데 우주의 위대함을 깨달으면서 우리의 정신 또한 위대해진다."

이런 아이디어를 빌리면, 교육철학은 교육에 관한 질문 제기다. 교육적 질문 자체를 위한 연구이자 탐구다. 파헤치고 캐물어 나가는 하나의 활동인 동시에 사고(思考)를 실험하는 마당이다. 교육 문제들에 대해 기계적으로 익히는 작업은 교육을 위한 건전한 토대가 될 수도 있고, 교육적 사실에 관해 많은 것을 알 수도 있다. 하지만 그것만으로 교육철학의 역할이 완수되는 것은 아니다.

'비판적 성찰'이 필요하다. 교육의 세계를 비판하며 읽어야 한다. 성찰하며 써야 한다. 그러기 위해 먼저, 교육적 문제들 앞에 주어진 전제(前提)들을 의심해야 한다. 다양한 논증(論證)들에 대해 반론(反論)해야 한다. 어떤 문제들에 대해 흥분에 휩싸이며 유혹에 빠지는 자세는 금물이다. 모든 문제들을 한꺼번에 해소하려는 경우도 위험하다. 하나씩 점진적으로 해결해 나가야 한다.

문제 해결의 과정에서 토론이나 해설이 자연스럽게 등장한다. 그것은 해답이나 해결책이 아니다. 교육철학적 과정의 보조 수단으로 사용될 뿐이다. 그러나 이 보조 수단은 문제 제기만큼이나 흥미로운 작업이다. '해답이 문제 제기보다 덜 중요하다!'는 시각에서 보면 그러하다.

교육철학으로 나아가는 길은, 교육의 문제가 그러하듯이, 회피하고 싶은 작업의 진원지일 수 있다. 무미건조하다. 스스로 의욕을 갖고 접근하기가 쉽지 않다. 이런 기분이 밀려올 때, 교육철학의 방법으로 직관(直觀)의 양식을 고민하면 어떨까?

문제를 제기하고 그것을 풀고, 요점을 암기하면서 지식에 접근하는, 관습적이고 학구적인 방식도 중요하다. 그러나 이를 초월하여 언어와 논리의 이면에 숨어 있는 현실을 그려내려는 직관이 더욱 필요할 수 있다. 교육적 사실에는 주목할 사항이 너무나 많다. 그 어느 것도 실체 파악이 쉽지 않다. 어떤 경우에는 본질이 충분히 탐구되지 않은 상태에서 현상만이 난무한다. 이 시대에 유독 그러한 측면이 많이 드러난다. 그렇다면 교육철학은 교육문제를 탐사(探査)하기 위한 장기 여행을 준비해야 한다. 이 뭘까?

18. 교육철학의 분지(分枝)와 동산을 걷기 위한 호흡 고르기

2021. 12. 23. 13:28

『문심조룡(文心雕龍)』은 동양의 문체론을 정돈한 명저다. '철학서(哲學書)'를 어떻게 써야 하는지, 철학 문장론에 관한 의미심장한 언급이 있다. 교육철학에 일가견이 있는 학자들이 눈여겨볼 대목이다. 교육철학은 교육의 철학적 논리를 탐구하여 교육사상을 드러내야 하기 때문이다. 눈을 감고 고요한 마음으로 한번 음미해 보자.

"세상에서 가장 뛰어난 사람은 덕(德)을 확립한다. 그 다음으로 훌륭한 인물은 언어(言語)를 확립한다. 보통 사람들, 이른바 대중(大衆)은 집단생활을 하면서 분잡(紛雜)한 가운데 자기의 개성을 드러내지 못할까 고민한다. 하지만 교육받은 사람, 즉 군자(君子)는 자신의 처세(處世)에 명분(名分)이 없거나 덕망(德望)이 나타나지 않을까를 걱정한다. 탁월한 재주를 지닌 사람만이 빛나는 문장을 드리워, 그 명성을 높이며 해와 달처럼 현저한 존재로 빛난다.
학문 연구와 교육에 열정을 쏟은 사상가들이 정말 그랬을까? 자신의 행동거지는 세상과 어긋나는 사항이 있음에도 불구하고, 마음에 품은 뜻은 철학적 논리에 의거하여 자기의 의견이나 생각을 말해 왔을까?
아주 오랜 옛말부터 인간이 축적해온 온건한 심정은 미래의 유구한 세계에까지 전해진다. 금속이나 암석은 썩는다. 하지만 인간이 남긴 흔적들, 그 명성만은 영원불멸한다.
인간은 한 세상을 살면서 나름대로 뛰어난 보석을 가슴에 품었다. 인간이 쏟아낸 변론(辯論)은 만물을 쪼아낸다. 인간의 빚어낸 지혜(智慧)는 우주를 휘감는다. 의미 있게 살아가도록 도덕을 확립하는 데 기여한 사람이 어찌 그리 쉽게 묻히겠는가?"(『文心雕龍』「諸子」)

인간교육의 철학적 논리를 체득한 사람의 사유는 미래에도 전수된다. 교육철학은 다양한 양상으로 분지(分枝)를 이루고, 일정한 지역에 터를 잡고 동산을 가꾼다. 코비드-19가 2년째 창궐하는 지금, 우리는 어떤 교육철학의 분지를 타고 동산을 거닐고 있을까!

19. 예수의 기도, 용기를 부여하는 근원적 힘

2021. 12. 24. 15:21

20세기 일본을 대표하는 『신약성서』 학자인 아라이 사사구(荒井献, 1930~)가 지은 『예수와 그의 시대』라는 책이 있다. 그 가운데 「기도」 부분을 요약·해설해 본다. 민중(民衆)의 시각에서, 기독교와 예수, 그리고 인생과 교육을 이해하는데 깊은 인상을 남긴다.

기도(祈禱: prayer)는 넘어설 수 없는 현실이나 현실의 모순, 또는 부조리를 전제로 신에게 간구(懇求)하는 인간의 목소리다. 예수는 민중 속에서 가열차게 행동했다. 때때로 민중과 떨어져 홀로 기를 올렸다. 「마르코(마가) 복음」에 외딴 곳이나 산으로 가서 기도하는 대목이 등장한다.

> "새벽 먼동이 트기 전, 예수께서는 일어나 외딴 곳으로 가시어 기도하셨다(「마르코복음」 1:35). 그리고 군중과 헤어지고 나서 기도하러 산으로 올라가셨다(「마르코복음」 6:46)."

예수님이 기도하신, '외딴 곳'이나 '산'은 무엇을 상징할까? 나는 생각해 본다. 세상과 민중을 향한, 선지자의, 또는 깨달은 자의, '절대 고독감'이 아닐까? 그 고독감은 민중의 바람에 대답해야만 하는 지성인의 고뇌(苦惱)가 담겨 있다. 교육철학자의 고심(苦心)이 묻어 있다. 자신의 행동을 신 앞에 드러내 보이고, 옳고 그른지에 대한 진지한 물음이다.

하나님의 나라를 갈망하는 기도는 어떤 나라를 그리는 것일까? 민주주의 사회의 천국(天國), 그 지상낙원은 무엇일까? 인간은 그 낙원을 정말 누릴 수 있을까? 아니면, 이미 누리고 있는 건가?

> "하늘에 계신 우리 아버지여 이름이 거룩히 여김을 받으시오며 나라가 임하시오며 뜻이 하늘에서 이루어진 것 같이 땅에서도 이루어지이다. 오늘 우리에게 일용할 양식을 주시옵고 우리가 우리에게 죄 지은 자를 사하여준 것 같이 우리 죄를 사하여 주시옵고 우리를 시험에 들게 하지 마시옵고 다만 악에서 구하시옵소서. 나라와 권세와 영광이 아버지께 영원히 있사옵나이다, 아멘"(「마태오복음」 6:9-13).

'주기도문(主祈禱文: Lord's Prayer)'에 나오는, 저 '일용한 양식'은 어떻게 확보되는가? 그냥 하나님이 주시는가? 내가 만드는가? 인간이 다른 인간에게 빚진 사람을 용서한다면, 우리의 잘못도 용서되는가? '시험에 들지 않게 해 주소서!' 이 언표가 과연 시험을 중단시키는가?

예수의 기도는, 하나님의 나라를 요청하면서 기원하는 모든 전제다. 그리고 인간의 세계에 대해, '매일 먹을 양식'을 비롯하여, '빚[부채]의 용서', '시험에 들지 않는 일' 등에 집중된다. 이 모두는 일상생활의 지속을 전제로 한다. 어쩌면 교육의 모든 양식이 여기에 담기는지도 모른다.

'매일 먹을 양식'이 '오늘 하루'도 없어 힘들어 하는 서민의 고달픈 삶, 조금의 돈을 빌려주기도 하지만 자신도 빌리고 있는 소시민의 생활, 끊임없이 시험에 들어 고뇌하는 사람들의 모순 가득한 현실, 이 모두가 교육을 기반으로 풀어나가야 할 현실 아닌가!

이런 현실 속에 바야흐로 신(神)은 부재 상태다. 그러기에 인간은 신을 요청하며 부르짖을 수밖에 없다. 기도하는 사람은 신을 부름으로써 넘어설 수 없는 현실을 인식한다. 동시에 현실에서 신의 부재를 확인한다.

예수의 기도는 이 현실을 넘어서지 않으면 안 되는 현실로 직시하고 있다! 현실의 모순을 지속적으로 인식하는 동시에 그것을 넘어서야만 한다. 신은 무엇인가? 현실에서 풀어야 할 과제를 적극적으로 수용하는 용기(勇氣), 그것을 부여하는 근원적인 힘이다. 기도는 이제 용기의 원천이 된다.

그렇다고 신이 '매일 먹을 양식'을 '오늘 당장' 주지는 않는다. 하지만 신은 '빚을 용서하는 힘'으로 작용한다. 기도하는 사람이 '타자로부터 살아가는 쪽'으로 자기 삶을 변혁시킨다. 그런 점에서 신은 '타자의 총체(總體)'다. 기도하는 사람이 타자에게 몸을 맡긴다는 것은, 그렇게 함으로써 그가 현실의 모순에 눈을 감는 것이 아니라, 오히려 모순과 부조리에 대해 눈이 열리고, 나아가 그것에 저항하는 용기를 부여 받는다. 그것이 기도의 힘이고, 교육은 그것을 갈망한다. 교육은 용기를 불어 넣고 용기를 확보하는 신의 사업이다.

20. 고독한 예수, 존재의 상대화와 보통사람의 절규

2021. 12. 25. 12:54

아라이 사사구의 사유를 다시 원용한다. 「마르코 복음」(14:32-37)과 「마태오 복음」(26:36-40), 그리고 「루카 복음」(22:40-45)에는 '겟세마네의 기도'가 적시되어 있다. 겟세마네의 기도는 예수의 기도 가운데 클라이맥스에 해당한다. 그 가운데 다음과 같은 절규의 목소리가 가슴을 울린다.

> "아버지시여, 당신은 무엇이든 할 수 있습니다. …… 내 생각이 아니라 아버지의 뜻대로 해 주십시오!"

이 기도는 죽음을 앞에 둔 예수의, 너무나 고독하고 처절한 기대다. 예수는 바닥 모를 절망(絶望)을 감지한다. 동시에 그 모든 것을 신(神; 아버지)의 뜻에 맡긴다. 신에 대한 궁극적 신뢰다. 신은 철저하게 예수 자신의 생각을 깨버리고 모든 것을 상대화한다. 예수는 그러한 자기를 그대로 신에게 맡긴다. 그리고 거기에서 다시 일어서는 것을 허락받는다. 예수는 왜 이런 자세를 취했을까? 「마태오 복음」에 그 단서가 보인다.

> "하늘의 아버지는 악한 사람에게나 선한 사람에게나 똑 같이 햇빛을 비춰주신다. 옳은 사람에게나 옳지 못한 사람에게나 비를 내려주신다."(「마태오 복음」5:45)

"'무엇을 먹을까 무엇을 마실까'하고 자기 목숨을 걱정하거나 '무엇을 입을까'하고 자기 몸을 걱정하지 마라 …… 공중의 새를 보아라. 씨를 뿌리거나 거두지도 않고 곳간에 거두어들이지도 않는다. 그럼에도 너희의 하늘에 계신 아버지는 그들을 길러주신다. 너희는 그들보다 귀하지 않느냐. …… 또 왜 입을 것을 걱정하느냐. 들꽃이 어떻게 자라는지 생각해 보아라. 일하지 않고 길쌈도 하지 않는다. …… 오늘 나서 내일은 아궁이에 던져질 들풀도 신은 이렇게 차려 입히거늘, 너희에게 그보다 더 잘해주지 않을 리가 있겠느냐. …… 그러니 '무엇을 먹을까, 무엇을 마실까, 무엇을 입을까'하고 걱정하지 마라. …… 내일의 일을 걱정하지 마라. 내일은 내일 자신이 걱정할 것이다. 하루의 고생은 그날 하루로 족하다."(「마태오 복음」 6:25-34)

이 지점에서 진지하게 성찰해야 할 사안이 있다. 신과 인간에 관한 가치 판단이다. '신은 절대 선이고 인간은 절대 악이다'라는 단순 논리가 아니다. 예수는 신을 '선하냐 악하냐'의 윤리적 가치 판단에 따라 등급을 매기지 않는다. 철저하게 '상대화의 관점'을 도입한다. 이런 시선을 상실할 때, 인간은 오만하게 자신을 신으로 내세운다. 상대화의 관점은 인간을 바라보는 주요한 시각을 제시한다.

그렇다고 상대화의 관점이 진리는 아니다. 상대화의 시각에만 머물 경우, 인간은 바닥없는 니힐리즘(nihilism)에 빠진다. 삶의 저변이 보이지 않는, 오로지 자기만의 세계로 추락한다. 그것은 인간 자신의 모든 사안을 상대화하는 동시에, 가혹한 현실의 한 복판에 있는 인간을, 근원적으로 떠받치는 존재의 근거가 된다. 공중의 새들, 들꽃들, 아니, 심지어 인간 한 사람 한 사람을 길러낸다.

예수에게 신은 자기 상대화의 시선으로 기능한다. 때문에 예수는 어떤 경우에도 신을 자기 행위를 정당화하는 수단으로 내세우지 않았다. 예수의 위대함이 돋보이는 처세다. 예수가 신처럼 빛나는 이유이기도 하다. 예수는 자기 절대화의 수단으로 기능하는 신이나 율법이나 신전에 대해 철저히 거부했다. 결코, 신의 권위(權威)에 기대지 않았다. 신을 통해 자신을 상대화하며, 보통사람으로서 신중하게 행동했다. 그것은 교육적 열정이고, 『중용』에서 강조하는 '신독(愼獨)'의 기도다.

21. 예수 십자가의 메시지, 육신(肉身: body)과 영혼(靈魂:soul)

2021. 12. 27. 14:25

크리스마스 이후, 기독교에 대한 생각이 갑자기 밀려왔다. 특히, 예수의 죽음은 '절대 고독'을 성찰하게 만든다. 예수는 유대인들의 최고 법원인 산헤드린(Sanhedrin)과 로마 총독 휘하의 병사들에게 체포당했다. 이후 크게 보면 두 가지 죄목의 판결을 받는다. 하나는 대사제(大司祭)에게서 받은 '신전모독죄(神殿冒瀆罪)'이고, 다른 하나는 그 이후 로마 총독에게 이송되어 흔히 '본디오 빌라도'라고 부르는 폰티우스 필라투스(Pontius Pilatus)로부터 받은 '반역죄(反逆罪)' 판결이다. 그리고는 로마법에 따라 십자가(十字架)형에 처해졌다.

예수는 판결을 받는 동안 묵비권(黙秘權)을 행사한 것으로 보인다. 심문과정에서 일체 대답하지 않았다. 그저 침묵으로 일관했다. 어떤 변명도 의미 없는 작업임을 미리 감지했기 때문은 아니었을까?

예수는 정말 고독(孤獨)했다. 체포와 동시에 그 많던 주변 사람들이 조용히 사라졌다. 예루살렘에 입성할 때 그렇게 열광적으로 환영했던 민중들도, 베드로를 비롯한 그의 측근들도 모두, 그를 버리고 도망쳤다. 그냥, 일상적인 희로애락의 사유에 의해 떠난 것이 아니다. 체포되어 죽음에 이르기까지, 예수는 오직 '홀로'였다. 고독에 고독을 더한, 고독의 최고조 상태에서 죽음의 길에 올랐다.

그렇다고, 그 고독이 신(神)과 같은 지위에 이르렀기에, 형성된 형이상학적 고독일까? 결코 아니다. 예수는 실존적 존재로서의 고독을 온몸으로 끌어 앉았다. 그는 한 번도 스스로를 '메시아[그리스도]'라고 주장한 적이 없다. 공자(孔子)도 마찬가지다. 한 번도 자신을 성인(聖人)이라 일컬은 적이 없다! 이 두 위인이, 왜 이렇게 닮았을까?

예수의 열망은 소박했다. 당시의 로마 지배체제를 무너뜨리거나 새로운 체제를 세우려는 의도도 없었다. 오직 정치적·종교적 체제에 의해 차별받는 사람들을 해방하고, 민중과 더불어 인간답게 살아가는 것을 꿈꿨다. 인간이 서로 생활을 공유하며 아름답고 행복한 세상을 추구했을 뿐이다. 때문에 유대 지배자들의 민중에 대한 일상적 차별과 억압에 대해 비판했다. 그것이 고조되면서 율법과 신전 비판에까지 이르렀다. 유대인이 지배하는 체제에서 보면 신을 모독하는 행위이자 반정부 운동이었을 수 있다.

한번 생각해 보라! 정상적인 인간이라면 누구나 수긍할 수 있다. 어떤 사회건, 부당한 차별과 억압이 존재한다면, 그것을 철폐해야 하지 않는가? 자유와 평등을 구가하며, 인간으로서 권리와 의무를 책임있게 떠맡으려는 삶을 지향해야 하지 않는가? 그렇게 실천하도록 인간과 대화하며 어울리는 것이 교육 아니던가?

예수는 회피하지 않았다. 세상을 정확하게 읽을 줄 아는 혜안을 통해, 로마법을 따랐다. 정치적 죽음을 당당하게 받아들였다.

이 지점에서 예수의 죽음이 인간에게 던지는 메시지를 똑바로 인식해야 한다. 단순하게 인간이 지은 죄를 용서하는 것으로만, 그 의미를 부여해서는 곤란하다. 특히, 개인의 종교적 영역에만 한정하는 믿음이나 개인의 행복만을 추구하는 소망에 대해, 과연, 예수 그리스도를 부르면서 기도할 수 있을까? 그렇다면 구복신앙(求福信仰)과 무엇이 다를까? 보다 중요한 삶은, 예수의 말에 무젖어 있다고 판단된다.

> “감춘 것은 드러나게 마련이고 숨긴 것은 알려지게 마련이다. 내가 어두운 데서 말하는 것을 너희는 밝은 데서 말하고, 귀에 대고 속삭이는 말을 지붕 위에서 외쳐라! 육신은 죽여도 영혼은 죽이지 못하는 사람을 두려워하지 말라. 육신과 영혼을 아울러 지옥에 던져 멸망시킬 수 있는 분을 두려워하라!”
> (「마태오 복음」10:26-28; 「누가복음」12:4-5)

인간의 ‘육체(body)’와 ‘영혼(soul)’과 ‘정신(spirit)’을 사이에 두고, 나는 어디에 기대어 인생을 영위할 것인가? 교육철학의 문제가 새로운 양상으로 얼굴을 내민다.

22. 자기를 정복한 존재

2021. 12. 31. 0:39

2021년 12월 31일, 0시 18분이다. 이렇게 한 해가 저물어간다. 이 해의 마지막 날, 파드마삼바바의 『티벳 해탈의 서』 제2부 '최종적 고려-힘, 정복, 안정성'이라는 글에서 몇 구절 발췌하여 나름대로 엮으며, 『교육철학잡기』 제3권을 맺는다.

부처님(혹은 예수님이나 공자님도)은 수행자가 나아갈 길을 보여줄 뿐, 그 이상의 아무 일도 하지 않는다. 구원은 어떤 최고신(最高神)의 은총에 의해 얻어지지 않는다. 철저히 '자발적 노력'에 통해 성취된다. 어떤 개인이 스스로 미천하고 허약하고 무력하다고 생각한다면, 그는 그렇게 살 수밖에 없다. 왜냐하면 인간은 자신이 생각하는 대로 존재하기 때문이다.

『법구경』에서 다음과 같이 강조했다.

> "우리가 현재 처해 있는 모든 상황은 우리가 과거에 생각하고 행동했던 것의 결과다!"

인간이 한계와 속박에 처할 때, 그것은 자신이 스스로 만들어낸 것일 뿐이다. 자신이 만들어낸 것이라는 사실을 직시하지 못하므로 굴레에서 헤어나지 못한다. 끊임없이 반복되는 멍에를 쓰고 달린다. 하지만 한계와 속박의 근원을 인식할 때, 인간은 자연스럽게 완전해지고 자유로워진다.

인간이 세상일을 정복할 수도 없지만, 세상의 일을 정복한다고 했을 때, 그 최고의 정복자는 자기를 정복한 존재다. 그의 지배력은 이 세상만이 아니라, 모든 세상과 모든 존재, 인간 이하의 존재와 인간으로 성숙한 존재, 인간 이상의 존재들에게까지 영향을 미친다.

교육을 할 수 있다면, 가능한 한, 최대로 충분히 성숙하게 만들어야 한다. 어린 아이처럼 까불어 대며 인간을 위협하는, 세상의 수많은 장난감을 버려라. 세상 사람들이 분별없이 추구하는 욕망과 야심과 탐욕을 포기하라. 그렇게 할 때, 인간은 비로소 안정된 삶을 확보하는 방법을 알게 된다.

현실적 가치에만 치우친 실용주의, 인간을 고려하지 않는 기계 장치들, 동물적 수준에 빠지는 안락, 기술 만능, 기준 없는 다양한 이념, 지상에 유토피아를 실현하려는 꿈, 이런 것들이 인간의 세속적 마음에서 비롯되어 감각적 존재의 늪으로 빠져들게 만든다. 그 허우적대는 삶을 비참하게 바라보다, 그것이 신기루 이상의 아무것도 아니라는 쓰라린 경험을 통과할 때, 사람들은 겨우 환영에서 벗어날 수 있다. 그리고 이제 겨우 지혜의 길에 들어서서 확고하고 영원한 삶의 안정으로 나아갈 준비를 할 수 있다. 그것이 교육일까? 교육이 이런 인생을 꿈꾸는 인간의 몸부림일까?

신창호

현) 고려대학교 교수
이메일 sudang@korea.ac.kr

교육철학잡기 3 [2021-2] -『바이블』,『화엄경』,『법언』의 사유와 교육-

초판발행 2022년 2월 3일

지은이 신창호
펴낸이 노 현

편 집 배근하
디자인 BEN STORY
제 작 고철민·조영환

펴낸곳 ㈜ 피와이메이트
서울특별시 금천구 가산디지털2로 53 한라시그마밸리 210호(가산동)
등록 2014. 2. 12. 제2018-000080호
전 화 02)733-6771
f a x 02)736-4818
e-mail pys@pybook.co.kr
homepage www.pybook.co.kr
ISBN 979-11-6519-252-5 03370

정 가 24,000원